修訂第2版

保險法論

陳猷龍／著

LAW

五南圖書出版公司 印行

自序

　　保險法係一部具高度技術性之法律，原即不易貫通，尤以我國保險法因兼骸大陸法及英美法制，體系整合尚有未逮，以致呈現學者公婆各話，學生飽受煎熬，保險業者卻安然自處，不可思議之現象。余自大學修習保險法伊始，總覺其規定諸多不應如此，保險利益及受益人制度，尤待釐清。其後任公職、執業律師、繼續深造，以至忝為人師，境遇漸豐，愈見保險法之體系建構，不無問題。

　　嗣經在大學法律系所反覆教授保險法二十餘寒暑，指導多位研究生撰寫保險法有關論文，對於保險法之研究漸趨完整，乃敢將歷來之心得筆記編成講義，惜因接續擔任系所主任、院長、教務長、學術副校長等職，公務羈身，多年未能增新內容。每受學生催促，備感壓力。迨九十七學年度因獲休假研究之賜，始加以總成，今夏得以全文付梓，如釋重負，難以言喻。

　　本書寫作過程，特別注重說理之邏輯順序，尤其力求文字精簡明確，淺顯易懂之處，不過多著墨，較難理解之條文，均舉例說明或引判決例佐證，有所爭議之部分，則列述各家學說詳加辨正，提出個人見解，名詞用法前後一致，章節項目則大小粗黑分列，增強視覺印象，並注意其結構及先後。但求能執簡馭繁，事半功倍。

本書係以我國保險法之規定為主要論述對象，為免治絲而棼，外國法制之比較宜另文探討，爰除問題說明所必要者外，並未廣徵博引各國法例；又本書所提見解，部分與一般學者所述不同，但願有助於我國保險法體系之調整，其中井底觀天，掛漏乖謬，在所難免，尚祈諸先進，不吝斧正提攜，無任感激。

陳猷龍

序於馨園自宅研究室

2009 年 7 月 31 日

凡　例

一、本書所用簡語之意義例示如下：

- 條文之序號，不論是否在「　」內引用，均以阿拉伯號碼表示。
- 一定之數量，不論在條文內或一般使用，均以阿拉伯號碼表示。
- 百分之25－百分之二十五。
- 保27－保險法第27條。
- 保135-1－保險法第135條之1。
- 保29Ⅰ前段－保險法第29條第1項前段。
- 保60Ⅰ但書－保險法第60條第1項但書。
- 保135準用123Ⅰ後段－保險法第135條準用第123條第1項後段。
- 施行細則4Ⅰ－保險法施行細則第4條第1項。
- 簡易壽險法3－簡易人壽保險法第3條。
- 健保法6－全民健康保險法第6條。
- 海商56Ⅱ－海商法第56條第2項。
- 船員52－船員法第52條。
- 民314②－民法第314條第2款。
- 公司75－公司法第75條。
- 消保12Ⅰ、Ⅱ①－消費者保護法第12條第1項、第2項第1款。
- 合社法2－合作社法第2條。

- 遺贈稅法16⑨－遺產及贈與稅法第16條第9款。
- 破產112－破產法第112條。
- 商登法2－商業登記法第2條。
- 民航法93-1－民用航空法第93條之1。
- 汽保法29－強制汽車責任保險法第29條。
- 私校法70、72、78－私立學校法第70條、第72條、第78條。
- 管理規則5－依其本文意旨，或表示「保險代理人經紀人公證人管理規則第5條」，或表示「保險業務員管理規則第5條」。
- 76台上1166－最高法院76年台上字第1166號判例。
- 66台上575判決－最高法院66年台上字第575號判決。

二、本書註腳之引用方式說明如下：

- 採同頁註腳，序號以阿拉伯數字表示。
- 學者之著作，僅引用一次者，標示「作者姓名，書名（或論文名稱），出版公司，出版年月及版次，○頁」；本書「主要參考書目」所列著作，不論第幾次引用，一律以「作者姓名，書名，○頁。」之方式表示。
- 同一註腳內引用多數學者之著作時，每一學者之著作間，以加頓號「；」之方式區隔。
- 一段內有數個句號斷句時，註腳號碼標示在句號之前者，表示係該句之註腳，標示在句號之後者，表示係包含前面整段之註腳。

目 次

第一章

保　　險

第一節　保險之意義

　　所謂保險，乃預先集合感受同一危險威脅之多數人，依大數法則計算繳納保險費，以分散危險之社會及金融制度也。申述之：

一、預先集合感受同一危險威脅之多數人

　　預先集合云者，於保險事故發生前，先為投保或入社也。若非預先集合，則屬危險事故發生後，多數人捐款救助之行為，雖與保險之功能相似，但不可同日而語。所謂感受同一危險威脅，指投保或入社者，所欲保障之危險，須具有同一性。例如，同受死亡威脅、同受火災威脅是。蓋每一危險發生之客體及蓋然率非完全相同，若混合各種不同之危險，則除其範圍不易確定外，算出之保險費率，對各種危險亦難公平。唯有就同一之危險，始能依大數法則，算出對個人公平之保險費率[1]。至於多數人，乃分散

---

[1] 若混合數種特定不相同危險之保險，則於計算其混合保險費時，自須分別依各種危險所致損失之蓋然率，計算出各種危險之保險費率，再將各種危險之保險費相加，始符公平。

危險所必需，投保或入社之人數愈多，應繳之保險費愈少。反之，投保或入社之人數愈少，則應繳之保險費愈多。此種個人之權利義務，隨多數人之集合而發生，且隨多數人人數增減而變動之本質，使多數人形成一利害與共之危險共同團體。

二、依大數法則計算繳納保險費

大數法則（Principle of Large Numbers），為統計學上之名詞，係指將特定事故在特定期間內，發生之次數或所致損失額，長久反覆統計，以求得發生或所致損失蓋然率之法則。依此一法則求得之所致損失蓋然率，用在保險上，即可算出純保險費。舉例明之：設大台北地區，有200萬幢房屋（每幢平均價值500萬元），每年均發生火災燒毀若干，長久反覆統計結果，平均每年損失10幢（價值合5,000萬元），則其所致損失之蓋然率為20萬分之1。易言之，每幢房屋每年若平均損失20萬分之1，亦即25元，即可補償因火災受損害之人。吾人若將此結果用在保險上，則20萬分之1，即為純保險費率，25元即為純保險費。此純保險費，再加上保險人營運所需必要費用（例如租金、佣金、薪資、稅捐、利潤等）之比率分擔額（稱為附加保險費），即為投保或入社之人，實際應繳納之保險費（稱為營業保險費）。[2]

三、分散危險之社會及金融制度

分散危險者，補償受害人之損失也。蓋危險致生損失後，保險人以收集自各個成員之保險費，補償受害人，此情形，自反向觀之，猶如將一人之大損失，分為每人之小損失，此即分散危險

---

[2]　關於大數法則，另可參閱：鄭玉波，保險法論，51～52頁；張國鍵，商事法論（保險法），6頁；林咏榮，新版商事法新詮（下），329～330頁。

也。危險分散後，受害人之安全得到保障，社會問題即不發生。自此角度言，保險實係一種社會制度；又預先收集之保險費，數目頗豐，閒置可惜，爰各國均規定得為一定之投資（保146），使保險費成為工商業主要資金來源之一。自此角度言，保險不失為一種金融制度。

第二節　保險之種類

保險，依不同之標準，可為不同之分類。其主要之種類如次：

一、民營保險與公營保險

保險依其經營主體之不同，可分為民營保險與公營保險：

（一）民營保險

指由民間機構所經營之保險。例如各民營保險公司（以股份有限公司為限）或合作社（保136 I）所經營之各項保險、中華郵政股份有限公司所辦理之簡易人壽保險（簡易壽險法3）是。

（二）公營保險

指由政府機構所經營之保險。例如由勞工保險局辦理之勞工保險（勞保條例5）、農民健康保險（農保條例4）；由中央信託局辦理之公教人員保險（公保法5）、軍人保險（軍保條例4）；由財政部會同中央銀行設立中央存款保險公司承保之存款保險（存保條例3）；由衛生福利部中央健康保險署辦理之全民健康保險（健保法7）等是。

二、營利保險與非營利保險

保險依其經營目的之不同，可分為營利保險與非營利保險：

（一）營利保險

指以營利為目的所經營之保險。我國保險法所規定之保險，由股份有限公司經營者屬之。

（二）非營利保險

指非以營利為目的所經營之保險。又分相互保險及社會保險：

1.相互保險

指以加入者相互之保障為目的所經營之保險。我國保險法所規定之保險，由合作社經營者屬之。

2.社會保險

指以推行國家之社會安全政策為目的所經營之保險。例如依勞工保險條例所經營之勞工保險、依農民健康保險條例所經營之農民健康保險、依公教人員保險法所經營之公教人員保險、依軍人保險條例所經營之軍人保險、依全民健康保險法所經營之全民健康保險等是。「社會保險另以法律定之。」（保174）

三、財產保險與人身保險

保險依保險客體之不同，可分為財產保險與人身保險。此為我國保險法第13條第1項：「保險分為財產保險及人身保險。」明定之種類。分言之：

（一）財產保險

指保險客體為財產之保險。何謂財產？保險法並無直接明

文。惟依所定各種財產保險之定義觀之，在火災保險、海上保險、陸空保險等三者，係指「有體物」（保70、83、85）；在責任保險，係指「對於第三人賠償責任所致之損失」（保90）；在保證保險，係指「對於受僱人不誠實行為所致之損失」及「對於債務人不履行債務所致之損失」（保95-1）。可知，所謂財產，係指「有體物」及「無形利益」而言[3]，與民法上「財產權」之意義，應予以區別[4]。

　　「財產保險，包括火災保險、海上保險、陸空保險、責任保險、保證保險及經主管機關核准之其他[5]保險。」（保13Ⅱ）茲先列其定義如次，其詳細至各該章節時再論之。

---

[3] 依保險法關於火災保險、海上保險、陸空保險、責任保險、保證保險等財產保險之定義，所謂「財產」，已包括有體物及無形利益；惟民國86年5月28日修正前之保險法，於為其他財產保險之定義時（保96），卻曰「財產或無形利益」，似又以「財產」二字為「有體物」之意，用語不甚嚴謹。民國86年5月28日修正之保險法，第96條已修正為「財物或無形利益」，其「財物」二字，應解為「有體物」，自不待言。

[4] 民法上之財產權，包括債權、物權、準物權、及無體財產權四者，在理論上，均得為保險客體。惟因我國保險法，對於財產保險之規範方式，係採有體物及無形利益二分法，故在認識上應加以區別。

[5] 保險法第13條第2項後段規定，原為「…及經主管機關核准之其他財產保險」，民國90年7月9日修正時將其中「財產」二字刪除，修正說明謂：「一、在保險實務上，健康保險與傷害保險於保險費率計算、責任準備金提存以及住院醫療費用給付方面，與一般財產並無不同，亦即此二類保險兼具人身保險與財產保險之性質。二、各國保險法之立法例多有將傷害保險與健康保險列為產物保險公司當然得經營業務之規定（詳見日本保險業法§3；英國1982年 Insurance Companies Act §1、§6、附表一、附表二；歐盟產險第一指令（73/239/EEC）附錄A、壽險第一指令（79/267/EEC）附錄A；德國保險監理法（VAG）§g、附表A；新加坡保險法§1、附表一；紐約州保險法§1113、加州保險法§100），保險學理上亦多持相同見解。三、現行保險法第13條將此二類保險列入人身保險之業務範圍，而未列入財產保險之業務範圍，迭生爭議。四、先行開放財產保險業得承作傷害保險，除於第138條另訂之，將現行條文第2項末段刪除『財產』二字，以資周全。」

1.火災保險

火災保險人，對於由火災所致保險標的物之毀損或滅失，除契約另有訂定外，負賠償之責之保險也（保70Ⅰ）。

2.海上保險

海上保險人對於保險標的物，除契約另有規定外，因海上一切事變及災害所生之毀損、滅失及費用，負賠償之責之保險也（保83）。

3.陸空保險

陸上、內河及航空保險人，對於保險標的物，除契約另有訂定外，因陸上、內河及航空一切事變及災害所致之毀損、滅失及費用，負賠償之責之保險也（保85）。

4.責任保險

責任保險人於被保險人對於第三人，依法應負賠償責任，而受賠償之請求時，負賠償之責之保險也（保90）。

5.保證保險

保證保險人於被保險人因其受僱人之不誠實行為或其債務人之不履行債務所致損失，負賠償之責之保險也（保95-1）。

6.其他保險

為不屬於火災保險、海上保險、陸空保險、責任保險及保證保險之範圍，而其保險客體為財產之各種保險也（保96）。

（二）人身保險

指保險客體為人身之保險。何謂人身？保險法亦無直接明文。惟依所定各種人身保險之定義觀之，在人壽保險、年金保

險，係指「生命」（保101、135-1）；在健康保險，係指「健康」（保125）；在傷害保險，係指「身體」（保131）。因生命及健康均附麗於身體，故吾人可謂人身，乃人之身體及其生命與健康也。惟我國保險法上，只言生命或身體（保16）。

「人身保險，包括人壽保險、健康保險、傷害保險及年金保險。」（保13Ⅲ）茲先列其定義如次：

1.人壽保險

人壽保險人於被保險人在契約規定年限內死亡，或屆契約規定年限而仍生存時，依照契約負給付保險金額之責之保險也（保101）。

2.健康保險

健康保險人於被保險人疾病、分娩及其所致殘廢或死亡時，負給付保險金額之責之保險也（保125）。

3.傷害保險

傷害保險人於被保險人遭受意外傷害及其所致殘廢或死亡時，負給付保險金額之責之保險也（保131）。

4.年金保險

年金保險人於被保險人生存期間或特定期間內，依照契約負一次或分期給付一定金額之責之保險也（保135-1）。

四、損害保險與定額保險

保險依被保險人所受損害是否具客觀價格之不同，可分為損害保險與定額保險：

（一）損害保險

又稱損害填補保險。即被保險人所受損害具客觀價格之保險。各種財產保險，以及健康保險、傷害保險二者中之醫藥費用險，約定按支出憑證給付者屬之。此種保險，於發生保險事故時，保險人只就被保險人所受之實際損害額為賠償，如為一部保險，則依投保比例算付之。蓋保險之目的，在補償被保險人之損失，而非給予被保險人利益，自不得於實際損害之外，多所給予也。

損害填補，係保險之基本法理，保險法關於：1.禁止超額保險（保72後段、76、169）；2.禁止超額複保險（保36～38）；及3.保險人享有代位權（保53）等規定，均係基於此而設。學理上統稱此項法理為「禁止不當得利原則」。

（二）定額保險

又稱定額給付保險。即被保險人所受損害不具客觀價格之保險。各種人身保險，除約定按實際支出之憑證給付保險金額之部分（例如實支實付型之殯葬費、疾病醫療費、分娩費、住院費等保險），屬損害填補性質者外，均屬之。此種保險，於發生保險事故時，保險人應依保險契約上之定額為賠償，無庸審查被保險人之實際損害為若干。蓋在理論上，人身無價，既無法計算客觀之實際損害額，亦無補償超過之觀念也。

定額保險，本於人身無價之理論，在技術上只有定額之問題，而無全部或一部保險之觀念；又雖在實務上，保險業者，就人身保險，設有最高保險金額之限制，且因不同之人身而分高低。但此係承保之限額，非人身之價額，故定額保險，亦無超額保險之問題，我國保險法對之未如火災保險，設有禁止超額保險

之規定（保72後段、76），即此理由；此外，我國保險法係以本人為人身保險之被保險人（保101、125、131、135-1），無由他人（指對於人身之保險利益之享有者）為被保險人之餘地，故亦無超額複保險之可能，關於禁止超額複保險之規定（保38），亦無其適用；最後，定額保險之保險人，不得代位行使「被保險人」對於第三人之損失賠償請求權，而無保險法第53條規定之適用，則乃人身無價理論之所當然，而不待言。惟須注意者，定額保險，本質上仍屬抽象性之損害填補，只是不發生不當得利之問題，與「禁止不當得利原則」並不相衝突，不可誤解。

五、原保險與再保險

保險就其轉保之情形，可分為原保險與再保險：

（一）原保險

又稱第一次保險或一般保險。指一般人所投保之保險。原保險係再保險之對應名詞，於未為再保險之情形，即無原保險之稱謂。

（二）再保險

又稱第二次保險或轉保險。指原保險人以其所承保之危險，轉向再保險人投保之保險（保39）。再保險之目的在減輕（一部再保險）或免除（全部再保險）原保險人之賠償責任，對於原保險保險業之經營，具有安定之作用。其次，經由再保險，更可擴大危險共同團體之人數，使分散危險更加徹底。

第二章

保險法

第一節　保險法之意義

保險法（insurance law）者，規範營利保險之保險契約及保險業之民事特別法也。析言之：

一、保險法係規範營利保險之法

保險可分以營利為目的而經營之營利保險，及非以營利為目的而經營之非營利保險，前曾言之。我國保險法以營利保險為規範目標，但因保險合作社，於謀社員經濟之利益及生活之改善（合社法1）範圍內，仍不脫營利保險之性質，故兼及之。至於社會保險則非屬我國保險法規範之範圍（保174）。

二、保險法係規範保險契約及保險業之法

與保險有關之法律，性質上有保險私法與保險公法之分。保險私法，指規範保險契約之法律；保險公法，指規範保險業及各種社會保險之法律。關於保險契約法與保險業法，我國原係採分別立法之原則，除保險法（民國18年12月公布，26年1月修正）外，復訂有保險業法（民國24年7月公布，26年1月修正）及保險

業法施行法（民國26年11月公布），惟均未施行。迨民國52年，修正保險法時，為便於適用，爰將原訂保險業法之大部分規定，納入保險法之中，於同年9月2日公布，同日施行。嗣後歷經多次修正，均維持此一體例。我保險法乃混合保險公法與保險私法，而為規範保險契約與保險業之法。

三、保險法係民事特別法

我國採民商合一之立法，商事行為包括於民事行為之內，因此僅制定一部民法，別無商法典。保險法（私法部分）係民法各種之債之單獨立法，就民法言，居於特別法之地位，凡保險關係，應優先適用保險法，保險法未規定者，則須適用民法。保險法雖有其特殊性，惟在論述上，仍不得自外於我國民法之規定。

第二節　保險法之特性

保險法具有下列之特性：

一、技術性

保險業之經營，以數理之計算為基礎，舉凡保險費率、責任準備金、保單價值準備金、解約金、安定基金、保險價額、賠償金額，均有賴精細之統計或鑑定；又保險以「保險事故」為要素，保險事故如何區分、保險事故與被保險人相關之程度、各種保險條款之設計，均須經深度之計算、分析與研究。保險法在背景上，無不存在此等技術問題，欲徹底瞭解保險法之內涵，並不容易。惟因保險法本文，未包括各項技術細節，致技術性色彩，並未特別彰顯。

二、道德性

　　保險之機能，在防患不可預料或不可抗力之事故（保1）。因此，非屬不可預料或不可抗力之事故者，例如被保險人之欺罔（保64）、對於保險標的物未盡約定保護責任（保98）、被保險人故意自殺（保109Ⅰ）、被保險人因犯罪處死或拒捕或越獄致死（保109Ⅲ）、受益人故意致被保險人於死（保121Ⅰ、Ⅱ）、要保人故意致被保險人於死（保121Ⅲ）、被保險人超齡低報（保122Ⅰ）、被保險人故意自殺或墮胎所致疾病殘廢流產或死亡（保128）、被保險人故意自殺或因犯罪行為所致傷害殘廢或死亡（保133）、受益人故意傷害被保險人（保134Ⅰ）等所致之損害，如仍令保險人負給付保險金額之責任，即與保險意旨有違，自應予以排除。此外，被保險人或要保人之救助標的物，既便利有效，且有利於保險人及社會，應予鼓勵（保33）。保險法上此類規定，足以顯示保險法係一道德性極高之法律。保險法之道德性，又稱為倫理性，外國法上所謂保險契約係基於最大善意（utmost good faith）之契約（例如英國1906年海上保險法第17條規定：「海上保險契約係基於最大善意之契約；當事人之一方違反最大善意時，他方得解除契約。」），亦指此而言。

三、強行性

　　保險法雖以營利保險為規範對象，且為債的契約法之一種，理應屬任意法之性質，但因保險具有安定社會之作用，故設有相當多之強行規定，突顯保險法之強行性。綜觀保險法上之強行規定，性質上可分為二類：一為片面之強行規定，指得為要保人或被保險人之利益而變更，但不得為保險人之利益而變更之強行規定。依保險法第54條第1項規定：「本法之強制（應是「強行」之

誤）規定，不得以契約變更之。但有利於被保險人者（應是要保人或被保險人），不在此限。」可知，凡涉及要保人或被保險人之利益，我保險法上之強制及禁止規定，均屬片面之強行規定。另一為全面之強行規定，指不論是否有利於要保人或被保險人，均不得變更之強行規定。例如關於保險費之交付（保1）、保險利益之存在（保17）、被保險人（法條規定為要保人）之說明義務（保64）、及前項所述各項道德性之規定等是。要之，屬保險之成立基礎或保險契約之成立要件之規定，均不容當事人變更之，蓋其變更後，已不成為保險矣！保險法之強行性，又稱為「保險法之嚴格性」（Die Strenge des Versicherungsrechts）。

四、國際性

保險法雖為國內法，但由全人類參加構成一個危險共同團體，係最理想之保險機制，國際再保險契約，具有達成此一目標之轉化作用；又國際旅遊及國際貿易，加重保險之涉外性，使各國保險法相互產生影響，尤其在海上保險、航空保險、及其他新生險種之保單條款，各國均相互沿用。國際上早在1960年4月，即有以統一保險法為宗旨之「國際保險法學會」（International Association for Insurance Law）之成立。保險法在前瞻上，將成為國際性之法律。

第三節　保險法之法系

世界各國之保險法，依其承襲之關係，可分為三大法系：

一、法國法系

即承襲法國法之系統。其最初之發展情形，就海上保險言，

法國早於1681年「海事條例」（L'ordonnance sur la marine）第三編，即設有海上保險之規定，至1807年「商法典」（Code de commerce）第二編海商第九章保險（內分保險契約之方式與標的、保險人及被保險人之義務、委付等三節，共65條），已是相當完整之海上保險法。此法系之國家，大抵係自承襲此之海上保險法而始。就陸上保險言，昔日陸上保險尚未發達，法國除其民法第196條就射倖契約設有規定外，並無陸上保險之立法，迨20世紀初，始因應經濟進步之需要，著手制定陸上保險之法律，至1930年完成保險契約法（Loi sur le contrat d'assurance），於同年7月13日公布施行。本法全文86條，分為四章：第一章為一般規定（內分：第一節總則，第二節保險契約之證據、保險單之方式及轉讓，第三節保險人與要保人之義務、無效、解除，第四節時效），第二章為損害保險（內分：第一節總則，第二節火災保險，第三節雹害保險及家畜死亡保險，第四節責任保險），第三章為人身保險（內分：第一節總則，第二節生命保險），第四章為程序規定。除再保險尚未規定及之外，幾已包括陸上保險之全般規定。尤以其第2條規定，除其所列舉之22個條文外，其餘規定均不得以契約變更之，堪為保險法強行性之典範，最值注意。本法經多次修正，施行迄今。最後，在保險業之監督方面，法國於1905年3月即頒有保險業監督法，嗣又於1922年3月、1938年6月、1946年4月，先後訂頒有其他有關保險業監督事項之法令。[6]

　　屬於此法系之國家，例如比利時（1874年商法）、義大利（1882年商法、1942年民法）、葡萄牙（1888年商法）、西班牙

---

[6]　張國鍵，商事法論（保險法），27頁；林咏榮，新版商事法新詮（下），303～304頁；鄭玉波，保險法論，37～38頁。

（1889年商法）、土耳其（現行保險契約法）等是。[7]

二、德國法系

即承襲德國法之系統。其最初之發展情形，在海上保險方面，德國雖早在1701年漢堡市之保險及海損條例，以及普魯士1766年之保險條例與1794年之普通法，即有關於海上保險之規定。但真正為各國海上保險立法藍本者，則為1897年之商法典第四編海商第十章航海危險之保險。該章共有120條，分為七節：第一節總則，第二節契約訂立時之告知，第三節被保險人基於保險契約之義務，第四節危險之範圍，第五節損害之範圍，第六節損害之給付，第七節保險契約之解除及保險費之返還。相當具體而詳細。其次，在陸上保險方面，為各國仿照之模範者，乃1908年之保險契約法（Gesetz uber den Versicherungsvertrag）。本法共194條，分為五章：第一章為各種保險之共通規定（內分：第一節總則，第二節告知義務與危險增加，第三節保險費，第四節保險代理人）；第二章為損害保險（內分：第一節通則，第二節火災保險，第三節雹害保險，第四節家畜保險，第五節運送保險，第六節責任保險）；第三章為人壽保險；第四章為傷害保險；第五章為附則。本法與瑞士1908年保險契約法，共被推為20世紀初葉陸上保險統一法典之先驅，後經多次修正，漸次加入強行規定，施行迄今。至於在保險業之監督方面，則有1901年之民營保險業監督法，1931年之民營保險企業及建築銀行法及再保險監督條例。亦均經多次修正，以迄於今。[8]

7　張國鍵，商事法論（保險法），27～28頁；林咏榮，新版商事法新詮（下），304頁；鄭玉波，保險法論，38頁。

8　張國鍵，商事法論（保險法），28頁；林咏榮，新版商事法新詮（下），304～305頁；鄭玉波，保險法論，38～39頁。

　　屬於此法系之國家，例如瑞士（1908年保險契約法）、奧地利（1917年保險契約法）、蘇俄（1923年民法第367條至398條）、瑞典（1927年保險契約法）、丹麥（1930年保險契約法）、挪威（1930年保險契約法）、日本（1899年商法嗣後修正內容）、意大利（1942年民法及航行法）等是。[9]

三、英美法系

　　即承襲英美法之系統。按英國原係不成文法國家，保險發達雖早，但只有慣例及判例，可為依據，美國亦同。但英國自18世紀中葉起，美國自19世紀後半期始，則陸續完成相當數量之保險制定法。在英國，關於海上保險，始自1756年曼斯菲爾德法官（Lord Mansfield）將歐陸之海事條例及國際慣例，整編成海上保險法草案，於1788年完成立法，至1906年又以其為基礎，另行制定一部更完整之海上保險法（The Marine Insurance Act 1906）。此法共94條，分為：通則、保險利益、保險價額、告知及陳述、保險契約、複保險、特約條款、航程、契約之轉讓、保險費、滅失及委付、局部損害、賠償之數額、保險人在給付保險金後之權利、保險費之返還、相互保險、補充條款等17節，幾已包括海上保險之全部有關事項，美國及後世各國之海上保險法，多繼受自本法。關於陸上保險，主要之制定法有：1.1774年之人壽保險法（Life Assurance Act 1774）及火災預防法（Fires Prevention Metropolis Act 1774）；2.1867年之保險契約法（Policies of Assurance Act 1867）；3.1923年之簡易人壽保險法（The Industrial Assurance Act 1923）；4.1930年之第三人權利保險法

9　鄭玉波，保險法論，39頁；張國鍵，商事法論（保險法），28頁；林咏榮，新版商事法新詮（下），304～307頁。

（Third Parties Right against Insurance Act 1930）。至於保險業之
監督方面，主要之制定法則有：1.1774年之賭博法（Gambling Act
1774）；2.1909年之保險公司法（Insurance Companies Act
1909），本法嗣經多次修正，施行至今；3.1933年及1935年之保
險公司解散法。[10]

　　在美國，因關於商事之立法權，不在聯邦議會，故各州各有
其保險法之制定法；又各州之保險制定法，除加州、北答克達、
南答克達、及蒙塔那等四州，係以保險契約法為中心外，大抵均
屬公法私法混合，且重在保險業之監督之體制。其中最為完備而
為各州保險法之模範者，乃紐約州保險法，內容包括：保險官署
之組織，保險公司之設立許可、撤銷、合併及其資產運用之管
制，代理人及經紀人之許可及撤銷，保險費及費率算定機構之統
制，保險公司之報告義務與定期檢查以及課稅等事項，分為18
章，共631條。[11]

　　屬於此法系之國家，主要為大英國協諸國，此外戰後受美國
管轄之國家（例如菲律賓），亦屬之。

第四節　我國之保險法

　　分散危險之觀念，並非外國之產物，相傳古時依賴長江運送
貨物之商人，已知分散多船裝載，以避免集中於一船而發生全部
損失之危險。但保險之法制，則係因鴉片戰爭，海禁大開，外人

10　林咏榮，新版商事法新詮（下），307頁；鄭玉波，保險法論，39頁；張國
　　鍵，商事法論（保險法），30～31頁。
11　林咏榮，新版商事法新詮（下），307頁；張國鍵，商事法論（保險法），31
　　頁；鄭玉波，保險法論，40頁。

於我國通商大埠設立保險公司而輸入。當初，清廷尚無有關保險之律例，至光緒29年，始由載振、伍廷芳等人起草大清商律，惟內容極為簡陋，旋又聘日人志田鉀太郎，參照日本商法，於光緒34年，擬成大清商律草案總則及商行為二編，其商行為編第七、八兩章，為損害保險及生命保險，共57條，但未頒行。[12]

民國以後，北京政府修訂法律館法籍顧問愛斯加拉（J. Escarra），曾完成保險契約法一種，內分四章，共109條，但未採而立法。迨國民政府奠都南京後，設立法院，積極審議法案，民國18年11月立法院商法起草委員會完成保險契約法草案，提經該院會議討論，結果將法案名稱內「契約」兩字刪去，改名為「保險法」，是年12月30日由國民政府公布，全文82條，分為三章：第一章總則，**第二章損害保險**，第三章人身保險，但未施行。至民國25年，立法院對上述保險法進行修正之討論，起初以第二章損害保險，不能包括保險標的「滅失」之意義在內，且與傷害保險在字面上不免混淆，爰改之為「財產保險」；嗣以財產保險不能包括無形之責任及利益在內，並為與民法上損害賠償之觀念相區別，又將其改為「損失保險」，於民國26年1月11日修正公布，全文為98條，分為四章，第一章總則，**第二章損失保險**，第三章人身保險，第四章附則。但亦未施行。另關於保險業之監督方面，國民政府曾於民國24年7月5日公布「保險業法」，全文80條，民國26年1月11日修正公布，嗣又於民國26年11月公布「保險業法施行法」，但均未施行。迨民國32年12月25日，行政院為因應戰時監督保險業之需要，遂先行訂頒「**戰時保險業管理辦法**」，民國35年11月13日再加修正，全文25條。我國於保險法及

12　林咏榮，新版商事法新詮（下），307頁；張國鍵，商事法論（保險法），32～33頁。

保險業法均未付諸施行以前，先有保險業之命令規範，堪為一特色。[13]

　　政府遷臺以來，營利保險大為發展，行政院遂根據保險理論，參酌各國法例，並徵詢台北市保險商業同業公會及專家之意見，認為「保險法」與「保險業法」，係屬一事兩法，不如合而為一，較方便施行，爰將前述保險業法中，必須以法律規定之部分，併入保險法中，送請立法院一併修正，於民國52年9月2日，由總統公布，同日施行，全文成為178條，分為六章：第一章總則，第二章保險契約，第三章財產保險，第四章人身保險，第五章保險業，第六章附則。我國之保險法制正式開始。嗣經63年11月30日起至110年5月26日止，計31次修正公布，是為現行保險法。

　　我國之保險法，在淵源上，與日本法關係密切，一般認為大體上應屬於德國法系。但觀其內容，實與德國法及日本法，相去甚遠；且自民國52年正式施行以來，在保險觀念上、保險公司之經營上、及保單條款之採用上，又頗受英美之影響，尤以民國81年2月26日起，歷次關於保險業部分之修正，受美制影響更深。因此，我國保險法，實已難謂係屬何一法系。

　　最後，以上所述者，係我國陸上營利保險法制形成之情形，至於海上保險，則自民國18年12月30日國民政府公布海商法始，即為海商法之一章，其法制之形成，應與海商法一併敘述。惟民國52年修正保險法時，以海上保險亦為財產保險之一種，為求保險法之完整，特於第三章財產保險中，增訂第二節海上保險，但

---

[13] 林咏榮，新版商事法新詮（下），307～308頁；張國鍵，商事法論（保險法），33頁。

所設條文僅二，一為：「海上保險人對於保險標的物，除契約另有規定外，因海上一切事變及災害所生之毀損、滅失及費用，負賠償之責。」（保83）一為：「關於海上保險，適用海商法上保險章之規定。」（保84）亦即關於海上保險法之內容，仍依海商法之規定。本書基於內容完整之考慮，所述之海上保險，亦包括海商法上之規定在內。

第三章

保險契約

第一節　保險契約之意義

「本法所稱保險，謂當事人約定，一方交付保險費於他方，他方對於因不可預料，或不可抗力之事故所致之損害，負擔賠償財物之行為。」（保1 I）「根據前項所訂之契約，稱為保險契約。」（保1 II）是為我國保險法對於保險契約之定義。惟查本條規定可議之處有四：其一，第1項所稱之「行為」，在法律上當然係指法律行為中之雙方行為，亦即契約而言，質言之，第1項規定本身即足為保險契約之定義，第2項規定，似屬多餘。立法者疑係將「契約」誤解為「書面」，此證諸保險法第44條之規定更明。其二，保險人給付之標的，係「保險金額」，此觀諸保險法第55條第5款，以保險金額為基本條款之內容自明。雖當事人非不得以特約條款，約定以實物或回復原狀為給付（保66），但其乃少數之例外，本條規定曰賠償「財物」，將例外情形列為原則規定，似有未洽。其三，保險人之給付保險金額，係一種依契約給付之義務，因外在之事故而發生，不以被保險人遭受損害（例如生存保險，被保險人並未遭受損害）及保險人之故意過失為要件，雖仍屬民法上約定損害賠償責任之一種，本條稱…所致之「損

害」，負擔「賠償」財物云云，亦非不能理解，但能否正確表達其依約給付之性質，亦待斟酌。其四，保險人應依約給付保險金額之事故，須具備如何之要件，乃保險人責任之細節，我國保險法第29條就此下位內容已設有明文規定，而於其他條文則均使用上位名詞「保險事故」（見保4、23、35、55③、73Ⅲ、81、82Ⅳ、95-2、95-3、108③，另保2、98Ⅱ使用「危險事故」，應予修正），則於就更上位之「保險契約」下定義時，自更應使用「保險事故」為妥。本條「不可預料或不可抗力之事故」等語，不如以「保險事故」稱之。是則，保險法第1條規定，似宜修正或理解為：「本法所稱保險，謂當事人約定，一方交付保險費於他方，他方於保險事故發生時，依約給付保險金額之契約。」[14]申言之：

一、當事人約定

　　保險係由當事人約定而成立，所謂當事人，指要保人及保險人，故保險為雙方行為，亦即契約。民法債編通則有關契約之規定（例如要約、承諾、契約之解除、終止、第三人利益契約等規定），以及民法總則編有關法律行為之規定（例如行為能力、意思表示、條件與期限、代理、無效撤銷與效力未定等規定），於保險當然有其適用。

　　保險之當事人，一方為要保人，一方為保險人。要保人得為自然人，亦得為法人。但保險人則以法人為限，自然人不與焉，且除依其他法律規定或經主管機關核准設立者外，以股份有限公

---

[14] 施文森，保險法總論，4～5頁，對保險法第1條規定，有5點批評，並將其文字修改為：「本法所稱保險，謂當事人約定一方交付保險費於他方，他方同意於特定事故發生時，依約負給付義務之契約。」

司或合作社為限（保136Ⅰ）。又要保人得為外國人，但保險人須為依我國法律設立之法人或機構。本國人向外國保險人投保所訂立之保險契約，為外國之保險契約，無我國保險法之適用；惟本國人或外國人向外國人在台設立之保險公司或合作社或分公司或分社投保，所訂立之保險契約，則為我國之保險契約，應適用我國保險法之規定，而不待言。

二、一方交付保險費於他方

此之一方，為要保人，任何人均得為要保人，其以他人之保險利益投保者，乃為他人利益而訂立之保險契約（保45），以自己之保險利益投保者，則係為自己利益而訂立之保險契約。保險契約須約定由要保人交付保險費於保險人。所謂「保險費」，乃要保人要求保險人承擔危險所應支付之對價。所謂「交付」，衡諸保險並非「現實交易」之本質，似應解為以「約定交付」為已足，惟依我國保險法第21條之用語觀之，立法者似有以保險費之交付為保險契約之特別生效要件之意，以致學者解釋不一，詳如後述。保險費固應由要保人依契約規定交付（保22Ⅰ），但任何人基於無因管理，均得代要保人交付保險費，乃屬當然，我國保險法第115條規定：「利害關係人，均得代要保人交付保險費。」不過就人壽保險之情形並對「利害關係人」加以提醒而已。又要保人若逾期不交付保險費，保險人自得請求交付，訴訟外或訴訟上之請求，均得為之；亦得依約定事由解除或終止保險契約，未約定者，則可依民法關於解除契約之規定（民254～256），解除保險契約。但我國保險法對於人壽保險費之交付，設有：1.不得以訴訟請求（保117Ⅰ）[15]；2.保險費到期未交付者，除契約另有

---

[15] 人壽保險之保險費，不論係約定一次總數（即躉繳）或分期繳納，依保險法第

訂定外，經催告到達後逾30日仍不交付時，保險契約之效力停止
（保116 I），得於2年後終止契約（保116 V）；或依保險契約所
載條件減少保險金額或年金（保117 II）等特別規定。

三、他方於保險事故發生時依約給付保險金額

此之他方，為保險人。保險契約須約定保險人於保險事故發
生時依約給付保險金額。所謂「保險事故」，指保險契約所定之
不可預料或不可抗力之事故（保29 I）。不可預料者，不確定是
否發生也；不可抗力者，人力無法抗拒其發生也；事故者，足以
使被保險人之保險利益或人身遭受損害之事件，或滿期仍生存
（即死亡之不發生）之事實也。所謂保險金額，於此係指保險人
於保險事故發生時依保險契約規定應給付之保險金額[16]，在損害

21條之立法意旨觀之，似須俟躉繳保險費或第一期保險費現實交付後，保險契
約始生效力，是要保人如不交付保險費，保險契約根本未生效，保險人自無請
求保險費之權利，則不得以訴訟請求者，應以分期繳納之第二期以下之保險費
為限；其謂「保險費到期未交付者」（保116 I），自亦係指第二期以下之保
險費，而不待言。

[16] 「保險金額」有約定之保險金額與應給付之保險金額之分，究係指何者，應依
各個條文之意旨定之。但我國保險法對於應給付之保險金額，有稱為「賠償金
額」者（見保33 I、34、53 I、60 II、73 III、78、82 II、94、95），亦有稱為
「保險金額」者（見保101、109、110、112、113、117 II、121 II III、123 I、
125 I、127、128、131 I、132③、133、134 I）。依其在人身保險均未以
「賠償金額」為語之情形觀之，立法者使用「賠償金額」乙詞之目的，當係在
表明財產保險之約定保險金額與應給付之保險金額，未必一致之觀念，此從民
國52年修正保險法時，將第34條「保險金額」乙詞，修正為「賠償金額」，財
政部修正理由謂：「保險人之賠償，在火災、運送意外等保險係按損失額給
付，非一定為保險金額之全部，而在人壽保險則係按約定保險金額給付，原條
文顯不適用於火災等保險，故將保險金額修正為賠償金額。」可得證明。實
則，不論應給付之保險金額與約定之保險金額，是否相等，均不妨稱之為「應
給付（保34 I 稱「應付」）之保險金額」，另創「賠償金額」乙詞，不過增加
負擔而已；且查第33條第1項、第34條及第60條第2項，屬保險法總則之規定，
對財產保險及人身保險又均有其適用，則立法者於此3條文中使用「賠償金

保險，為損失額乘以投保比例（保險金額÷保險標的物之價值）
（保77）所得之數額；在定額保險，即為約定之保險金額。所謂
「依約」給付，指依約定之保險金額計算或依約定數額，於約定
之期限為給付[17]。應給付之保險金額，在損害保險應給付於被保
險人；在非死亡保險之定額保險，亦應給付於被保險人。但在死
亡保險之定額保險，則應給付於受益人，未指定受益人者，則屬
於被保險人之遺產（保113），應交付於其繼承人。

第二節　保險契約之性質

我國保險法上之保險契約，具有下列性質：

一、保險契約係雙務契約

雙務契約（bilateral contract）者，當事人雙方互負對價關係
之債務之契約也。保險契約之要保人與保險人互負有對價關係之
債務，而為雙務契約，學者並無異說。惟對於要保人所負「交付
保險費」債務之對價，亦即保險人所負之債務為何？則見解不

額」乙詞，亦非正確。是不如一律修正以「應（給）付之保險金額」謂之，以
免困擾。

[17]　保險人所負者係「於保險事故發生時依約給付保險金額」之責任，可概稱為
「保險責任」（保58），惟其並非因保險人之故意或過失致被保險人受有損害
而須予賠償之責任，亦即保險責任係屬依約給付之一種約定賠償責任，其應表
達之重點在依約給付，不在賠償二字，此項性質並不因財產保險抑或人身保險
之不同而異。我國保險法於人身保險，稱之曰「給付保險金額之責（或責
任）」（見保101、109 I III、121 III、125 I、127、128、131 I、133），洵屬
正確。惟於人身保險以外之條文，則規定為：「賠償責任」、「賠償總額」、
「賠償請求權」、「賠償之責」、「享受賠償」、「計算賠償」或「賠償」
（見保29、30、31、32、38、40、70 I、71 I、73 II III、75、82 IV、83、85、
90、95-1、98、99）。此種區別，既無保險法上之理由，又與保險責任之性質
不一致，用語似宜統一。

一，可分為二說[18]：

（一）金錢給付說

認為要保人「交付保險費」債務之對價，乃保險人「給付保險金額」之債務。惟因此項債務，係於「保險事故發生時」，始須給付，主此說者遂又分為二：一說以為保險事故之發生，係保險契約本身之停止條件，故保險契約係「附停止條件之雙務契約」；一說認為保險事故之發生，係給付保險金額之停止條件，而非保險契約本身之停止條件，故保險契約係「附給付之停止條件之雙務契約」。以後者為主此說者之通說。蓋若依前者，則於保險契約成立後保險事故發生前，保險契約雖尚未生效，要保人已須負「交付保險費」之債務，於法顯有未合。而依後者，保險契約既已生效，謂要保人負有「交付保險費」之債務，保險人則負有「給付保險金額」之債務，不過保險人之給付附有停止條件而已，不生法律上之困難也。從而，依金錢給付說之通說，保險人「給付保險金額」之債務，自其債權人（指被保險人或受益人）之立場言，於保險事故發生前，係一種「給付保險金額之期待利益」，於保險事故發生後，則為「給付保險金額之債權」。

（二）危險承擔說

認為要保人「交付保險費」債務之對價，乃保險人「承擔危險」之債務。此項債務自保險契約生效時即發生，因有此項債務之存在，要保人始自始須負交付保險費之債務，又因給付保險金額，乃承擔危險之當然效果，故於保險事故（即危險）發生時，保險人須給付保險金額。

以上二說，各有其理由，學者採金錢給付說者有之[19]，採危

---

[18]　江朝國，保險法基礎理論，38～39頁。

險承擔說者有之[20]。[21]實則，二說僅在保險人債務之標的上有所不
同，在效果上並無甚差異。蓋對於保險期間屆滿而保險事故未發
生時，保險人無庸給付保險金額，但何以可取得保險費之理由，
金錢給付說謂係因保險人已提供「給付保險金額之期待利益」之
對價，而危險承擔說則謂係因保險人已提供「承擔危險」之對
價[22]。要之，於保險事故發生前，保險人提供者均係抽象性之對
價，謂為「給付保險金額之期待利益」，或「承擔危險」，並無
多大差別；而在保險事故發生後，抽象之「承擔危險」已轉化為
實際之「給付保險金額」債務，則二說之效果更已如一。惟查保
險費之多寡，係相對於危險之多少而決定，此觀諸我國保險法第
64條第2項前段規定，要保人違反據實說明之義務，足以變更或減
少保險人對於「危險」之估計者（意即保險人依要保人說明不實
之危險所估計之「保險費」，與其實際承擔之「危險」，在對價
上不相平衡），保險人得解除契約，其危險發生後亦同；以及第
59條、第60條、第26條等規定，「危險」增加或減少時，保險人
或要保人得提議另定或請求減少「保險費」，要保人對於另定保
險費不同意者，保險契約即為終止，保險人不同意減少保險費

19　鄭玉波，保險法論，48頁。

20　江朝國，保險法基礎理論，39頁。

21　施文森，保險法總論，68頁，亦提及承擔危險一語，謂：「保險契約為有償契
　　約，要保人對於保險人承擔危險之承諾應付一定對價（Consideration）。」

22　因要保人違反據實說明之義務，而由保險人解除保險契約（保64Ⅱ），保險人
　　無須返還已收受之保險費（保25），似係基於處罰之目的而然，非因其係承擔
　　危險之對價之故。蓋契約之解除具有溯及之效力，保險人既自始無庸承擔危
　　險，則自無再謂保險費係承擔危險之對價之餘地也。惟江朝國，保險法基礎理
　　論，30～31頁，謂：「…且唯有危險承擔說方能解釋，為何於保險契約關係因
　　要保人未盡據實說明義務而保險人解除契約時（保64），保險人無須將已收受
　　之保險費返還（保25）。」

者，要保人得終止保險契約，即可明瞭[23]。是則，要保人「交付保險費」債務之對價，自應解為係保險人「承擔危險」之債務，亦即應採危險承擔說，方為正確。

須說明者，乃保險契約既為雙務契約，則在觀念上，民法債編關於雙務契約之規定（民264～267），對於保險契約亦應有其適用，乃當然之推理。惟因：1.保險法將保險費之交付，定為保險契約之特別生效要件（保21），欲保險契約之生效，要保人有先為給付保險費之義務，無適用民法第264條規定，對保險人提出同時履行抗辯之餘地。2.另依保險法規定，保險業於開始營業前，須先繳存「保證金」（保137、141～142）；營業後須提供資金，與其他保險業者，共同設置「財團法人安定基金」（保143-1、143-3）；就各個保險契約，更須依主管機關之規定，提存「準備金」（保145）；保險業資金之運用，受有相當之限制（保146～146-9）；又主管機關得隨時派員檢查保險業之業務及財務狀況，或令保險業於限期內報告營業狀況（保148），保險業每屆營業年度終了，應將其營業狀況連同資金運用情形，作成報告書，報請主管機關備查（保148-1）；另保險業違反法令、章程或有礙健全經營之虞時，主管機關得予以糾正或令其限期改善，並

---

[23] 保險法上有所謂「對價平衡之原則」（Aeguivalenzsprinzip），即要保人所交付之保險費，自始須與保險人所承擔之危險，具有對價關係且對價須平衡，並維持至保險期間屆滿。我國保險法第64條、第59條及第26條等，即係此一原則之具體規定。具體言之，保險法第64條規定之目的，在確定保險契約成立時之對價平衡關係，第59條及第26條之立法目的，則在維持保險期間內之對價平衡關係。所謂平衡，指保險費與分散危險所需之數額，在計算上為相當之謂。是自此意義言，保險契約雙務性之對價關係，實具有一定程度之「客觀性」，與一般債權雙務契約之對價關係，只須當事人主觀上認為堪為自己所負債務之代價即足（參見鄭玉波著，「民法債編總論」，三民書局印行，民國64年9月7版，28頁）之情形，稍有差別。

得視情況，對之為處分（保149～149-3）。是保險業，實難以發生「財產於訂約後顯形減少」之情事，且保險業既已「提出擔保」（指保證金、安定基金、準備金），又依保險法第143-3條第1項第3款規定：「保險業依第149條第3項規定被接管、勒令停業清理或命令解散，或經接管人依第149-2條第2項第4款規定向法院聲請重整時，安定基金於必要時應代該保險業墊付要保人、被保險人及受益人依有效契約所得為之請求，並就其墊付金額取得並行使該要保人、被保險人及受益人對該保險業之請求權。」則保險人似已無「難為對待給付之虞」，要保人當亦無適用民法第265條規定，對保險人提出不安抗辯之可能。3.此外，不論係要保人之「交付保險費」，或保險人於保險事故發生後之「給付保險金額」，均係金額貨幣之債，性質上為種類之債，不生給付不能之問題，民法第266條及第267條，關於雙務契約給付不能之效力之規定，於保險契約亦無適用。可知在實際上，民法債編關於雙務契約之規定，於保險契約均無適用[24]。

二、保險契約係有償契約

有償契約（Contract of valuable consideration）者，當事人須互為對價關係之給付之契約也。雙務契約之當事人，既互負對價關係之債務，則其契約必然具有「須互為對價關係之給付」之內

---

[24] 民法第255條關於定期債務給付遲延，債權人得解除契約之規定，屬一般契約效力之一部分，非專對雙務契約所為之規定。是我保險法第116條及第117條等，關於保險費（性質上為定期債務）給付遲延效力之規定，應係民法所定一般契約效力之特別規定，而非雙務契約效力之特別規定，不可相混。但江朝國，保險法基礎理論，39頁，謂：「保險契約為雙務契約，則民法債編有關雙務契約之規定自應亦適用於保險契約，但保險法有特別規定者另當別論。如民法上有關債之給付遲延之規定（民255）不適用於保險契約中，保險費遲延支付之情形保險法另有規定（保116）。」

容，故雙務契約必係有償契約[25]。保險契約為雙務契約，其為有償契約，自不待言。

買賣為最典型之有償契約，依民法第347條規定：「本節（按即買賣）規定，於買賣契約以外之有償契約準用之。但為其契約性質所不許者，不在此限。」保險契約係有償契約，一般又俗稱保險契約之訂定，為「買保險」或「賣保險」，感覺上頗似買賣。但查保險人所「賣」者係「承擔危險」，並非權利或物，買賣節中所設者，乃權利及物之瑕疵擔保、物之危險負擔、買回、特種買賣等規定（民345～397），性質上無一與保險契約相容，故並無適用之餘地。惟於保險事故發生後，保險人履行保險金額之給付時，如依特約或另訂協議，以實物代償，則就該代償部分，應有買賣規定之準用，併予敘明。

三、保險契約係要式契約

要式契約（formal contract）者，須依一定方式始能成立或生效之契約也。我國保險法上之保險契約，究為要式契約抑為不要式契約？學者解釋不一，實務見解亦見分歧。分言之：

---

[25] 有償契約與無償契約，應從「給付」上為觀察，亦即在契約內容上，雙方當事人須「互為對價關係之給付」者，即屬有償契約；而雙務契約與單務契約，則應從「債務」上為認定，亦即在負擔債務上，雙方當事人須「互負對價關係之債務」者，始為雙務契約。互負對價關係之債務者，將來必須互為對價關係之給付，故雙務契約必為有償契約。但必須互為對價關係之給付者，未必以互負對價關係之債務為前提，亦即有償契約，未必為雙務契約。例如附利息之消費借貸，借用人須支付利息，貸與人須交付貸與物，故為有償契約，但僅借用人一方負擔支付利息之債務，貸與人之交付貸與物則係消費借貸契約之成立要件（民474），並非負擔債務，故為單務契約是。此乃雙務契約與有償契約之區別所在。

（一）要式契約說

認為我國保險法所定之保險契約，為要式契約。主要論據有：1.依保險法第43條規定：「保險契約，應以保險單或暫保單為之。」此為強行規定，保險契約自為要式契約。2.保險法第44條規定：「保險契約，由保險人於同意要保人聲請後簽訂。」「利害關係人，均得向保險人請求保險契約之謄本。」以及第55條規定，保險契約應記載一定之事項（保險法第87條、第95-2條、第95-3條、第108條、第132條、第135-2條，復分就陸空保險、保證保險、人壽保險、傷害保險、年金保險等之保險契約，各設有其特別之應記載事項），均為保險契約係要式契約之證明。3.另依保險法第1條第2項規定：「根據前項所訂之契約，稱為保險契約。」配合其第1項規定觀之，可知立法者，在主觀上，確係認保險契約為要式契約無疑。[26]

（二）不要式契約說

認為我國保險法所定之保險契約，為不要式契約。主要論據有：1.保險契約為債權契約，故應為不要式契約。2.保險契約之內容，均由保險人預先擬定，要保人鮮有機會改變之，保險契約之要式性無存在之必要。3.保險契約若為要式契約，有違保險先進國（例如英、美、德、日）之立法。4.保險單或暫保單，只是保險契約存在之書面證據，而非成立或生效之要件。5.保險法施行

---

[26] 學者採要式契約說者，如：桂裕，保險法論，30頁（惟第112～114頁，關於保險通例之說明，則贊成不要式契約說）；鄭玉波，保險法論，48、72頁；林咏榮，新版商事法新詮（下），331頁；張國鍵，商事法論（保險法），42頁；最高法院判決採要式契約說者，如：53年台上字第3690號、54年台上字第2931號、56年台上字第3378號、69年台上字第246號、70年台上字第2818號等判決是。

細則第25條[27]（舊法為第27條）第2項規定：「財產保險之要保人在保險人簽發保險單或暫保單前，先交付保險費而發生應予賠償之保險事故時，保險人應負保險責任。」明顯不以簽發保險單或暫保單，為產物保險契約之生效要件；另第3項規定：「人壽保險人於同意承保前，得預收相當於第一期保險費之金額。保險人應負之保險責任，以保險人同意承保時，溯自預收相當於第一期保險費金額時開始。」亦非以簽發保險單或暫保單，為回溯生效之要件。足為保險契約非要式契約之證明。6.保險法第43條、第44條，應解為訓示規定；或依第54條但書規定，作有利於被保險人之變更，解為保險契約仍因當事人意思表示一致即成立生效，使保險法第43條之規定失去強制之作用；或進而以「補正解釋」之方法，將保險法第43條之規定，補正解釋為「保險契約之保險人，因要保人之請求，應交付保險單或暫保單。」[28]

　　本書以為，不要式契約說之各項論據，均屬似是而非。蓋：1.債權契約，亦有要式契約者，例如民法第422條前段所定，不動

---

[27] 保險法施行細則第25條規定，已於民國92年7月2日修正為第4條，第2項所定「產物保險」一語並修正為「財產保險」。

[28] 學者採不要式契約說者，如：施文森，保險法總論，113頁；梁宇賢，保險法新論，32頁；江朝國，保險法基礎理論，42頁；林勳發，保險法論著譯作選集，77頁；劉宗榮，新保險法，46～48頁。最高法院判決採不要式契約說者，如：64年台上字第177號、64年台上字第199號等判決是。另民國72年5月，司法院司法業務研究會第3期，就「保險契約當事人尚未訂立保險單或暫保單之書面契約前，保險契約是否成立？」之問題，進行研討，結論採不要式契約說，而司法院第一廳之研究意見，亦同意研討結論採不要式契約說，謂：「保險契約，係契約之一種，於雙方當事人意思表示一致時，契約即告成立，並非要式行為。保險單或暫保單之出給作成或交付，係契約成立後保險人應履行之義務，其作用雖可作為保險契約之證明，但並非謂保險契約之成立，以保險單之作成及交付為要件。」見「民事法律專題研究（二）」，司法周刊雜誌社印行，民國77年4月5版，580頁。

產之租賃契約，其期限逾一年者，應以字據為之，即屬債權契約之要式契約。謂保險契約係債權契約，故應為不要式契約，顯有誤會。2.定型化契約與要式契約，並無必然之關係。謂保險契約之內容，於契約訂定前皆已由保險人擬定而為依據，當事人之另一方鮮有機會改變之，故保險契約之要式性無存在之必要云云，似認保險契約係定型化契約，故應為不要式契約，或要式契約之當事人，均有機會改變契約之內容，不易理解。3.外國之保險契約，是否為不要式契約，係各該外國法制之問題，我國之保險契約，是否為不要式契約，則為我國法制之問題。以外國採不要式契約之立法例，即謂我國之保險契約，非屬要式契約，似非解釋我國法律之道。4.保險單或暫保單，為保險契約之證明，固無問題，惟若規定以之為保險契約之成立或生效要件，並非不可。謂保險單或暫保單，只是保險契約存在之書面證據，而非成立或生效之要件，顯係不考慮我保險法上之規定。5.保險法施行細則，係保險法之子法，其第25條第2項及第3項（按即現行保險法施行細則第4條第2項及第3項）規定，若違反保險法之規定，應屬無效。以違反母法之子法之規定，為解釋母法之依據，實屬不可。6.法律上之強行規定，有一定之規範方式，若非文理不明且有堅強之論理，不得強將其解為訓示規定。保險法第43條及第44條之規定，文理甚為明確，解為訓示規定，似缺乏論理上之依據；又保險法第54條第1項但書，係規定保險法上之強行規定，得於「契約上」作有利於被保險人之「變更」，不及於「解釋上」之「變更」，而同條第2項所定者，係保險契約「條款」之解釋問題，非保險法上「強行規定」之變更解釋問題。是所謂依保險法第54條第1項但書規定，作有利於被保險人之變更，解為保險契約仍因當事人意思表示一致即成立生效，使保險法第43條之規定，失去強

制之作用云云，亦難成立；再者，所謂補正解釋，姑不論其界線為何，必也以論理為基礎，其將保險法第43條，補正解釋為：「保險契約之保險人，因要保人之請求，應交付保險單或暫保單。」顯係基於保險契約，本質上係不要式契約之前提，而為論理之結果，並非解釋保險契約係要式契約抑不要式契約之理由。

　　實則，保險契約係要式契約抑不要式契約，以及對被保險人是否不利，並非本質之問題，而係法律規定之問題。又法律規定之解釋，有一定之限制[29]，逾越範圍之論述，係屬立法政策上之意見，不可混為一談。按保險法第43條：「保險契約，應以保險單或暫保單為之。」之規定，與民法上要式行為之規定方式（例如民422前段、758 II、904、1007、1050、1079 I 前段、1174 II），並無稍異，且徵諸同法第44條及第1條第2項規定之意旨，其文理更明，是在解釋論上，保險契約之為要式契約，實不容置疑。至於其操作之方式，參酌保險法第43條、第44條、第1條第2項、第55條（併各種保險契約特別應記載事項之各條規定）、以及保險法施行細則第4條第1項：「依本法第43條規定簽發保險單或暫保單，須與交付保險費全部或一部同時為之。」等規定，可知立法者之原意，似謂：1.保險契約即係保險單（按暫保單係代

29　法律規定之解釋，應先文理後論理，若文理已明，又無堅強之理由，不得為論理之解釋；至在得為論理解釋之情形，亦應遵守論理解釋之方法，不可恣意以自認之理由，強行歪曲法律之規定，而為解釋。惟在保險實務上，由於保險業者係以業務員「拉」保險為經營之主流方式，業務員為免要保人反悔，遂形成預收保險費之習慣（保險法施行細則第4條第2項及第3項，即係遷就此種習慣，為被保險人利益，所為之規定）。久之，此種預收保險費之拉保險方式，更被認為係保險契約當然之訂定方式，而忽略我國保險法規定之原意。學者且進而以保護被保險人利益之觀點，舉外國不要式保險契約之立法例，認保險契約本質應為不要式契約，而逕謂我國保險法上之保險契約為不要式契約。致使保險契約係要式契約抑不要式契約之問題，產生解釋論上混淆不清之情況。

替保險單），亦即保險單應以契約之格式出之。2.要保之申請，以及必要時之履勘標的物或身體檢查，只是簽訂保險契約前之預備手續，必須經保險人審核同意後，再由雙方於契約格式之保險單上簽字，始生效力。3.保險費不得於簽訂保險契約之前預先收取。此正係一般簽訂書面契約之方式，對被保險人，並無何不利之處。

要之，我國保險法上之保險契約，應否為不要式契約，係屬立法論之問題。而在立法論上，鑑於保險實務上，保險單條款，均須經主管機關審議通過，各有名稱或代號，要保人與保險人，無庸洽定保險單條款，只須就投保之險種名稱或代號，意思表示一致，雙方之權利義務，即可確定，採不要式契約，既無困難，亦不致因契約內容不定，而發生不利於被保險人之情事；又要保人填具要保申請書時，既須預繳保險費，若依要式契約，則於簽訂保險契約前，發生保險事故，保險人即無庸給付保險金額，此顯與一般人對於「買」保險之認識有所落差。雖目前有保險法施行細則第4條第2項及第3項，可資保護被保險人之利益，惟以子法推翻母法之要式規定，實不合法。是則，於保險法原定保險契約之要式性，無法貫徹之現實情形下，不如改採不要式規定，以免解釋之困擾[30]。

---

[30] 財政部委託「保險事業發展中心」研究，於民國81年8月31日完成之保險法修正草案建議條文，已基於保險契約本質上為非要式契約之觀念，將保險法第43條修正為：「保險契約成立後，保險人應出具保險單。」第44條修正為：「保險契約之利害關係人，得向保險人請求出具保險單之謄本。」另民國86年5月9日立法院通過之保險法部分條文修正案，原行政院修正條文中，亦將現行條文第43條修正為：「保險契約成立後，保險人應出具保險單。」「保險人於出具保險單前，已出給暫保單者，暫保單與保險單有同等效力。」其餘第44條、第55條、第87條、第95-2條、第95-3條、第108條、第129條、第132條、第135-2條等條亦配合修正為不要式之規定，但為立法院審查會所不採，謂：「行政院

四、保險契約係定型化契約

定型化契約（contract in set form）者，依照當事人一方預定用於同類契約之條款而訂定之契約（民247-1前段）。此當事人一方，是為企業經營者，與之訂定契約之一方當事人，是為消費者。亦即企業經營者為與不特定多數人訂立契約之用，而單方預先擬定之契約條款，而由消費者附合以之作為契約內容之全部或一部而訂定之契約也（消保法2⑨）。保險具有技術性，投保人數又眾多，為保險契約內容之保險單條款，頗難個案議定，且同一危險之保險，其內容千篇一律，亦無個案議定之必要。爰保險業者，均預先擬定各種保險單條款，訂定名稱或編號，供要保人選擇投保，各國皆然。保險契約為定型化契約，自無疑問。因企業經營者，每控制一定之市場，且擁有強勢之經濟地位，消費者無法與之討價還價，唯有附合之而訂約，故定型化契約，又稱附合契約，保險契約亦不例外。

定型化契約，既係由企業經營者單方預先擬定，則難免有不利消費者之規定。此時，若任其生效，則除有違契約自由之原則外，更非公平之道。爰各主要國家，對於定型化契約，均訂有限制規範。我國民法第247-1條、消費者保護法第二章第二節（第11條至第17-1條）「定型化契約」、消費者保護法施行細則第二章第二節（第9條至第15條）「定型化契約」，以及保險法第54條、第54-1條、第144條第1項等規定，即屬之。綜合其內容，可分：（一）契約內容之控制；（二）定型化契約條款之限制；（三）疑義條款之解釋等三方面述之：

修正條文規定之程序過於簡化，易使保險人與被保險人間發生爭執，故仍恢復現行條文，保險契約仍以書面為之。」三讀會採審查會之意見，致現行保險法上有關保險契約要式性之規定，均未修正。

（一）契約內容之控制

又可分行政上之控制及法律上之控制：

1. 行政上之控制

即依法令所定之行政上方法，以控制定型化契約之內容。其方法有三：

（1）公告應記載或不得記載之事項　「中央主管機關為預防消費糾紛，保護消費者權益，促進定型化契約之公平化，得選擇特定行業，擬定其定型化契約應記載或不得記載事項，報請行政院核定後公告之。」（消保17Ⅰ）「違反第一項公告之定型化契約，其定型化契約條款無效。該定型化契約之效力，依前條規定定之[31]。」（消保17Ⅳ）所謂中央主管機關，指中央之目的事業主管機關（消保6）。所謂定型化契約條款，「指企業經營者為與多數消費者訂立同類契約之用，所提出預先擬定之契約條款。定型化契約條款不限於書面，其以放映字幕、張貼、牌示、網際網路、或其他方法表示者，亦屬之。」（消保2⑦）。所謂違反第一項公告之定型化契約，指定型化契約之條款中，有違反中央主管機關就該特定行業所公告規定其定型化契約應記載或不得記載之事項者而言。所謂「其定型化契約條款無效」，指該違反應記載或不得記載之事項之條款無效而言。所謂「該定型化契約之效力，依前條規定定之」，亦即定型化契約之條款全部或一部違反

31　本段「該定型化契約之效力依前條規定定之。」係屬贅語。蓋第16條係定型化契約中之定型化契約條款，全部或一部無效或不構成契約內容之一部時，是否全部無效之一般規定，對於違反第17條第1項規定之無效，同有適用，並無疑問，無須再為明文也。立法者或係認為本條規定在後，故予提醒。惟觀我消費者保護法「定型化契約」乙節之條文，本無邏輯上之順序，以致其內容頗難理清，此處反為多餘之規定，難謂謹慎。

應記載或不得記載之事項而無效者，除去該部分，契約亦可成立者，該契約之其他部分仍為有效。但所餘條款對當事人之一方顯失公平者，該契約仍全部無效（消保16）。事實上，本段「該定型化契約之效力，依前條規定定之」，係屬多餘，蓋消費者保護法第16條係定型化契約條款，全部或一部無效或不構成契約內容之一部時，契約是否全部無效之一般規定，違反同法第17條第1項規定之無效，原即有其適用，並無疑問，無須再為明文也。

須說明者，定型化契約中之定型化契約條款，記載中央主管機關公告不得記載之事項者，其記載為無效，固無問題。惟其他符合應記載之事項之部分，是否即屬當然有效？依消費者保護法施行細則第15條規定：「定型化契約記載經中央主管機關公告應記載之事項者，仍有本法關於定型化契約規定之適用。」可知其仍有可能因違反消費者保護法之其他效力規定（例如消保11Ⅰ、12）而無效。

（2）隨時派員查核　「企業經營者使用定型化契約者，主管機關得隨時派員查核。」（消保17Ⅵ）此查核之對象，為定型化契約，不以中央主管機關公告有應記載或不得記載事項者為限，故就消費者保護法及其施行細則關於定型化契約之任何規定，及公告之應記載或不得記載事項，均可為查核。查核之目的，在命企業經營者修正不合規定之條款。自亦為行政上控制定型化契約內容之方法。

（3）主管機關規定銷售前應採行之程序　關於定型化保險契約，主管機關[32]於消費者保護法生效（民國83年1月13日）後，除

---

[32]　保險業之主管機關，於民國93年6月30日以前為「財政部」，民國93年7月1日至101年6月30日為「行政院金融監督管理委員會」，民國101年7月1日起更名

公告應記載及不得記載之事項（例如自用汽車保險定型化契約應記載及不得記載事項）外，更先後訂頒有各種保險單之**標準條文**（例如人壽保險單一般條款標準條文）或**示範條款**（例如團體一年定期人壽保險單示範條款、住院醫療費用保險單示範條款健康〔日額型、實支實付型〕、傷害保險單示範條款、旅行平安保險單示範條款、人壽保險單示範條款）或**定型化契約範本**（例如傳統型個人人壽保險定型化契約條款範本〔分紅保單、不分紅保單〕、自用汽車保險定型化契約範本）或**參考條款**（例如營業用汽車保險單參考條款），供保險業者採用，且更於保險法第144條第1項規定：「保險業之各種保險單條款、保險費及其他相關資料，由主管機關視各種保險之發展狀況，分別規定銷售前應採行之程序、審核及內容有錯誤、不實或違反規定之處置等事項之準則。」[33]亦屬行政上控制定型化保險契約內容之方法。

2. 法律上之控制

即依法律之效力規定，使違反之條款無效，以控制定型化契約之內容。其規定有四：

（1）**違反平等互惠原則之條款無效**　「企業經營者在定型化契約中所用之條款，應本平等互惠之原則。」（消保11Ⅰ）違反平等互惠原則，即係違反法律之強制規定，依民法第71條前段規定，本屬無效。但消費者保護法僅規定「推定其顯失公平」（消保12Ⅱ①），而無效（消保12Ⅰ），並無必要，詳如次款所述。

為「金融監督管理委員會」。

33　舊保險業管理辦法第25條規定：「各種保險費率、保險單條款、要保書及財政部指定之相關資料，均應先報經財政部核准始得出單；其變更修改時，亦同。但有國際性質且情形特殊之保險，應於出單前報財政部備查。」為行政上控制定型化保險契約內容之方法，更為明顯。

所謂平等互惠之原則，乃企業經營者所擬定之定型化契約條款，除為自己之正當利益外，須兼顧消費者之正當利益，不得使消費者遭受顯不相當之待遇之謂。依消費者保護法施行細則第14條規定，定型化契約條款，有下列情事之一者，為違反平等互惠原則：一、當事人間之給付與對待給付顯不相當者（例如保險人於保險契約中訂定不合理之「除外危險」條款，以致要保人交付之保險費與保險人承擔之危險，產生對價不平衡之情形；又如以一瓶價值5元之白水號稱為具特殊能量之奈波水，而訂定售價200元之價金條款）。二、消費者應負擔非其所能控制之危險者（例如支票存款約定書中所載：「本行對支票認為與存戶原留印鑑相符，憑票支付之後，如有因印鑑之偽造、變造、竊盜、詐欺或遺失等情事而發生之損失，本行概不負責。」之條款）。三、消費者違約時，應負擔顯不相當之賠償責任者（例如「遲延一日，賠償遲延價金十倍」之條款）。四、其他顯有不利於消費者之情形（例如信用卡定型化契約中所載：「有無收到本行繳費通知書，均應於繳款日繳款，不得以未收到繳款通知書為由延遲繳款。」之條款；「貨物出門，概不退換」之條款）。

（2）**違反誠信原則之條款無效**　「定型化契約中之條款違反誠信原則，對消費者顯失公平者，無效。」（消保12Ⅰ）誠信原則，誠實及信用之原則也，亦即民法第148條第2項規定：「行使權利，履行義務，應依誠實及信用方法。」所揭示之原則。所謂誠實，乃行為人光明之良心；所謂信用，則為相對人之信賴。不論行使權利之人，或履行義務之人，均應本於自己光明之良心，及尊重相對人正當之信賴，而為行使及履行，是謂誠信原則[34]。

---

[34]　關於誠信原則之解釋，請參見陳猷龍，民法總則，259～261頁。

違反誠信原則者，其行為原即無效（民148Ⅱ、71）。但依消費者
保護法第12條第1項規定，定型化契約中之條款，除違反誠信原則
外，尚須「對消費者顯失公平」者，始為無效。考其意旨，可能
之解釋有二：其一，係指違反誠信原則，而對消費者顯失公平
者，始為無效；若對企業經營者顯失公平者，則不使其無效[35]。
惟觀諸同條第2項所定各款顯失**公平**及第11條第1項**平等**互惠原
則，均係本於雙方公平、平等之精神所為之規定，似難為如此偏
重一方之解釋。其二，係謂違反誠信原則之外，尚須具備「對消
費者顯失公平」之要件者，始為無效；若雖違反誠信原則，但不
生「對消費者顯失公平」之情事者，則並不無效。惟按違反誠信
原則，本質上即具有對當事人之一方顯失公平之內涵，再以「對
消費者顯失公平」為無效之要件，顯屬多餘而混淆。是第12條第1
項「對消費者顯失公平」等語，實無必要。又同條第2項各款，均
係違反誠信原則態樣之一，根本無庸迂迴推定其為顯失公平，何
況第2項規定並未明定以違反誠信原則為前提，無法理解其與
第1項規定之關聯性為何？**第2項所定「推定其顯失公平」等語，
不如修正為「推定其違反誠信原則」，較為清楚。**此外，第11條第
1項，既已選擇平等互惠之原則而單獨為規定[36]，則第12條第2項

---

[35] 因所謂定型化契約中之條款違反誠信原則，係指依其條款所為之行為，必致違
反企業經營者光明之良心或消費者正當之信賴（此情形，當然對消費者顯失公
平）；或者違反消費者光明之良心或企業經營者正當之信賴（此情形，當然對
企業經營者顯失公平）而言。而定型化契約條款，係企業經營者所擬定，故發
生後者情形，可認係企業經營者自找，無使其條款無效之必要。是則，將消費
者保護法第12條第1項「違反誠信原則，對消費者顯失公平者，無效」，其中
「對消費者顯失公平」等語，解為不過係指明發生前者情形時，其條款始為無
效，亦言之成理。

[36] 按不違反公共利益及不以損害他人為主要目的，亦屬誠信原則之具體態樣，本
可包含於民法第148條第2項所定誠信原則之內，但民法為加重宣示，特擇之而
單獨規定於民法第148條第1項。基於此種立法方式，在消費者保護法，非不得

第1款似屬重複。

　　定型化契約條款，是否違反誠信原則，應依個案具體情形，斟酌契約之性質、締約目的、全部條款內容、交易習慣及其他情事判斷之（消保細則13）。此外，消費者保護法第12條第2項，就三種違反誠信原則可能態樣，明定為「推定其顯失公平」（應修正為「推定其違反誠信原則」，已如前述）：一、違反平等互惠原則者。此已見前述。二、條款與其所排除不予適用之任意規定之立法意旨顯相矛盾者。亦即該條款明示排除某項法令之任意規定，而呈現明顯與該任意規定之立法意旨互相矛盾之結果。例如保證債務具有從屬性，民法第742條：「主債務人所有之抗辯，保證人得主張之。主債務人拋棄其抗辯權者，保證人仍得主張之。」即係表彰從屬性之規定。此雖為任意規定，保證人非不得約定放棄其主張之權利，但一經拋棄，即失去保證債務之從屬性，成為獨立之負擔債務契約，而非從屬之保證契約（見立法理由）。故如定型化契約中關於保證人之條款，明示排除民法第742條之適用，即呈現明顯與保證債務之從屬性（民法第742條之立法意旨）互相矛盾之結果，則該條款應推定為違反誠信原則而無效是。三、契約之主要權利或義務，因受條款之限制，致契約之目的難以達成者。所謂契約之主要權利，指消費者之主要權利；所謂契約之主要義務，指企業經營者之主要義務。所謂契約之「主要」權利或義務，指契約之「目的性」權利或義務而言。例如住院契約，其主要目的在診療疾病，則就診療所生及與診療有關之權利或義務，即屬主要權利或義務，至於病患物品之保管或防患其免於遺失或被竊，即非病患或醫院之主要權利或義務。定型化

　　將平等互惠之原則，自誠信原則中提出而單獨為規定。惟既已為單獨規定，即不宜再列之為推定違反誠信原則之項目，以免混淆。

契約之條款，限制消費者之主要權利或企業經營者之主要義務，致契約之目的難以達成，例如旅行契約所載：「旅遊地之旅行社所致旅客之損害，由該旅行社直接對旅客負責，本公司隨團領隊負責協助處理。」之條款，限制旅客之主要權利及國內旅行社之主要義務，致由國內旅行社安排安全旅行之契約目的無法達成，應推定其違反誠信原則而無效是。

（3）違反保險法之強行規定而不利於被保險人之條款無效　關於定型化保險契約，依保險法第54條第1項規定：「本法之強制規定（按應係強制或禁止規定之誤）不得以契約變更之。但有利於被保險人者，不在此限。」亦即以保險法之強制或禁止規定為被保險人利益之最低標準，保險契約對於保險法之強制或禁止規定，得為較有利於被保險人之變更，但不得為較不利於被保險人之變更。違反此一規定之保險契約條款無效（民71）。

須說明者，法律規定，具有強行之立法目的者，有強制規定及禁止規定。前者乃法律命應為一定行為之規定；後者則為法律命不得為一定行為之規定。二者合稱為強行規定，強行之本質並無不同。保險法中可於保險契約為不利於要保人或被保險人之變更之「強制」規定（例如保17、21、22Ⅰ、24Ⅲ、26、27、28、31、33Ⅰ、34、43、51Ⅲ、56、58、59ⅠⅡⅢ、60、63、64Ⅰ、76Ⅱ、78、82ⅠⅢ、109、116Ⅰ、117Ⅲ、119Ⅰ前段、119Ⅱ、121、122Ⅲ、153等），應受保險法第54條第1項之限制，只能為有利於要保人或被保險人之變更，固無問題。即可於保險契約為不利於要保人或被保險人之變更之「禁止」規定（例如保24Ⅱ、41、42、54Ⅰ、64Ⅲ、103、112、118Ⅰ、119Ⅰ等），亦應同受限制，亦只能為有利於要保人或被保險人之變更，始為當然。保險法第54條第1項明文僅及於「強制」規定，係出於誤會，應修正

為「強制或禁止」規定。又查上開保險法之強制或禁止規定，除有關於被保險人之利益者外，亦頗多關於要保人之利益者（例如保21、22Ⅰ、24ⅡⅢ、26、27、28、41、58、59ⅡⅢ、63、64ⅠⅢ等），保險法第54條第1項但書規定僅及於「被保險人」，亦屬缺漏，應修正為「但有利於要保人或被保險人者，不在此限。」於修法之前，唯有將「強制」規定擴張解釋包括「禁止」規定，將「被保險人」擴張解釋包括「要保人」。

此外，法律行為違反強制或禁止規定者，除另有規定不以之為無效者外，為無效，民法第71條早有明揭，不待乎保險法第54條第1項前段再事禁止，是保險法第54條第1項規定之重點在於但書。而其但書規定，乃民法第71條但書所定「其規定並不以之為無效」之一種，因其規定，使保險契約之條款，雖違反保險法之強制或禁止規定，但有利於要保人或被保險人者，仍為有效。此正是「片面之強行規定」之所由發生者也。

（4）顯失公平之條款無效　依保險法第54-1條規定：「保險契約中有左列情事之一，依訂約時情形顯失公平者，該部分之約定無效：一、免除或減輕保險人依本法應負之義務者。二、使要保人、受益人或被保險人拋棄或限制其依本法所享之權利者。三、加重要保人或被保險人之義務者。四、其他於要保人、受益人或被保險人有重大不利益者。」另民法第247-1條亦設有相同之規定如下：「依照當事人一方預定用於同類契約之條款而訂定之契約，為左列各款之約定，按其情形顯失公平者，該部分約定無效：一、免除或減輕預定契約條款之當事人之責任者。二、加重他方當事人之責任者。三、使他方當事人拋棄權利或限制其行使權利者。四、其他於他方當事人有重大不利益者。」因保險法為民法之特別法，故關於保險契約條款之顯失公平而無效，應優先

適用保險法第54-1條之規定，自不待言。

　　保險契約之條款，除具備保險法第54-1條所定各款之內容外，尚必須「依訂約時情形顯失公平者」，始發生該部分之約定無效之效果。因此，雖具備保險法第54-1條所定各款之內容，但並無顯失公平之情事，則該部分約定之效力並不生影響。有無顯失公平，應依訂約時情形認定之。依訂約時情形，並無顯失公平，而依嗣後情形成為顯失公平者，係屬情事變更之問題，應依情事變更原則決之。

（二）定型化契約條款之限制

　　又可分四點：

1. 企業經營者應向消費者明示或公告定型化契約條款之內容並經消費者同意

　　「企業經營者應向消費者明示定型化契約條款之內容，明示其內容顯有困難者，應以顯著之方式，公告其內容，並經消費者同意者，該條款即為契約之內容。」（消保13 I）反之，非依上開規定為之者，即不構成契約之內容。此外，「企業經營者應給與消費者定型化契約書。但依其契約之性質致給與顯有困難者，不在此限。」（消保13 II）「定型化契約書經消費者簽名或蓋章者企業經營者應給與消費者該定型化契約書正本。」（消保13 III）

2. 定型化契約條款中異常條款之排除

　　異常條款，又稱為不尋常條款，乃依正常情形，顯非消費者所得預見，或難以注意其存在或辨識之條款。關於異常條款之排除，消費者保護法第14條規定：「定型化契約條款未經記載於定型化契約中而依正常情形顯非消費者所得預見者，該條款不構成

契約之內容。」僅就「未經記載於定型化契約中」及「非消費者所得預見」等情形為規定，未及於記載於定型化契約中之定型化契約條款，且未規定消費者得主張該條款仍構成契約之內容。就此，消費者保護法施行細則第12條規定：「定型化契約條款因字體、印刷或其他情事，致難以注意其存在或辨識者，該條款不構成契約之內容。但消費者得主張該條款仍構成契約之內容。」對於記載於定型化契約中之定型化契約條款，明顯亦有適用。惟卻未及於「非消費者所得預見」之情形，且又明定「消費者得主張該條款仍構成契約之內容」。子法異於母法，且超越母法，不易理解。因係關於效力及消費者權利之規定，宜合併修正規定於消費者保護法第14條之中。

3. 定型化契約條款應先供消費者審閱

「企業經營者與消費者訂立定型化契約前，應有30日以內之合理期間，供消費者審閱全部條款內容。」（消保11-1 I）「企業經營者以定型化契約條款使消費者拋棄前項權利者，無效。」（消保11-1 II）「違反第1項規定者，其條款不構成契約之內容。但消費者得主張該條款仍構成契約之內容。」（消保11-1 III）「中央主管機關得選擇特定行業，參酌定型化契約條款之重要性、涉及事項之多寡及複雜程度等事項，公告定型化契約之審閱期間。」（消保11-1 IV）

本條規定有疑問者三：（1）中央主管機關所公告之審閱期間，須否受第1項「30日以內」之限制？（2）違反中央主管機關所公告之審閱期間者，有無第3項之適用，亦即是否「該條款不構成契約之內容。但消費者得主張該條款仍構成契約之內容」？（3）企業經營者以定型化契約條款使消費者拋棄中央主管機關公

告審閱期間之審閱權利者，是否亦屬無效？癥結在第2項及第4項立法之不嚴謹。本書以為，上開疑問似可分情形加以釐清：**若中央主管機關公告之審閱期間可不受30日以內之限制**，則現行規定第4項宜移列為第1項，第1項改為第2項，第3項保留但前段修正為「違反前二項審閱期間之規定者，…」另第2項改列為第4項並修正為「企業經營者以定型化契約條款使消費者拋棄契約審閱權利者，無效。」**至若中央主管機關公告之審閱期間仍須受30日以內之限制者**，則現行規定第4項宜移列第2項並修正為「…於30日以內，公告定型化契約之審閱期間。」至於第3項及第2項修正方式，則與前述不受30以內限制之情形同。使之明確。

4. 定型化契約條款牴觸個別磋商條款者無效

所謂個別磋商條款，「指契約當事人個別磋商而合意之契約條款」（消保2⑧）。「定型化契約中之定型化契約條款牴觸個別磋商條款之約定者，其牴觸部分無效。」（消保15）。

於此須附言者，於發生前揭（一）契約內容之控制及（二）定型化契約條款之限制，各項所述「無效」或「不構成契約之內容」之情形，是否導致契約全部無效？消費者保護法第16條設有一般規定，曰：「定型化契約中之定型化契約條款，全部或一部無效或不構成契約內容之一部者，除去該部分，契約亦可成立者，該契約之其他部分，仍為有效。但對當事人之一方顯失公平者，該契約全部無效。」此條規定，實係民法第111條及第148條第2項之合併，僅係注意性質，並無新意。

（三）疑義條款之解釋

定型化契約中之定型化契約條款，無疑義時，須受前揭

（一）契約內容之控制及（二）定型化契約條款之控制，所述各項規定之限制。個別磋商條款，無疑義時，亦須受前揭（一）契約內容之控制之2.「法律上之控制」各項規定之限制[37]。至如有疑義時，依消費者保護法第11條第2項規定：「定型化契約條款如有疑義時，應為有利於消費者之解釋。」亦即定型化契約條款及個別磋商條款，均應作有利於消費者之解釋。蓋企業經營者，於擬定定型化契約條款時，具有以符合其目的之措辭明確表達之機會，則發生疑義之不利益，自應歸其自己負擔；至於個別磋商條款，亦因使用定型化契約之企業經營者，通常處於強勢之經濟地位，一般消費者與其磋商時難以抗衡，故如有疑義時，應作有利於消費者之解釋，以保護消費者。

　　須說明者，不論定型化契約條款或個別磋商條款，於確定其有疑義之前，當然均有民法第98條規定：「解釋意思表示，應探求當事人之真意，不得拘泥於所用之辭句。」之適用。亦即經分別探求企業經營者擬定之定型化契約條款之真意，及探求企業經營者與消費者磋商合意之個別磋商條款之真意以後，猶有疑義時，始有作有利於消費者解釋之問題。我國保險法第54條第2項，就保險契約疑義條款之解釋，規定曰：「保險契約之解釋，應探求契約當事人之真意，不得拘泥於所用之文字；如有疑義時，以

37　前揭（一）1.「行政上之控制」所述各項之規定（即公告應記載或不得記載之事項、隨時派員查核、主管機關規定銷售前應採行之程序），以及（二）「定型化契約條款之限制」所述各項之規定（即企業經營者應向消費者明示或公告定型化契約條款之內容並經消費者同意、定型化契約條款中異常條款之排除、定型化契約條款應先供消費者審閱、定型化契約條款牴觸個別磋商條款者無效），均係針對定型化契約條款而設，對個別磋商條款並無適用。

作有利於被保險人之解釋為原則。」[38]前段規定，不過係民法第98條之重申，並無必要。至於後段「被保險人」亦應修正為「要保人或被保險人」，未修法以前，唯有將被保險人擴張解釋包括要保人，理由同前就保險法第54條第1項規定所為之說明。另「為原則」三字，並無意義，改如消費者保護法第11條第2項之用語，較為適當。

五、保險契約係繼續性契約

繼續性契約者，當事人之一方或雙方，須持續或間隔循環的為給付之契約也。例如僱傭、租賃、終身定期金、訂報、水電供給、有線電視裝機收視等契約。保險契約當事人互負之債務為「要保人交付保險費」與「保險人承擔危險」，前已言之。於保險費分期交付之情形，要保人須間隔循環的交付保險費，保險人須持續的承擔危險；即於保險費一次總繳之情形，保險人亦須持續的承擔危險。故保險契約為繼續性契約。

繼續性契約，基於持續或間隔循環的為給付之要件，在效力上具有下列二項主要特徵，保險契約亦不例外：

（一）情事變更原則之適用

情事變更原則者，「契約成立後，情勢變更，非當時所得預料，而依其原有效果顯失公平者，當事人得聲請法院增、減給付變更其他原有之效果」（民227-2 I）之原則也。情事變更原則之適用，須視維持原標準之給付是否顯失公平為斷，故情事變更原則仍屬誠實信用原則（民148 II）之內含概念。又既須與原標準之

---

[38] 本項規定為民國81年修正時新增，其修正理由謂：「增訂第2項，參考民法第98條之意旨及保險契約為附合契約之特質，明定保險契約有疑義時，應作有利於被保險人之解釋。」

給付相互比較，則只一次給付之債務（即一時的契約之債務），自無情事變更原則之適用，必也持續或間隔循環的為給付之債務，即繼續性契約之債務，始有情事變更原則之適用。情事變更原則之適用，遂為繼續性契約在效力上之一特徵。

保險契約既係繼續性契約，在效力上自亦有情事變更原則之特徵。保險法第26條第1項：「保險費依保險契約所載增加危險之特別情形計算者，其情形在契約存續期內消滅時，要保人得按訂約時保險費率，自其情形消滅時起算，請求比例減少保險費。」第59條第4項：「危險減少時，被保險人得請求保險人重新核定保費。」以及第60條第1項前段：「保險遇有前條情形，得…，或提議另定保險費。」等，即屬情事變更原則之規定。

須說明者，情事變更原則，僅生得聲請法院為增、減給付或變更其他原有之效果之效力，並不使契約當然失效。但因保險契約須另受「對價平衡之原則」之規範，故於發生情事變更之情形下，如他方不願為增減之給付，勢將違反對價平衡之原則，影響保險契約之基礎，故我國保險法第26條第2項前段又規定：「保險人對於前項減少保險費不同意時，要保人得終止契約。」以及第60條第1項前段又規定：「保險遇有前條情形，得終止契約…。要保人對於另定保險費不同意者，其契約即為終止。」此為保險法之特別規定，與情事變更原則之適用不生影響。

（二）契約之終止

消滅契約效力之方法有二，一為契約之解除，一為契約之終止。[39]解除有溯及的效力，終止則僅有向後的效力。繼續性契約

---

[39] 契約雖亦可因當事人一方撤銷其意思表示而消滅，但撤銷只須意思表示具有法定之瑕疵或事由，即得為之，單獨行為及共同行為之意思表示，均有其適用，與解除及終止，僅契約始有其適用者不同。

之債務，係由多數分子之給付與多數分子之對待給付結合而成，每一分子之給付與其對待給付，因期間或事件[40]之經過而履行完畢，性質上不適宜為解除。因此，原屬契約一般的法定解除權發生之原因（即給付遲延、給付不能）[41]，在繼續性契約，均只規定為契約終止之原因（例如民430、435、440）。亦即在立法上，除少數特殊情形外，均以契約之終止，為消滅其效力之方法。契約之終止，遂亦為繼續性契約在效力上之另一特徵。

　　保險契約，本於其繼續性契約之性質（即每一分子之「保險費」，與其對價之「承擔危險」，因期間或事件之經過而履行完畢），自亦應以終止為消滅其效力之主要方法。我國保險法注意及此，所設消滅保險契約效力之規定，除少數特殊情形規定為解除（即保57、64Ⅱ、68、76Ⅰ前段[42]）外，其餘均規定為終止（有保26Ⅱ、27、28、60Ⅰ、81、82Ⅰ、97、116Ⅵ[43]）。

---

[40] 保險費，一般係以時間為計算基礎，亦有以事件為計算基礎者，例如以演出之場次或航程計算保險費是。

[41] 契約之解除權，有約定解除權與法定解除權之分。約定解除權，係因當事人之約定而發生，自為當然。法定解除權發生之原因，則可分為：（一）一般契約所共通者，即民法第254條至第256條所規定（給付遲延、給付不能）者。因此種原因而生之解除權，稱為一般的法定解除權。（二）某種契約所特有者，例如民法第359條、第494條之規定是。因此種原因而生之解除權，稱為特種的法定解除權。

[42] 此等保險契約解除之規定，除第64條第2項違反據實說明義務之解除，及第76條第1項前段惡意超額保險之解除，係因要保人之惡意，致契約成立時即欠缺對價平衡之關係，具有特殊之立法理由外，其餘第57條怠於通知之解除，及第68條違反特約條款之解除，並無特殊之立法理由，實與保險契約為繼續性契約之性質不合。

[43] 另有保險法第24條第3項、第116條第7項、第118條第2項、第119條第1項等規定，亦與契約之終止有關，但非屬終止權發生或當然終止之原因規定。

六、保險契約係射倖契約

　　射倖契約（aleatory contract）者，當事人一方或雙方之給付，依契約生效後偶然之事件而決定之一種有償契約也。保險契約，要保人應給付之保險費，及保險人應承擔之危險，固於契約訂立時，即已確定，但保險人之是否給付保險金額及其數額，則須依偶然之保險事故而決定，故為射倖契約之一種。

　　須說明者，保險契約之射倖性，既係存在於保險事故發生之偶然性，亦即在於危險發生之蓋然率，則不同之險種，因危險不同，根本無從比較其射倖性之高低，必也危險相同之險種，在不同標的物或不同區域之間，始有比較射倖性高低之餘地。惟比較射倖性之高低，並無何實益可言。[44]

七、保險契約係最大善意契約

　　善意者，不為虛偽表示也。最大善意者，除不為虛偽表示外，更須據實為說明也。故所謂最大善意契約（contract based upon the utmost good faith）[45]，乃當事人一方或雙方，對於契約之

---

[44] 最高法院66年台上字第575號判決，言及「人身保險之射倖性質高於財產保險」，疑係出於直覺。謂：「…查人身保險之射倖性質高於財產保險，倘投保金額過高，即易肇致道德危險，故保險人在承保之前，必須先行瞭解該保件是否有保額過高或危險過分集中之虞。惟要保人若有不良動機，分投數保險公司，而事先事後復匿蔽不為通知，此項危險率即不易測定。因是保險法第35條至第37條乃設限制，賦要保人以必須通知之義務，藉資防微杜漸。保險法既將複保險列入總則，遍觀全編，又無人身保險應予除外之涵義，即不得謂限於財產保險始有其適用。」

[45] 最大善意契約乙語，出自英國海上保險法第17條之規定：「海上保險契約，係基於最大善意之契約，若當事人之一方未遵守最大善意，他方得宣告該契約為無效。」（A contract of marine is a contract based upon the utmost good faith, and if the utmost good faith be not observed by either party, the contract may be avoided by the other party.）我國保險法所設有關當事人最大善意之規定，有第36、37、51、59、60、64、76、122等條。

重要內容，除不得為虛偽表示外，更須據實為說明，所成立之契約也。按一般契約，縱當事人之一方或雙方各為單獨之虛偽表示，亦足成立而有效（民86），惟在保險契約，要保人就影響對價平衡或承保決定之事項，除須消極的不為虛偽表示外，更須積極的據實為說明或通知；另外保險人亦不得有欺瞞之行為。否則，保險契約或無效或一方不受拘束或得終止或解除。故保險契約為最大善意契約，且係典型之最大善意契約。

第三節　保險利益

第一項　保險利益之意義

保險利益者，被保險人就連接關係所具有之經濟價值也。申言之：

一、保險利益係一種經濟價值

所謂經濟價值，指具有客觀價格，得以金錢估計之價值。故僅損害保險有保險利益之問題，在定額保險，無保險利益之觀念。

經濟價值之數額，應依被保險人與保險客體間之連接關係（beziehungserknuepftes Objekt）[46]，而為計算。所謂連接關係，

---

[46] 連接關係（beziehungsverknuepftes Objekt），江朝國教授譯之為「關係連接對象」或「關係之連接對象」，惟其究係指保險客體，抑係指連接被保險人與保險客體之各種關係？不甚清楚（見江朝國，保險法基礎理論，70、71、88、97、109、114等頁）。本書以為，應係指連接被保險人與保險客體之各種關係，故名之曰「連接關係」。至於連接關係之對象，乃係保險客體（亦即我國保險法所定之保險標的或保險標的物）。例如：房屋為保險客體，而所有權、抵押權、租金請求權等，則為連接關係；責任保險之「對於第三人賠償責任所

指連接被保險人與保險客體之各種關係。只須不違反公序良俗，而得以金錢估價之關係，均足當之。因此，實體法上明文規定之權利（例如所有權、抵押權、質權、債權[47]⋯），及期待利益（參照民216 II、海商136）、賠償責任（例如侵權行為損害賠償責任、債務不履行損害賠償責任、各種法定損害賠償責任、保險人之約定損害賠償責任、因瑕疵擔保而生之損害賠償責任），固足為連接關係，即事實上之利益（例如因物價上漲或以更高價買入等情形，所生之未保差額；或定值保險與真正價值之差額）、或不利益（例如房屋燒毀重建所支出與舊房屋價值之差額、事實上需要之營養補劑或復健器材等費用、被告可能因敗訴而負擔之訴訟費用、因受僱人不誠實行為所致之損失、因債務人不履行債務所致之損失）等，亦足為連接關係。[48]對於同一保險客體，可有多數之連接關係，故可有多數不同之保險利益，得同時為不同之保險，不生超額保險及超額複保險之問題。至於此多數同時存

致之損失」，為保險客體，而「賠償責任」，為連接關係；保證保險之「因受僱人不誠實行為所致之損失」，及「因債務人不履行債務所致之損失」，為保險客體，而「不利益」為連接關係是。

[47] 債權連接關係，尚可細分為債權「請求權」與「信用」二種連接關係。債權請求權之連接關係，指保險事故發生時，債權因而喪失之連接關係。例如：船舶遇難致生瑕疵，不能達運送之目的時，託運人若解除契約（海42），運送人之運費請求權，即因而喪失；又船舶發航後，因不可抗力不能到達目的港，而將原裝貨物運回時，縱其船舶約定為去航及歸航之運送，託運人僅負擔去航運費（海66），亦即運送人原訂之歸航運費請求權，因而喪失；又房屋因火災燒毀，租金請求權亦歸消滅等情形是（參照江朝國，保險法基礎理論，112～113頁）。債權信用之連接關係，指保險事故發生時，債權並未喪失，但無法受償之連接關係。例如因戰爭、天災、倒閉、詐欺、債務不履行等原因，而債權無法受償是（參照江朝國，保險法基礎理論，118～119頁）。一般稱前者為請求權保險利益，稱後者為信用保險利益。

[48] 江朝國，保險法基礎理論，109～138頁。

在之保險利益，其間之關係，可分二種[49]：

1. 包括的關係

指各保險利益之損害總額，以保險客體之損害額為限之情形而言。例如房屋所有權人之所有權保險利益損害額，與抵押權人之抵押權保險利益損害額，二者之和，等於房屋之損害額[50]是。

2. 獨立的關係

指各保險利益之損害總額，不受保險客體之損害額限制之情形而言。例如船舶滅失時，船舶所有權人之所有權保險利益損害額，與租船人之運費期待權保險利益損害額，各自獨立計算，其總額無庸受船舶損害額之限制是。

---

[49] 江朝國，保險法基礎理論，64～69頁。

[50] 同一房屋之所有權人及抵押權人，同時以其所有權保險利益及抵押權保險利益為保險，因保險利益不同，無超額保險或超額複保險之問題，故此二種保險之保險金額合計雖超過房屋之價值，亦屬無妨。但因抵押權保險之保險事故，係於房屋毀損至殘值低於抵押債權額，或滅失時，始行發生。此時，保險人之賠償方式，應視房屋有無「因滅失（全部或一部）得受之賠償金」（民881）而定，亦即：

（一）有賠償金時　例如因第三人故意或過失，而致房屋毀損滅失時。因抵押權對於賠償金，仍享有優先受償之權（民881），故抵押權保險之保險人，於賠償保險金額之一部或全部後，得代位就其賠償數額優先受償，餘額始歸所有權保險之保險人代位求償。亦即二位保險人，賠償予抵押權人與賠償予所有權人之數額，等於第三人應給付之賠償金數額，亦即房屋之損害額。

（二）無賠償金時　例如因不可抗力之事故，而致房屋毀損滅失時。因可供清償之擔保物毀損滅失，而抵押債務仍在，故房屋之毀損滅失，係屬所有權人之損害。故所有權保險之保險人，應賠償毀損滅失之全額予所有權人，無庸扣除抵押權之損害額。而抵押權保險之保險人，於賠償抵押權人後，則可類推適用保險法第53條關於代位權之規定，或民法第218-1條關於讓與請求權之規定，行使抵押權人之債權（已無擔保之部分），向房屋所有權人求償。要之，二位保險人，實際賠償予所有權人與賠償予抵押權人之數額，亦等於房屋之損害額，方式不同而已。

二、保險利益係被保險人就連接關係所具有之經濟價值

被保險人者，保險事故發生時，遭受損害之人，亦即保險利益之享有者。被保險人通常與連接關係之權利人同一，但在所有權保險利益，若所有權人與危險負擔者不一時，例如在**保留所有權之買賣**，於標的物交付買受人後；或**讓與擔保**，以所有權移轉於他方，以為擔保，而標的物仍為自己支配使用；或**代送買賣**（民374），自出賣人交付標的物於運送承攬人時起，標的物之危險，由買受人負擔，但於交付（民761 I 前段）前，所有權尚未移轉等情形，究應以何人為標的物（即保險客體）所有權保險利益之享有者，而得為所有權保險利益保險之被保險人？有二說[51]：

（一）形式說

又稱物權法說。認為所有權保險利益，應依所有權為斷，而所有權之有無，係物權法上之問題，故應以物權法上所有權人，為標的物所有權保險利益之享有者。亦即在**保留所有權之買賣**，應以出賣人為標的物所有權保險利益之享有者；在**讓與擔保**，應以擔保權利人為擔保物所有權保險利益之享有者；在**代送買賣**，應以出賣人為標的物所有權保險利益之享有者。此時，若發生保險事故，致標的物（或擔保物）毀損滅失，則保留所有權買賣之買受人、讓與擔保之擔保義務人、以及代送買賣之買受人，只能以保險事故之發生，致標的物毀損滅失，視為「不可歸責於債務人（按即出賣人及擔保權利人）之事由，致給付不能，免給付義務」（民225 I ），類推適用民法第225條第2項規定，請求出賣人或擔保權利人，讓與其對保險人之保險金請求權。

---

[51] 江朝國，保險法基礎理論，72～80頁。

（二）經濟說

又稱保險法說。認為所有權保險利益，為保險法上之概念，何人享有，屬保險法上之問題，應以保險法上之法理求之，而保險法上之保險利益，既係一種經濟價值，則自應以保險事故發生時，經濟上真正之受害人，為所有權保險利益之享有者，方為正確。惟何人為經濟上真正之受害人？論者見解不一。又分三說：

1.利用說　認為應以對標的物享有支配利用之權者，為經濟上真正之受害人。

2.危險負擔說　認為應以對標的物負擔危險者，為經濟上真正之受害人。

3.實質危險負擔說　認為須對標的物負擔危險，且實質上已付清價金或清償債務完畢，始為經濟上真正之受害人。

應以危險負擔說為是。蓋依利用說，有時究係何人對於標的物，享有支配利用之權，並不明確。例如在代送買賣，於標的物交付運送承攬人後，何人享有支配利用之權，即難以決定是。惟若依危險負擔說，因危險負擔，除契約另有訂定外，自交付時起移轉（民373）；在代送買賣，則自標的物交付運送承攬人時起，標的物之危險，由買受人負擔（民374），法有明文，無認定上之困難。而實質危險負擔說，於負擔危險之外，又以實質上付清價金或清償債務完畢為條件，並無必要。蓋所謂危險負擔，乃對標的物之毀損或滅失，承擔不利效果之謂。因此，負擔危險之人（保留所有權買賣之買受人、讓與擔保之擔保義務人、代送買賣之買受人），於標的物發生毀損或滅失之情形下，仍須負支付價金或清償債務之責。亦即，縱價金尚未付清或債務尚未清償完畢，買受人或擔保義務人，仍是經濟上真正之受害人也。

第二項　保險利益之存在及移轉

壹、保險利益之存在

　　保險利益既係被保險人要求保障之對象，則無保險利益，自無成立保險之可言。因此，保險利益應解為係保險契約之成立，除法律行為一般成立要件（即當事人、標的、意思表示）之外，所須具備之特別成立要件。則保險利益須於保險契約成立時存在，亦即被保險人須自始對保險標的具有保險利益，自無庸疑。

　　有疑問者，乃嗣後被保險人若喪失其保險利益，則如何？依我國保險法第17條規定：「…被保險人對於保險標的…無保險利益者，保險契約失其效力。」[52]蓋若認保險契約繼續有效，則要保人尚負有交付保險費之義務，保險人卻已因被保險人無保險利益，不可能發生損害，而無給付保險金額之負擔，顯非公平。所謂保險契約失其效力，指保險契約自被保險人喪失其保險利益時起，往後失效而言。是則，此後要保人無庸再交付保險費，已交付尚未到期之部分，應返還於要保人。可知，欲達到填補被保險人損害之保險目的，被保險人自保險契約成立時起，至保險事故發生時止，均須對保險標的具有保險利益，不可稍或間斷。

　　惟須注意，保險利益之喪失，有絕對喪失與相對喪失之分。**絕對喪失**，指保險利益客觀的失其存在而言。例如因保險標的物滅失、運送完成、債務清償、僱傭終了、抵押權塗銷等原因，而喪失保險利益是。此情形，有保險法第17條規定之適用，並無問

---

[52]　保險利益之享有者，係被保險人。被保險人縱自為要保人，仍係以被保險人之身分而具有保險利益，不可以此謂要保人亦須具有保險利益。是保險法第17條，「要保人或」等語，應予刪去。又保險利益之連接關係之對象，除有體物外，尚包括無形利益，故條文中「保險標的物」乙語，亦非正確，應修正為「保險標的」，以免疑惑。

題。舉例說明之：設運送人以其對於運送貨物之責任，訂立責任保險利益之保險契約，期間3個月，保險費3萬元，惟於第二個月屆滿時，已完成運送，並交付受領人。則保險契約，應自貨物交付受領人時起失效，所餘1個月期間之保險費，設為1萬元，應返還運送人；又設僱用人以其對於受僱人之不誠實行為所致損失之不利益，訂立保證保險契約，期間1年，保險費4萬元，惟於第六個月屆滿時，受僱人離職，則保險契約，應自其受僱人離職時起失效，所餘半年期間之保險費，設為2萬元，應返還僱用人是。**相對喪失**，指保險利益之移轉而言。例如因被保險人死亡、受破產宣告、將連接關係讓與他人，致保險利益移轉於繼承人、破產債權人、受讓人是。此情形，若依保險法第17條規定，保險契約原均應失其效力，保險利益之繼受人，如欲獲得保障，須由其自己或第三人，以其繼受之保險利益，重新訂定保險契約，始為當然。惟我國保險法為保護保險利益繼受人之利益，特別規定，保險契約仍為保險利益繼受人之利益而存在（見保險法第18條及第28條）。可知保險法第17條規定，須保險利益絕對喪失時，始有其適用。

貳、保險利益之移轉

一、保險利益移轉之意義

　　保險利益移轉者，被保險人與保險標的間之連接關係，因讓與或被保險人死亡或受破產宣告，而由受讓人或繼承人繼受，或歸破產管理人管理處分，致受讓人或繼承人或破產債權人成為保險利益之新享有者之謂也。因連接關係之讓與而生之保險利益移轉，稱為約定移轉；因被保險人死亡或受破產宣告而生之保險利益移轉，稱為法定移轉。

二、保險利益移轉之效力

「被保險人死亡或保險標的物所有權移轉時（應係連接關係讓與時之誤）[53]，保險契約除另有規定外，仍為繼承人或受讓人之利益而存在。」（保18）又「要保人（應係被保險人之誤）[54] 破產時，保險契約仍為破產債權人之利益而存在，但破產管理人或保險人得於破產宣告3個月內終止契約。」（保28前段）是為我保險法關於保險利益移轉之效力之規定。分述之：

（一）被保險人死亡或連接關係讓與所生保險利益移轉之效力

1. 被保險人死亡時

即保險利益之享有者死亡時。此時已由繼承人成為保險利益之新享有者，為保護保險利益新享有者之利益，爰規定原保險契約除另有訂定外，仍為繼承人之利益而存在。亦即：（1）如原保險契約係由他人要保者，要保人依舊，被保險人則變成為繼承人；（2）如原保險契約係由原被保險人（即被繼承人）要保者，要保人及被保險人，均變成為繼承人。此時就要保人名義之變更，兼有契約承擔之效力。

2. 連接關係讓與時

即保險利益之享有者變更時。此時已由受讓人成為保險利益之新享有者，為保護保險利益新享有者之利益，爰規定原保險契

---

[53] 連接關係不以所有權為限，保險法第18條「保險標的物所有權」一語，應修改為「連接關係」；又被保險人死亡，係保險利益移轉之「原因」，保險法第18條規定，既以之為首，則其後自應續列等階之移轉「原因」，始為當然。而查連接關係之「讓與」，方為保險利益移轉之「原因」，是被保險人死亡一語之後，應接「或連接關係讓與時」，方為無誤。

[54] 要保人僅有交付保險費之義務，並無請求保險金之權利，其破產時，保險契約仍為破產債權人之利益而存在，實無意義。保險法第28條「要保人」三字，顯然係「被保險人」之誤。

約除另有訂定外，仍為受讓人之利益而存在。亦即：（1）如原保險契約係由他人要保者，要保人依舊，被保險人則變成為連接關係之受讓人；（2）如原保險契約係由原被保險人要保者，則在理論上，可有二種解釋：①要保人不變（即仍為原被保險人），僅被保險人變成為連接關係之受讓人；或②要保人及被保險人均變成為連接關係之受讓人，亦即就要保人名義之變更，亦兼有契約承擔之效力。若依第①種解釋，則原保險契約變成為為他人利益之保險契約，連接關係讓與後之保險費，仍應由原被保險人（即要保人）交付；若依第②種解釋，則連接關係讓與後之保險費，應由受讓人交付，原被保險人已交付者，受讓人應償還之。比較上，以第②種解釋為公平，蓋連接關係讓與後，由受讓人自負保險費，乃理之所當然也。

須附言者，連接關係，性質上有得為一部讓與者，例如權利、利益（期待利益、事實上之利益）等連接關係，本於權利及利益，得分開享有之法理，得為一部讓與是；有不得為一部讓與者，例如不利益（賠償責任、事實上之不利益）連接關係，具有發生上之專屬性，性質上無從分割為讓與是。在得為一部讓與之情形，若為連接關係之一部讓與，則保險契約除另有訂定外，亦為該一部之受讓人之利益而存在，乃為當然。

所謂「除另有訂定外」，指保險契約訂定，不為繼承人或受讓人之利益而存在而言，例如訂定被保險人死亡時，或連接關係讓與時，保險契約因而失效是。所謂「為繼承人或受讓人之利益而存在」，指保險契約之效力，法定的移轉，由繼承人或受讓人，自被保險人死亡時或連接關係讓與時起，當然取代而成為新被保險人，保險單上被保險人之名義是否變更，均不影響繼承人或受讓人，居於原保險契約之被保險人地位，所得主張之權利。

於此有一問題，即保險法第19條規定：「合夥人或共有人聯合為被保險人時，其中一人或數人讓與保險利益於他人者[55]，保險契約不因之而失效。」似嫌重複而無必要。蓋依民法第668條規定：「各合夥人之出資，及其他合夥財產，為合夥人之公同共有。」而不論係分別共有（民817），抑或公同共有（民827），其共有人，既可單獨以其共有關係保險利益，訂立保險契約；亦可聯合以合一之所有權保險利益，訂立保險契約。於任何情形下，若投保之保險利益，其連接關係全部發生繼承或讓與之情事，均應適用第18條規定；即在單獨保險之情形，為連接關係一部之讓與，或在聯合保險之情形，共有人中之一人或數人死亡或讓與其連接關係之全部或一部，亦應有第18條規定之適用。蓋此時，在死亡之情形，有第18條規定之適用，當無疑問；至於在讓與連接關係之情形，則或可解為係聯合保險之連接關係之一部讓與，亦可解為係該等共有人單獨之連接關係之全部或一部讓與，要之均不出保險法第18條規定之範圍也。是則，保險法第19條，就共有人保險利益之移轉中，一人或數人「讓與」保險利益（連接關係）之情形，再為規定，顯與第18條規定重複，不如刪去。

（二）被保險人破產所生保險利益移轉之效力

所謂被保險人破產時，指被保險人依破產法之規定受破產之宣告時而言。按被保險人受破產之宣告後，依破產法第75條規定：「破產人因破產之宣告，對於應屬破產財團之財產，喪失其管理及處分權。」至於應列入破產財團之財產（破產82），則歸

---

[55] 連接關係讓與時，其經濟價值當然隨之移轉，故將連接關係之讓與，謂為保險利益之讓與，亦可理解。惟本書以為，「連接關係之讓與」為保險利益「移轉」之原因，若使用保險利益之「讓與」，易與保險利益之「移轉」，發生混淆，故保險法第19條「讓與保險利益」一語，宜修改為「讓與連接關係」。又保險法第19條所稱之「他人」，並不以其他之共有人為限，不可誤解。

由破產管理人代理（法定代理）破產債權人（指破產債權人全體，以下同）為管理及處分，以供分配予破產債權人（破產83、138～149）。亦即屬於破產財團之財產，在形式上雖仍屬於破產人名下，但其經濟價值已不再屬於破產人，如發生保險事故，則真正受害者，乃破產債權人。是依前述危險負擔說之理論，自應以破產債權人為破產財團所有權保險利益之新享有者[56]。為保護破產債權人之利益，爰保險法第28條規定，自被保險人（條文上規定為要保人）受破產之宣告時起，保險契約仍為破產債權人之利益而存在。亦即：1.如原保險契約係由他人要保者，要保人依舊，被保險人則變成為破產債權人；2.如原保險契約係由原被保險人要保者，則要保人及被保險人，均變成為破產債權人，就要保人名義之變更，兼有契約承擔之效力。

被保險人破產時，保險契約仍為破產債權人之利益而存在，

---

[56] 江朝國教授認為，保險法第18條與第28條之立法理由及根據完全不同，兩者不可相提並論。於解釋第28條時，謂：「財產保險之標的為保險利益，保險利益之享有人一經轉換，保險契約之效力亦基於經濟因素而隨之移轉於保險利益新享有人，此為本法第18條所定之立法理由。然若原要保人（被保險人）破產，則其對應歸屬於破產財團之標的（物）之保險利益，如對他人債權請求權之信用保險利益，或對某動產或不動產之所有權人保險利益（參照破產法82條），仍未喪失，故原由其所定之保險契約並不因保險利益喪失而失效（保17），而破產債權人亦不因債務人破產而直接繼受債務人對標的（物）之保險利益，故保險契約效力之移轉亦無從發生。但是原要保人（被保險人）對因保險契約之存在而具有之對保險人之權利，亦具有財產價值而應屬破產法第82條所稱之破產財團，因此若保險事故已發生，賠償請求權已成立，則保險契約上之權利即成為對第三人之金錢債權，其處理方式依破產法之規定為之（參照破產法65、72條）。若要保人（被保險人）破產於保險事故發生前，則保險契約上之權利亦屬破產財團，破產管理人得依善良管理人之注意能力，繼續該契約上之關係，或於破產宣告三個月內終止契約，其終止後之保險費已交付者應返還之，此項契約終止權保險人亦有之（保28）。」（見江朝國，保險法基礎理論，161～162頁）。

固矣！惟破產財團之財產，終將變價，有時與其留待拍賣後，由買受人繼受保險契約（保18），不如終止契約，請求返還終止後未到期之保險費（保28後段）或避免後續再支付保險費，對破產債權人較為有利；又被保險人變更後，可能發生危險增加或分期保險費難以收取之情事。爰保險法第28條前段又設但書規定：「但破產管理人或保險人得於破產宣告3個月內終止契約。」予雙方均有權衡利益之機會。

有疑問者，乃於原保險契約係由他人要保之情形，破產管理人有無終止契約之權？可有二種解釋，其一，認為保險契約之當事人並非破產債權人，且終止後之未到期保險費，係由該他人（要保人）取回，與破產債權人之利益無關，故破產債權人應無終止契約之權；其二，認為於此情形，破產債權人雖非保險契約之當事人，但破產債權人已成為破產財團所有權保險利益之新享有者，有如前述，本於保險法第28條保護破產債權人之法理，宜解為該條規定具有賦予破產管理人終止保險契約權利之效力，至於終止後之保險費應返還於原要保人，則屬破產管理人應協調或斟酌之另一問題。本書以為，第二種解釋似較符合保險法第28條規定之旨趣。

又須注意，保險法第28條所定得於破產宣告3個月內終止契約，係關於終止保險契約之特別規定，逾越此一期間，仍得依保險法其他一般規定（例如保26Ⅱ、60Ⅰ、97、57、64Ⅱ、68Ⅰ、76Ⅰ）或約定條款，為保險契約之終止或解除，而不待言。

三、定額保險之被保險人受破產宣告之效力

定額保險無保險利益之問題，上述保險利益之移轉，當然無

其適用。至於定額保險之被保險人受破產宣告時[57]，所生者乃保險契約上權利列入破產財團之問題。申言之：1.在死亡保險，被保險人受破產宣告前，如未指定受益人，或雖指定受益人但未聲明放棄其對於受益權之處分權（如已指定受益人並聲明放棄其對於受益權之處分權，則被保險人已無任何保險契約上之權利）（保111），則其受益人之指定權或變更權，因係保險金請求權之處分性質，應認為具有財產價值，而屬於破產財團之財產，破產管理人可指定或變更受益人為破產債權人。2.在非死亡保險（即生存保險、健康保險及傷害保險除去死亡給付之部分、生存年金保險），被保險人嗣後請求保險金之權利，除健康保險及傷害保險中之醫療費用給付請求權，可認為係專屬於破產人（被保險人）之權利，應予扣除外（破產82Ⅱ），均應列入破產財團，歸破產債權人享有。3.不論係死亡保險或非死亡保險，於被保險人自為要保人之情形，終止契約請求解約金之權利（保119），亦屬於破產財團。此等情形，保險契約上之要保人及被保險人，並未變動，保險契約上之權利，亦仍屬於被保險人所有，只是應列入破產財團而已，純為破產法之適用問題，與保險利益移轉情形，保險契約上之被保險人（或包括要保人），已變成為破產債權人，保險契約上之權利，已屬於破產債權人所有，二者觀念截然有別，不可同日而語。

---

[57] 定額保險無被保險人讓與連接關係之可言，至於被保險人死亡，乃死亡保險之保險事故發生（參見保101、125、131、135-3Ⅱ），保險金應給付於其指定之受益人，未指定受益人者，則屬被保險人之遺產（保110、113、135、135-3Ⅱ），無保險契約仍為繼承人或受讓人或破產債權人之利益而存在，或保險契約上權利列入破產財團之問題，故略之而不論。

第三項　我國保險法上規定之保險利益

我國保險法係採財產保險與人身保險之分類法，且規定此二類保險均須有保險利益。分言之：

一、財產保險之保險利益

我國保險法關於財產保險之保險利益之規定有：第14條：「要保人（按應是被保險人）對於財產上之現有利益，或因財產上之現有利益而生之期待利益，有保險利益。」第15條：「運送人或保管人對於所運送或保管之貨物，以其所負之責任為限，有保險利益。」及第20條：「凡基於有效契約而生之利益，亦得為保險利益。」依此等規定，財產保險之保險利益，可分四類：

（一）財產上之現有利益

所謂財產上之現有利益，指被保險人就連接關係現在已具有之經濟價值。屬於現有利益之連接關係，有「權利」及「事實上之利益」二類。權利類之保險利益，例如所有權保險利益、抵押權保險利益、質權保險利益、租賃權保險利益等是；事實上之利益類之保險利益，例如因物價上漲或以更高價買入等情形，所生之未保差額之保險利益；定值保險與真正價值之差額之保險利益等是。

有疑問者，乃我保險法第14條「財產上」一語，究係「物上」之意，抑指「財產權益」而言？若指前者，則應解為連接關係之對象，須係「有體物」者，始足為現有利益之保險利益；若係指後者，則應解為只須連接關係為財產權益者，即足為現有利益之保險利益。本書以為，後者之解釋，始能說明被保險人對於非以有體物為對象之連接關係（例如債權、著作權、專利權、商標權等），現在已具有之經濟價值，亦屬現有利益之保險利益，

應較為可採。

（二）財產上之期待利益

　　所謂財產上之期待利益，指被保險人就連接關係未來將具有之經濟價值。期待利益之發生，須以被保險人現在已具有一定之基礎關係為前題。此之基礎關係，不限於「財產上之現有利益」一種，只須足以產生期待利益之保險利益之關係，均足當之。例如土地所有權人，對於土地上農作物之收取權，土地所有權為基礎關係，收取權為連接關係，就收取權未來將具有之經濟價值，即為期待利益之保險利益；農作物買受人，基於買賣契約而取得之收取權，買賣契約為基礎關係，收取權為連接關係，就收取權未來將具有之經濟價值，即為期待利益之保險利益；貨物所有人或買受人，基於出賣契約而生之利潤（參見海商136），出賣契約為基礎關係，利潤為連接關係，就利潤未來將具有之經濟價值，即為期待利益之保險利益；以及其他依通常情形或依已定之計劃、設備、或其他特別情事，可得預期之事實上利益（參見民216），「依通常情形或依已定之計劃設備或其他特別情事」為基礎關係，事實上利益為連接關係，就事實上利益未來將具有之經濟價值，即為期待利益之保險利益。可知，我國保險法第14條所謂「因財產上之現有利益而生之期待利益」，過於狹窄。

（三）貨物運送人或保管人之責任

　　貨物運送人（包括陸運、空運、海運），對於所運送貨物之喪失、毀損或遲到，應負賠償責任（民634、海商118、民航法67）；另貨物保管人（例如倉庫營業人或其他受寄人），對於所保管貨物之毀損、滅失，亦應負賠償責任（民614、590以下）。貨物運送人或保管人，就此賠償責任所具有之經濟價值（即法文所謂以其所負之責任為限），有保險利益。所謂貨物，凡可供運

送或保管之動產均屬之，不以商品為限；又所謂責任，不論性質上係屬侵權行為之損害賠償責任，或債務不履行之損害賠償責任，均屬之。此種保險，應以運送人或保管人為被保險人，始足當之。若由運送人或保管人為要保人，就貨物之所有權保險利益，所為之保險，應以貨物所有人為被保險人，是乃第三人利益之保險契約，不可相混[58]。

（四）基於有效契約所生之利益

所謂基於有效契約所生之利益，指被保險人就其與他人所訂之契約，或就他人所訂第三人利益契約（以被保險人為第三人），所具有之經濟價值。有效契約云者，契約也。蓋契約若屬無效，無從產生利益，有效二字實屬多餘。又查前述三類保險利益，大抵亦屬基於契約而生者，是保險法第20條所定者，應係指基於契約而生，除權利、事實上之利益、期待利益、貨物運送人或保管人之責任等以外之利益而言。

綜上所述，可知我國保險法關於財產保險之保險利益之規定，在賠償責任保險利益方面，僅及於運送人或保管人之賠償責任，對於其他賠償責任（例如出賣人因瑕疵擔保而生之賠償責任、保險人之賠償責任），則附闕如；此外，對於事實上之不利益（賠償責任屬法律上之不利益），亦未顧及。對於運送人或保管人賠償責任以外之其他責任保險，及保證保險，無法說明其保險利益為何。

58　鄭玉波，保險法論，63頁，謂：「具有此種保險利益，其投保之方式，可有兩種，其一，即以其責任為標的，而訂立責任保險契約。其二，仍以該運送或保管之貨物為標的，而訂立海上保險契約或火災保險契約。但後者須以其所負之責任為限度。」不易理解。

二、人身保險之保險利益

人身保險之被保險人恆為人身之本人，無由他人為被保險人之餘地，而對於本人而言，人身本無價，無須以保險利益來決定保險價額，故保險利益之體系於人身保險無用武之餘地。至於健康保險、傷害保險中實支實付型之醫藥費用險部分，係屬財產損害之填補，應依財產保險之保險利益體系為理解，亦即應認為係指被保險人就自己人身之健康或傷害（保險客體）所生之金錢不利益關係（連接關係），所具有之經濟價值之損害填補，與對於他人之金錢債權之保險利益相似。不能謂此係人身保險之保險利益[59]。因此，我國保險法有關人身保險保險利益之規定，並不具意義。本書原不擬論之。嗣因感於對之為說明有助於問題之探討，故而述之。

我國保險法關於人身保險之保險利益規定於第16條，曰：「要保人[60]對於左列各人之生命或身體，有保險利益：一、本人或其家屬。二、生活費或教育費所仰給之人。三、債務人。四、為本人管理財產或利益之人。」此外，一般認為第20條規定，亦適用於人身保險。分言之：

---

[59] 江朝國教授，原不認為人身保險有保險利益之適用（見氏著，保險法論，63～65頁；保險法基礎理論，民國84年9月修訂版，68～70頁），嗣則認為保險利益之概念在人身保險仍有存在之必要（見氏著，保險法基礎理論，81～92頁）。

[60] 保險利益之享有者，雖係被保險人，而非要保人，但因本書認為，以人身為標的之保險，除健康保險、傷害保險二者中之醫療費用險，約定按支出憑證給付者外，均屬定額保險，無保險利益之問題，保險法第16條規定，顯無必要。故縱將其「要保人」三字，修改為「被保險人」，亦無何意義，爰依原文為敘述。可藉而進一步確信以要保人為保險利益享有者之可議。

（一）本人或其家屬

　　要保人對於其本人或其家屬之生命或身體，有保險利益。所謂「本人」，即要保人自己。任何人對於自己生命之生、死及身體之傷害、健康，關係最切，自得以自己之生命或身體，投保人身保險。此情形，要保人及被保險人，為同一人。所謂「家屬」，指同家中家長以外之人。至所謂「家」，則指以永久共同生活為目的而同居之親屬或非親屬（民1122、1123）。可知：1.必也「家長」始對其家屬之生命或身體，具有保險利益。家屬對於家長，並無本款所定之保險利益；2.家屬係以同居為要件，因此不同居之人，即使係親屬，例如出嫁之女兒，家長對之亦無本款所定之保險利益；3.家屬不以具有親屬關係者為限，則任何第三人，只須以永久共同生活為目的而同居，例如同居且同戶之男女、榮民、孤兒等，其家長對之即有本款所定之保險利益。此情形，要保人為家長，固無問題。惟究應以家長或該家屬為被保險人？若依損害保險上保險利益之觀念，應以家長（即要保人，亦即保險利益之享有者）為被保險人；惟我國保險實務上，則以生命身體之本人，為被保險人，以致形成保險利益與保險標的不分體系不明之現象。蓋若人身保險之被保險人，恆為生命或身體之本人，則家長對於家屬生命或身體之保險利益，與家屬對於自己生命或身體之保險利益，將無何區別，保險法第16條各款規定，顯無意義；反之，若認定保險法第16條各款所定之保險利益，有其區別，則各款保險之被保險人，自均應不同，始為當然，於第1款後段之情形，保險實務上一律以家屬（即生命或身體之本人）為被保險人，顯有未合。要之，在思考上，相當痛苦。

　　由本人以對於自己生命或身體之保險利益，投保人身保險時，因自己人身係屬無價，故其保險金額，在理論上，並無限制

（保險公司願意承保之限額，為另一問題）；至於由家長以對於家屬生命或身體之保險利益，投保人身保險時，有無保險金額之限制？若有，其標準為何？若無，則理論依據為何？此等問題，與前揭被保險人究應為家長抑或家屬之問題，徵結相同。

（二）生活費或教育費所仰給之人

要保人對於其生活費或教育費所仰給之人之生命或身體，有保險利益。所謂生活費或教育費，凡要保人生活上或教育上所需之一切費用，均屬之，但以實際上已受供給者為限，若只是期待他人為供給，不與焉。有無供給生活費或教育費，係事實問題，應依具體情事而為認定，要保人與供給者間，有無親屬關係，是否同居，並非所據；又依本款規定，僅受供給人對於供給人之生命或身體，有保險利益，供給人對於受供給人之生命或身體，並無本款所定之保險利益。本款之保險，與第1款後段之保險，情形相同，均應以受供給人為被保險人，始為正確。

生活費或教育費受供給人，以供給人之生命或身體，投保人身保險時，其保險金額，應否受實際供給額之限制？若認為受供給人要求保障者，係其保險利益，故應以其為被保險人，則其保險金額，自應解為以實際供給額為限。果如此，則似已成損害保險中之債權或事實上利益保險利益之保險，本款列之為人身保險，顯有未合。惟保險實務上，因均以生命或身體之本人（即生活費或教育費供給人）為被保險人，遂誤循人身無價之認識，認為保險金額與實際供給額，並無關聯，無庸受其限制。

（三）債務人

要保人對於其債務人之生命或身體，有保險利益。所謂債務人，指對要保人負有一定之給付義務之人。惟按債務可分為給付

一定財物之「給與債務」，及給付一定行為之「行為債務」；行為債務又分為「作為債務」與「不作為債務」；不作為債務，則有「單純不作為債務」及「容忍債務」二種。本款所定之債務人，是否包括上開各類債務之債務人？若為肯定，則債權人對於負有給付金錢、給付動產或不動產（給與債務），駕駛車輛、修繕房屋（作為債務），不競業、夜間不彈琴（單純不作為債務），及容忍通行（容忍債務）等債務之債務人之生命或身體，均有保險利益。學者言及之者，認為此所謂債務人，應從廣義，並謂：「保證人固可以其主債務人為被保險人，合夥人之間及僱用人與受僱人之間，亦得互為被保險人，蓋彼等均有相互債權或債務之關係也。」[61]惟是否廣義至包括上開各類債務之債務人，仍不明確。本書以為，此之債務人，應以「給與債務」及「作為債務」之債務人為限。蓋不作為債務，不論係單純不作為債務或容忍債務，債權人均不致因債務人之死亡、傷害、疾病、分娩、殘廢等事故，而蒙受損害也。

　　依本款規定，僅債權人對於債務人之生命或身體，有保險利益，債務人對於債權人之生命或身體，並無本款所定之保險利益。又本款之保險，亦應以債權人為被保險人，始為正確。其次，關於保險金額，學者言及之者，或謂：「但其保險金額除具有合理之原因外，不得超過債權總額。」[62]或謂：「惟此項利

61　林咏榮，新版商事法新詮（下），343頁；另鄭玉波，保險法論，64頁，雖未使用「廣義」乙詞，但所舉例子，與林著相當，謂：「例如公司得以其職員為被保險人，保證人得以主債務人為被保險人，合夥人間得互為被保險人是。…至於僱用人得以受僱人為被保險人，而受僱人亦得以僱用人為被保險人者，那是因為他們彼此間互為債權人，互為債務人，所以各得基於債權人的地位，以他方（債務人）為被保險人，而訂立人身保險契約。」

62　林咏榮，新版商事法新詮，343頁。

益，仍應以金錢上之利益為準，除所欠本金外，尚可加入利息及保險費，亦不得超出其實際之利益額，例如以10萬元之債額，而以之保50萬元之人壽保險者，則為法所不許。」[63]或謂：「債權人就債務人投保人壽保險時，如出乎善意，其投保金額不受債權額之限制，保險契約不因投保金額高於債權額而無效。但若債權人以70元之債權而為債務人投保3,000元之死亡保險，則顯非出乎善意。」[64]說法不一。若如保險實務上，以債務人為被保險人，則似應認其保險金額不受債權數額（或價額）之限制，方為一貫。其認為應受債權數額（或價額）之限制者，似係出於損害保險之觀念。實則，債權保險利益，本屬損害保險之範圍，我國保險法錯誤將其列為人身保險之保險利益，乃產生思考障礙之關鍵所在。

（四）為本人管理財產或利益之人

要保人對於為其管理財產或利益之人之生命或身體，有保險利益。所謂管理，包括經營及管理。所謂財產，指財產權而言，包括債權、物權、準物權、及無體財產權。所謂利益，應係指可資獲利之事務，蓋已取得之利益，已成為財產之一部，不再為利益也。管理財產之人，例如代收款項之人、共同繼承人互推之遺產管理人、為屋主或地主管理房屋或土地之人；管理利益之人，例如藝人之經紀人、商號之經理人；管理財產或利益之人，例如為信託人管理產業並為經營之受託人。依本款規定，亦僅本人對於管理人之生命或身體，有保險利益，管理人對於本人之生命或身體，並無本款所定之保險利益。又本款之保險，當亦應以本人為被保險人，且其保險金額，亦應受管理人所管理之財產或利益

63　張國鍵，商事法論（保險法），71頁。
64　施文森，保險法總論，51頁。

之數額（或價額）之限制，而不待言。

（五）基於有效契約而生之利益

要保人基於有效契約而生之利益，對於契約相對人之生命或身體，有保險利益（保20）。所謂基於有效契約而生之利益，在人身保險，應解為係指：基於契約而與相對人產生有身分上關係而言，財產上利益不與焉，蓋契約所生之財產上利益，係屬財產保險保險利益之範圍也。基於契約而對於相對人之生命或身體，具有保險利益者，例如男女基於婚約，對於他方（未婚妻或未婚夫）之生命或身體，有保險利益；養父母與養子女，基於收養契約，對於他方（養子女或養父母）之生命或身體，有保險利益是。此種保險，契約當事人雙方，對於他方之生命或身體，均有保險利益，各應以要保人自己為被保險人，至於保險金額，則無限制之標準，究應如何，不得而知。

三、問題之釐清

保險利益乃保險法理論體系之中心，惟我國保險法，自立法伊始，在保險利益制度之建構上，即呈現混亂不明之現象。考其主要原因有：

（一）要保人身分與被保險人身分未予區分，致將以自己保險利益投保之情形，誤為要保人須有保險利益。此可從保險法第3條規定：「本法所稱要保人，指對保險標的具有保險利益，向保險人申請訂立保險契約，並負有交付保險費義務之人。」及第17條規定：「要保人或被保險人，對於保險標的物無保險利益者，保險契約失其效力。」印證得知。

（二）認為對於他人之財產權益（例如債權人對於債務人之債權），為人身保險之保險利益。以致有保險法第16條各款之規

定，以及將第20條解為包括各種身分契約在內。

（三）認為財產保險之被保險人恆為保險標的之所有人，以致在財產保險上，出現只有所有權保險利益之規定（例如保險法第18條「保險標的物所有權移轉時」之規定）。惟觀之保險法第15條所定運送人或保管人以其賠償責任保險利益，所訂立之保險契約；以及以自己對於他人之財產，所具有之保險利益（例如抵押權保險利益），所訂立之保險契約，則均非以所有權人為被保險人。令人產生疑惑。

（四）指定受益人之制度定位不清楚，以致有關受益人指定權人之規定不一（例如依保險法第5條規定為「被保險人或要保人」，依第110條第1項規定為「要保人」，而依第112條規定則為「被保險人」）；另又未注意及損害填補原則與財產權處分權衝突之情形，以致未對不得指定受益人之情形加以規定，而被誤解為，各種人身保險甚至各種財產保險，均得指定受益人[65]。

上述不清之觀念，自保險法實際施行迄今，一直煎熬著保險業者及保險法學生，主管機關宜及早修法加以釐清。本書以為，要保人應僅是訂定保險契約，繳納保險費之人，不須對保險標的具有保險利益，如同時具有保險利益，而以其保險利益投保，則係以保險利益享有者之身分而成為被保險人，不能將此情形，反推成要保人須有保險利益；又對於他人之財產權益，應認為係財產保險之保險利益，屬財產保險之範圍，且被保險人應係權利人，至於此情形之保險，是否容易發生道德危險，而不認許之，或應如何防患，乃另一問題。我國保險法第16條規定，應予刪

---

[65]　保險實務上，有關受益人之指定，一般均僅設有「身故受益人」（或「被保險人身故時」）之欄位，似僅死亡保險，得為受益人之指定。

除，第20條規定，則應解為僅適用於財產保險；財產保險之被保險人，應係保險利益之擁有者，以所有權以外之保險利益投保之情形，不得以所有權人為被保險人；此外，受益人應僅人身保險中之死亡保險有之，財產保險及其他人身保險，不應有受益人之規定或適用，且受益人之指定權，應屬於被保險人，我國保險法第110條、第111條、第114條等關於受益人指定權屬要保人之規定，應予修正。又受益人指定權既屬於被保險人，則保險法第105條及第106條之規定，即無必要，蓋該第三人之要保人，既無何權益，此種防患道德危險之規定，即為多餘也。

第四節　保險標的

保險標的之意義如何？學者解釋有二：

一、保險客體說

認為保險標的，即係保險客體，亦即保險此一法律行為（契約）之對象。財產保險及人身保險均有之，故保險標的，包括有體物、無形利益、及人身（生命、身體、健康）。在有體物，一般稱為標的物。[66]

二、保險利益說

認為保險標的，乃指保險利益，亦即保險此一法制度所欲保障之對象。因人身保險無保險利益之觀念，故唯財產保險有保險標的之稱謂。[67]

---

[66]　林咏榮，新版商事法新詮（下），340～341頁；鄭玉波，保險法論，25～26頁。

[67]　江朝國，保險法基礎理論，29、97～98、103頁。

　　若將保險標的，解為係要求保障之對象，則保險利益說，洵
為正確。蓋對於同一客體，可因不同之連接關係，而有多數保險
利益同時存在，在所有權保險利益，被保險人要求保障者，謂係
該客體或謂係保險利益，並無差異。惟在其他保險利益（例如抵
押權保險利益、租賃權保險利益、貨物運送人責任保險利益），
被保險人所要求保障者，並非該客體本身，而係其對於該客體之
連接關係所具有之經濟價值，亦即保險利益。是被保險人要求保
障之對象，自係指保險利益，而非指該客體本身，要屬無疑。惟
查我國保險法上，除保險標的或保險標的物[68]之外，已另有「保
險利益」之名詞，且與保險標的或保險標的物併用（保3、17），
依其併用之文理，顯見我國保險法上之保險標的或標的物，並非
指保險利益，而係指保險利益所在之客體，亦即保險客體。

　　然則，究應以何者為是？本書以為，所謂保險，雖有制度面
之意義與法律面之意義之分。但我國保險法第1條，既已對本法所
稱保險，為法定之解釋，則我國保險法上所稱保險標的或保險標
的物，自係指保險此一法律行為（契約）之標的或標的物而言。
保險利益說，再以制度面之意義，解釋保險標的，謂其係指保險
此一法制度所欲保障之對象，似易致混淆；又在我國民事法上，
所謂標的，既可指法律關係（例如訴訟標的），亦可指法律關係
之內容或對象（例如法律行為之標的），亦可指一定之給付（例
如債之標的）。可知標的二字，並無絕對固定之指涉，我國保險
法，以保險標的或保險標的物，指保險客體，似難謂不合。有問

---

[68]　我國保險法上，使用「保險標的」之條文有12條（即保3、10、23Ⅰ、33、
38、50、51、71、73、74、76、96），使用「保險標的物」之條文有17條（即
保17、18、48、55②、70、72Ⅱ、75、77、79Ⅱ、80、81、82Ⅰ、83、85、
97、98、99），均指保險客體而言。但其中至少有6條文（即保10、38、51、
73、18、55②），應係指保險利益，容於論述各該條文時述之。

題者，乃在我國保險法上，保險標的既係指保險客體，則條文中
所謂「保險標的（物）之價值（市價）」（保23Ⅰ、33、38、
50、72、73、76、77、79Ⅱ），自係指保險客體之價值，而保險
客體之價值，實即係所有權之價值之謂。則我國保險法，在保險
利益節中，雖明認有所有權以外之其他保險利益（例如保14、
15、20），但在其他相關條文上，卻只規定及於所有權保險利
益，而未顧及所有權以外之其他保險利益之適用問題。此所以保
險利益之理論，難以套入我國保險法之理由也。解決之道有二：
1.將我國保險法上「保險標的」或「保險標的物」全部刪去，其
應指保險利益者，改以「保險利益」，應指保險利益所在之客體
者，改以「保險客體」。如此，則保險標的成為非保險法之法定
名詞，謂保險利益，係保險標的，即不生問題。2.保留我國保險
法上「保險標的」或「保險標的物」之用語，但將其中應指保險
利益者，改為「保險利益」，應指「保險標的」者，不得使用保
險標的物。如此，則保險利益，只可謂係被保險人要求保障之對
象，而不可謂為保險標的。蓋保險標的已有所指（保險客體）
也。於修正之前，本書暫依第2種方式論之。

第五節　保險契約之種類

保險契約，可依不同之標準，為各種之分類。以下僅就我國
保險法規定所及之種類述之：

一、為自己利益之保險契約、為他人利益之保險契約與為自己兼他人利益之保險契約

保險契約，依要保人是否為自己之受益為標準，可分為為自
己利益之保險契約、為他人利益之保險契約與為自己兼為他人利

益之保險契約。分言之：

（一）為自己利益之保險契約

即：1.要保人以自己之保險利益投保，自己為被保險人（被保險人乃保險利益之享有者），所訂立之各種財產保險契約。發生保險事故時，由自己享有請求保險金額之權。2.或要保人以自己之人身（包括生命、身體、健康，以下同）投保，自己為被保險人（被保險人乃人身之本人），所訂立之死亡保險以外之各種人身保險契約。發生保險事故時，由自己享有請求保險金額之權等是。[69]

（二）為他人利益之保險契約

即：1.要保人以他人之保險利益投保，該他人為被保險人，所訂立之各種財產保險契約。發生保險事故時，由該他人享有請求保險金額之權。2.或要保人以他人之人身投保，該他人為被保險人，所訂立之各種人身保險。發生保險事故時，在非死亡保險，由該他人享有請求保險金額之權；在死亡保險，則由指定之受益人或繼承人（保113），享有請求保險金額之權。3.或要保人以自己之人身投保，自己為被保險人，所訂立之死亡保險契約。發生保險事故時，由指定之受益人或繼承人享有請求保險金額之權等是。[70]

---

[69] 鄭玉波，保險法論，60頁，對於為自己利益之保險契約，謂：「要保人自行享有賠償請求權的，叫做為自己利益的保險契約，其情形可有：1.要保人自己為被保險人，而未另行指定受益人；2.要保人以他人為被保險人，而指定自己為受益人。」（梁宇賢，保險法新論，47頁同）。

[70] 鄭玉波，保險法論，60頁，對於為他人利益之保險契約，謂：「要保人不自行享有賠償請求權的，叫做為他人利益的保險契約，其情形可有：1.要保人自為被保險人，而指定他人為受益人；2.要保人以他人為被保險人，而未另行指定受益人；3.要保人以他人為被保險人，而又另行指定受益人。」（梁宇賢，保險法新論，47頁同）。

　　上揭三種為他人利益之保險契約，第3種係要保人以自己之人身投保，當無須法律再明文許可。至於第1、2二種係以他人之保險利益或人身為投保，與民法上第三人利益契約，係單純「以契約訂定向第三人為給付」者，並不相同，是否任何人不問原因，均可為之，不無疑問。按要保人僅係訂契約繳保險費之人，本於要保人之身分並無何權利可主張，則以他人之保險利益或人身投保，由被保險人（即該他人）或被保險人指定之受益人或由繼承人享有請求保險金額之權利，即係俗稱之「為人買保險」，應無不可之理。為此，保險法第45條第1項明定曰：「要保人得不經委任，為他人之利益訂立保險契約。」即係就此二種情形而設。亦即任何人不問原因，均可以他人之保險利益或人身，為他人之利益訂立保險契約也。

　　須附言者，保險法第45條規定，有問題者二：其一，第1項規定「不經委任」乙語，似有未當，蓋保險契約之訂立屬法律行為，稱「委任」，具有授與代理權之內涵，謂「得不經委任」，反令人懷疑是否須以該他人之名義為之？實則，為他人利益之保險契約，係以要保人自己之名義訂立，既非受他人委任處理事務，亦與代理之觀念無涉。是本項「不經委任」四字，不如刪去。其二，第2項規定：「受益人有疑義時，推定要保人為自己之利益而訂立。」亦有疑問。蓋為他人利益之保險契約，並非全以指定受益人之方式出之，且如受益人之指定權係屬於被保險人，則上揭三種為他人利益之保險契約，根本無指定受益人之問題（在第3種為他人利益之保險契約，若要保人不以其被保險人之身分指定受益人，則保險金額應歸其繼承人取得，亦屬為他人利益之保險契約），以關於受益人指定之規定，列為本條第2項，實非所宜。進而言之，受益人之指定有疑義時，應探求被保險人之真

意定之，至如完全無法決定時，應解為「未指定受益人」，而依
保險法第113條規定處理之。始為合適。本項規定謂推定「要保
人」為「自己」之利益而訂立，實無法解釋。本項宜移列為第110
條第3項，並修正為：「受益人有疑義時，如法院不能決定何者為
被保險人之真意，應視為未指定受益人」。

其次，關於為他人利益之保險契約，保險法第52條又規定：
「為他人利益訂立之保險契約，於訂約時，該他人未確定者，由
要保人或保險契約所載可得確定之受益人，享受其利益。」亦有
問題。何以不併之為第45條中之一項或列入第110條而為規定，卻
遠離獨設於第52條？又本條規定與第45條第2項有何不同？按上開
三種為他人利益之保險契約中，第1、2二種之被保險人，係保險
利益之享有者或人身之本人，該「他人」業已確定，自非本條規
範之對象，而第3種之要保人以其被保險人之身分指定受益人，並
非全體為他人利益之保險契約之重要事項，前段已言之，故本條
如有規定之必要，亦應併列於受益人指定之條文中（保110），與
第45條第2項規定同，現行保險法獨列之為第52條，實無理由。至
於本條規定與第45條第2項規定，雖不相同，但並無規定之必要。
申言之：本條以受益人「未確定」為適用範圍，所謂未確定，包
括：1.未記載受益人，或2.僅記載確定受益人之方法（保108
②），例如於受益人欄內記載妻、配偶、子女、兄、弟、姊、妹
等是。至如受益人之記載有疑義時，則屬第45條第2項規定之適用
範圍，並不相同。但因在1之情形，保險金額應歸被保險人之繼承
人取得，保險法第113條已有明文，根本無由「要保人」享受其利
益之餘地。本條中段「由要保人」乙語，係屬錯誤。至在2之情
形，既已依保險法第108條第2款規定，記載確定受益人之方法，
則本應解釋為「由保險契約所載可得確定之受益人，享受其利

益」，本條後段不過係提醒之注意規定，刪之亦無妨。是本條並無規定之必要。

（三）為自己兼為他人利益之保險契約

即要保人同時以自己及他人之保險利益或人身投保，所訂立既為自己又兼為他人利益之保險契約。此種保險契約，實係多數保險契約之合併，一般並無必要，但解釋上，非不可由要保人與保險人磋商訂定。我國保險法則就若干情形之財產保險契約，因他人之財產或責任與要保人之保險標的物或責任，具有密切之關聯，為謀實際之便利，爰特別明文許可訂立為自己兼為他人利益之保險契約，以為依據。其規定有三：

1. 合夥人或共有人訂立之保險契約

保險法第47條規定：「保險契約由合夥人或共有人中之一人或數人訂立，而其利益及於全體合夥人或共有人者，應載明為全體合夥人或共有人訂立之意旨。」所謂「其利益及於全體合夥人或共有人者」，乃合夥人或共有人中之一人或數人為要保人，以合夥財產或共有財產（其中包括要保人之權利部分及其他合夥人或共有人之權利部分）為保險標的物，全體合夥人或共有人為被保險人之意。所謂「應載明為全體合夥人或共有人訂立之意旨」，係指「應載明為全體合夥人或共有人之利益訂立之意旨」。

須說明者，共有包括分別共有及公同共有二者，而「各合夥人之出資，及其他合夥財產，為合夥人全體之公同共有。」民法第668條定有明文。是就財產關係言，共有人已可包含合夥人，本條「合夥人或」乙語，顯屬重複。於修正前，唯有認合夥人係共有人之重要例示，而將「共有人」解為指「其他共有人」，較能

明確。又本條所定者，並非指代理其他合夥人或共有人，同時以其他合夥人或共有人為「要保人」，就合夥財產或共有財產訂立保險契約之情形，亦即與保險法第46條之規定，完全不同，亦應注意。

2. 就同一處所之物訂立之集合保險契約

保險法第71條規定：「就集合之物而總括為保險者，被保險人家屬、受僱人或同居人之物，亦得為保險標的，載明於保險契約，在危險發生時，就其損失享受賠償。」「前項保險契約，視同並為第三人利益而訂立。」亦即要保人就集合物投保時，縱集合物中有屬於其家屬、受僱人或同居人所有者，亦可載明於保險契約，一起投保，自己及家屬、受僱人或同居人，均為被保險人，發生保險事故時，均得各自就其物所受之損失，享有請求保險金額之權。所謂「視同並為第三人利益而訂立」，即視為為自己兼為他人利益之保險契約也。其詳容後於「個別保險契約與集團保險契約」項下述之。

3. 為所營事業之損失賠償責任訂立之責任保險契約

保險法第92條規定：「保險契約係為被保險人所營事業之損失賠償責任而訂立者，被保險人之代理人、管理人或監督人所負之損失賠償責任，亦享受保險之利益，其契約視同並為第三人之利益而訂立。」所謂「被保險人所營事業」，指被保險人為個人、合夥、公司，其所經營之獨資事業、合夥事業、公司事業等。所謂「保險契約係為被保險人所營事業之損失賠償責任而訂立者」，即要保人（個人、合夥人全體、公司）以自己所營事業之損失賠償責任為保險標的，自己為被保險人，所訂立之責任保險契約。於其所營事業，因被保險人或其代理人、管理人或監督

人之職務行為，對於第三人，依法應負賠償責任，而受賠償之請求時，保險人應負給付保險金額之義務（保90）。所謂「被保險人之代理人、管理人或監督人所負之損失賠償責任」，指此等人因執行職務所致他人之損害，或因違反應執行之職務所致被保險人之損害，依法應負之賠償責任（例如民28、公司34）。代理人，包括意定代理人及法定代理人；管理人，例如破產管理人（破產83）；監督人，例如重整監督人（公司289）、和解監督人（破產11）。實則，管理人及監督人，亦均係法定代理人。所謂「亦享受保險之利益」，指債權人如向被保險人請求時，保險人固應負給付保險金額之義務，即此等人受債權人或被保險人之請求時，保險人亦應負給付保險金額之義務。所謂「視同並為第三人之利益而訂立」，亦即視為為自己兼為他人利益之保險契約也。

二、不定值保險契約與定值保險契約

　　財產保險契約，依其保險標的物之價值是否約成固定為標準，可分為不定值保險契約（unvalued policy）與定值保險契約（valued policy）。保險法第50條第1項規定：「保險契約分不定值保險契約，及定值保險契約。」分言之：

（一）不定值保險契約

　　「不定值保險契約，為契約上載明保險標的之價值，須至危險發生後估計而訂立之保險契約。」（保50Ⅱ）所謂「保險標的之價值，須至危險發生後估計」，係指損失額及投保比例，須依保險事故發生時保險標的物之實際價值為計算而言。非謂投保時無須就保險標的物之價值為估計也。質言之，於訂約前仍應先由保險人查明保險標的物之市價，以該市價為保險價額，但只做為

約定投保之保險金額之上限（保72後段），不記載於保險契約上，至保險事故發生後，再估計保險標的物當時之實際價值，再按當時之實際價值與當初約定投保之保險金額之比例，求得投保比例（即當初約定投保之保險金額除以保險事故發生時保險標的物之實際價值）（保77、76Ⅱ），而後以損失額乘以投保比例，所得之數額，為保險人應給付之保險金額。舉例說明之：房屋投保火災保險時，經查明市價為300萬元，約定投保300萬元，設火災發生時，屋價上漲為400萬元，火災所致之損失為100萬元，則投保比例為4分之3（保77），保險人應給付之保險金額為75萬元（100萬元乘以4分之3）；反之，設火災發生時，屋價下跌為200萬元，則投保比例仍為1（保76Ⅱ），保險人應給付之保險金額為100萬元是。財產保險以不定值保險為原則。

（二）定值保險契約

「定值保險契約，為契約上載明保險標的一定價值之保險契約。」（保50Ⅲ）亦即於訂約前先由保險人查明保險標的物之市價（保72後段），無市價者約定其價額（保75），以該市價或約定之價額為保險價額，做為約定投保之保險金額之上限，並將該保險價額約為固定載明於保險契約書上，至保險事故發生時，再按保險標的物當時之實際價值與損失額之比例，求得損失比例（即當時之損失額除以當時之實際價值），而後以投保之保險金額乘以損失比例，所得之數額，為保險人應給付之保險金額。但因保險標的物無市價又不可分者（例如單件之古董、藝術品），於保險事故發生時，並無「當時之實際價值」與「損失額」之存在，亦即無損失比例之問題，故應一律以約定投保之保險金額，為保險人應給付之保險金額。分別舉例說明之：**1.保險標的物有市價者**：房屋投保火災保險時，經查明市價為2,000萬元，約定為定

值，設投保之保險金額亦為2,000萬元，嗣後價格下跌至1,200萬元時，發生火災，損失300萬元，則損失比例為4分之1，保險人應給付之保險金額為500萬元（2,000萬元乘以4分之1）是；設投保之保險金額為1,600萬元，則保險人應給付之保險金額為400萬元（1,600萬元乘以4分之1）是。**2.保險標的物無市價者**：以張大千畫作乙幅，投保火災保險，約定價額為500萬元，設投保之保險金額亦為500萬元（或300萬元），則於保險事故發生時，保險人應給付之保險金額，為500萬元（或300萬元）是。財產保險，除保險標的物無市價者，依保險法施行細則第6條規定：「要保人以其所有之藝術品、古玩品及不能依市價估定價值之物品要保者，應依本法第73條及第75條之規定約定價值，為定值之保險。」外，以定值保險為例外。

保險法第50條，雖設於第二章保險契約第一節通則中，但因人身無法估價，並無定值保險之適用，故事實上，該條規定僅對財產保險始有其適用，應無問題。惟我國保險法復於第三章財產保險第一節火災保險，另設第73條、第74條、第75條等三條關於火災定值保險之規定。何以如此為之？若僅火災保險得為定值保險，則第50條所設之通則性規定，顯無必要。反之，若火災保險以外之財產保險亦有定值保險規定之適用，則宜將第73條至第75條規定之內容，移設於保險契約之通則中[71]，始為恰當。本書以為，在理論上，火災保險以外之財產保險，例如海上保險、陸空保險，以及竊盜保險、風害保險、洪水保險、地震保險…等新種

---

[71] 民國26年之保險法，除第一章總則外，第二章損失保險及第三章人身保險，又分別設有通則之規定，至民國52年修正公布時，將損失保險改為財產保險，且廢除財產保險及人身保險之通則，原規定則分別改定為保險法相關條文，相沿迄今。故如認定值保險非屬火災保險所專有，則依現行體制，須移設於保險契約之通則中。

損害保險，與火災保險僅是危險種類不同而已，其保險標的物大部分相同，實未見其不得為定值保險之理。又得否為定值保險，與財產保險之名稱無關，凡其保險客體為有體物者，均可為定值之約定，例如運送人或保管人，就其對於貨物之責任，所訂立之責任保險契約（保15），非不得就其責任所在之客體（即貨物），為定值之約定。是則，似以設為通則性之規定為宜[72]。至於在立法上，得就不得為定值約定之情形，加以限制，係屬當然。

此外，定值保險，既以保險客體為有體物者為限，則保險法第50條、第73條、第74等條所定「保險標的」乙語，實係指保險標的物而言。併予說明。

三、足額保險契約、不足額保險契約與超額保險契約

財產保險契約，依約定投保之保險金額是否等於保險價額為標準，可分為足額保險契約（full-insurance）、不足額保險契約（under-insurance）與超額保險契約（over-insurance）。分言之：

（一）足額保險契約

即約定投保之保險金額等於保險標的物之市價或約定之價額之保險契約。又稱全額保險或全部保險。例如以市價500萬元之房屋，或約定價額500萬元之名畫，各投保500萬元之火災保險是。於發生保險事故時，應依其係不定值保險抑或定值保險，計算保

---

[72] 依財團法人保險事業發展中心編印之「保險法令彙編」上冊，民國85年新編本，219頁，就現行保險法第73條至第75條，民國52年修正意旨，謂：「保險種類按保險事故重行區分規定後，已無損失保險，因將原有損失保險章通則之規定，其於火災保險適用者，移訂於火災保險章中，並修正其條次。」可知定值保險原屬損失保險章通則之規定，不過因修法時廢除其通則，始移設於火災保險章中，並非謂定值保險係火災保險所專有也。

險人應給付之保險金額。

（二）不足額保險契約

即約定投保之保險金額小於保險標的物之市價或約定之價額之保險契約。亦即「保險金額不及保險標的物之價值」（保77）之保險契約。又分為一部保險契約與合力保險契約二種：

1. 一部保險契約

即保險金額不及保險標的物之價值，而就未經保險之部分，未約定由被保險人自行負擔損失之保險契約。所謂就未經保險之部分，未約定由被保險人自行負擔損失，指要保人就未經保險之部分，可再與他保險人訂立保險契約而言。若再與他保險人訂立保險契約，雖仍為一部保險契約，仍有一部保險規定之適用，但同時構成複保險，應依複保險之規定（保35～38）為之。一部保險之保險責任，依保險法第77條規定：「保險金額不及保險標的物之價值者，除契約另有訂定外，保險人之負擔，以保險金額對於保險標的物之價值比例定之。」所謂「以保險金額對於保險標的物之價值比例定之」，即依投保比例計算之也。所謂「契約另有訂定」，指契約訂定不按投保比例計算保險人應給付之保險金額之情形。例如約定在保險金額範圍內之所有損失，保險人應全額給付是[73]。

2. 合力保險契約

即保險金額不及保險標的物之價值，且就未經保險之部分，約定由被保險人自行負擔損失之保險契約，又稱為共同保險條款（co-insurance clause）。保險法第48條規定：「保險人得約定保

---

[73]　此種保險稱為「第一次損失保險」（first loss insurance）或「實損填補保險」（specific policy）。

險標的物之一部分，應由要保人自行負擔由危險而生之損失。」
「有前項約定時，要保人不得將未經保險之部分，另向他保險人
訂立保險契約。」有如未經保險之部分，由被保險人自己承保，
故稱合力保險。合力保險，可藉被保險人不願發生保險事故自負
部分損失之心理，增加保險標的物之安全，具有一定之政策目
標。要保人如違反合力保險之約定，另向他保險人訂立保險契約
者，該另訂之契約，應為無效（民71前段）。

　　一部保險契約與合力保險契約之差別，只在於要保人得否將
未經保險之部分，另向他保險人訂立保險契約而已，就保險人之
責任言，二者並無不同，亦即均應依一部保險之方式計算其應給
付之保險金額。

（三）超額保險契約

　　即約定投保之保險金額大於保險標的物之市價或約定之價額
之保險契約。亦即「保險金額超過保險標的價值」（保76Ⅰ）之
保險契約。又稱為超過保險。超額保險，違反「禁止不當得利原
則」，為法所不許，保險法第72條後段即明定：「保險人應於承
保前，查明保險標的物之市價，不得超額承保。」違反之者，依
第169條規定：「保險業違反第72條規定超額承保者，除違反部分
無效外，處新臺幣45萬元以上450萬元以下罰鍰。」另第76條又分
就詐欺之超額保險與非詐欺之超額保險，規定其效力。茲合併述
之：

1. 詐欺之超額保險

　　「保險金額超過保險標的價值之契約，係由當事人一方之詐
欺而訂立者，他方得解除契約。如有損失，並得請求賠償。」
（保76Ⅰ前段）所謂「係由當事人一方之詐欺而訂立者」，係指

超額保險係由於要保人或保險人表示虛偽之事實而訂立而言。故詐欺之超額保險，又稱惡意之超額保險。其原因，在要保人係為多取保險金額，在保險人則係為多取保險費。事實上，較少有保險人為多取少量保險費，而詐欺為超額保險者，要保人為多取保險金額而詐欺為超額保險之情形較多。所謂「他方得解除契約」，乃受詐欺之他方當事人得據以解除契約，為詐欺之一方當事人無解除契約之權。詐欺之事實，應由解除契約者證明之。又因超額之部分，依保險法第169條前段規定，已屬無效，無解除之餘地，故得解除之契約，僅以未超額之有效部分之契約為限。所謂「如有損失，並得請求賠償」，係指受詐欺之一方當事人，如有損失，並得請求賠償而言，固無疑問。惟其損失，究係指解除契約前，因詐欺超額保險所生之損失，有如民法第260條所定之損害賠償然？抑係指因解除契約所生之損失？並不明確。按詐欺超額保險契約，於解除前，並無因給付遲延或給付不能而生損害之問題，與民法第260條之行使解除權係以給付遲延或給付不能為原因者不同。至於超額部分之保險費，應否返還，法雖無明文，但解釋上，若係要保人為詐欺，應不得請求返還，反之若係保險人為詐欺，則要保人應得請求返還，此依侵權行為或不當得利之規定，即可解決。至若解除後，已支付之保險費、訂約費用，即成為損失。另於合理之另覓保險期間，若發生保險事故，所致之損失，亦應由詐欺之一方當事人負賠償之責。此等損失，方係本項規範之對象。故應解為係指因解除契約所生之損失而言。最後，須說明者，不論定值保險或不定值保險，均有發生詐欺超額保險之可能，故此之規定，對定值保險契約及不定值保險契約，均有其適用。

2. 非詐欺之超額保險

「無詐欺情事者，除定值保險外，其契約僅於保險標的價值之限度內為有效。」（保76 I 後段）無詐欺情事云者，超額保險非由於要保人或保險人表示虛偽之事實而訂立之謂也。故非詐欺之超額保險，又稱善意之超額保險。其情形有二：（1）訂約時，非因要保人或保險人之故意而誤估價值；（2）訂約後，發生保險標的物價格下跌之情事。所謂「其契約僅於保險標的價值之限度內為有效」，即超額之部分無效，未超額之部分有效，且他方不得解除契約也。此顯與第169條前段規定重複。至所謂「**除定值保險外，其契約僅於保險標的價值之限度內為有效**」，則可為二種解釋：其一，認為任何超額保險契約，不論係惡意抑善意，亦不論係不定值或定值，均有保險法第169條規定之適用，亦即其超額之部分，均屬無效。善意之超額定值保險，亦不例外。是此之「除定值保險外」乙語，實無意義，本段規定係屬多餘。其二，認為本段規定係謂善意超額定值保險，可不受「僅於保險標的價值之限度內為有效」之限制，亦即包括超額之部分，全部均屬有效。因此，本段乃第169條之特別規定。本書以為，此二種解釋，均有其理由。惟本段「除定值保險外」乙語，係民國52年修正時加入[74]，修正者應係出於「善意超額定值保險全部有效」之意思

---

[74] 民國18年保險法第32條與民國26年保險法第56條，內容除少數文字調整外，完全一樣，民國52年修正保險法第76條，不過於第1項後段加入「除定值保險外」乙語。相沿迄今。

民國18年保險法第18條規定：「保險金額超過保險標的物價值之契約，係由當事人一方之詐欺而訂定者，他方得解除契約。如有損害，並得請求賠償。無詐欺情事者，其契約僅於保險標的物價值之限度內為有效。」「前項無詐欺情事之保險契約，經當事人一方將超過價值之事實通知他方後，保險金額及保險費，均應比例減少。」

民國26年保險法第56條規定：「保險金額超過保險標的價值之契約，係由當事

而為。是在論理上,應採第二說為宜。至於本段規定與第169條規定,如何相應為更明確之修正,係另一問題。須附言者,本段既係第169條之特別規定,則於善意超額定值保險之情形,當不得依第169條規定,處保險業罰鍰,而不待言。

任何超額保險契約,除善意超額定值保險外,其超額之部分,既屬無效(保169),則保險人自僅就未超額之部分承擔其危險,要保人亦僅就未超額之部分負支付保險費之義務。此乃自始當然之效力,不待乎再為明文,亦無庸當事人一方將超過價值之事實通知他方始然。惟保險法第76條第2項卻規定曰:「無詐欺情事之保險契約,經當事人一方將超過價值之事實通知他方後,保險金額及保險費,均應按照保險標的之價值比例減少。」顯有違誤。其一,曰:「無詐欺情事之保險契約」,則詐欺之超額保險契約,自不在其適用之列。惟詐欺之超額保險契約,其超額之部分,亦屬無效(保169),亦須減少保險金額及保險費,本項規定,反而容易令人產生詐欺之超額保險契約,未經解除者,其超額之部分是否有效之疑惑,不無畫蛇添足。其二,曰:「經當事人一方將超過價值之事實通知他方後」,則不為通知,保險金額及保險費,即不生減少。惟無效乃自始當然不生效力,保險金額及保險費乃自始當然減少。立法者以為須經通知始能發生減少之效力,亦屬有誤。本項規定全部均無必要。

四、記名式保險契約、指示式保險契約與無記名式保險契約

財產保險契約,依保險契約上是否記載被保險人之姓名為標

人一方之詐欺而訂立者,他方得解除契約。如有損失,並得請求賠償。無詐欺情事者,其契約僅於保險標的價值之限度內為有效。」「無詐欺情事之保險契約,經當事人一方將超過價值之事實通知他方後,保險金額及保險費,均應按照保險標的之價值比例減少。」

準，可分為記名式保險契約、指示式保險契約與無記名式保險契約。保險法第49條第1項規定：「保險契約除人身保險外，得為指示式或無記名式。」蓋人身保險之被保險人，恆為人身之本人，且人身不能移轉，故無法為指示式之記載或為無記名式。又所謂「得為指示式或無記名式」，指於記名式之外，亦得為指示式或無記名式而言。分言之：

（一）記名式保險契約

指被保險人欄內，載有被保險人姓名（指自然人）或名稱（指法人）之保險契約。一般之財產保險契約，以記載被保險人之姓名或名稱為常。財產保險之被保險人，為保險利益之享有者，保險利益得因被保險人與保險標的間之連接關係之移轉而移轉，前已言之。故財產保險之被保險人，得隨保險利益之移轉而變更。即使所訂為記名式之保險契約，亦然。不可誤解。

（二）指示式保險契約

指被保險人欄內，除載有被保險人之姓名或名稱外，更記載「或其繼受人」之保險契約。所謂繼受人，乃保險利益之受讓人之謂。通常於訂立保險契約時，即有移轉保險利益之計畫者，會要求保險人為此種方式之記載。

（三）無記名式保險契約

指被保險人欄內，保持空白，未為任何記載之保險契約。訂立此種方式之保險契約之人，其移轉保險利益之意圖，較之訂立指示式之保險契約之人，更為明顯。此種保險契約，雖未記載被保險人，但並非無被保險人，只是其被保險人應依保險事故發生時，何人享有保險標的之保險利益為斷而已。

不論記名式保險契約、指示式保險契約或無記名式保險契

約，其被保險人之繼受人，均應繼受前手之權利及義務，於保險事故發生時，享有請求保險金額之權，自亦同受保險人之抗辯。此乃權利繼受之所當然。保險法第49條第2項規定：「保險人對於要保人所得為之抗辯，亦得以之對抗保險契約之受讓人。」即此之意。所謂「保險契約之受讓人」，應係指「保險利益連接關係之繼受人」，蓋單純受讓保險契約之書面，並無法取得保險契約上之權利也。又保險人所得對抗被保險人之繼受人者，並不以對於要保人所得為之抗辯為限，即對於被保險人所得為之抗辯，亦包括在內，本項前段似遺漏「或被保險人」。對於要保人所得為之抗辯，例如要保人積欠保險費；對於被保險人所得為之抗辯，例如被保險人違反危險增加之通知義務（保59Ⅱ、Ⅲ）。[75]

五、個別保險契約與集團保險契約

　　保險契約，依保險標的或被保險人是否單一為標準，可分為

---

[75] 關於指示式保險契約與無記名式保險契約，有學者謂：「所謂指示式即除記明要保人之姓名外並記載『或其指定人』字樣，此種保險單要保人得以背書轉讓於第三人。例如以房屋投保火險，於房屋所有權移轉時，其保險單即可依背書轉讓於受讓人是；所謂無記名式，即不記載要保人之姓名，要保人得依交付而轉讓其保險單於第三人，例如以貨物投保火險者，可將保險單隨同貨物，交付而轉讓他人是。不過此之轉讓與票據之轉讓有所不同，票據之轉讓，以『後手不繼承前手之瑕疵』為原則（票據法13條本文），而此之轉讓，依本法第49條第2項規定：『保險人對於要保人所得為之抗辯，亦得以之對抗保險契約之受讓人。』例如原要保人積欠保險費，則保險人亦得對於受讓人主張便是（此之規定，與民法299條規定趣旨相同）。」（鄭玉波，保險法論，78頁）顯係將保險契約本身視為有價證券，且視要保人為有價證券之原始權利人，故要保人得依「背書」或「交付」，將其權利轉讓於第三人，使第三人取得有價證券本身所表彰之權利。本書以為，並非如此。蓋要保人並非保險契約上之原始權利人，實務上財產保險契約上（例如火災保險單），根本無「要保人」欄，保險契約本身亦無價值（僅有紙張之價值）。至於得主張保險契約上之權利者，須在實體上對保險標的享有保險利益者，始足當之，並非取得保險契約之人，即得為主張。故上開學者之說明，實無從成立。

個別保險契約與集團保險契約。分言之：

（一）個別保險契約

即保險標的為單一物或被保險人為一人之保險契約。保險標的為單一物之保險契約，又稱為單獨保險契約（single insurance）。例如以一部汽車為標的所訂立之汽車損失保險是。被保險人為一人之保險契約，又稱為個人保險契約（individual or personal insurance）。例如以自己一人之生命所訂立之生存及／或死亡保險契約是。

（二）集團保險契約

即保險標的為集合物或被保險人為多數之保險契約。保險標的為集合物之保險契約，又稱為集合保險契約（collective insurance）。例如以一家之物全部為保險標的所訂立之火災保險契約（保71）是。被保險人為多數之保險契約，又稱為團體保險契約（group insurance）。例如以公司全體員工為被保險人所訂立之團體傷害保險契約是。

須說明者，集團保險契約，係指訂約時，多數之保險標的或被保險人，全部均已特定且載明於保險契約者而言。若僅約定以一定範圍內可交替變動之多數物或人，為保險標的或被保險人，而不將其名稱或姓名載明於保險契約，保險事故發生時，在該範圍內之物或人所受之損害，保險人均應給付保險金者，則稱為總括保險契約（blanket policy）。因其保險標的或被保險人，是流動的，也是開放的，故又名流動保險契約（floating policy or running policy），或開口保險（open cover）。例如以存放於某一倉庫內可進可出之貨物為保險標的，而不一一列記其名稱，所訂立之一個火災保險契約；或以乘坐某客輪可上可下之人為被保險

人，而不一一列記其姓名，所訂立之一個傷害保險契約等是。

　　總括保險、流動保險、開口保險三者，在契約成立時保險標的均尚未確定，以及保險標的分批進出保險範圍等方面，固為相同，但在海上保險實務上仍存有若干差異。在總括保險，保險費係以總額計算，且被保險人不需逐批向保險人申報其交運之貨物內容，於每批貨運量較少或航程時間較短之情形，通常訂立此種保險契約[76]；在流動保險和開口保險，保險費係依不同貨物之特定費率計算、被保險人須逐批向保險人申報其交運之貨物內容、訂有保險人每船（per bottom）附加地點條款（location clause）之責任最高限額，此為二者所同。但流動保險之保險人於契約成立時即簽發正式保險單交付被保險人，而開口保險之保險人於契約成立時則僅簽發保險證明書交付被保險人（被保險人有需要時，例如該保險發生訴訟時，仍得請求保險人發給正式保險單），此應係流動保險稱為floating policy，開口保險稱為open cover之原因；又流動保險之保險期間通常為12個月，開口保險之保險期間亦可為特定期間，通常則為永久期間（always open），雙方當事人得於契約所定期間前（例如30日或3個月）終止契約[77]。

　　依上所述，可知保險法第71條第1項：「就集合之物而總括為保險者，被保險人家屬、受僱人或同居人之物，亦得為保險標的，載明於保險契約，在危險發生時，就其損失享受賠償。」所定者，係指集合保險契約無疑。惟總括保險既另有所指，則條文中「總括」二字，實不宜併用。

---

[76] Schmitthoff, Export Trade: The Law and Practice of International Trade, 11th ed. 2007, p.404.

[77] Id., pp.399-404.

六、現在保險契約、追溯保險契約與未來保險契約

保險契約，依訂約時危險是否存在為標準，可分為現在保險契約、追溯保險契約（retrospective or retroactive policy）與未來保險契約。分言之：

（一）現在保險契約

即訂約時危險已存在且尚未發生之保險契約。因保險標的及被保險人，乃危險發生之客體，故所謂危險已存在，自兼指保險標的或被保險人之存在而言。另因無危險，即無成立保險契約之餘地，故凡保險契約，除法律有特別規定或為性質上所許而契約另有訂定者外，均屬現在保險契約。

（二）追溯保險契約

即訂約時危險已發生或已消滅之保險契約。危險已發生者，保險標的或被保險人已發生損害或滅失或死亡也。危險已消滅者，危險發生之原因已消失，或危險雖發生但保險標的或被保險人未受任何損害也。此種保險契約，原應為無效。但我國保險法第51條第1項對之規定曰：「保險契約訂立時，保險標的之危險已發生或已消滅者，其契約無效。但為當事人雙方所不知者，不在此限。」亦即，保險契約訂立時，保險標的之危險已發生或已消滅，但為當事人雙方所不知者，仍為有效。惟其僅言及「保險標的」，是否僅財產保險始有適用，抑係疏漏，不得而知。

追溯保險之有效，既以雙方當事人於訂約時均不知危險已發生或已消滅為要件，則僅一方當事人不知情，而另一方當事人知情，其契約仍為無效，自不待言。惟知情之一方當事人，竟故意隱瞞而訂立契約，顯有詐欺之意圖，如事後被識破，對於其已付之保險費，仍可依不當得利之規定請求返還，或只須返還所收之

保險費，而無庸受任何不利益，則形同鼓勵訛詐。故保險法第51條第2項，就**要保人知情之情形**，規定曰：「訂約時，僅要保人知危險已發生者，保險人不受契約之拘束。」亦即，保險契約對要保人仍為有效，要保人仍受契約之拘束。基於此，保險法第24條第1項遂規定：「保險契約因第51條第2項之情事，而保險人不受契約之拘束時，保險人得請求償還費用。其已收受之保險費無須返還。」亦即要保人仍負有交付之義務。反之，保險契約對保險人則為無效，從而保險人不負給付保險金額之義務。另保險法第51條第3項，就**保險人知情之情形**，規定曰：「訂約時，僅保險人知危險已消滅者，要保人不受契約之拘束。」亦即，保險契約對保險人仍為有效，保險人仍受契約之拘束，但因危險已消滅，保險人之責任無從發生，故保險法第24條第2項規定：「保險契約因第51條第3項之情事而要保人不受拘束時，保險人不得請求保險費及償還費用。其已收受者，應返還之。」亦即要保人不負交付之義務，蓋保險契約對要保人為無效，保險人自不得請求保險費及償還費用也。

按於追溯保險無效之情形，當事人一方已為之給付，他方應依不當得利之規定為返還，本有民法之規定可資適用。茲若認知情而隱瞞訂約之一方當事人，應科予不利益，則只須直接於保險法上就其不當得利之返還問題特設規定即可，實無庸既於保險法第51條第1項規定為無效，復於第2項、第3項規定為一部無效，然後於第24條第1項、第2項再規定其一部無效之效力。此外，於要保人惡意時，保險人得請求償還費用，已收受之保險費無須返還（保51Ⅱ、24Ⅰ），形同對要保人之處罰，乃為應該；惟於保險人惡意時，保險人僅不得請求保險費及償還費用，已收受者，只須返還而已（保51Ⅲ、24Ⅱ），則保險人並未受到處罰，此種立

法亦有失公平。是保險法第51條第2項、第3項，似可修正如下：
「訂約時，僅要保人知危險已發生者，保險人得請求償還費用。
其已收受之保險費，無須返還。」「訂約時，僅保險人知危險已
消滅者，保險人不得請求保險費及償還費用。除返還已收受之保
險費外，並應加給保險費一倍之數額。」並將第24條第1項、第2
項刪除，法理較為簡明而公平。

（三）未來保險契約

　　即訂約時危險尚未存在之保險契約。亦即就尚未存在之保險
標的或被保險人所訂立之保險契約也。前述總括保險契約中，於
訂約時尚未進入約定範圍內之保險標的或被保險人，即係尚未存
在之保險標的或被保險人。故總括保險契約，同時亦屬未來保險
契約。在一般保險契約，保險期間即係保險人對於保險標的或被
保險人所負之責任期間，惟在未來保險契約，因每一保險標的或
被保險人進出之時間不同，故其保險期間與保險人對於每一保險
標的或被保險人所負之責任期間，常不一致，乃其特色。

七、單保險契約與複保險契約

　　在財產保險契約，若其保險利益及保險事故均相同；在人身
保險契約，若其被保險人及保險事故均相同。則依保險人是否為
一人及保險期間有無交集為標準，可分為單保險契約（simple
insurance）與複保險契約（double insurance）。分言之：

（一）單保險契約

　　即要保人以單一保險利益（財產保險）或單一被保險人（人
身保險），就單一或多數保險事故，與一保險人訂立之一個保險
契約也。在財產保險，同一保險標的，可有不同之保險利益，可
訂立不同之單保險契約；另同一保險標的，又可發生不同之保險

事故。故在單一保險利益之下，以單一保險事故或合併多數保險事故，與一保險人訂立之一個保險契約，均屬單保險契約。在人身保險，同一被保險人，亦可發生不同之保險事故，故在同一被保險人之下，以單一保險事故或合併多數保險事故，與一保險人訂立之一個保險契約，亦均屬單保險契約。因此，吾人可再依保險事故之個數，將單保險契約，分為單一保險事故之單保險契約（single-risk policy）與綜合保險事故之單保險契約（all-risk policy）。單一保險事故之單保險契約，例如以某屋之所有權保險利益，與一保險人訂立一個火災保險契約；或以某被保險人之人身與一保險人訂定一個死亡保險契約是。綜合保險事故之單保險契約，例如以某汽車之所有權保險利益，與一保險人訂立一個全險保險契約；或以某被保險人之人身，與一保險人訂立一個健康（包括疾病、分娩、殘廢、死亡）保險契約（保125）是。

（二）複保險契約

即要保人以同一保險利益（財產保險）或同一被保險人（人身保險），就同一保險事故，與數保險人分別訂立之數個保險期間有所交集之保險契約也。分述其要件及效力如次：

1. 複保險契約之要件

有四：

（1）**須以同一保險利益或同一被保險人**　以同一保險標的上不同之保險利益，所訂立之數個財產保險契約；或以不同被保險人，所訂立之數個人身保險契約。保障之對象不同，縱保險人相同，亦非複保險契約。

（2）**須就同一保險事故**　就同一保險利益或同一被保險人之不同保險事故，所訂立之數個保險契約，保險人發生責任之原因

有別，縱保險人相同，亦非複保險契約。又複保險契約之成立，既以保險事故同一為要件，則若數個保險契約中有屬綜合保險事故之單保險契約時，應僅就其與他保險契約同一之保險事故部分，成立複保險契約，而不待言。

（3）**須與數保險人分別訂立數個保險契約**　若以同一保險利益或同一被保險人，就同一保險事故，與一保險人訂立數個保險契約，或與數保險人共同訂立一個保險契約[78]，均非複保險契約。又與數保險人分別訂立數個保險契約，學者雖有分為「同時複保險契約」及「異時複保險契約」者，然實際上，與數保險人分別訂立之數個保險契約，並無同時成立之可能，亦即根本無同時複保險契約之存在。至於成立之時無法定先後時，應如何適用法律及給付保險金額，係另一問題。

（4）**須數個保險契約之保險期間有所交集**　若數個保險契約之保險期間，僅係前後銜接，並無交集，或根本相隔，均不足成立複保險契約。

2. 複保險契約之效力

可分三方面言之：

（1）**要保人之通知義務**　「複保險，除另有約定外，要保人應將他保險人之名稱及保險金額通知各保險人。」（保36）所謂「要保人」，自係指後保險契約之要保人。惟若前保險契約有非其所訂立且為其所不知者，如何為通知？故應係「被保險人」之誤。於修正前，唯有將要保人擴張解釋為包括被保險人在內。應

---

[78] 以同一保險利益或同一被保險人，就同一保險事故，與數保險人共同訂立之一個保險契約，稱為共同保險契約（co-insurance）。

通知之事項，為「他保險人之名稱及保險金額」。惟所謂「通知各保險人」，係指將前保險人之名稱及保險金額，通知後保險人，及將後保險人之名稱及保險金額，通知前保險人而言。法文僅言應將「他」保險人之名稱及保險金額通知各保險人，語意並不完整，易讓人誤以為無庸將後保險人之名稱及保險金額通知各保險人。故應通知之事項，應係「各保險人之名稱及保險金額」，方為正確。通知之目的，在使後保險人不致超過保險利益之餘額或人身保險之限額而為承保，以及於發生保險事故時，各保險人可按比例（保38）負分擔之責（指財產保險），不致因不知超額複保險而超額給付保險金額。**所謂「另有約定」**，究係指另有不須通知之約定而言？抑指依後保險契約之性質無須為通知者而言？不甚清楚。本書以為，複保險之通知，係基於禁止不當得利之原則，並為防止道德危險而設，在立法政策上，宜設為強行規定，否則一任當事人為不須通知之約定，立法目的即難以達成。況於前保險契約為不須通知之約定，效力並不及於後保險契約，仍須對後保險人為通知；而於後保險契約為不須通知之規定，效力並不及於前保險契約，仍須對前保險人為通知。顯見解為「另有不須通知之約定」，並非所宜。至於學者有謂：「如有約定甲公司不賠償時，始由乙公司賠償；乙公司不賠償時，始由丙公司賠償。此種情形則無須為上述之通知，因被保險人無論如何，祇能得到一公司之賠償，也都未超過保險金額，不發生不當得利之問題，所以不必通知。」[79]似將其解為係指「依後保險契約之性質無須為通知者」而言。惟若要保人未將各保險人之名稱及保險金額通知各保險人，則如何決定孰先負責孰後負責？亦有不妥。故保險法第36條「除另有約定外」乙語，無從解釋，應予

---

[79] 鄭玉波，保險法論，57～58頁。

刪除。

　　要保人應於何時為通知？法無明文。按複保險係於新保險契約生效時成立，故解釋上，要保人應於訂立後保險契約時，將前保險人之名稱及保險金額，通知後保險人；而應於後保險契約生效時，將後保險人之名稱及保險金額通知前保險人。惟因違反通知義務者，其契約為無效（保37），為免滋生爭議，本條實宜明定應為通知之期日或期限。例如規定曰：「複保險之要保人應於訂立後保險契約時，將前保險人之名稱及保險金額通知後保險人，並於後保險契約生效日起5日內，將後保險人之名稱及保險金額通知前保險人。」是。

　　（2）惡意複保險契約之效力　「要保人故意不為前條之通知，或意圖不當得利而為複保險者，其契約無效。」（保37）是謂惡意複保險契約無效。分言之：

　　①要保人故意不為複保險之通知者其契約無效　前段規定，所謂要保人「故意不為前條之通知」，即要保人明知複保險及應為通知，但有意而不為通知。要保人之故意，應由保險人負舉證之責。關於要保人明知複保險人乙點，於前保險契約亦為該要保人所訂立之情形，因要保人無法諉為不知，故保險人就要保人之明知無庸證明；惟前保險契約若有由他人所訂立者，則保險人證明要保人「明知複保險」之責任，即不能免。又關於要保人明知應為通知乙點，除非保險人曾明白告知或要求記載投保記錄，否則難以證明。至於要保人有意而不為通知乙點，若無其他積極情事，要保人只須輕言係「遺忘」而未為通知（即主張係出於過失而未為通知），即無從認定。是本段規定，實難有成立之可能。

　　②要保人意圖不當得利而為複保險者其契約無效　後段規定，

所謂「意圖不當得利而為複保險」，是否以要保人不為通知為要件？若是，則事屬前段規定之範圍。若否，則要保人既已為通知，保險人自應注意不為超額承保，當無使生不當得利之餘地，縱保險人估算錯誤，亦有第38條可資適用。至若要保人以詐術矇騙保險人，使為超額之估算，則屬一般之詐欺訂約，非複保險本身之問題。是本段規定，應解為係就詐欺訂立複保險契約之效力，所為之特別規定。亦即，一般之詐欺，僅生表意人得撤銷其意思表示之效力（民92），而此之詐欺訂立複保險契約，則為契約無效。可知，本條前段規定與後段規定，內容係屬各別之二事。

上述二種情形，均屬惡意複保險，其契約均為無效，固為保險法第37條所明定。惟所謂「**其契約無效**」，究係何所指？有三種可能之解釋：其一，指前後保險契約全部無效。其二，指後保險契約全部無效。其三，指後保險契約於保險期間交集之部分無效。學者有主張應採第一種解釋，以對要保人之惡性加以嚴厲制裁者[80]。實務上則有採第二種解釋者[81]。本書以為，應以第二種解釋為可採。蓋前保險契約並無瑕疵，且前保險人仍可依第57條之規定解除其保險契約，又使後保險契約全部無效，而非僅指保險期間交集之部分無效，已有制裁要保人之意。再者，後保險契約無效，並不影響要保人另訂一合法之後保險契約，故亦無需為要保人之便利而採第三種解釋也。

其次，於惡意複保險而契約無效時，依保險法第23條第2項規

---

[80] 林勳發，保險法論著譯作選集，104頁。
[81] 76年台上字第1166號判例謂：「…要保人嗣與他保險人訂立保險契約，故意不將先行所訂保險契約之事實通知後一保險契約之保險人，依保險法第37條之規定，後一保險契約應屬無效，非謂成立在先之保險契約亦屬無效。」

定：「保險契約因第37條之情事而無效時，保險人於不知情之時期內，仍取得保險費。」亦即，後保險人自惡意複保險契約成立時起，以迄其發現惡意複保險之事實時止，雖因後保險契約無效，而自始無庸負責，但仍取得保險費，其尚未交付者，有權請求要保人交付。此係不當得利返還義務之例外規定，目的在課惡意之要保人以制裁。法文雖仍以「保險費」名之，不過係標的之指示而已，性質上已非保險費，而係一種「法定的懲罰金」。故雖係因人壽保險之惡意複保險契約而須交付之「保險費」，保險人仍得以訴訟請求交付，不受保險法第117條第1項規定之限制。又後保險人如因惡意複保險契約之無效，而受有損害（例如因鑑價、身體檢查所支出之費用）者，自得依法（民113）請求惡意之要保人為損害賠償，亦需注意及之。

　　最後，本條規定尚須說明者有二：①關於違反通知義務之效力，保險法第57條已設有一般規定，因此本條前段規定，應認係就違反複保險通知義務之效力，所為之特別規定。但因僅就後保險契約始有其適用，故前保險人仍需依第57條規定，「解除」前保險契約，前曾言之。至若要保申請書上印有「投保記錄欄」，而要保人於訂立後保險契約時，不將前保險人之名稱及保險金額，據實記入，則除違反第36條外，又違反第64條之規定，發生法條競合。惟因無效係自始當然不生效力，無待乎解除，故此時只能發生第37條所定無效之效力，而無第64條規定之適用[82]。②人身保險，亦有複保險之觀念，要保人亦負有通知之義務；又人

---

[82]　施文森，傷害保險：示範條款及判決例之研究，自版，民國81年初版，276～277頁，認為在要保人或被保險人對複保險說明不實、有所遺漏或隱匿時，保險人因可援引保險法第64條以解除契約，故無須適用同法第37條主張契約無效。

身雖屬無價，不發生不當得利之問題，但仍有發生道德危險之可能。故解釋上，本條規定，對於人身保險之複保險契約，亦有適用。

（3）**善意複保險契約之效力**　「善意之複保險，其保險金額之總額超過保險標的之價值者，除另有約定外，各保險人對於保險標的之全部價值，僅就其所保金額負比例分擔之責。但賠償總額，不得超過保險標的之價值。」（保38）是為我保險法關於善意複保險契約之效力規定。所謂「善意之複保險」，指要保人因過失而未為複保險之通知，但無詐欺情事；或要保人已為複保險之通知，且無詐欺情事，所訂立之複保險契約。所謂「其保險金額之總額超過保險標的之價值」，指前後各保險契約所定保險金額之總和，超過保險利益（本條之保險標的，應為保險利益）之價值，亦即指「善意超額複保險」之情形而言。其發生之原因有三：①要保人因過失而未為複保險之通知，後保險人不知有前保險契約之存在，致所定保險金額超過保險利益之餘額；②要保人已為複保險之通知，但因後保險人自己估算錯誤，致所定保險金額超過保險利益之餘額；③後保險契約所定保險金額並未超過保險利益之餘額，但嗣後因保險標的之價值下跌，而呈現超額複保險之狀態。所謂「除另有約定外，各保險人對於保險標的之全部價值，僅就其所保金額負比例分擔之責」，亦即除另有約定外，各保險人所負責任之總額，僅以保險利益之價值為限，由各保險人按其承保金額（即所定保險金額）所占全部承保金額總和之比例，計算給付之。可知善意超額複保險，其超額部分仍為無效，此段規定與第72條後段及第169條規定，旨趣相同。各保險人既僅就保險利益之價值，按其承保之比例為給付，則其給付總額已當然不會超過保險利益之價值，是本條又設但書曰：「但賠償總

額，不得超過保險標的之價值。」顯係多餘。最後，所謂「除另有約定外」，係指後保險契約另訂有不同於各保險人承保比例之給付保險金額方式者而言。例如約定於前保險人給付後，後保險人始就不足之差額負給付之責；或約定後保險人僅負低於其承保比例之責任（前保險人仍負其承保比例之責任）等是。

須說明者，保險法第38條前段所定「各保險人對於保險標的之全部價值，僅就其所保金額負比例分擔之責」，頗費斟酌，蓋構成複保險前之保險契約並無瑕疵，何以亦須負比例分擔之責？實應由後保險人就前保險之餘額負其責任，始符法理。其次，財產保險有超額承保或價值下跌之問題，故其善意超額複保險契約，有保險法第38條規定之適用，乃為當然。惟人身保險並無超額承保或價值下跌之問題，亦即無善意超額複保險之可言，故性質上無從適用第38條之規定。至於在人身保險善意複保險之下，若因要保人過失未為複保險之通知，後保險人不知有前保險契約之存在，致所定保險金額超過承保限額時，保險人仍可依第57條之規定解除後保險契約，並無庸慮。

其次，於善意超額複保險時，依保險法第23條第1項規定：「以同一保險利益，同一保險事故，善意訂立數個保險契約，其保險金額之總額超過保險標的之價值者，在危險發生前，要保人得依超過部分，要求比例返還保險費。」本條規定，有疑義者二：其一，在善意超額複保險，除另有約定外，各保險人既僅對保險利益之價值負比例分擔之責（保38），超額部分仍為無效，前已言之。則後保險人自不得收取超額部分之保險費，其已收取者，應負返還之責，要保人得隨時為請求，與危險之是否已發生並無關係。本條規定，要保人須「在危險發生前」始得依超過部分，要求比例返還保險費，反對解釋，則在危險發生後，即不得

為請求，於法理顯有未合。其二，所謂「要求比例返還保險費」，應係指「向後保險人請求返還超過部分之保險費」而言。蓋多數保險契約，雖可能同時進行洽訂事宜，但在成立之時點上仍有先後，故在規範意識上，應認為成立在先者，效力不受影響，而在法律適用上，則仍應視成立在先者，為前保險契約，與異時洽訂之情形，並無本質之不同[83]。是善意超額複保險之所謂超額，實際上係存在於後保險契約上，而非存在於前後各保險契約上，超收保險費者，亦僅後保險人。故請求返還超過部分之保險費之對象，自係指後保險人而言。若謂「要求比例返還保險費」，係指「向各保險人請求按其所承保之比例返還超額部分之保險費」，似有誤會。實僅言「要保人得請求返還超過部分之保險費」即可。

最後，應附言者，乃保險法第35條規定：「複保險，謂要保人對於同一保險利益、同一保險事故，與數保險人分別訂立數個保險之契約行為。」此在我國保險法設有人身保險利益規定（保16）之下，解為對財產保險及人身保險均有適用，並無問題。惟如採取人身保險無保險利益之觀念，則應於「同一保險利益」之下，加上「或同一被保險人」乙語，以期完整。又複保險係數個保險契約保險期間交集併存之態樣，亦可指保險期間交集併存之數個保險契約，並非係一種「行為」，本條後段末了謂「分別訂立數個保險之契約行為」，實無法為解釋，建議修正為「分別訂立之數個保險契約」。

---

[83] 至如保險契約成立時點相近而無法證明先後時，可認定由該等保險契約之保險人，按比例返還超過部分之保險費，則屬少數例外之權宜作法，亦非所謂之「同時複保險」。

3.複保險規定之適用範圍

保險法第一章第五節有關複保險之規定（保35～38），於人身保險有無適用？說者不一：

（1）**肯定說**　認為複保險之規定，對於人身保險亦有其適用。主要理由有二：①人身保險之投保金額過高，同樣易肇致道德危險，自亦應課要保人複保險通知之義務，並限制其契約之效力；②保險法既將複保險列入總則，遍觀全編，又無人身保險應予除外之涵義，即不得謂限於財產保險始有其適用。[84]

（2）**否定說**　認為複保險之規定，對於人身保險並無適用。主要理由有四：①人身保險除健康保險及傷害保險二者中之醫藥費用險，約定按支出憑證給付者外，均屬定額保險，定額保險無「禁止不當得利原則」之適用，而複保險之規定係「禁止不當得利原則」下之規定，故複保險之規定，對於人身保險並無適用。②複保險是財產保險範疇內所具有之現象，日、德、法等外國立法，均將複保險規定於財產保險篇中，我國將之規定於第一章總則，而於第四章人身保險之有關法條中欠缺應予排除之規定，顯係立法上之疏誤。③即就現行保險法第一章總則之規定言，亦非全部均對財產保險及人身保險一體適用，例如第33條關於減免損失之費用償還責任之規定，雖亦列於總則，但其僅是針對財產保險，人身保險無適用餘地，故不能謂複保險列入總則，人身保險即應適用。[85]④人身保險，並非為填補被保險人之財產上損害，

---

[84]　此二點理由，係就最高法院66年台上字第575號判決所發表之意旨，整理而成。另鄭玉波，保險法論，56頁亦曰：「但本法既將其列入總則，那麼各種保險都可以適用，自不待言。」實務上採此說者，例如66台上575判決、76台上1166、81台上1172判決、89台上2490判決、91台上1992判決等是。

[85]　施文森，保險法總論，222～223頁；江朝國，保險法基礎理論，228～229頁；司法院司法業務研究會第三期研討結論（前揭「民事法律專題研究（二），

亦不生類如財產保險之保險金額是否超過人身保險標的價值之問題，自不受保險法關於複保險相關規定之限制[86]。

（3）折衷說　認為複保險規定之適用範圍，包括損失填補契約（按即損害保險）中之有形財產保險及基於經濟上利益之保險利益而以他人為被保險人之死亡保險。主要論據可分為三：①複保險制度乃源自損失填補原則（principle of indemnity），故必屬損失填補契約之險種，始有複保險適用之可能。②但並非所有損失填補契約均有複保險之適用。蓋複保險制度主要目的之一乃在防止以化整為零之方法達到超額保險之目的，故必該保險之保險標的於投保時或保險事故發生時可得確定其價額者，始有複保險之適用，此觀諸保險法第38條自知。因此，諸如無形財產保險、責任保險及限額型醫藥費用給付，固均為損失填補契約，然因其保險標的無從確定保險價額，故如有重複投保之情形，亦僅能依保險競合（我保險法對此全無規定）處理，不得逕行適用複保險之規定。③人身保險之保險利益存在基礎可以係經濟上利益，亦可以係身分上利益，其中基於經濟上利益而以他人為被保險人者，亦屬損失填補契約性質，且其保險標的可得確定價額，故亦有複保險之適用。[87]

實則，「複保險」不等於「不當得利」，若要保人出於善意，且保險金額之總和，未超過保險利益之價值或人身保險之限額，並無不當得利之問題，各保險契約均屬有效。故複保險不過

583～585頁）。實務上採此說者，例如84台上723判決、86台上322判決、86台上3075判決、87台上821判決、87台上1666判決、92台上1138判決、92台上1365判決等是。

[86]　大法官釋字第576號解釋。

[87]　林勳發，保險法論著譯作選集，100～102頁。

係保險態樣之一種，且財產保險（或損害保險）及人身保險（或定額保險），均有之。謂複保險係財產保險範疇內所具有之現象，顯非正確；又「複保險之規定」亦不等於「禁止不當得利之規定」，蓋複保險容易發生超過保險利益之價值或人身保險之限額而承保之情況，若無防範，則在超額承保之下，極易發生道德危險，縱未發生道德危險，亦使被保險人獲致不當之利益。可知複保險之規定，可分為防止超額承保及道德危險或不當得利等層次。謂複保險係「禁止不當得利」下之規定，顯然完全忽略其防止超額承保及道德危險之重要意涵，實屬倒果為因。其次，人身雖是無價，但投保金額過高，同樣易肇致道德危險，保險業者對於人身保險所設之承保限額，即在防止道德危險之發生，故超過人身保險之承保限額所為之複保險，與超過保險利益之價值所為之複保險，實係等值之規範對象，在立法政策上，非不可同一而為規定，我國保險法採此一方式之立法，並無不可，亦無疏誤。謂外國立法例將複保險規定於財產保險篇中，我國之立法與之不同，即係立法上之疏誤，亦非理由。再者，任何種類之複保險，均有防止道德危險之必要，非獨有形財產保險及基於經濟上利益之保險利益而以他人為被保險人之死亡保險為然。折衷說此種之劃分，並無意義。應以肯定說為是。本書前述複保險之意義、要件及效力，均係持肯定說之見解。

4. 大法官釋字第576號解釋評析

（1）前言

由於我國保險法將複保險規定於總則編（保35～38），又無人身保險不予適用之明文或涵義，因此不少學者及法院判決，認為複保險之規定對於財產保險及人身保險均有其適用。但亦有不

少學者及法院判決，基於「人身無價」之觀念，主張複保險之規定應不適用於人身保險。長期存在爭議。其中值得一提者，乃司法院於72年5月14日第三期司法業務研究會研討結論，多數採人身保險不適用複保險規定之見解，司法院第一廳研究意見亦同意研討結論[88]。但不久之後，最高法院卻著成76年台上字第1166號判例，宣示人身保險亦適用複保險之規定，並成為最主要之依據。及至民國93年4日23日，司法院大法官會議作成第576號解釋（以下簡稱第576號解釋或本號解釋或本解釋），除認定人身保險契約不適用複保險有關規定外，更宣告上開76年台上字第1166號判例，應不再援用。至此，爭議本應平息，惟學者間對於本號解釋之內容，卻仍不乏反對之指摘，亦即有關複保險之規定是否適用於人身保險之爭議，並未因本號解釋之公布而終止。原因為何？本書以為本號解釋之內容非無可議之處。

（2）事實摘要及解釋文

聲請人呂○○於民國84、85年間分別向多家保險公司投保旅遊平安險及壽險，嗣於保險期間內前往中國旅遊時，在中國廣州市遭不明歹徒以銳器砍斷左手，左手腕雖經手術接回，惟左側腕關節及左手五指之機能已經喪失。聲請人依保險契約向各該保險公司請求保險給付，卻遭各保險公司以其投保時故意不告知重複投保情事，係屬惡意複保險，系爭保險契約依法無效而拒絕理賠。聲請人與保險公司為此迭經爭訟，終經最高法院於89年11月16日以89年台上字第2490號判決，肯認原審援引最高法院76年台上字第1166號判例，判決聲請人所締結之第一個人身保險契約有

---

[88] 司法院司法業務研究會第三期研討結論，載於「民事法律專題研究（二）」，司法周刊雜誌社印行，民國77年4月5版，583～585頁。

效外，其他人身保險契約已構成複保險而無效，洵無違誤。聲請人認上開最高法院判決所適用之保險法第36條、第37條規定有牴觸憲法第7條、第15條、第16條之疑義；又上開最高法院判決所表示之見解與最高法院其他判決所表示之法律見解有異，聲請憲法解釋及統一解釋。[89]

上開聲請憲法解釋及統一解釋案，經大法官會議審查後，於民國93年4月23日作成第576號解釋，解釋文如下：

契約自由為個人自主發展與實現自我之重要機制，除依契約之具體內容受憲法各相關基本權利規定保障外，亦屬憲法第22條所保障其他自由權利之一種。惟國家基於維護公益之必要，尚非不得以法律對之為合理之限制。

保險法第36條規定：「複保險，除另有約定外，要保人應將他保險人之名稱及保險金額通知各保險人。」第37條規定：「要保人故意不為前條之通知，或意圖不當得利而為複保險者，其契約無效。」係基於損害填補原則，為防止被保險人不當得利、獲致超過其財產上損害之保險給付，以維護保險市場交易秩序、降低交易成本與健全保險制度之發展，而對複保險行為所為之合理限制，符合憲法第23條之規定，與憲法保障人民契約自由之本旨，並無牴觸。

人身保險契約，並非為填補被保險人之財產上損害，亦不生類如財產保險之保險金額是否超過人身保險標的價值之問題，自不受保險法關於複保險相關規定之限制。最高法院76年台上字第1166號判例，將上開保險法有關複保險之規定適用於人身保險契

89　引自大法官釋字第576號解釋之「相關附件」內容。

約，對人民之契約自由，增加法律所無之限制，應不再援用。

（3）本解釋之法理基礎及其問題

本件聲請人之所以聲請解釋，係因我國法律學者與最高法院判決，向來對於保險法第一章第五節有關複保險之規定（保35～38），於人身保險有無適用之問題，見解不一，而聲請人請求給付保險金（涉及人身保險複保險）之訴訟，遭最高法院依76年台上字第1166號判例，判決除第一個人身保險契約有效外，其他複保險契約均因違反保險法第36條所定之通知義務，依第37條規定而無效，不能甘服，遂依不同之見解，聲請大法官會議對保險法第36條、第37條規定為憲法解釋，及對最高法院見解不同之判決為統一解釋。

綜觀本號解釋之解釋文及其理由書之內容，可將其主要法理基礎，分為四點，即：一、保險法第36條及第37條規定之立法目的，在「基於損害填補原則，防止被保險人獲取超過損害程度之不當利益…」；二、被保險人之生命、身體完整性無法以金錢估計價值，人身保險契約無不當得利之問題，故保險法第36條及第37條之規定，不適用於人身保險契約；三、對於以確定終局裁判適用之法令牴觸憲法而聲請解釋之案件，大法官會議之審查對象，尚包括與該確定終局裁判援引為裁判基礎之法令具有重要關聯之其他依據在內；四、最高法院76年台上字第1166號判例，認保險法第36條、第37條應適用於人身保險，已對人民受憲法保障之契約自由，增加保險法第36條、第37條所無之限制，應自本解釋公布之日起，不再適用。初看頗似四平八穩，細敲之則不難發現其不無可議之處，申述之：

①從複保險規定之立法目的言

解釋文第二段稱，保險法第36條及第37條規定之立法目的，在「基於損害填補原則，防止被保險人獲取超過損害程度之不當利益、獲致超過其財產上損害之保險給付，以維護保險市場交易秩序、降低交易成本與健全保險制度之發展，…。」云云。因「獲致超過其財產上損害之保險給付」一語，意在限制發生不當利益之情形以財產保險為限，僅係「基於損害填補原則」意義之延申，而「以維護保險市場交易秩序、降低交易成本與健全保險制度之發展」等語，則係防止被保險人獲取不當利益之效益說明，可知本號解釋所謂保險法第36條及第37條規定之立法目的，不過在「防止被保險人獲取超過損害程度之不當利益」，至於其法理基礎則係「基於損害填補原則」。

須說明者，由於聲請人僅指稱最高法院89年台上字第2490號判決所適用之保險法第36條、第37條規定有牴觸憲法第7條、第15條、第16條之疑義，故本號解釋僅言保險法第36條、第37條之立法目的。事實上，因我國保險法上複保險之規定僅有4個條文，其中第35條係複保險之定義規定，而第38條所定善意複保險之效力，亦係以防止被保險人獲取超過損害程度之不當得利為其目的，故本號解釋所述保險法第36條、第37條之立法目的，與複保險規定之立法目的，實質上並無不同。

按複保險不過係保險態樣之一種，只須要保人以同一保險利益，就同一保險事故，與數保險人分別訂立數個保險期間有所交集之保險契約（保35[90]），即屬之。財產保險或人身保險，均存

---

[90] 保險法第35條雖未明定以「保險期間有所交集」為複保險之要件，惟若數個保險契約之保險期間，僅係前後銜接，或相隔一段時間，並無交集，自不生「複」保險之問題，故保險期間有所交集，應係「複」保險之本質要件。

在此種態樣。又人身雖屬無價，但投保金額累積過高，即易發生道德危險，最高法院66年度台上字第575號判決謂：「倘投保金額過高，即易肇致道德危險，故保險人在承保之前，必須先行瞭解該保件是否有保額過高或危險過份集中之虞。惟要保人若有不良動機分投數家保險公司，而事先事後復匿蔽不為通知，此項危險即不易測定，因是保險法第35條至37條乃設限制，賦要保人以必須通知之義務，藉資防微杜漸。」以及財政部64年11月17日（64）台財錢字第21798號函示：「保險法及保險契約內均規定要保人於複保險時，應將他保險人之名稱及保險金額通知各保險人，倘要保人故意不為上項通知或意圖不當得利而為複保險者，其契約無效，上項規定之目的在防止道德危險之發生，用意良善。」[91]早有明揭。此外，保險業者對於各種人身保險，均依被保險人之職業、年齡、健康狀況等之不同，設定一定之承保限額，目的亦係在防止道德危險之發生。是從操作面言，超過人身保險之承保限額所為之複保險，與超過財產價值所為之複保險，實係等值之規範對象，在立法政策上，非不可同一而為規定。可知，複保險規定之立法目的，在「防止道德危險」，保險法第36條課要保人負有將他保險人之名稱及保險金額通知各保險人之義務，其用意即在此；至如要保人惡意不為通知，縱因道德危險而發生保險事故後，亦不應使其獲取不當得利，故有保險法第37條惡意複保險無效之設，其目的可謂係在防止道德危險，亦可謂係在防止不當得利。從而保險法第36條、第37條（或複保險之規定）之立法目的，係在「防止道德危險」及「防止不當得利」。惟因「防止道德危險」，相對於「防止不當得利」，乃上位概念，「防止道德危險」，可適用於財產保險，亦可適用於人身保

---

[91] 財政部64年11月17日（64）台財錢字第21798號函，說明二。

險，而「防止不當得利」，則僅可適用於財產保險。亦即，保險法第36條、第37條（或複保險之規定）之立法目的，可僅稱為「防止道德危險」，而不可僅稱為「防止不當得利」。基於此，本號解釋直謂我國保險法第36條、第37條規定係「基於損害填補原則，為防止被保險人不當得利…」，其內涵顯然有所欠缺，依此推衍所得之結果，難免偏執。

②從人身無價之觀念言

有關人身保險不適用複保險規定之理由，解釋文謂：「人身保險契約，並非為填補被保險人之財產上損害，亦不生類如財產保險之保險金額是否超過人身保險標的價值之問題，自不受保險法關於複保險相關規定之限制。」於理由書中則進一步曰：「人身保險並非以填補被保險人財產上之具體損害為目的，被保險人之生命、身體完整性既無法以金錢估計價值，自無從認定保險給付是否超額，僅得於締約時，事先約定一定金額作為事故發生時給付之保險金額。故人身保險契約與填補財產上具體損害之財產保險契約有所不同，無不當得利之問題。是以保險法第36條、第37條之規定並不適用於人身保險契約。」云云，亦有商榷之餘地。

首先，人身無價純係理論，在法律上及現實案例中，均係以有限之金額「假借」人身，並非無價。法律之規定，例如我國民法有關侵害人格權損害賠償之一般規定（民法第18、192～195條），除民法第18條第1項所定之除去侵害及防止侵害請求權，及第195條第1項後段所定回復名譽之適當處分外，均以金錢給付作為賠償方法；又如航空客貨損害賠償辦法第3條第1項所定，死亡賠償300萬元、重傷賠償150萬元、非死亡或重傷按實際損害賠償

（最高不得超過150萬元）之特別規定是[92]。現實案例，以空難死亡之賠償額言，不論是華航名古屋空難之430萬元或大園空難之990萬元[93]，或一般車禍致死案件，法院判決或和解之賠償數額，亦均以「金錢」假借之方式，獲得解決。此外，從斷指、斷掌詐領保險金之所謂「金手指」案件中[94]，行為人寧以身體之部位換取其主觀認為值得之一定金錢之冒險作為，亦可印證社會上「人身作價」之觀念。

其次，若從人身無價之純理論言，人身之損害無法估價，保險人自亦無法理賠，則根本無成立人身保險契約之可能。因此，在人身保險契約之建構上，必須以約定一定之金額，做為保險人承擔危險之範圍，及要保人繳納保險費之依據之方式為之，亦即於投保及理賠之實作上，仍須形諸於一定金錢數額，只是其金額係「預為約定」而已。就結果言，人身保險猶似一種以「無價」為上限之定值財產保險。質言之，在定額投保之機制下，自保險契約成立以迄於保險事故發生後理賠時，保險人及被保險人均不存在亦不需要有「人身無價」之思考，亦即「人身無價」已被「定額」所取代，在技術面，人身保險與財產保險並無不同。

基於上述，本號解釋所謂人身保險並非以填補被保險人財產

---

[92] 吳光陸，複保險於人身保險之適用疑義－兼評司法院大法官會議釋字第576號解釋，法令月刊，55卷7期，37頁另有其他人身損害以金錢賠償之舉例。

[93] 1994年華航名古屋空難，264人罹難，每人理賠430萬元；1997年華航大園空難，196人罹難，每人理賠990萬元。http://www.ettoday.com/2002/05/26/10821-1307398.htm（最後查訪日：2008年7月12日）。

[94] 以自殘方式斷指、斷腕、斷踝、傷眼…等方式，詐領保險金之案件，俗稱金手指案件，據壽險業者統計，自民國82年至88年，詐領保險金之案件高達96件，其中屬於金手指類之案件有81件，詐死、謀殺案件則有十餘件。http://www.libertytimes.com.tw/2001/new/may/28/today-e7.htm（最後查訪日：2008年7月12日）。

上之具體損害為目的，與填補財產上具體損害之財產保險契約不同，以及被保險人之生命、身體完整性無法以金錢估計價值，無從認定保險給付是否超額，自無不當得利之問題等語，顯係固守人身無價之純理論所為推衍之結果，並非從人身保險之真實面目所得之認知，且於人身無價被「定額」取代之後，仍執人身無價之純理論，以解釋人身保險，頗似以非保險之概念解釋保險之內涵，論理自非正確。

③從大法官會議審查之對象言

本號解釋聲請人，請求「憲法解釋」之對象為保險法第36條、第37條規定，而最高法院76年台上字第1166號「判決」，僅係其請求「統一解釋」所應審查對象之一而已[95]，何以本號解釋竟進而將76年台上字第1166號「判例」，納入憲法解釋之範圍？

對於有權一併審查76年台上字第1166號判例之理由，本號解釋理由書開宗明義指出：「人民於其憲法上所保障之權利，遭受不法侵害，經依法定程序提起訴訟，對於確定終局裁判所適用之法律或命令發生有牴觸憲法之疑義，依司法院大法官審理案件法第5條第1項第2款規定聲請本院解釋憲法時，本院審查之對象，非僅以聲請書指明者為限，且包含該確定終局裁判援引為裁判基礎之法令，並與聲請人聲請釋憲之法令具有重要關聯者在內。最高法院76年台上字第1166號判例，經同院89年度台上字第2490號判決適用保險法第36條、第37條時一併援引為裁判基礎，其是否符合保險法上開規定之意旨，而發生牴觸憲法之疑義，亦應一併審

---

[95]　聲請人係以89年台上字第2490號判決所適用之保險法第36條、第37條規定有牴觸憲法之疑義，以及該判決所表示之見解與最高法院其他判決所表示之法律見解有異之理由，而聲請憲法解釋及統一解釋。因此，76年台上字第1166號「判決」，僅係「統一解釋」審查對象之一而已。

理，合先敘明。」可知本號解釋所持，有權一併審查76年台上字第1166號判例之依據，在於「76年台上字第1166號判例，與本件聲請釋憲之法令，即保險法第36條、第37條規定，具有重要關聯」，此即有關憲法解釋範圍之「重要關聯原則」。

　　有關憲法解釋範圍之「重要關聯原則」，不在本書探討範圍[96]。須探討者，乃本號解釋透過「重要關聯原則」，將76年台上字第1166號判例納入解釋範圍之用意何在？以及該判例與保險法第36條、第37條規定之間，如何具有重要關聯？就此二者，學者有謂：「…其一，大法官若僅闡釋系爭複保險規定不及於人身保險，並作出合憲解釋，其結果恐無法使聲請人獲得救濟。換言之，大法官必須以判例為解釋標的，且作成違憲宣告，聲請人始能據以提起再審，謀求救濟。其二，除個案救濟的考量外，大法官若僅作出合憲性解釋，因系爭判例『形式上』仍然存在，日後難保不會發生各級法院須否依循舊例，抑或遵從解釋意旨的爭議，故有去之以絕後患的必要。系爭判例與系爭案件的『重要關聯性』，實存於此。[97]」惟本書以為，本號解釋縱僅作出保險法第36條、第37條規定不適用於人身保險之解釋，依釋字第177號解釋意旨[98]，聲請人即可持本號解釋，對其所涉案件提起再審之訴，並獲得救濟，有無宣告系爭判例不再援用，並無不同；且有如次項所述，判例與其所涉案件之判決，係屬內容及效力均不相

---

[96] 有關憲法解釋範圍之「重要關聯原則」，源自釋字第445號解釋，其發展情形，見李建良，試探大法官憲法解釋標的之實然與應然——以司法院釋字第576號解釋為中心，台灣本土法學，59期，142頁起，149～155頁。

[97] 同前註，156頁。

[98] 釋字第177號解釋第二段謂：「本院依人民聲請所為之解釋，對聲請人據以聲請之案件，亦有效力。」其後釋字第183號、第185號解釋，更加以明確界定，釋字第193號解釋則加以延申，要之均不離釋字第177號解釋之本旨。

同而相互獨立之二個標的，而系爭判例之內容並無關複保險之適用範圍，日後僅適用於財產保險，當不生問題，本號解釋將76年台上字第1166號判例納入憲法解釋一併審查之對象，似難謂有其依據。

④從76年台上字第1166號判例之內容言

有關認定76年台上字第1166號判例應不再援用之理由，解釋文謂：「最高法院76年台上字第1166號判例，將上開保險法有關複保險之規定適用於人身保險，對人民之契約自由，增加法律所無之限制，應不再援用。」於理由書中則曰：該判例「雖未明確指出複保險之適用範圍，惟上開判例係涉及締結複數人身保險契約之爭議，而認保險法第36條、第37條有關複保險之規定應適用於人身保險契約，已對人民受憲法保障之契約自由，增加保險法第36條、第37條所無之限制，應自本解釋公布之日起，不再援用。」對於究係如何限制人民之契約自由，則未加明確說明。

惟查76年台上字第1166號判例要旨：「所謂複保險，係指要保人對於同一保險利益，同一保險事故，與數保險人分別訂立數個保險之契約行為而言，保險法第35條定有明文。依同法第36條規定，複保險除另有約定外，要保人應將他保險人之名稱及保險金額通知各保險人。準此，複保險之成立，應以要保人與數保險人分別訂立之數保險契約同時並存為必要。若要保人先後與二以上之保險人訂立保險契約，先行訂立之保險契約，即非複保險，因其保險契約成立時，尚未呈複保險之狀態。要保人嗣與他保險人訂立保險契約，故意不將先行所訂保險契約之事實通知後一保險契約之保險人，依保險法第37條規定，後一保險契約應屬無效，非謂成立在先之保險契約亦屬無效。」核其內容，係在說明

「複」保險，須在第二個保險契約生效後始足構成，以及因惡意複保險而無效者係指後一保險契約而言，僅對保險法第35條及第37條規定之意義，作一明確而適當之界定，既無絲毫增減其內容之效果，亦未見有何限制契約自由之意涵，更與複保險規定之適用範圍無涉，且縱認複保險之規定不適用於人身保險，該判例要旨對於財產保險亦仍有其適用。

本號解釋僅因該判例所涉之案件，為人身保險複保險之案件，於案中援引保險法第36條、第37條規定，即認該判例係構成對人民契約自由之限制，論理顯有缺陷。蓋判例與判例所涉案件之判決，係屬內容及效力均不相同而相互獨立之二個標的，不能等同視之，76年台上字第1166號判例所宣示之內容，完全不涉及複保險規定之適用範圍，亦即將保險法第36條、第37條規定適用於人身保險者，係76年台上字第1166號「判決」，而非76年台上字第1166號「判例」，限制人民契約自由者，係判決而非判例，本號解釋將二者合一看待，而將無關複保險規定適用範圍之判例加以廢棄[99]，自非正確[100]。

（4）實質影響與因應之道

本號解釋之正確性雖有其問題，有如前項所述，但其存在及發生之效力，已不容否認而須面對。惟本號解釋宣告複保險規定不適用於人身保險及76年台上字第1166號判例不再援用之後，究竟對我國保險業發生如何之實質影響？應如何為因應？

---

[99] 大法官會議並非第四審法院，亦不得將最高法院之個案「判決」加以廢棄。

[100] 戴世瑛，在576號解釋之後－人身保險之複保險問題探討，法令月刊，55卷10期，46頁，認為76年台上字第1166號所以被選為判例，價值應在於其對於複保險賦予明顯之界定，而非在於人身保險可適用複保險規定之法律見解上，故有無立予宣告該判例無效之必要，實有疑問。

　　按本號解釋宣告人身保險契約「不受保險法關於複保險相關規定之限制」，意即保險法第35條至第38條規定，不適用於人身保險。具體言之，即人身保險無複保險之觀念（保35）、人身保險之要保人不負有將他保險人之名稱及保險金額通知各保險人之義務（保36）、人身保險不生惡意複保險契約無效之問題（保37）、人身保險不生善意複保險各保險人比例分擔之問題（保38）。除其中保險法第38條規定，依其用語原即不適用於人身保險[101]，以及保險法第35條僅係定義規定外，發生影響者，主要在人身保險不適用保險法第36條、第37條等效力規定上。質言之，即重複投保之人身保險契約之要保人不須將他保險人及保險金額通知各保險人，以及不發生保險契約不待解除而當然無效之效力而已。茲分從此二方面說明其因應方式如下：

①通報機制之加強

　　關於重複投保之人身保險契約之要保人不須將他保險人及保險金額通知各保險人之問題，初期保險業者耽心，可能致使道德危險事故增加，詐領保險金之情事難以防範，尤其是旅行平安險，因投保簡易、保險期間短、保險費低廉，情形將更為嚴重。為此，財政部保險司乃於民國93年4月28日邀集保險業者[102]，討論如何配合修正相關法令、加強人身保險之通報機制及降低通報標

---

[101] 陳猷龍，我國保險法上保險契約之種類，輔仁法學，16期，171頁起，191～192頁。

[102] 自由時報93年4月27日報導，引自http://www.libertytimes.com.tw/2004/new/apr/27/today-e4.htm（最後查訪日：2008年7月14日）；中華民國人壽保險商業同業公會，「人身保險業通報作業實施辦法」修正條文對照表，第1條修正說明。

準[103]。隨後人壽保險商業同業公會即依會議結論，修正「人身保險業通報作業實施辦法」，將全部有效之契約皆納入通報範圍[104]，國內各機場旅行平安保險之城保通報採即時通報方式（第5條），其他人身保險之承保通報及所有理賠異常通報，則採當日鍵入通報資料，若作業不及，承保通報應於3個工作日內，理賠異常通報應於2個工作日內，儘速處理（第2條），並配合政府開放產險業得承作1年期以下健康保險，明定產、壽險公會應就主管機關指定之險種互相通報及建立通報資料共同查詢之作業方式（第6條），報奉行政院金融監督管理委員會以94年4月12日金管保三字第09400034800號函准予備查修正名稱為「人身保險業通報作業實施要點」全文12條[105]在案。

以現代資訊科技發達之程度言，上開加強通報作業之作法，確係一種簡單可行，足以取代要保人通知義務之有效辦法，雖通報承保及理賠資料，可能有洩漏被保險人個人資料及保險業者營業情資之虞，惟只須比照保險法第36條所定內容，將通報資料之程式設計僅以「保險人名稱、保險名稱及保險金額」為限，即可解決。有問題者，乃上開通報作業實施要點，僅適用於在我國設立之保險業者，是對於跨國投保之案件，尚須進一步與世界各國

---

[103] 本號解釋之前，產、壽險公會所定人壽保險及傷害保險之通報標準為，單家保險公司人壽險或傷害險累計保額達300萬元以上，旅行平安險及團體險則因期間短且投保管道繁多，而未納入通報之範圍。周國瑞，人身無價之省思，經濟日報93年5月17日，周國端專欄，引自http://www.iiroc.org.tw/scarticles/chairman/chairman20040517.htm（最後查訪日：2008年7月14日）。

[104] 該辦法第1條第2項原規定：「前項通報作業包括高額承保通報及理賠異常件通報兩部分。」中之「高額承保通報」，修正為「承保通報」。

[105] http://www.lia-roc.org.tw/index06/index06.asp?item=law/law.htm 中華民國人壽保險商業同業公會網頁，壽險相關法規－新增法規及政令－94年度（最後查訪日：2008年7月15日）。

保險業者建立國際通報作業機制，否則仍難完全防範道德危險事故之發生。

②其他通知義務規定之運用

保險法上有關要保人應負通知義務之規定，除保險法第36條以外，主要尚有第57條違反通知義務之效力、第58條危險發生之通知、第59條危險增加之通知、第64條說明義務等規定，其中可能作為保險法第36條替代使用者，有第57條及第64條規定[106]。

查保險法第57條規定：「當事人之一方對於他方應通知之事項而怠於通知者，除不可抗力之事故外，不問是否故意，他方得據為解除保險契約之原因。」係屬違反法定或約定通知義務之效力之一般規定，保險業者自得於人身保險契約中加入類如「要保人應將其過去現在及未來投保各種人身保險之他保險人名稱及保險金額通知本公司」之條款，一旦要保人違反此項通知義務時，保險業者即得依本條規定解除保險契約。

其次，依保險法第64條第1項、第2項規定：「訂立契約時，要保人對於保險人之書面詢問，應據實說明。」「要保人故意隱匿，或因過失遺漏，或為不實之說明，足以變更或減少保險人對於危險之估計者，保險人得解除契約；其危險發生後亦同。但要保人證明危險之發生未基於其說明或未說明之事實時，不在此限。」保險業者向來在要保申請書上均設有「投保紀錄欄」，如要保人漏未將他保險人之名稱及保險金額記入投保紀錄欄內，則保險人得否據以解除保險契約？按要保人應據實說明之事項，保

---

106 保險法第58條、第59條，係關於特定事項（危險發生、危險增加）之通知義務之規定，與要保人將他保險人之名稱及保險金額通知各保險人之義務，不具共通性，無法作為保險法第36條替代之用。

險法雖無具體內容之限制規定，但性質上，應以足使保險契約欠缺對價平衡之事項為限；就保險人之立場言，即須足使其危險之估計發生錯誤之事項始可。保險法第64條第2項規定，違反說明義務，須「足以變更或減少保險人對於危險之估計者」，保險人始得解除保險契約，即此之故。可知，要保人須負說明義務者，非但須與危險之估計有關，且須重大至「足以變更或減少保險人對於危險之估計者」（學理上稱為重大事項），如足當之。茲有疑問者，乃「投保紀錄」是否屬於「足以變更或減少保險人對於危險之估計之事項」？此一問題之答案，似非明確。蓋若認為雖為重複投保，但保險對象之人身如一，危險並未增加，似可認為投保紀錄並不足以變更或減少保險人對於危險之估計。惟本書以為，若就重複投保，保險金額可能超過各個保險人所定之承保限額，而成為拒保之案件，則漏未告知先前已投保之保險人名稱及保險金額，致保險人因不知而予承保，應認已變更或減少保險人對於危險之估計，是保險人如將「投保紀錄」列為保險法第64條第1項所定之書面詢問事項，則要保人漏未記載或記載不實，保險人似應可依同條第2項之規定，解除保險契約。從而保險業者，向來於要保申請書上設有「投保紀錄欄」，要求要保人記載前已投保之各保險人名稱及保險金額等事項之作法，並不須改變。至於目前保險業者對於部分人身保險契約，例如在機場或用傳真或在網上購買旅行平安險、企業經營者為消費者提供之免費小額人壽保險等，不再要求提供被保險人之投保紀錄，只須提供被保險人基本資料，即可訂立之作法，基於業務推廣之需要及訂約方便性之考慮，在目前實施全面通報作業及國內各機場旅行平安保險採即時通報方式之條件下，應仍可維持。

　　須指明者，乃上述適用保險法第57條、第64條第2項規定之情

形，於要保人違反通知或說明義務時，保險契約須待保險人依法為「解除」之後，保險契約始溯及的失其效力，並非當然無效，與適用第36條、第37條規定時，保險契約不待解除即為無效者，效力上有所不同。此外，保險法第64條所定說明義務之範圍以重大事項（即足以變更或減少保險人對於危險之估計之事項）為限，而第57條係關於一般事項怠於通知之規定，因此要保人違反第64條所定說明義務時，同時有第57條規定之適用，惟要保人違反第57條規定時，則未必同時有第64條規定之適用；又於同時有第64條及第57條規定之適用時，屬於法條競合之關係，但依第64條第2項規定，於危險發生後亦得解除契約，為第57條規定所無，要件亦有不同。

（5）結語

如上所述，保險法第36條、第37條規定之立法目的，在防止道德危險之發生，對於財產保險及人身保險，均有其適用，相較於防止不當得利之僅能適用於財產保險，防止道德危險之發生顯係防止不當得利之上位概念，本號解釋執下位概念，而謂複保險規定之立法目的「係基於損害填補原則，為防止被保險人不當得利…」，明顯具有以偏概全之缺失。又人身無價雖係不容置疑之理論，但若固守人身無價，人身之損害勢必無法計算理賠，則根本無成立人身保險之可能，爰於建構人身保險制度時，不得不以「定額」取代「無價」之人身，而所謂定額，即「以承保範圍作價」之意，可知人身保險已係脫離人身無價之純理論而存在之物，於討論人身保險之問題時，宜單從「定額」之概念出發，本號解釋除執下位概念有如上述以外，再執著於人身無價之純理論，謂「被保險人之生命、身體完整性既無法以金錢估計價值，自無從認定保險給付是否超額，僅得於締約時，事先約定一定金

額作為事故發生時給付之保險金額。故人身保險契約與填補財產上具體損害之財產保險契約有所不同,無不當得利之問題。是以保險法第36條、第37條之規定並不適用於人身保險契約。」云云,顯有二者不分之問題。此外,「判例」與其所涉案件之「判決」,係屬內容及效力均不相同而相互獨立之二個標的,宜分別看待。系爭將保險法第36條、第37條規定適用於人身保險,致限制人民契約自由者,係76年台上字第1166號「判決」,而非76年台上字第1166號「判例」,本號解釋將二者合一視之,而將無關複保險規定適用範圍之「判例」,一併宣告不再援用,亦非正確。

回顧人類法律發展史,不難瞭解君王或有權者之意志或主流或權威之見解,縱有可議仍究影響法規制度之情形,例如昔日之所有權神聖不可侵犯、近代之重度行為吸收低度行為等理論,依現代法學觀念觀之,實非完全正確,惟在其時空背景下,仍取得帶領法學思潮之地位[107],此可謂係法學發展上不可避免之正常現象。本號解釋之正確性,雖有待斟酌,但其存在及地位不容否認,其效力必須貫徹,且將主導臺灣法學發展巨輪之運轉年復一年。[108]

---

[107] 複保險規定對於財產保險及人身保險均有適用之觀念,相對於本號解釋之見解而言,即非正確,惟仍主導臺灣保險法制達四十餘年(自民國52年9月2日保險法施行日起算)。

[108] 以上有關大法官釋字第576號解釋之評析,見陳猷龍,大法官釋字第576號解釋及相關問題評析,收錄於「二十一世紀公法學的新課題」——城仲模教授古稀祝壽論文集,Ⅰ憲法篇,367~395頁,370~383、394~395頁。

第六節　保險契約之訂立

壹、保險契約之要件

一、保險契約之成立要件

　　保險契約之一般成立要件為：1.當事人：要保人、保險人。2.標的：有體物、無形利益、人身。3.意思表示：要保聲請、同意承保、簽訂書面。至於保險契約之特別成立要件，僅財產保險有之，即保險利益（保17）是。

二、保險契約之生效要件

　　保險契約之一般生效要件，與一般法律行為之生效要件同，並無特殊之處。亦即：1.當事人須有行為能力。2.標的須適當。3.意思表示須健全。至於保險契約之特別生效要件，則有二：1.保險人須係保險業（保136）。2.保險費之交付（保21）。

貳、保險契約之訂立方式

　　「保險契約，由保險人於同意要保人聲請後簽訂。」（保44Ⅰ）是為保險契約之訂立方式。分言之：

一、要保人之聲請

　　要保人之聲請，是為要約。其係出於主動或出於保險業務員之勸說（俗稱拉保險），並非所問。保險業務員之勸說，性質上僅係「要約之引誘」。聲請之方式，法無限制，口頭或書面均可。惟實務上，保險人均事先印成「要保書」（或要保聲請書），供要保人填寫為之。

二、保險人之同意

保險人之同意,是為承諾。保險人於承保前,除憑要保書之記載(其中含有保險人之詢問事項)外,有時尚須查勘保險標的物,或對被保險人為健康檢查(通常超過一定年齡或在一定年度內投保金額超過一定限額時,須為健康檢查),以為承保與否之決定。此過程,通稱為核保。

三、契約之簽訂

契約之簽訂者,訂立書面之契約也。蓋我國保險法將保險契約定為要式契約,雙方當事人之意思表示,須依書面為之。此之書面,即保險契約,亦即保險單或暫保單。觀之保險法第43條:「保險契約,應以保險單或暫保單為之。」以及第44條第2項:「利害關係人,均得向保險人請求保險契約之謄本。」等規定自明。因此,保險單(policy)即係記載保險契約條款之書面,亦即保險契約之實物,二者為一。至於暫保單(binder, binding slip),又稱臨時保險單,乃於完成正式保險單以前,先行製作之臨時保險單也。於完成正式保險單以前,暫保單亦具有保險契約之效力。

於此須說明者有二:

其一,要保人及保險人,均得授權代理人訂立保險契約,代理人代理訂立保險契約時,須以本人(即要保人或保險人)之名義,表明自己係代理人而為之,此依民法代理之規定(民103),乃為當然,不待保險法再為明文。惟保險法第46條又規定曰:「保險契約由代理人訂立者,應載明代訂之意旨。」徒增疑惑。蓋其所謂「載明代訂之意旨」,若係指以該他人為要保人,並載明自己係代理人,則不過係代理之正辦,本條顯為多餘之規定;

至若係指以代理人自己為要保人，只是須附記其係代他人訂立之意旨，則立法者顯然不明法律。要之，保險法第46條係屬錯誤之立法，宜刪除之。

　　其二，依保險法第43條規定，保險單應係以契約書之方式出之，除記載基本事項（保55）及各種條款外，並應由要保人及保險人雙方簽字。惟實務上，在人身保險契約，通常僅將要保書之影本，附貼於載有基本事項（通常為保單號碼、要保人及被保險人之姓名、保險金額、保險期間、繳費年限、訂約年月日、主契約及附約之名稱）之「保險單」上而成。至於保險條款，則另發行各該險種之「條款手冊」記載之。「保險單」上並註曰：「本保險單批註暨本公司執存之要保書、被保險人體檢書及聲明書等均為本保險單之一部分，與本保險單及所附條款構成整個保險契約。」以資概括。在財產保險契約，則由保險人於印有各該險種之保險條款之書面，預留基本事項（通常為保單號碼、被保險人、保險金額、保險費、保險期間、保險標的物所在地址、保險標的物之特徵）欄，俟核保後填上即成各該險種之「保險單」。「保險單」上亦註曰：「被保險人同意本保險單及其所載基本條款、特約條款、批單暨交付本公司之要保書，均為本保險契約之一部分。」以為概括。此等訂立保險契約之方式，雖與法所要求者不符，但因依「保險商品銷售前程序作業準則」第2條第2項及第15條第1項規定，各種保險商品之保險單條款、要保書、保險費及主管機關指定之其他相關資料，原則上應先報經主管機關審查核准，始得銷售，其無須經核准之保險商品，亦須於銷售後15個工作日內檢附資料，送交主管機關或其指定機構備查，對被保險人不致發生不利之情事，故保險契約是否須訂為要式契約，在立法論上，不無探討之餘地。

參、要保人之說明義務

「訂立契約時，要保人對於保險人之書面詢問，應據實說明。」（保64 I）「要保人有為隱匿或遺漏不為說明，或為不實之說明，足以變更或減少對於危險之估計者，保險人得解除契約；其危險發生後亦同。但要保人證明危險之發生未基於其說明或未說明之事實時，不在此限。」（保64 II）「前項解除契約權，自保險人知有解除之原因後，經過1個月不行使而消滅，或契約訂立後經過2年，即有可以解除之原因，亦不得解除契約。」（保64 III）又「保險契約因第64條第2項之情事而解除時，保險人無須返還其已收之保險費。」（保25）是為我國保險法關於要保人說明義務之規定。說明之：

一、說明義務之意義

說明義務（obligation to disclose），又稱告知義務，乃「訂立契約時，要保人對於保險人之書面詢問，應據實說明」之義務。分言如次：

（一）說明義務人

我國保險法所定之說明義務人為「要保人」。惟按要保人應僅係訂立保險契約，繳納保險費之人，於以他人之保險利益或人身投保之情形，要保人並不確知保險利益所在之保險標的或人身之情況，基於要保人之身分，令負說明義務，並不妥當。而被保險人，係保險利益之享有者或人身之本人，不因以他人或自己之保險利益或人身投保而不同，基於被保險人之身分，對保險利益所在之保險標的或自己之人身，瞭解之程度，無人可比，竟不課予說明義務，亦有可議之處。此乃立法者對於要保人及被保險人之身分，界定不清，有以致之。負說明義務者，應係被保險人，

而非「要保人」，亦非「要保人及被保險人」。

　　按關於說明義務人，民國18年保險法第16條、民國26年保險法第27條、民國52年保險法第64條，均規定為「要保人」，至民國81年2月修正公布之保險法第64條，曾改為「要保人及被保險人」，惟旋於同年4月單獨修正第64條，又改為「要保人」。

　　學者間，對於說明義務人，則有三種見解：

　　1.**有認為說明義務人以要保人為限者**　謂：「說明義務的主體為要保人。至於被保險人或受益人則無此義務。」[109]

　　2.**有主張我國保險法第64條中所謂要保人應兼指被保險人者**謂：「說明義務人究應為要保人抑或被保險人？各國法律規定並不一致：我國保險法第64條明定為要保人。瑞士保險法亦為相同之規定。美國各州法例中，有規定為要保人者，有規定為被保險人者，亦有規定為要保人或被保險人者。惟在慣例上，所謂說明義務人，則泛指要保人及被保險人。

　　除要保人外，被保險人是否亦應負說明義務，作者以為應分別財產保險及人壽保險加以論斷。在財產保險，要保人在絕大多數之場合同時為被保險人，亦即標的財產之所有人或權利人。因其對標的物知之極詳，由要保人負說明之義務，自屬應當。我國現行各種財產保險單，均將要保人稱為被保險人，在保險單上另無要保人之字樣。於此情形，自應由保單所稱之被保險人負說明義務。在人壽保險，要保人與被保險人有屬同一人者；亦有不屬同一人者。在後之情形，除要保人應負說明義務外，被保險人既為危險事故之客體，對危險事項之瞭解自屬最為透澈，且其中最

109　鄭玉波，保險法論，73頁。

關及被保險人身體健康狀況之事項，亦非被保險人本人無以作答，因此，責令被保險人亦負說明義務，就說明義務之本質言，其妥當性應不容置疑。至於受益人，因其僅為單純之受益人，自不負說明之義務，德國保險法及日本商法對此均有相同之規定。

據此，我國保險法第64條中所謂要保人，似宜參照美國成例，兼指被保險人而言。」[110]

3.**亦有主張說明義務人應為要保人及被保險人，保險法第64條係漏列被保險人者**　謂：（1）就法規體系觀之，保險法第64條雖只言「要保人」有據實說明義務，惟同法第65條第1項有關消滅時效之規定又曰：「要保人或被保險人對於危險事故之說明，有隱匿遺漏或不實者，自保險人知情之日起算。」前後兩條皆為涉及據實說明義務之規定，但前者只曰「要保人」，後者則曰「要保人或被保險人」，可見立法者關於第64條之規定，並非有意只限於「要保人」為據實說明義務者。（2）第64條和第59條之規定，皆屬保險法以誠信原則為基礎，為使保險人能控制危險，以維護對價平衡原則之表現，第59條第1項雖亦只規定「要保人」為通知義務人，但同條第2項及第3項又規定「要保人或被保險人應先通知保險人」及「要保人或被保險人應於知悉後10日內通知保險人」，可知關於危險狀況之告知或通知人，應不僅限於「要保人」。（3）就立法技術而言，同屬大陸法系之德國保險契約法有關據實說明義務之規定，如第17條、第18條、第19條，亦只謂「要保人」（Versicherungsnehmer），而未言及被保險人（der Versicherte）乍觀之下似乎和我國之規定同。惟，該法第79條第1項規定「依本法各條之規定，若要保人之行為及知悉事項具有重

---

[110] 施文森，保險法總論，155頁。

大之法意義者，於為他人利益之保險時，被保險人之行為及知悉事項亦為考量之因素。」此外，於生命保險章中第161條及意外傷害保險章第179條第4項皆有類似之規定。換言之，西德保險契約法中有關「要保人」之用語，基於該法第79條、第161條及第179條第4項之所謂「被保險人視為要保人」（Gleichstellung des Versicherten mit dem Versicherungsnehmer）條款，有可能同時併指「要保人和被保險人」。而該法第16條－即我保險法第64條－有關要保人據實說明義務之規定，要保人之知悉事項及行為顯然具有重要之法律上意義，因此，被保險人當然亦為適用之對象。[111]

　　實務上，司法院司法業務研究會第三期研討結論，多數認為僅要保人應負說明義務，但司法院第一廳研究意見，則認為要保人及被保險人均應負說明義務，謂：「按法律所以課保險契約當事人之一方以告知義務，係使保險人得依義務人提供有關保險標的之一切資料，正確估定危險發生之可能性，以決定保險費。故在人壽保險契約，依保險法第104條之規定，得由本人或第三人訂立。如由第三人訂立，則因要保人與被保險人並非相同。此時，要保人依保險法第64條第1項之規定，應負告知之義務，固無疑問，至被保險人，則因被保險人對自己之生命健康，知之最稔，如不使負告知義務，有礙保險人對危險之估計。故在外國立法例，如日、德、瑞等均明文規定被保險人亦負告知義務。我保險法雖未明文規定，但依前述告知義務之法理，應為當然之解釋。惟要保人與被保險人雖同負告知義務，但同一事實，如其中一人，已為告知，另一人雖未告知，亦不違反告知義務，蓋不影響

---

[111] 江朝國，保險法論文集（一），152～154頁。

保險人對危險之估計。」[112]另法院判決亦多直認被保險人亦有保險法第64條規定之適用者。

實則，我國保險法並未設如德國保險契約法第79條、第161條、第179條第4項之規定，而第59條、第64條、第65條第1款，所定之行為主體不一，乃係立法者對於要保人及被保險人之身分，界定不清之表現。均不宜資為解釋之依據。至於其餘被保險人應負說明義務之理由，不過「被保險人對於保險標的或自己之人身知之最詳」而已。若能基於此，再進一步，以「身分」之觀點，將要保人之身分與被保險人之身分釐清，即可明瞭於「要保人以自己之保險利益或人身投保」之情形，實亦應界定由「被保險人」之身分，負說明義務之真義，則「要保人」應負說明義務之觀念，即不難摘除。

如界定由「被保險人」之身分為說明義務人，則有一問題亟待解決，即：因非保險契約當事人之「被保險人」身分之違反說明義務，可否由保險人對要保人解除保險契約？申言之，在以自己之保險利益或人身投保之情形，同一人之另一身分（被保險人身分）所為行為（違反說明義務）之效果，由另一身分（要保人身分）承擔，以及在以他人之保險利益或人身投保之情形，他人（被保險人）所為行為之效果，由契約當事人（要保人）承擔，其理由為何？本書以為，請求保險金額之權利，以及在死亡保險之情形指定受益人之權利（即處分保險金額請求權之權利），均應歸屬於被保險人[113]，亦即原始享有保險契約利益者乃被保險

---

[112] 前揭「民事法律問題研究（二）」，592～594頁。

[113] 我國保險法第5條關於受益人之定義，謂本法所稱受益人，指「被保險人或要保人」約定享有賠償請求權之人；第110條關於受益人之指定，及第111條關於受益人之變更之規定，則僅以「要保人」為主體，前後不一致；又我國保險法

人，保險人之解除保險契約，遭受不利益者亦係被保險人。是則，因被保險人之身分違反說明義務，遭致保險人解除保險契約，係剝奪被保險人原始享有之保險契約利益。此正係此一制度設計之目的。因此，不妨基於保險契約締結方式之特殊性，在保險法上承認並明定，由被保險人身分負說明義務，且於被保險人身分違反說明義務時，保險人得解除其與要保人間所訂立之保險契約。此在法理上並無障礙。

說明義務既界定由「被保險人之身分」負之，則任何保險契約，不論要保人與被保險人是否為同一人，亦不論係由要保人自行訂定，或委託代理人代訂，抑或由無權代理人代訂者，於訂定保險契約之際，均須由被保險人出面盡其說明義務始可[114]。如被保險人係無行為能力人，或限制行為能力人而無法為說明者，則應由其法定代理人代為說明。因此，是否盡說明義務，亦即有無因故意或過失而說明不實，自應專依「被保險人之身分」定之，與要保人身分完全無涉。如此，則可不必再受民法第105條規定不足適用之困擾矣[115]！

未明確規定，受益人之指定，僅死亡保險始有其適用。凡此均有待進一步釐清。

[114] 依民法第170條第1項規定：「無代理權人以代理人之名義所為之法律行為，非經本人承認，對於本人，不生效力。」是在無權代理人以要保人之名義代訂保險契約之情形，於訂定契約之際，雖已由被保險人出面盡其說明義務，除被保險人與要保人同一，可認其出面盡說明義務之行為，乃承認之表示外，均必須經要保人之承認，始對要保人生效。

[115] 江朝國，保險法論文集（一），154～156頁，就要保人之代理人或無權代理人，違反說明義務如何認定之問題。認為此情形唯一可能適用之條文為民法第105條，但適用之結果似應以代理人或無權代理人（以無權代理行為經要保人承認為限）之有無故意或過失而說明不實，為認定保險人可否解除保險契約之依據，此容易肇致避法之行為，因此建議採行德、奧兩國保險契約法第19條第1項、第2項之立法例，亦即判斷要保人是否有違反據實說明義務，須以代理人

（二）說明之時期

說明之時期為「訂立契約時」。所謂訂立契約時，指自要保時起，至保險契約成立時止而言。蓋保險業務員之勸說，性質上為要約之引誘，必也要保人提出要保之聲請，始為要約，始為訂立契約之開始；而於保險契約成立後，若發生危險增加或減少之情事，則應依第59條為危險增加之通知，或依第26條請求減少保險費，不再屬說明義務之範圍也。

保險契約之生效，除須要保人之要保及保險人同意承保之意思表示一致以外，依保險法第21條規定，保險契約係以「一次交付之保險費」或「分期交付之第一期保險費」之交付為特別生效要件。因此，論理上，應以保險人同意承保之意思表示達到要保人之時與「一次交付之保險費或分期交付之第一期保險費」交付之時，二者發生時間在後者為保險契約生效之時。而因保險實務上通常採預收保險費之方式，故通常情形，保險契約係在保險人同意承保之意思表示達到要保人之時生效。至如採保險契約係要式契約之見解，保險單之完成，乃保險契約之又一特別生效要件，則於預收保險費之通常情形下，保險契約係在保險單完成時生效。無論如何，要保人於要保時，雖曾填寫保險人書面詢問之事項，惟於保險契約生效以前，該等事項之內容，若有所變動或新發生，應再為據實說明，否則仍屬違反說明義務。

又所謂訂立契約時，係指訂立新保險契約時而言。首次投保時，應負說明義務，固矣！即就同一保險利益（財產保險）或被

或要保人兩人所知或應知之事項為準。只要其中一人所知，另一人雖不知，而所說明者和事實不符即可能構成此義務之違反。或者，只要其中一人因有可歸責之事由－如過失或故意－而違反說明義務時，另一人雖無歸責之事由，保險人亦得主張解除契約。

保險人（人身保險），同一保險事故，再與同一保險人訂立另一加保之保險契約時，或前保險契約已滿期後，再新訂立另一完全相同之保險契約時，亦均應負說明義務。至若不屬訂立新保險契約者，例如停止效力之人壽保險契約恢復效力時（保116 I、III、IV），或契約內容變更時，應分別適用第59條為危險增加之通知，或依第26條請求減少保險費，不屬說明義務之範圍。惟於契約內容變更之情形，若變更結果，致危險有所增減，而須另定保險費時，實與新訂立保險契約相類似，應解為亦可類推適用第64條規定，保險人得再提出書面詢問，「要保人」則負有說明義務。

其次，雙方當事人同意於原定保險契約滿期時，依原定期限繼續有效者，俗稱續約，亦係訂立新保險契約之一種，保險人若於原定保險契約滿期前，再提出要保書及書面詢問，則「要保人」自應據實填寫。惟若依「自動續約條款」約定以原保險單為憑，不再填寫要保書及書面詢問事項，則應認係說明義務之免除，依第54條但書規定，自無不可。

（三）說明之對象

說明之對象為「保險人」。所謂保險人，包括保險業（保6）及保險代理人（保8）。實際上，則係指有權代表保險公司或保險合作社或保險代理人之人，亦即「保險業負責人」（保7）或「保險代理人公司負責人」（類推適用保7）。又經保險業或保險代理人授與訂約代理權之其他人，所受「要保人」之說明事項，直接對保險業或保險代理人生效，自不待言。保險業務員，只是為保險業、保險經紀人公司、保險代理人公司或兼營保險代理人或保險經紀人業務之銀行，從事保險招攬之人（保8-1），不論係底薪制或佣金制，在對外關係上雖均係保險業或保險經紀人或保險代

理人之受僱人（民188），但受僱人並無代理僱用人訂立契約之權，故除經特別授權，或具備表見代理之要件外，對於保險業務員所為之說明，並不直接對保險業或保險經紀人或保險代理人生效。質言之，關於要保聲請及說明事項，保險業務員不過係傳達機關，須以實際傳達於保險業或保險經紀人或保險代理人者為限，始對保險業或保險經紀人或保險代理人生效。因此，保險業務員若代為填寫要保書或說明事項，性質上屬要保人（關於要保事項）或被保險人（關於說明事項）之使用人，其不實之效果，應歸要保人或被保險人負擔。惟因保險業務員代填要保書或說明事項（不論有無違反規定），及傳達之行為，仍屬民法第188條所定「因執行職務」之範圍，故若因代填不實或未傳達於保險業或保險經紀人或保險代理人，所致要保人或被保險人之損害（主要者係因保險人解除保險契約所致訂約費用、保險費、保險金額之未取得），保險人或保險經紀人或保險代理人仍應依民法第188條規定，與該保險業務員連帶負損害賠償責任。

（四）說明之範圍

說明之範圍為保險人之「書面詢問」事項。此之書面，應由保險人製作並提出，實際上均附載於要保書上。其詢問事項，保險法雖無具體內容之限制規定，但性質上，應以足使保險契約欠缺對價平衡之事項為限；就保險人之立場言，即須足使其危險之估計發生錯誤之事項為限。基於此，保險法第64條第2項乃規定，違反說明義務，須「足以變更或減少保險人對於危險之估計者」，保險人始得解除保險契約。亦即，「要保人」須負說明義務者，非但須與危險之估計有關，且須重大至「足以變更或減少保險人對於危險之估計者」（學理上稱為重大事項），始足當之。是保險人設計之書面詢問事項，若有在客觀上與危險之估計

無關，或雖屬有關，但其欠缺對於危險之估計不生影響者，則「要保人」對之即無說明義務，自無違反說明義務之可言。至於其違反，是否屬於「應通知之事項而怠於通知」，亦即有無第57條規定之適用，則為另一問題。

按負說明義務者，既係「要保人」，則足以影響保險人危險估計之事項，原應由「要保人」自動申告，惟一般「要保人」並無保險之專業知識，責其自動申告，如有違反則予解除保險契約，顯非合理，故在立法政策上，宜規定由保險人詢問，「要保人」只就詢問事項為說明；又保險人詢問之事項，是否屬於足以影響其危險之估計者？所問用語是否明確？「要保人」是否據實說明？若無書面存證，他日必生紛爭。此所以我國保險法第64條第1項規定，以保險人之書面詢問事項為說明之範圍之故也。

（五）說明之程度

說明之程度為「據實說明」。所謂「據實」，兼具「依據事實」及「正確」二種涵義。故據實說明，乃依據事實為正確之說明也。惟所須依據之事實，究係指客觀上存在之全部事實？抑指「要保人」主觀上所已知或應知之事實為限？若係指前者，則足以影響危險之估計，而客觀上存在之全部事實，「要保人」均須據實說明，一有欠缺，不論「要保人」有無過失，均屬違反說明義務。若係指後者，則足以影響危險之估計，而主觀上為「要保人」所已知或應知之事實，「要保人」始須據實說明，必因故意或過失而致欠缺，始為違反說明義務，其他非「要保人」所已知或應知之事實，則縱有欠缺，亦無違反說明義務之可言。依保險法第64條第2項「要保人有為隱匿或遺漏不為說明，或為不實之說

明」等語，可知我國保險法係採後者之立法[116]。

　　須說明者，乃說明不實，係一種結果，故意或過失，則為原因。違反說明之義務，只須出於說明義務人之故意或過失，造成說明不實之結果，即足當之。在立法技術上，不須將說明不實之內容態樣一一列舉，以免掛一漏萬。我國舊保險法第64條第2項原規定「故意隱匿」、「或因過失遺漏」、「或為不實之說明」，採英美之立法方式，似未高明。蓋隱匿及遺漏之結果，均為說明不實，茲又曰「或為不實之說明」，究係何所指？難以解釋。民國104年2月4日雖將其修正為「有為隱匿或遺漏不為說明」、「或為不實之說明」，情況並未見有何改善。不如修正為：「要保人因故意或過失而說明不實，足以…」，使合於我國法律之思考。至於此之過失，應解為抽象輕過失，蓋保險契約係有償契約，且係最大善意契約，「要保人」自應盡善良管理人之注意，發現客觀存在之事實，以資據實說明也。

二、違反說明義務之效果

　　「要保人」說明不實時，保險人若於同意承保前發現，得要

---

[116] 江朝國，保險法論文集（一），163頁，謂：要保人之據實說明義務範圍須「客觀上」屬重大事項，「主觀上」屬要保人所知或所應知者，理由為：若責令要保人對於其所不知或無法得知，但客觀上事實上確存在之事實，亦須負告知說明之義務，雖較能符合本條所述之「對價平衡原則」，但顯然將要保人視為「無所不知之專家」，此其一。同時，保險法亦屬私法之範疇，私法上對當事人之懲罰，原則上仍採可歸責之「過失原則」主義，即當事人非因過失或故意所為者，屬不可歸責。故要保人非因故意或過失而未應事實狀況告知保險人者，保險人不得主張解除契約，此其二。再者，保險法上屬海上保險者，有所謂「擔保」制度，又稱「特約條款」制度，基於海上保險之特質－保險人不易控制危險，保險對象大皆為商人－只重「事實」之有無，而不論事實之造成是否出於要保人之過失或故意，乃屬例外，此其三。因此，保險法先進國，日本及德國之立法例皆以之為要保人違反據實說明之要件。

求更正或予以拒保；若於同意承保後始發現，則不論保險事故已否發生，均得解除保險契約。但於危險發生前，只須不實之說明，足以變更或減少保險人對於危險之估計者，即得為解除，別無限制。而於危險發生後，則除須不實之說明，足以變更或減少保險人對於危險之估計外，更須危險之發生係基於其說明或未說明之事實者，始得為解除。要件略有不同。

　　所謂危險之發生係基於其說明或未說明之事實，指說明不實之部分，正是保險事故發生之原因或所在而言。學者雖通稱為「因果關係」，但不可誤解為不實之說明為因，保險事故之發生為果。按保險法第64條第2項，係基於保險契約之對價平衡原則，對「要保人」破壞對價平衡原則所為之懲罰性規定，危險發生前之解除，固係如此，危險發生後之解除，亦應無不同。惟其但書又規定，於危險發生後，若證明說明不實之部分，並非保險事故發生之原因或所在，保險人即不得解除契約，理由安在？學者言及之者認為，此情形，「對該事故而言」，對價平衡之原則並未遭受破壞，不應該讓保險人免負保險賠償之責，故規定不得解除保險契約，保險人只能更正保險費率，補收不足之保險費。但若說明不實之部分，構成一般拒保之原因者，雖保險人因未發現而承保，應不妨於發現後為解除契約，以符公平正義之理念[117]。頗有道理。惟按「對價」平衡，係屬「保險契約」整體之「保險費」與「危險承擔」之間是否平衡之問題，若於事後將該已發生之保險事故單獨分離觀察，而以要保人違反說明義務之事項，和該保險事故之發生並無關聯，謂「對該事故而言」對價平衡原則並未遭受破壞，是否妥當？又說明不實之部分，構成一般拒保之

---

[117] 江朝國，保險法論文集（一），168～169頁要旨。

原因，因未發現而予承保者，原即屬保險契約對價平衡原則之破壞，保險人自得於發現後解除保險契約，再以公平正義之理念為衡量之依據，似亦無必要。實則，保險法第64條第2項但書之立法理由，不過係為加強保障「要保人」之利益而已[118]。

於此有一問題，即保險人所已知或應知之事項，究應屬「要保人」不負說明義務之事項？抑係保險人喪失契約解除權之原因？學者有引保險法第62條關於不負通知義務之規定，認為保險人所知或所應知者不屬於要保人依第64條所定據實說明義務之範圍者[119]。民國81年2月修正公布之保險法第64條第2項但書，曾一度規定：「但保險人知其事實或因過失不知者，不在此限。」則認為保險人所已知或應知之事項，其說明不實，係屬保險人喪失契約解除權之原因。本書以為，保險人對其書面詢問之事項，就要保之保險標的或人身之情形，是否已知或因過失而不知，係保險人內部之問題，於訂立保險契約時，在「要保人」主觀上及一般人客觀上，均不瞭解。於此種情形下，若「要保人」因故意或過失而說明不實，縱該事項事實上為保險人所已知或應知，亦無法減少對於「要保人」之故意或過失之評價。是保險人所已知或應知之事項，並非本質上不屬「要保人」說明義務範圍之事項。質言之，凡足以使危險之估計發生錯誤之事項，不論保險人是否已知或應知之事項，「要保人」均應負說明義務。至於為何保險人所已知或應知之事項，保險人應無契約解除權？曰：於說明不

---

[118] 現行保險法第64條第2項但書，係民國81年4月修正時新增，其修正理由謂：「一、要保人若能舉證證明危險之發生係未基於其說明或未說明之事實，則要保人並未違反據實說明之義務，保險人自不得解除契約。二、但書規定為保險人解除契約權之限制，要保人因此種限制當獲得更佳之保障。」第一點所稱要保人並未違反據實說明之義務，顯非正確，僅第二點所述，足為理由。

[119] 江朝國，保險法論文集（一），164～165頁。

實之事項為保險人所已知之情形，若保險人已將所知列入危險之估計，則「要保人」之說明不實，對於保險契約之對價平衡，實質上並未造成影響；至若未列入危險之估計，則保險人顯有欠缺注意。其次，於說明不實之事項為保險人所應知之情形，保險人因過失而不知，亦顯可歸責。是基於保險人就危險之估計，係屬專業，且須負善良管理人之注意義務之觀念，應解為保險人就其已知或應知之事項，喪失契約解除權，與現行保險法第64條第2項但書規定，亦係喪失契約解除權之原因者，性質相同。又因若認保險人所已知或應知之事項，係「要保人」不負說明義務之事項，則屬說明範圍本質之問題，依解釋即可得之。但若認係保險人喪失契約解除權之原因，則非屬說明範圍本質之問題，應以法律明文定之。故上揭民國81年2月修正公布之保險法第64條第2項但書規定，應有其規範價值，無妨於現行保險法第64條第2項但書中增列之。

　　保險契約解除之方法，與一般契約解除之方法同（見民258），又保險契約一經解除，即自始歸於消滅，亦與一般契約之解除無異。惟關於保險契約解除之效力，則因其解除原因及當事人（保險人及要保人）所負債務，與一般契約者不同，故民法有關契約解除效力之規定（即民259、260、261），均無適用，與一般契約解除之效力不同。申言之，民法第259條回復原狀義務之規定，因保險法第25條規定，「保險人無須返還其已收受之保險費」，故對於保險費之返還，並無適用；另於保險金額已給付之情形，保險契約解除後，受領保險金額之被保險人或受益人，應依關於不當得利（民179以下）之規定，返還保險金額於保險人，亦無其適用；又保險契約解除前，並不生要保人給付遲延（民254、255）或給付不能（民256）而生損害賠償請求權之問題，故

無民法第260條之適用；此外，保險契約解除後，保險費既由保險人沒收，而已給付之保險金額，並非由要保人之身分負返還之責，故保險人及要保人並無相互之義務，自亦無依第261條準用第264條至第267條（雙務契約之效力）規定之可言。

須說明者，保險法第25條法文僅言保險人無須返還其「已收受之保險費」，在文理上係指實際已收受之保險費無疑，但本於保險法第64條第2項係懲罰性規定之法意，在論理上應擴張解釋，包括保險人對於應付未付之保險費，仍得請求要保人給付。

「要保人」違反說明義務時，保險人固得解除保險契約，但解除權係形成權之一種，屬於破壞性之權利，其存續期間本不宜過長；又保險契約之解除，於危險發生後亦得為之，若保險人經久始發現要保人說明不實之情事，而仍得為解除，則被保險人或受益人之利益以及安定之法律秩序，必遭破壞。爰保險法乃基於公平之衡量，於第64條第3項規定：「前項解除契約權，自保險人知有解除之原因後，經過1個月不行使而消滅；或契約訂立後經過2年，即有可以解除之原因，亦不得解除契約。」此「1個月」與「2年」，均為除斥期間[120]。解釋上，保險人於契約訂立後1年11個月至2年屆滿之間，發現「要保人」說明不實之情事者，其契約解除權，僅餘存不及1個月之除斥期間。

最後，「要保人」違反通知或說明義務之態樣，可分為「故意」及「過失」二種，如係出於故意之行為，亦即故意表示虛偽之事實，使保險人陷於錯誤而同意承保，則保險人除得分別依保險法第57條、第64條第2項之規定解除保險契約以外，同時亦構成詐欺，則保險人是否亦得依民法第92條之規定撤銷其同意承保之

---

[120] 鄭玉波，保險法論，77頁；梁宇賢，保險法新論，160頁。

意思表示？又如係出於過失之行為，則保險人因不知（按即：若知其事情即不為同意承保之意思表示）而同意承保，同時亦構成錯誤之意思表示之要件，則保險人除得依保險法第57條、第64條第2項之規定解除保險契約以外，是否亦得依民法第88條第1項之規定撤銷其同意承保之意思表示？關於此，學者及實務上，均只言及違反保險法第64條說明義務與詐欺之適用問題，對於違反一般事項之通知義務及錯誤之問題，則未論及。述之如下：

關於「**要保人**」違反說明義務時，保險人可否行使民法第92條所定撤銷權之問題，**持肯定見解者**，謂：「保險人於要保人或被保險人違反據實說明義務時，依保險法之規定有解除契約權，已如上述，除此之外亦可能依民法之規定實行撤銷權，兩者並行不悖。但是關於保險法第64條與民法第92條在適用上之爭議，在實務判決上及學說有不同之看法。由於實務上之看法兩極化，最高法院特別針對該問題做出86年第9次民事庭會議決議，結論認為保險法第64條是民法第92條之特別規定。不過本書認為上述決議仍有斟酌之餘地，蓋保險法第64條的立法目的、要件及法律效果與民法第92條之規定皆不相同，兩者在邏輯的結構上係屬交集之狀態。而從法律競合理論上來看，兩個法律之要件若呈現交集之狀態，因為互有對方所不具備之要件，故無謂何者為何者之特別法的關係。而就利益權衡之角度觀之，首先從惡意不受保障之上位指導原則來看，要保人或被保險人之惡意欺瞞行為，原本就沒有必要多受保護；其次，因為保險制度有其不同於其他有名契約『共同團體性』之考量，因此，若傾向保護要保人或被保險人之一方，讓其惡意得逞，將對危險共同團體造成傷害，對於同一危險共同團體之其他被保險人未嘗是件好事；最後，保險法第64條本身在要件及除斥期間之規定，對於保險人行使解除權亦是某種

程度上限制。故縱然因為保險人依保險法第64條行使解除權之除斥期間已過，其仍得依民法詐欺之規定行使撤銷權，似並無過於偏頗保險人。況且保險人若要依民法詐欺之規定行使撤銷權，在訴訟上必須對要保人或被保險人之詐欺行為負舉證責任，在利益權衡上亦算是一種平衡。因此，不論是從形式上之邏輯分析，以至於保險人與要保人或被保險人雙方面在利益權衡的角度來看，保險法第64條與民法第92條在適用之關係上，皆應是併行不悖的。最高法院86年度第9次民事庭會議決議之內容及結論皆有再加斟酌與多方探討之必要。唯須注意者，此撤銷權和保險法上第64條第2項解除權之行使仍有下列不同之點：

（一）保險法上解除權之行使，以故意或過失為要件；民法上之撤銷權則以詐欺為行使之要件。

（二）於保險事故發生時，解除權之行使，必須以相對人之未告知或不實說明事項和保險事故之發生有直接影響之關係；若保險人採撤銷權之行使，則以相對人故意隱匿事實或故意為不實之說明，致使保險人陷於錯誤而為訂立保險契約之意思表示已足，其是否和保險事故之發生有直接影響之關係，則非所問（dolus eventualis）。此乃因後者處罰之重點在於相對人不良之動機故。

（三）保險人依保險法第64條第2項解除契約後，保險契約溯及自始無效，但無須返還其所收受之保險費（保25），此為保險法上之特別規定；若依民法第92條之規定撤銷其意思表示，則保險契約亦視為自始無效（民114），然其所收受之保險費應返還之，但得請求損害賠償（民114Ⅰ、113）。

（四）第64條第2項解除權行使之除斥期間為，自保險人知有

解除之原因後，經過1個月不行使而消滅，或契約訂立後經過2年，即有可以解除之原因亦不得為之；而民法上撤銷權之行使則應於發現詐欺後1年內為之，但自意思表示後─即保險契約之訂立─經過10年者，不得撤銷。」[121]

其次，最高法院86年度第9次民事庭會議（會議日期86年11月5日）討論意見，則有甲、乙兩說。**甲說認為**：「保險法第64條之規定，乃保險契約中關於保險人因被詐欺而為意思表示之特別規定，應排除民法第92條規定之適用。否則，將使保險法第64條第3項對契約解除權行使之限制規定，形同具文。」乙說則謂：「保險法第64條之規定，其目的在保護保險人，其立法依據亦非基於保險契約之意思表示有瑕疵。此與民法第92條規定，被詐欺而為意思表示，表意人得撤銷其意思表示，旨在保護表意人之意思自由者，其立法目的、法律要件及效果均有不同。故保險法第64條之規定解釋上不應排除民法第92條規定之適用。」**會議決議，採甲說**。[122]

本書以為，保險法第64條與民法第92條，二者之立法目的、法律要件及效果，均有不同，以及在要保人故意表示虛偽之事實，致保險人陷於錯誤而為同意承保之意思表示之情形，同時具備二者之要件。均無爭議。可知二者係含有部分交集之不同規範。而就交集之二個部分，相互加以比較，如具有特定事項之規定與一般事項之規定之相對關係時，則其屬特定事項之規定者即係特別法，屬一般事項之規定者即係普通法，自然產生特別法與普通法之關係，此時所謂特別法與普通法之關係，自係指交集之

---

121 江朝國，保險法基礎理論，289～293頁。
122 載司法院公報，40卷1期，民國87年1月出版，112頁。

部分而言，與其他不同之部分無涉。再者，二種法律規定，具備特別法與普通法之關係時，特別法即應優先適用，而發生排斥普通法（交集部分）之效力，唯有特別法規定所未及之部分，始有適用普通法之餘地，亦即二者在法律適用之位階上，已有所不同，而無並行不悖之可能。乙說（或上述持肯定見解者）以二者在立法目的、法律要件及效果上均有不同，而認定二者在交集之部分，仍屬並存，互不排除適用，所持理由均係本於二者不同部分及二者並行之觀念所為之分析，似非切題。至於甲說所述，乃係針對二者交集部分而言，雖其理由可再加強，但毋寧較為可採。蓋民法第92條係被詐欺（及被脅迫）而為意思表示之一般規定，適用於所有類型法律行為之意思表示，而保險法第64條所定要保人故意違反說明義務之情形，則係保險人被詐欺而為意思表示（同意承保）之特別規定，僅對保險契約有其適用，二者在本質上即具有普通法與特別法之關係；況且，保險法第64條第3項之規定，係本於維護對價平衡之原則及保護被保險人或受益人所為之效果評價，所定除斥期間較短，而民法第93條之規定，則係本於保護表意人意思自由之原則所為之效果評價，所定除斥期間較長，旨趣各異，更足顯示保險法第64條規定乃保險契約中關於保險人因被詐欺而為意思表示之特別規定。甲說所謂「否則，將使保險法第64條第3項對契約解除權行使之限制規定，形同具文。」更見理由。應以甲說之見解為可採。[123]

至於要保人因過失而違反說明義務之情形，雖同時構成保險人因錯誤而為意思表示之要件，但本於上述關於詐欺部分之相同理由，亦應認為保險法第64條規定，乃民法第88條規定之特別規

---

[123] 最高法院86年台上字第2113號判例，見解相同。

定，而具有排除民法第88條（包括第90條、第91條）規定之適用之效力。

　　以上關於要保人違反保險法第64條所定說明義務時，有無民法上詐欺、錯誤等規定之適用之法理，與要保人違反一般事項通知義務時（保57），有無民法上詐欺、錯誤等規定之適用之法理，並無不同，關於後者情形之說明，可參照上述內容得之，不再重複敘述。

肆、保險契約之記載事項

　　保險契約之記載事項，可分基本條款及特約條款二方面述之：

一、基本條款

　　基本條款者，法定必要記載事項也。依保險法第55條規定：「保險契約，除本法另有規定外，應記載左列各款事項：

（一）當事人之姓名及住所

　　當事人指要保人與保險人而言。所謂姓名，應擴張解釋包括自然人之姓名及法人之名稱。所謂住所，在自然人，雖係指其法律生活中心地，只須「依一定事實，足認以久住之意思，住於一定之地域者，即為設定其住所於該地。」（民20Ⅰ），不以登記為要件。但事實上，戶籍之登記，乃「久住之意思」唯一有力之證明，故實務上均以戶籍登記之地址為其住所；在法人，則以其主事務所之所在地為住所（民29）。是此之住所，應係指自然人戶籍登記之地址或法人登記之主事務所地址而言。

（二）保險之標的物

　　保險之標的物，係指保險客體中之有體物，前已言之。是

則，本款規定，僅有體物之財產保險，始能適用，無形利益之財
產保險，以及人身保險，均無從適用。雖我國保險法第108條第1
款、第129條第1款、第132條第1款前段、第135-2條第1款，已分
就各種人身保險（人壽保險、健康保險、傷害保險、年金保險）
之保險客體為補充規定。惟無形利益之財產保險，其保險客體仍
無記載之依據。衡諸保險法第55條所定之基本條款，係屬總則之
規定，本款不如直曰「保險之標的」，以免疑慮。

按保險之標的，乃發生保險事故致生損害之所在，記載宜明
確，尤其有體物之保險，其從物若未載明，則究應認係有意排除
不保？抑應認係主物之處分及於從物（民68Ⅱ），其從物當然承
保在內？易生爭議。遇此情形，應視保險人於為危險之估計及保
險費之計算時，有無將其從物列入為斷。若有之，始能依民法第
68條第2項之規定決之；若無之，則應認係有意排除不保，未可固
執主物之處分及於從物之主張。

（三）保險事故之種類

保險事故者，不可預料或不可抗力之事故也（保29Ⅰ）。又
稱為危險（risk）。保險事故之種類，即特定保險所承保危險之名
稱。我國保險法上所定各種保險之保險事故，在火災保險為「火
災」（保70），在海上保險為「海上一切事變及災害」（保
83），在陸空保險為「陸上、內河及航空一切事變及災害」（保
85），在責任保險為「被保險人對於第三人，依法應負賠償責
任，而受賠償之請求時」（保90），在保證保險為「受僱人之不
誠實行為」與「債務人之不履行債務」（保95-1、95-2、95-3），
在人壽保險為「死亡」與「生存」（保101），在健康保險為「疾
病、分娩及其所致殘廢或死亡」（保125），在傷害保險為「意外
傷害及其所致殘廢或死亡」（保131），在年金保險為「生存期間

或特定期間」（保135-1）。但因記載保險事故之種類，目的在確定所保危險之範圍，故具體承保之危險，若小於上開範圍者，自可縮小而明確記載之，而不待言。

（四）保險責任開始之日時及保險期間

所謂保險責任開始之日、時，即保險人開始負擔保險責任之特定日期及時間。通常為保險契約生效之日時，惟為恐生爭議，一般均載明特定之日期及時間。當事人約定於保險契約生效前或生效後之特定日時為保險人開始負擔保險責任之日時，亦無不可。

保險期間（term of insurance, period of insurance），指保險人責任之存續期間而言。於此期間內發生保險事故，保險人始須負責。保險期間固以記載一定之期間為常，例如「7日」、「2年」、「20年」、「終身」。但記載得計算期間之一定事實亦可，例如「自基隆港開始裝載時起至紐約港卸貨完成時止。」是。

（五）保險金額

保險金額（insured amount），指投保之金額。保險事故發生時，在定額保險，保險人應依保險金額為給付。在損害保險，則須視保險事故發生時保險標的之價值，以損害額乘以投保比例計算給付。

（六）保險費

保險費（premium），乃要保人要求保險人承擔危險所應支付之對價。通常固均記載一定之數額，惟記載一定之計算式亦無不可。

（七）無效及失權之原因

所謂無效及失權之原因，指致使保險契約無效，或要保人、被保險人或受益人喪失保險契約上權利之事由。

（八）訂約之年月日

訂約之年月日，即保險契約訂立之年月日，亦即保險契約成立之年月日。

上述八款為一般保險契約應記載之事項，但保險法另有規定時，則為例外。所謂保險法另有規定，指第87條就陸空保險、第95-2條及第95-3條就保證保險、第108條就人壽保險、第129條就健康保險、第132條就傷害保險、第135-2條就年金保險所設之特別規定而言。

二、特約條款

（一）特約條款之意義

「特約條款，為當事人於保險契約基本條款外，承認履行特種義務之條款。」（保66）

（二）特約條款之內容

「與保險契約有關之一切事項，不問過去現在或將來，均得以特約條款定之。」（保67）所謂與保險契約有關之事項，不論與要保人、保險人、被保險人、受益人、保險標的財產或其他事項有關，均得以特約條款定之。是否有關，以當事人主觀認知為準即足，客觀上是否有關，無庸論究，蓋當事人既已合意約定，本於契約自由之原則，自應予尊重。又只須與保險契約有關，不問係過去現在或將來之事項，且不論係積極事項或消極事項，均得以特約條款定之。過去之事項，指保險契約成立前之事項，例如人壽保險契約，約明被保險人過去未曾因病開刀；現在之事

項，指保險契約成立當時之事項，例如房屋火災保險契約，約明屋內現在已存放汽油或其他易燃物；將來之事項，指保險契約成立後之事項，例如傷害保險，約明被保險人將來不得從事賽車活動等是。事實上，凡保險契約所定基本條款以外之事項，即屬特約條款，本條規定徒增解釋而已。

（三）特約條款之效力

可分一般效力及關於未來事項特約條款之特殊效力二方面述之：

1.一般效力　不論係關於過去現在或將來事項之特約條款，「保險契約當事人之一方違背特約條款時，他方得解除契約；其危險發生後亦同。」（保68Ⅰ）又「前項解除契約權，自保險人知有解除之原因後，經過1個月不行使而消滅；或契約訂立後經過2年，即有可以解除之原因，亦不得解除契約。」（保68Ⅱ準用64Ⅲ）

2.關於未來事項特約條款之特殊效力　「關於未來事項之特約條款，於未屆履行期前危險已發生，或其履行為不可能，或在訂約地為不合法而未履行者，保險契約不因之而失效。」（保69）說明之：

（1）於未屆履行期前危險已發生　例如房屋火災保險，約定被保險人於訂約後20天內將屋內之汽油或爆烈物搬出，不料於訂約後第10日即發生火災，此情形，保險契約不因之而失效，自亦不得解除，保險人應負給付保險金之責。

（2）其履行為不可能　例如前例，於訂約後該房屋為匪徒挾持人質佔領，無法完成搬遷，保險契約於履行不可能之期間，不因之而失效，自亦不得解除，如發生火災，保險人應負給付保險

金之責。惟於履行不可能之障礙消除後，如尚未發生保險事故，被保險人仍應於所餘時間內將屋內之汽油或爆烈物搬出，否則仍有保險法第68條規定之適用。

（3）**在訂約地為不合法而未履行** 例如汽車竊盜保險，約明被保險人應加裝某種防盜器，惟訂約後，政府竟公布禁止裝置該種防盜器之法律，致被保險人未能依約履行，此情形保險契約不因之而失效，自亦不得解除，如發生汽車被竊之情事，保險人仍應負給付保險金之責。惟於履行不合法之障礙消除後，如尚未發生保險事故，被保險人仍應於所餘時間內依約裝置該種防盜器，否則仍有保險法第68條規定之適用，亦不待言。

第七節　保險契約之效力

第一項　要保人之義務

壹、交付保險費之義務

一、交付義務人

「保險費應由要保人依契約規定交付。」（保22 I 前段）不論要保人係為自己利益抑為他人利益所訂立之保險契約，負交付保險費義務之人，均為要保人。

須說明者，「債之清償，得由第三人為之。」民法第311條第1項前段定有明文，此之第三人僅係代為清償債務之人，並非債務人，不論係自願代為清償（出於無因管理或贈與），或依據其他法律關係而代為清償（例如依約定代付保險費以支付買賣價金、依保險金信託契約而代付保險費）均可。我國保險法第22條第1項

後段規定：「信託業依信託契約有交付保險費義務者，保險費應由信託業代為交付之。」僅係信託業代為交付保險費之規定[124]，不可誤解為信託業係屬保險費之交付義務人。

二、保險費之數額

保險費之數額由保險人依保險契約成立時之保險費率計算之。保險費之數額通常為固定，但於特定情形下，得增加或減少保險費。分言之：

（一）保險費之增加

保險契約成立後，發生危險增加之情事時（保59Ⅱ、Ⅲ），保險人得提議增加保險費，要保人不同意者，其契約即為終止（保60Ⅰ），要保人如同意，此後保險費即因之增加。另保險標的物受部分之損失，經賠償或回復原狀後，保險契約雖繼續有效，但與原保險情況有異而屬危險增加時，保險人得提議增加其保險費（保99），此情形應解為有保險法第60條第1項之類推適用，亦即要保人不同意者，其契約即為終止。

（二）保險費之減少

保險契約成立後，發生危險減少之情事，要保人得請求保險人重新核定保費（保26Ⅰ、59Ⅳ[125]），即請求減少保險費，保險人不同意時，要保人得終止契約（保26Ⅱ前段）。保險金額超過

---

[124] 上開保險法第22條1項後段規定，及第2項規定：「前項信託契約，保險人依保險契約應給付之保險金額，屬該信託契約之信託財產。」均屬信託法上應行規定之事項，只因與保險有關而列為保險法上之規定。

[125] 得請求重新核定保費者，應為要保人，縱於以自己之保險利益或人身投保之情形，要保人與被保險人身分合於一身，亦應認要保人之身分始有請求重新核定保費之權，保險法第59條第4項規定：「危險減少時，被保險人得請求保險人重新核定保險。」明顯有誤。

保險標的之價值時，亦應按比例減少保險金及保險費（保76Ⅱ）。另保險標的物受部分之損失，經賠償或回復原狀後，保險契約雖繼續有效，但與原保險情況有異而屬危險減少時，要保人得請求減少其保險費（保99），此情形亦應解為有保險法第26條第2項規定之類推適用，亦即保險人不同意時，要保人得終止契約。

三、交付之方法

保險費交付之方法，分一次交付及分期交付兩種。一次交付又稱為總繳或躉繳，在財產保險，多採此方法。分期交付，有月繳、季繳、半年繳、年繳之分，人身保險多採此方法。

四、交付之時期

保險費交付之時期，因第一次之保險費與第二次以後之保險費而不同。

（一）第一次之保險費

第一次之保險費，指一次交付（即總繳或躉繳）及分期交付之第一期保險費。依保險法第21條規定：「保險費分一次交付，及分期交付兩種；保險契約規定一次交付，或分期交付之第一期保險費，應於契約生效前交付之。但保險契約簽訂時，保險費未能確定者，不在此限。」又依保險法施行細則第4條第1項規定：「依本法第43條規定簽發保險單或暫保單，須與交付保險費全部或一部同時為之。」

所謂「於契約生效前交付之」，既可解為交付時期之規定，亦可解為保險契約係以保險費之交付為特別生效要件。若依前者，則保險契約是否生效，仍應依一般法律行為之生效要件認

定，保險人交付保險單或暫保單於被保險人時，若未同時收取第
一次保險費，並不影響於保險契約之生效，僅生欠繳保險費之效
果；若依後者，則保險費尚未交付前，縱保險單或暫保單已交付
於被保險人，保險契約仍不生效力。依我國保險法將保險契約規
定為要式契約，以及前揭保險法施行細則第4條第1項，（第一
次）保險費須與保險單或暫保單同時為之之規定，在解釋論上，
似應解為保險契約係以保險費之交付為特別生效要件。惟按保險
費係保險人承擔危險之對價，並非保險契約之標的（物），將對
價之交付規定為契約之特別生效要件，猶如將買賣價金之交付規
定為買賣契約之特別生效要件，致使契約之生效與契約之履行觀
念相混，似非所宜。日後將保險契約修正為不要式契約時，宜一
併將保險法第21條前段所定「於契約生效前交付之」一語，修正
為規定行為期間之一般用語，例如「應於保險單交付之同時交付
之」是。

　　但書所謂「保險契約簽訂時，保險費未能確定者，不在此
限。」指保險單或暫保單交付時（施行細則4Ⅰ），如有尚無法計
算保險費數額（一次交付之保險費，或分期交付之第一期保險
費）之情形，保險費即不須於保險單（或暫保單）交付之同時交
付之，俟保險費數額確定後再行交付，是為例外。於保險實務
上，保單條款均須先經主管機關審核通過後，始能出單，其中必
含有保險費率及保險費之計算方式，而保險標的之履勘或被保險
人之身體檢查，於核保過程中均已完成，似難發生「保險單或暫
保單交付時，尚無法計算保險費數額之情形」。可能存在之空
間，似僅有在保險標的尚未完成履勘（例如數量龐大、尚未進
口）或對於須進行身體檢查之被保險人，尚未完成身體檢查之
時，保險人即通融先行核保而交付保險單（或暫保單）之情形

而已。

　　須說明者，如將保險法第21條所定「於契約生效前交付之」一語，解為保險契約係以保險費之交付為特別生效要件，則於要保人尚未交付第一次保險費前，保險契約並未生效，保險人自亦無催繳保險費之權利，不待言。惟如將其解為交付時期之規定，則於保險契約生效後，要保人仍未交付保險費時，保險人僅能依規定行使其權利。惟關於要保人遲延交付保險費之效果，我國保險法僅對人壽保險設有明文（年金保險準用之），可資適用，對於財產保險及其他人身保險（健康保險、傷害保險）則未設規定，應適用民法及其他有關規定。申言之，於財產保險及健康保險、傷害保險之情形，要保人遲延交付保險費時，保險人得定期催告，期滿仍不交付時，得解除保險契約（民254）。於未及解除契約之際，發生保險事故時，或保險人決定不予解除契約時，則得自應給付之保險金額中，扣除積欠之保險費。此外，保險人亦得逕行對要保人提起給付保險費之訴訟，取得執行名義後，聲請強制執行；是否逕行起訴，保險人可斟酌其必要性及所費成本決之。至於人壽保險之情形，依保險法第117條第1項規定：「保險人對於保險費，不得以訴訟請求交付。[126]」僅能以訴訟外之方式催告繳納。經催告後仍不交付時，依保險法第116條第1項規定：「人壽保險之保險費到期未交付者，除契約另有訂定外，經催告到達後屆30日仍不交付時，保險契約之效力停止。」保險契約之效力停止後，發生保險事故者，保險人不負保險給付之責任。但要保人得申請恢復效力，其在停止效力之日起6個月內申請恢復效力者，自要保人清償保險費、保險契約約定之利息及其他費用

---

[126] 人壽保險之保險費不得以訴訟請求交付，主要理由係因人壽保險具有濃厚之儲蓄性質，應尊重要保人之意願，不得以訴訟方式強迫要保人為之。

後，翌日上午零時起，開始恢復其效力；在停止效力之日起6個月後，申請恢復效力者，除須清償保險費、保險契約約定之利息及其他費用外，保險人得於申請日起5日內要求要保人提供被保險人之可保證明，經提出後，除被保險人之危險有重大改變且已達拒絕承保之程度者外，保險人不得拒絕其恢復效力。（保116Ⅲ）又保險人未於申請日起5日內要求要保人提供可保證明，或於收到可保證明後15日內不為拒絕者，視為同意恢復效力（保116Ⅳ）。此外，保險法對於要保人申請恢復效力之期限，設有保障之規定，依保險法第116條第5項規定：「保險契約所定申請恢復效力之期限，自停止效力之日起不得低於2年，並不得遲於保險期間之屆滿日。」惟前項保險契約所定要保人申請恢復效力之期限屆滿後，仍未申請恢復效力者，保險人即有終止契約之權，得隨時終止保險契約（保116Ⅵ）。

（二）第二次以後之保險費

第二次以後之保險費，指分期交付之第二期以後之保險費。第二次以後之保險費之交付時期，應自保險契約生效日起，按月繳、季繳、半年繳或年繳之約定，逐次累加一月、一季、半年或一年之方式計算之。要保人有依期交付之義務。

要保人遲延交付第二次以後之保險費所生之效果，與前述保險契約生效後，要保人仍未交付保險費之情形相同。亦即，在人壽保險（年金保險準用之），應依保險法第117條第1項、第116條第1項、第3項至第6項等規定決之，而在財產保險及其他人身保險（健康保險、傷害保險），則保險人得依民法第254條規定定期催告後解除契約，或自應付之保險金額中扣除積欠之保險費，或逕行對要保人提起給付保險費之訴訟，已如前述。

五、交付之地點

我國保險法就保險費交付之地點，未設明文規定。本應依民法第314條規定，由要保人赴保險人之主事務所所在地交付之（民314②、29、合社法2）。惟在保險實務上，保險人基於要保人可能反悔以及加強服務之考慮，對於一次交付之保險費，或分期交付之第一期保險費，向來均由原拉保之業務員至要保人所在處所收取（通常於要保人簽署要保申請書時，即一併收取）；又基於確保要保人得以續保之考慮，向來亦均由保險人派員（原來拉保之業務員或另設專門收費之職員）至要保人所在處所收取。此種運作方式，性質上屬於民法第314條所定之「另有習慣」，自應優先適用，不再有由要保人赴保險人之主事務所所在地交付之問題，不宜混淆。惟對於人壽保險之保險費到期未付者，依保險法第116條第2項規定，經保險人催告後，應於保險人之營業所交付之。是為例外。此所謂「保險人之營業所」，與前述民法第314條第2款所定「債權人之住所地」，不可同日而語，凡保險人設有營業據點之處所均屬之，由保險人指定之，通常為負責被保險人住所地轄區之營業所。

此外，目前保險實務上，多採由要保人或被保險人書立授權書，委託其信用卡發卡或存款帳戶所屬之銀行或郵局，按期扣款轉帳[127]代繳之方式交付保險費（包括首期或續期保險費），此情形應解為以保險人之受款行（解款行）所在之處所為交付保險費之地點，性質上仍為民法第314條所定「另有習慣」之一種。

---

[127] 實務上，將由信用卡扣款代繳保險費，稱為「代墊」保險費；由存款帳戶扣款代繳保險費，稱為「自動轉帳」，似係因信用卡帳戶非存款帳戶之故。

六、保險費之返還

保險費乃保險人承擔危險之對價，因此保險費交付後，於保險契約有效期間內，將隨時間或事件之經過，按比例確定歸屬於保險人，不生返還之問題。惟於發生保險契約無效、保險人不受拘束、終止、解除之情形，保險費已交付者，保險人對於不須承擔危險之部分，應負返還之責。但此乃原則，在若干情形下，保險政策上認有懲罰要保人之必要時，則規定無庸返還保險費。分言之：

（一）應返還保險費之情形

下列情形，保險人應將保險費返還於要保人：

1. 惡意複保險時

要保人故意不為複保險之通知，或意圖不當得利而為複保險者，其契約無效（保37）。保險人於不知情之時期內，仍取得保險費（保23 II）。反面言之，保險人知情之時期內之保險費，仍應返還。

2. 善意超額複保險時

善意複保險（以同一保險利益，同一保險事故，善意訂立數個保險契約），而其保險金額之總額超過保險標的之價值者，要保人得向後保險人請求返還超過部分之保險費。（保23 I）因後保險契約就超過之部分無效故也。[128]

---

[128] 我國保險法第23條第1項規定：「以同一保險利益，同一保險事故，善意訂立數個保險契約，其保險金額之總額超過保險標的之價者，在危險發生前，要保人得依超過部分，要求比例返還保險費。」此項規定之疑義及不妥之處，請見本章第五節，七、單保險契約與複保險契約，其中「善意複保險契約之效力」單元內之有關說明。

3. 訂約時僅保險人知危險已消滅者

保險契約訂立時，保險標的之危險已消滅者，其契約無效。但為雙方所不知者，不在此限。（保51 I）亦即保險契約訂立時，雙方均不知保險標的之危險已消滅者，其保險契約，仍為有效。猶如追溯至保險標的之危險存在時而生效一般，為追溯保險之一種，前已言之。惟「訂約時，僅保險人知危險已消滅者，要保人不受拘束。」（保51 III）此情形，保險契約對要保人為無效，對保險人則為有效。因此，要保人不負交付保險費及償還費用之義務，保險人雖須承擔危險（事實上，危險已消滅，已無可承擔之危險），但不得請求保險費及償還費用，其已收受者，應返還之（保24 II）。

4. 保險契約終止時

因保險契約終止而須返還保險費之情形如下：

（1）因危險增減或標的物滅失而終止時 「保險契約因第60條或第81條之情事而終止，或部分終止時，除保險費非以時間為計算基礎者外，終止後之保險費已交付者，應返還之。」（保24 III）所謂因第60條之情事而終止，指因危險增加或減少而依保險法第60條規定終止契約而言。所謂因第81條之情事而終止，指保險標的物非因保險契約所載之保險事故而完全滅失時，保險契約即為終止之情形。終止後，保險契約自終止時起，往後失效。失效後之保險費尚未交付者，無庸交付，已交付者，自應返還之。所謂保險費非以時間為計算基礎者，指以時間以外之標準作為計算保險費之基礎而言，例如以演出之場次或以航程為計算保險費之基礎是。

於此須說明者，有三：其一，契約終止之範圍究為契約之全

部或一部，應依行使終止權人意思表示之內容定之，其依法律規定當然終止者，則應依法律規定之內容決之。言「保險契約之終止」，當然具有此等內涵，保險法第60條及第81條僅言「終止契約」、「其契約即為終止」、「保險契約即為終止」，而不細分全部終止或部分終止，即此之意；況依保險法第60條及第81條規定之內容觀之，似亦無部分終止之情事。保險法第24條第3項規定，另加「或部分終止時」一語，並無必要。其二，保險法第24條第3項規定，將「保險費非以時間為計算基礎者」除外，是否即謂非以時間為計算基礎之保險費，於保險契約終止後，一律無庸返還？事實上並非如此。蓋保險人僅於保險契約有效期間內，始能按時間或事件之經過，按比例取得保險費。於保險契約終止後，保險人均無取得保險費之理由，不因保險費是否以時間為計算基礎而不同，其非以時間為計算基礎者，僅係不按時間比例返還保險費而已，仍應依其所據以計算保險費之標準，按事件經過之程度或輕重比例，計算終止後之保險費返還要保人。立法者僅因一般保險費均以時間為計算基礎，即將非以時間為計算基礎者除外，明顯有誤。其三，保險法施行細則第8條第1項規定：「因本法第81條所載之原因而終止之火災保險契約，自終止事故發生之日起，其已交付未到期之保險費，應返還之。」明顯與上述保險法第24條第3項規定重複，似無必要。至於第2項規定：「前項保險費之返還，除契約另有約定者外，保險人得按短期保險費之規定，扣除保險契約有效期間之保險費後返還之。但前項終止契約（按應係「契約終止」）之原因不可歸責於被保險人者，應將自原因發生之日起至滿期日止之保險費，按日數比例返還之。」則係未到期保險費返還方式之規定，對於各種以有體物為標的之財產保險契約均應有其適用，不以火災保險為限。舉例明之，投

保地震險之房屋因火災而全部燒毀，若火災係因被保險人之過失而造成者，則保險人得按短期保險費之規定，扣除保險契約有效期間之保險費後返還之；惟若火災之發生係不可歸責於被保險人者，則保險人應將自原因發生之日起至滿期日止之保險費，按日數比例返還之是。事實上，此項關於未到期保險費返還之計算方式，屬實體規定性質，以明定於保險法財產保險通則中為宜。

（2）因危險減少而保險人不同意減少保險費之終止　「保險費依保險契約所載增加危險之特別情形計算者，其情形在契約存續期內消滅時，要保人得按訂約時保險費率，自其情形消滅時起，請求比例減少保險費。」「保險人對於前項減少保險費不同意時，要保人得終止契約。其終止後之保險費已交付者，應返還之。」（保26）

須附言者，保險法第26條第1項所定「保險費依保險契約所載增加危險之特別情形計算者」一語，極易被認為係專指保險契約生效後始「增加危險」，經過一段期間後，其增加之危險消滅之情形而言[129]。事實上，基於對價平衡之原則，只須保險契約生效後，發生危險減少之情形，要保人即有請求減少保險費之權，非必先增加後再消滅，始能請求減少保險費也。本項之規定，過於偏狹。直謂：「保險契約生效後，發生危險減少之情形時，要保人得按訂約時保險費率，自危險減少時起算，請求比例減少保險費。」更佳。

---

[129] 例如林群弼，保險法論，235頁所舉之例子：「例如A以其所有之房屋向保險公司X投保火災保險，於契約生效後3個月，因附近設置加油站，經A通知X後，保險費乃被提高30%，此即所謂『保險費依保險契約所載增加危險之特別情形計算者』。其後，加油站因保險事故他遷，即屬本條所謂『其情形在契約存續期內消滅時』。在此情況，A即可基於『其情形在契約存續期內消滅』，向X請求按前所增加之保險費比例（30%）減少保險費。」

（3）**因保險標的物受部分損失之終止**　「保險標的物受部分之損失者，保險人與要保人均有終止契約之權。終止後，已交付未損失部分之保險費應返還之。」（保82 I）

（4）**因保險人破產之終止**　「保險人破產時，保險契約於破產宣告之日終止，其終止後之保險費，已交付者，保險人應返還之。」（保27）。

（5）**因要保人破產之終止**　「要保人破產時，保險契約仍為破產債權人之利益而存在，但破產管理人或保險人得於破產宣告三個月內終止契約。其終止後之保險費已交付者，應返還之。」（保28）。

5. 保險契約解除時

保險契約為繼續性契約，原則上應以終止為消滅契約效力之方法，我國保險法僅於少數特殊情形下，設有保險契約解除之規定。亦即第57條（違反通知義務之解除）、第64條第2項（違反說明義務之解除）、第68條（違反特約條款之解除）、第76條第1項前段（惡意超額保險之解除）等是。

契約解除時，除法律另有規定或契約另有訂定外，雙方當事人應互負回復原狀之義務（民259），就保險契約之解除而言，若保險金額已給付，則受領人應將保險金額返還於保險人，保險人則應將已收之保險費返還於要保人；若保險金額尚未給付，則僅生保險人應將已收之保險費返還於要保人之問題。保險法對於依第64條第2項規定（違反說明義務）所為解除之效力，設有「保險人無須返還其已收受之保險費」（保25）之特別規定，應優先適用。至於依第57條（違反通知義務）、第68條（違反特約條款）及第76條第1項前段（惡意超額保險）等規定所為解除之效力，保

險法則未設特別規定，自應依上述內容決之。須注意者，乃依第76條第1項前段規定所為之解除，如係因要保人之詐欺所致者，應解為超額部分之保險費已交付者，不得請求返還，前已言之。

（二）無須返還保險費之情形

下列情形，保險人無須返還保險費於要保人，以示對要保人之懲罰：

1. 訂約時僅要保人知危險已發生而保險人不受契約拘束時

保險契約訂立時，保險標的之危險已發生者，其契約無效。但為雙方所不知者，不在此限。（保51 I）亦即保險契約訂立時，雙方均不知保險標的之危險已發生者，其保險契約，仍為有效。猶如追溯至保險標的之危險尚未發生時而生效一般，亦為追溯保險之一種。惟「訂約時，僅要保人知危險已發生者，保險人不受契約之拘束。」（保51 II）此情形，保險契約對保險人為無效，對要保人則為有效。因此，要保人負有交付保險費及償還費用之義務，保險人不須承擔危險，且得請求償還費用，已收受之保險費，無須返還（保24 I）。

2. 保險契約因要保人違反說明義務而解除時

「保險契約因第64條第2項之情事（按即要保人違反說明義務）而解除時，保險人無須返還其已收受之保險費。」（保25）前已述之。

3. 保險契約因惡意複保險而無效時

「保險契約因第37條之情事（按即要保人故意不為複保險之通知，或意圖不當得利而為複保險者）而無效時，保險人於不知情之時期內，仍取得保險費。」（保23 II）無須返還。

貳、危險通知之義務

　　保險契約生效後，遇危險增加或危險發生或複保險時，要保人負有通知保險人之義務。複保險之通知，前已述之，於此僅就危險增加之通知及危險發生之通知，說明如下：

一、危險增加之通知

　　「要保人對於保險契約所載增加危險之情形應通知者，應於**知悉後**通知保險人。」「危險增加，由於要保人或被保險人之行為所致，其危險達於應增加保險費或終止契約之程度者，要保人或被保險人應先通知保險人。」「危險增加，不由於要保人或被保險人之行為所致者，要保人或被保險人應於**知悉後10日內通知**保險人。」（保59 I、II、III）是為關於危險增加之通知義務之規定。分述之：

（一）主觀危險增加之情形

　　保險法第59條第2項規定：「危險增加，由於要保人或被保險人之行為所致，其危險達於應增加保險費或終止契約之程度者，要保人或被保險人應**先通知**保險人。」由於要保人或被保險人之行為所致之危險增加，學理上稱為「**主觀之危險增加**」。例如人壽保險之被保險人，應考空服員已被錄取，即將報到執勤之情形是。

1. 通知義務人

　　通知義務人，為「要保人或被保險人」。所謂要保人或被保險人，於要保人與被保險人為不同一人之情形，應視導致危險增加之行為人究係何人，而不同其通知義務人。亦即，危險增加係由要保人之行為所致時，通知義務人為要保人，被保險人則僅須負客觀危險之通知義務；反之，危險增加係由被保險人之行為所

致時，通知義務人為被保險人，要保人則僅須負客觀危險之通知
義務。

2. 通知之事項

通知之事項，為「危險增加，由於要保人或被保險人之行為
所致，其危險達於應增加保險費或終止契約之程度者」。所謂由
要保人或被保人之「行為」所致，只須出於要保人或被保險人之
行為即可，積極行為、消極行為（不作為），均無不可。但於消
極行為之情形，須以要保人或被保險人依法或依約有作為義務，
而要保人或被保人擬不再繼續該作為，且於不再繼續作為後，保
險標的之危險將隨之增加者為限。例如依保險契約之規定，被保
險人每週應照射紅外線3小時，以維護健康，茲因被保險人身體過
敏，擬不再繼續照射，則應於其停止照射前通知保險人是[130]。所
謂「其危險達於應增加保險費或終止契約之程度者」，指增加之
危險屬於保險人承保之危險，且增加之程度，足以改變原保險契
約之對價平衡關係，而須增加保險費或因已達拒保條件而須終止
契約之情形而言。因拒保條件重於增加保險費，故即將增加之危
險，只須達於應增加保險費之程度者，要保人或被保險人即負有
通知之義務。惟按是否達於應增加保險費之程度，事屬專業判斷
之問題，一般要保人或被保險人難以確知，為免因認知不正確而
未為通知，致蒙受保險人解除契約（保57）之不利益，要保人或

---

[130] 江朝國，保險法基礎理論，300頁，謂：「由於消極的不行為亦屬行為之態樣
之一，故若危險狀況之改變雖非由於要保人或被保險人基於其意識所為之行為
所產生，但要保人或被保險人已知悉且於法律或事實上可消除此狀況而仍不為
之，亦屬以消極之不行為方式促成危險增加。如他人將易燃物搬入屋內暫存，
被保險人知悉，且依其情形亦得設法將其搬離，應為而不為，屬主觀之危險增
加。」說法與本書不同。所舉例子中，造成危險增加（搬入易燃物）之行為，
應係他人之行為，與由被保險人之不作為所致危險增加之情形，有所不同。

被保險人，於自己行為可能增加危險之情形下，似難有不先為通知之餘地。對於增加之危險，是否達於應增加保險費或終止契約之程度，有爭議時，應由法院為判斷，自不待言。

3. 通知之時期

通知之時期，為「先通知」。蓋因危險之增加係由於要保人或被保險人之行為所致，該要保人或被保險人，必已事先知悉，故規定要保人或被保險人應先通知保險人。所謂「**先通知**」，指於危險實際增加之前，使通知達到保險人（民95Ⅰ）。保險法就此雖未明定應於多久以前先為通知，惟本於誠信原則，除有急迫之情事外，要保人或被保險人仍應儘早為通知，以方便保險人及早完成評估作業。至如保險人收到通知後，在尚未完成評估作業之前，危險已實際增加時，保險人依第60條規定所為之終止契約或另定保險費或契約視為終止，仍應自危險實際增加之時生效或起算，始符法理。

（二）客觀危險增加之情形

保險法第59條第3項規定：「危險增加，不由於要保人或被保險人之行為所致，要保人或被保險人應於**知悉後10日內通知**保險人。」非由於要保人或被保險人之行為所致之危險增加，學理上稱為「**客觀之危險增加**」。例如房屋火災保險契約生效後，突有第三人於隔壁開設加油站之情形是。

1. 通知義務人

通知義務人，為「要保人或被保險人」。要保人或被保險人為不同一人時，只須其中一人為通知已足。

2. 通知之事項

通知之事項，為「危險增加，不由於要保人或被保險之行為所致者」。所謂不由於要保人或被保險人之「行為」所致，只須出於第三人之行為即可，除積極行為外，亦包括消極行為（不作為）在內。要保人或被保險人，對該第三人之行為，有無加以消除之可能，並非所問[131]。於主觀危險增加之情形下，若要保人與被保險人為不同一人時，而危險增加係由於「要保人」之行為所致者，則「被保險人」應視為此之第三人，仍負有客觀危險增加之通知義務，而應於知悉後10日內通知保險人；反之，如危險增加係由於「被保險人」之行為所致者，則「要保人」應視為此之第三人，仍負有客觀危險增加之通知義務，而應於知悉後10日內通知保險人。前已述之。

須說明者，本項規定未如第2項規定，設有「其危險達於應增加保險費或終止契約之程度者」之要件，究屬立法疏漏？抑係立法者誤認其語意可接續第2項規定，而作相同解釋？或認為要保人或被保險人，對於他人之行為所致之危險增加，難以評估其是否達於應增加保險費或終止契約之程度？或有其他特殊理由？不得而知。本書以為，第3項規定與第2項規定之不同，應僅在於危險增加，究係由要保人或被保險人所致或由第三人所致乙點，在應通知事項之危險程度上，應無不同。本項規定未列「其危險達於應增加保險費或終止契約之程度者」之要件，應屬遺漏。亦即本項規定，應與第2項規定作相同之解釋為是。基於此，第2項規定

---

131 江朝國，保險法基礎理論，301頁，謂：「因此，主觀之危險增加應為危險狀況之改變由要保人或被保險人之行為或不行為所致且知悉者，或雖非由其所致，但知悉後得除去之者；而客觀之危險增加則為非由要保人或被保險人所為之危險狀況之改變，而且其於知悉後亦無法消除者。」

與第3項規定，或可合併或理解為：「危險增加，由於要保人或被保險人之行為所致，其危險達於應增加保險費或終止契約之程度者，要保人或被保險人應先通知保險人；其由於第三人之行為所致者，應於知悉後10日內通知保險人。」

3. 通知之時期

通知之時期，為「應於知悉後10日內通知」。因危險之增加並非要保人或被保險人之行為所致，要保人或被保險人未必知悉，縱有耳聞亦難以確知是否已增加或何時增加，無法要求要保人或被保險人事先對保險人為通知，故規定要保人或被保險人應於知悉後10日內通知保險人。

（三）契約所載增加危險之情形

保險法第59條第1項規定：「要保人對於保險契約所載增加危險之情形應通知者，應於知悉後通知保險人。」說明之：

1. 通知義務人

依本項規定，負通知義務者，為「要保人」。此似係因本項所定者，乃契約上具體規定之義務，故規定由身為契約當事人之要保人負之。事實上，保險契約上如規定要保人以外之人，例如被保險人或受益人，亦應負通知義務，亦屬有效。並非絕對以要保人為限。

申言之，契約當事人與契約條款所定應為一定行為之義務人不同，契約條款所定應為一定行為之義務人，可為任何有關之人，非必以契約當事人為限，此為基礎之法律概念，保險法第58條所定危險發生之通知義務人，為「要保人、被保險人或受益人」，第59條第2項及第3項，所定主觀危險增加及客觀危險增加之通知義務人，均為「要保人或被保險人」，可為明證。在財產

保險，被保險人為保險利益之享有者，對於保險利益所在客體之危險增加，知之最詳；在人身保險，被保險人為人身之本人，對於自身之危險增加，更為瞭解，保險法第59條第1項規定，異於同條第2項及第3項規定，僅以「要保人」為通知義務人，而未列「被保險人」為通知義務人，似有未足。

2. 通知之事項

應通知之事項，為「對於保險契約所載增加危險之情形應通知者」。亦即，保險契約所記載，要保人應負通知義務之危險增加之具體情事。例如火災保險單上載有「自本保險單生效日起，保險標的物300公尺內如有新增火藥庫、瓦斯行、加油站或其他危險設施，要保人或被保險人應於知悉後3日內通知本公司。」之條款，其後保險標的物之隔壁新設一家瓦斯行，則要保人或被保險人應即將新設瓦斯行之事實通知保險人是。

須注意者，有二：其一，本項既明定以「保險契約所載」為發生通知義務之要件，則解釋上，如保險契約上未載有此種條款，要保人即不負通知義務；此外，雖有增加危險之情形發生，但不在保險契約所載之範圍內者，要保人亦不負通知義務。就前者言，事實上保險單通常均載有此種條款，而在後者情形，只須將此種條款設計為例示規定，且以程度較低之危險為例，依舉輕明重之解釋原則，即可涵蓋各種危險增加之情形。其二，本項所定者係要保人之契約上義務，只須發生保險契約上所載危險增加之情形，不問其增加之危險是否達於應增加保險費或終止契約之程度，要保人均負有通知義務，與保險法第59條第2項規定之旨趣不同，不可同日而語。雖在學理上，增加之危險，須係對保險人有重要性影響者，始足當之，亦即須足以影響保險契約之對價平

衡關係者，要保人始須負通知義務，並無疑問[132]。惟本項規定並未及之，因此重要性影響之原則，僅係保險人訂定危險增加通知義務條款時應遵守之規範，不可直接以之為解釋本項規定之依據。否則，將重蹈解釋論與立法論不分之錯誤，有如前述在保險契約係要式契約抑係不要式契約之問題上，所犯之錯誤一般。

3.通知之時期

通知之時期，為「應於知悉後通知」。所謂知悉後通知，究須於知悉後多久為通知？首應依契約之訂定，契約未訂定時，學者雖有解為應「即時通知」者[133]。惟知悉後多少時間內，是為即時？仍生疑問。事實上，本項僅言「應於知悉後通知保險人」，而未如本條第2項、第3項規定，設有明確之通知時間，主要係因本項係以「保險契約所載」為通知之依據，通知之時間既應依契約之記載決之，自不須明定應通知之時間也。是則，於契約未訂定應通知之時期之情形下，仍應回歸適用保險法之有關規定，亦即應依其危險增加是否由於要保人或被保險人之行為所致，分別適用本條第2項（危險增加，由於要保人或被保險人之行為所致者，應先通知保險人），或第3項（危險增加，不由於要保人或被保險人之行為所致者，應於知悉後10日內通知保險人）之規定，以定其應通知之時間，方為正確。

最後須說明者，危險增加發生之原因，不外「由於要保人或被保險人之行為所致」（主觀之危險增加）與「非由於要保人或被保險人之行為所致」（客觀之危險增加）兩種。即使係保險契

---

[132] 江朝國，保險法基礎理論，294～299頁，認為危險增加，具有重要性、持續性、不可預見性等三大特質。

[133] 林群弼，保險法論，238頁，直接稱為「即時通知」。

約所載之危險增加,其發生之原因,亦不例外。而對此兩種原因所致危險增加之通知,保險法第59條第2項及第3項已分別訂有明文,我國保險法第59條第1項就保險契約所載危險增加之通知,再為特別規定,似屬多餘而無意義,可將其刪除。

二、危險發生之通知

「要保人、被保險人或受益人,遇有保險人應負保險責任之事故發生,除本法另有規定,或契約另有訂定外,應於知悉後5日內通知保險人。」(保58)分析言之:

1.通知義務人

發生保險事故時,負通知保險人義務者,為「要保人、被保險人或受益人」。以此等人與保險事故之發生,具有密切之權利義務關係也。三者中只須有一人為合法之通知即可,不須三人均為通知;通知之期限,以及有無遵守通知之期限,亦應自為通知者知悉之日起計算之。

於此有一問題,即保險法第58條規定較之第59條第2項、第3項規定,多列「受益人」為通知義務人,就此有學者認為,受益人純為一享受權利之人,不應課予受益人需負保險事故發生之通知義務,至於要保人與被保險人同一且被保險人死亡時,固可能造成無人通知之情形,惟因無人通知,保險人不僅暫無需給付保險金,亦無須負給付遲延之責任,保險人此時仍可運作此筆資金,就保險人而言,實無任何不利可言,故保險法第58條中有關受益人之部分,應予刪除云云[134]。本書以為,我國保險法第58條將「受益人」列為危險發生之通知義務人,似非立法者之疏忽不

---

[134] 江朝國,保險法基礎理論,321~324頁。

察而誤予列入，反而係立法者有意針對人身保險中，自己要保之被保險人死亡時，無人可通知保險人之情形，課予受益人通知之義務。蓋於此情形，已無「要保人」或「被保險人」可為通知，而享有給付保險金請求權之受益人，與保險關係最為密切，亦最為關心，課其將所知悉被保險人死亡之事實通知保險人之義務，實未見其不妥。惟於被保險人死亡之情形，受益人之怠於通知保險人，固可能延遲保險人對於死因之調查，但並不可能致使死因發生變化，亦即保險人所負依約給付定額保險金之責任，並不因之而受影響，因此所課予「受益人」危險發生之通知義務，性質上應屬純粹協助之訓示性義務，法律僅要求受益人為通知，若有怠於為通知之情事，既不使保險人得解除保險契約，亦不責令受益人對保險人因此所受之損失負賠償責任。基於此，保險法第63條規定中，有關不於第58條所規定之限期內為通知者，對於保險人應負賠償責任之規定，未列「受益人」在內，並非遺漏，而係有意省略。保險法第58條規定與第63條規定，前後呼應，益見其理由之非假。

2. 通知之事項

應通知之事項，為「保險人應負保險責任之事故」。所謂「保險人應負保險責任之事故」，即保險事故也。例如防癌保險之罹患癌症、竊盜保險之遭竊等是。

3. 通知之時期

通知之時期，為「除本法另有規定，或契約另有訂定外，應於知悉後5日內通知保險人」。亦即，於保險事故發生時，要保人、被保險人或受益人，原則上應於知悉後5日內通知保險人。5日之期間，應自為通知者「知悉」之日起算。所謂「本法另有規

定」，指本法就保險事故之發生所設不同於5日內通知之規定。事實上，僅海上保險，依保險法第84條規定：「關於海上保險，適用海商法上海上保險章之規定。」而就危險發生之通知，海商法第149條規定：「要保人或被保險人，於知悉保險之危險發生後，應即通知保險人。」以及內河運送保險，依保險法第89條準用海上保險有關條文之規定屬之。所謂「應即通知」，要求較「5日內通知」為嚴格，主要係因海上保險或內河運送保險之要保人或被保險人，一般屬於專業之商人，對於運送標的物之安全應較一般人為注意，且船舶遠離航行海上或內河上，發生保險事故時，更須爭取處理時效之故[135]。所謂「契約另有訂定」，指保險契約就保險事故之發生訂有不同於5日內通知之規定。例如一般「自用汽車保險單條款」中，關於危險發生之通知義務規定曰：「被保險汽車發生本保險契約承保範圍內之賠償責任或毀損滅失時，要保人、被保險人或受益人應立即以電話或書面通知本公司及當地憲兵或警察機關處理，並於5日內填妥出險通知書送交本公司。」是[136]。須注意者，乃此之5日，係最寬期限之最低要求，依保險法第54條第1項之規定，如以契約加以延長（例如延長為10日內），對要保人、被保險人或受益人有利，其約定應屬有效，但如以契約加以減縮（例如減縮為3日內），則為無效，仍應以知悉後5日內為通知之時期。

---

135 梁宇賢，保險法新論，170～171頁，關於海商法所定，海上保險之要保人或被保險人，於知悉危險發生後，應即通知保險人，較保險去第58條所定5日之期間為短之理由，謂：「推究其理，乃因海上保險為商人保險，故課以要保人或被保險人較高之義務。」

136 例如富邦產物保險股份有限公司之「自用汽車保險單條款」第15條規定；旺旺友聯產物保險股份有限公司之「自用汽車保險單條款」第15條規定等是。

4. 通知之方式

關於危險增加之通知方式及危險發生之通知方式，保險法均未設規定，不論以口頭、書面、電子郵件、各種電子通訊平台為通知均無不可。

有疑問者，如保險契約就危險增加或危險發生，載明「應於知悉後3日內以書面通知保險人」，或載有類如「有關本保險契約之一切通知，除經雙方同意得以其他方式為之者外，雙方當事人均應以書面送達對方最後所留之住址。」之通用條款時，於未經保險人同意下，要保人或被保險人竟以口頭或電子郵件為通知，是否有效？保險人得否以要保人或被保險人怠於為通知，而依保險法第57條規定解除保險契約？學者雖有認為，保險法第59條或第56條未規定要保人或被保險人通知義務履行之方式，性質上為保險法第54條第1項之相對強制規定，若保險人另以契約變更之，其約定應屬無效者[137]。惟查保險法第54條第1項開宗明義曰：「本法之強制規定…」，亦即不論係前段之「絕對強制規定」，或但書之「相對強制規定」，均應以保險法設有明文規定者為限，始足當之，是於保險法對於危險增加或危險發生之通知方式，未設明文規定之情形下，將其解為已有「相對強制規定」，似過於牽強。本書以為，於保險法未明定危險增加或危險發生（或其他事項）通知之方式時，要保人或被保險人原本有權以各種可行之方式（例如口頭、傳真、信函、電子郵件）對保險人為通知。因此，保險人於定型化之保險契約內加載「應以書面方式為通知」之條款，性質上應認屬加重他方當事人法律所未規定之責任，於要保人或被保險人曾以書面以外之方式為通知之情形下，如解為

---

[137] 江朝國，保險法基礎理論，301～304頁。

其通知無效，對要保人或被保險人顯失公平，依民法第247-1條第2款或第4款之規定，該條款應為無效，較為合適。

三、違反危險通知義務之效果

危險通知義務人，違反通知義務時，效果如何？我國保險法可得適用之規定有二，即第57條規定：「當事人之一方對於他方應通知之事項而怠於通知者，除不可抗力之事故外，不問是否故意，他方得據為解除保險契約之原因。」及第63條規定：「要保人或被保險人不於第58條，第59條第3項所規定之期限內為通知者，對於保險人因此所受之損失，應負賠償責任。」依此，分述其效果如次：

（一）違反主觀危險增加之通知義務時

危險增加，由於要保人或被保險人之行為所致，而要保人或被保險人「怠於通知」保險人者，除不可抗力之事故外，不問是否故意，保險人「得據為解除保險契約之原因」（保57）。所謂怠於通知，只須未於危險實際增加以前為通知，即為已足，不以完全未為通知之情形為限，例如於危險實際增加後第2日始為通知，仍屬之。所謂「不問是否故意」，乃要保人或被保險人之未先為通知，究係出於故意或過失，可以不問之謂。所謂保險人「得」據為解除保險契約之原因，乃保險人因之取得解除保險契約之權利。因此，保險人自得衡量要保人或被保險人「怠於通知」情節之輕重及所生之影響，而決定是否解除保險契約，不為解除契約亦無不可。例如於危險實際增加後第2日（或數日後）始為通知之情形，雖仍屬通知義務之違反，惟保險人考量對其影響不大，而未解除保險契約是。保險人應本於誠實信用原則為之，自不待言。最後，所謂「除不可抗力之事故外」，乃要保人或被

保險人之未先為通知，若係因不可抗力之事故所致者，則保險人不得解除保險契約，是為例外。例如前舉人壽保險之被保險人，應考空服員已被錄取，於將報到執勤之前2日，突遇颱風來襲，要保人或被保險人之住屋受損，因忙於修繕而未為通知，或至上班數日想起後，始為通知是。

因要保人或被保險人違反主觀危險增加之通知義務，而保險人解除保險契約時，保險人對於契約解除前，因要保人或被保險人怠於通知已生之損失，仍得為損害賠償之請求（民260），不因保險法第63條未將其列入規定，而有不同[138]。

（二）違反客觀危險增加之通知義務時

依保險法第63條規定：「要保人或被保險人不於…第59條第3項所規定之限期內為通知者，對於保險人因此所受之損失，應負賠償責任。」亦即，危險增加，非由於要保人或被保險人之行為所致，而要保人或被保險人未於知悉後10日內通知保險人者，「對於保險人因此所受之損失，應負賠償責任」。所謂保險人因此所受之損失，指因要保人或被保險人之未於知悉後10日內通知保險人，致保險人蒙受之損失。例如危險增加後，已達於應增加保險費或終止契約之程度，但保險人因未受通知，而仍按原保險

---

[138] 按民法第254條所定遲延給付之標的，並不以所謂「主要義務」為限，只須債務人應為之給付發生遲延，債權人依法律規定即得為契約之解除，或法律未規定時，經債權人定期催告後仍不履行時，即得為契約之解除；又要保人或被保險人怠於為主觀危險增加之通知，自屬通知債務之給付遲延，保險人（債權人）依保險法第57條規定解除保險契約前，因要保人或被保險人怠於通知已發生之損害，依民法第260條規定，自得為請求，不因保險法第63條未列入規定而不同。惟江朝國，保險法基礎理論，327頁謂：「民法第260條所規定之『損害賠償請求權』乃指因債務不履行（給付不能或給付遲延）所生之損害賠償而言，和保險法上之因違反通知義務而產生之損害賠償性質不同，前者乃主要義務，而後者僅為附隨義務而已，其效果不得相提並論。」理解不同。

費率收取保險費，所生之差額損失是。事實上，除保險費差額以外，其他之損失，頗難列舉，且保險費之差額仍可要求要保人補繳，亦難發生此方面之損失。此外，保險人為本項損失賠償之請求時，須證明要保人或被保險人之「知悉」，及自知悉後已逾10日等事實，以及損失與未通知間之因果關係，始足當之，更為不易。

於此有疑問者，乃於要保人或被保險人違反客觀危險增加之通知義務時，保險人能否同時依保險法第57條之規定解除保險契約？如答案為肯定，則於契約解除後，依民法第260條規定，保險人對於契約解除前，因要保人或被保險人怠於通知已生之損失，原即得請求賠償，則保險法第63條顯係重複之規定；如答案為否定，則必須將保險法第63條規定解為係保險法第57條之特別規定，始足當之。惟其理由為何？有學者認為，主觀之危險增加，係由於要保人或被保險人之行為所致，其可責性應大於客觀之危險增加。因此，要保人或被保險人「違反主觀危險增加之通知義務」時，保險人得依第57條之規定解除保險契約，而「違反客觀危險增加之通知義務」（保59Ⅲ）時，保險人不得依第57條之規定解除保險契約，而僅得依第63條之規定請求損害賠償[139]。本書贊同保險法第63條規定係保險法第57條之特別規定之主張。至其理由，除前述學者所提之見解外，認為於客觀危險增加之情形，其危險增加，並非由於要保人或被保險人之行為所致，所課予要保人或被保險人之通知義務，應屬協助之性質，若有違反，使其對保險人因此所受之損失負損害賠償義務已足，如令保險人得因第三人增加危險之行為，牽動而解除保險契約，顯然不符比例原

---

[139] 江朝國，保險法基礎理論，313～314頁。

則也。

（三）違反危險發生之通知義務時

　　依保險法第63條規定：「要保人或被保險人不於第58條…所規定之限期內為通知者，對於保險人因此所受之損失，應負賠償責任。」亦即，要保人或被保險人，遇有保險人應負保險責任之事故發生時，除本法另有規定或契約另有訂定外，未於知悉後5日內通知保險人者，「對於保險人因此所受之損失，應負賠償責任」。須說明者，保險法第58條所定之通知義務人，為「要保人、被保險人或受益人」，惟保險法第63條所定違反通知義務之人，僅及於「要保人或被保險人」，此應係立法者之有意省略，已如前述。亦即，於受益人違反危險發生之通知義務時，並無保險法第63條規定之適用。不可誤解。所謂保險人因此所受之損失，指因要保人或被保險人之未於知悉後5日內通知保險人，致保險人蒙受之損失。例如，保險事故發生後，保險人因未受通知，而未能即時確定責任或為減少損害之措施，所生之損失是。保險人為本項損失賠償之請求時，須證明要保人或被保險人之「知悉」，及自知悉後已逾5日等事實，以及損失與未通知間之因果關係，始足當之，亦不待言。

　　於要保人或被保險人，違反危險發生通知義務之情形，保險事故已經發生，所餘僅係保險人責任範圍之確定問題而已，若今保險人得因要保人、被保險人或受益人之未於知悉後5日內為通知，而解除保險契約，以免除其應負之保險責任，更顯然違反比例原則。此情形，自亦應解為無保險法第57條規定之適用。

　　須附言者，保險法第63條亦未將違反保險法第59條第1項所定保險契約內所載危險增加之通知義務納入規定，則於「要保人」

違反保險契約內所載危險增加之通知義務時，似唯有適用保險法第57條之規定，使保險人「得據為解除保險契約之原因」。惟保險契約內所載之危險增加，其發生之原因，亦不外「主觀之危險增加」與「客觀之危險增加」兩種。故違反保險契約內所載危險增加之通知義務之效果，亦應分別依上述違反主觀危險增加之通知義務及違反客觀危險增加之通知義務之情形定之，始為當然。亦即，於保險法第59條第1項規定，尚未刪除之情形下，仍不得解為違反保險法第59條第1項規定時，保險人均得解除保險契約。

四、通知義務之免除

我國保險法第61條及第62條，分別就「危險增加之通知義務」及「一般之通知義務」設有不負通知義務之例外規定。分述之：

（一）危險增加通知義務之免除

保險法第61條規定：「危險增加如有下列情形之一時，不適用第59條之規定：一、損害之發生不影響保險人之負擔者。二、為防護保險人之利益者。三、為履行道德上之義務者。」所謂不適用第59條之規定，即不負第59條各項所定危險增加之通知義務，從而自無違反危險增加之通知義務可言，亦無保險法第57條或第63條等規定之適用，不待言。本條係單獨針對危險增加通知義務之免除所設之規定，對於其他情形之通知義務，不適用之。分別說明如下：

1. 損害之發生不影響保險人之負擔者

增加之危險，所致損害之發生不影響保險人之負擔者，要保人或被保險人不負通知之義務。所謂「損害之發生不影響保險人之負擔者」，指危險增加後，縱發生損害，亦不影響於保險之負

擔之情形而言。質言之，乃增加之危險與保險人所承保之危險無關之謂。例如在房屋火災保險期間，雖有第三人於隔壁挖掘基地擬建大樓，保險標的之房屋增加傾倒或龜裂之危險，但對此損害之發生，火災保險人並不須負賠償責任，要保人或被保險人對於火災保險人即不負通知義務；又如在房屋投保地震險期間，遇保險標的之房屋隔壁開設瓦斯行，要保人或被保險人對於地震保險人亦不負通知義務等情形是。要保人或被保險人依本款規定，所應判斷者為「增加之危險是否仍屬保險人承保之危險」，與增加之危險仍屬保險人承保之危險之情形，所應判斷者為「其危險是否達於應增加保險費之程度」，並不相同，不可混為一談。事實上，增加之危險如不在保險人承保之範圍，即不構成保險法第59條所定「危險增加」之要件，要保人或被保險人自不負通知義務，此本款所由設也。

2. 為防護保險人之利益者

危險增加，係為防護保險人之利益而生者，要保人或被保險人不負通知之義務。所謂「為防護保險人之利益者」，指因要保人或被保險人或第三人，所為防止保險事故發生或防止損害加重之必要行為，引起危險增加之情形而言。例如在颱風來襲而可能淹水之情況下，車主將停放於地下室之保有綜合險（全險）之古董汽車，駛往高架橋上停放，雖增加風害或被竊之危險，但其危險之增加，係車主為防止保險事故之發生（汽車浸水），亦即為防護保險人之利益而生，故不負危險增加之通知義務是。既不負危險增加之通知義務，則若保險事故仍然發生或因而發生，保險人自不得以要保人或被保險人怠於通知之理由，解除保險契約或請求損失之賠償，而仍應依約為理賠。

　　須注意者，此之不負通知義務，須以足以防護保險人之利益為必要，是若自始不具備防護保險人利益之要件，自無本款規定之適用，要保人或被保險人自始須負危險增加之通知義務。例如車主為防止淹水，而將停放於地下室只投保竊盜險之汽車，駛往室外馬路上停放，增加被竊之危險，要保人或被保險人仍應通知竊盜險之保險人是；若初雖符合但嗣後已不符合防護保險人利益之要件時，自不符合之時起，亦無本款規定之適用，要保人或被保險人或第三人應即停止致生危險增加之行為，如仍維持危險增加之狀態，要保人或被保險人即應依保險法第59條第2項或第3項規定通知保險人。例如前舉在颱風來襲而可能淹水之情況下，車主將停放於地下室保有綜合險之古董汽車，駛往高架橋上停放之例，於颱風過後，即應將該古董汽車駛回停放於地下室，如仍繼續停放於室外（增加被竊、破損之危險），即應依規定對保險人為危險增加之通知是。

　　本款規定，之所以使要保人或被保險人免負危險增加之通知義務，係為鼓勵其於保險事故可能發生或已經發生之情形下，能盡力設法及時避免或減輕損害，而不須考慮通知保險人之問題。此與保險法第33條第1項規定：「保險人對於要保人或被保險人，為避免或減輕損害之必要行為所生之費用，負償還之責。其償還數額與賠償金額，合計雖超過保險金額，仍應償還。」目的在鼓勵要保人或被保險人於保險事故可能發生或已經發生之情形下，能盡力設法及時避免或減輕損害，而不須考慮所生必要費用多寡之問題，意旨相同。惟本款「為防護保險人之利益者」之用語，與保險法第33條第1項「為避免或減輕損害之必要行為」之用語，有所不同。事實上，要保人或被保險人或第三人，係出於維護保險標的之安全，不希望保險事故發生或損害加重，而為防止之行

為，保險人之利益並非行為人考慮之重點，保險人因此而受之利益，僅為一種附隨利益而已。因此，本款「為防護保險人之利益者」之規定，不如使用與保險法第33條第1項規定相同之用語，而修正為「為避免或減輕損害之必要行為所生者。」[140]以符實際。

3. 為履行道德上之義務者

危險增加，係為履行道德上之義務而生者，要保人或被保險人不負通知之義務。所謂「為履行道德上之義務者」，指因要保人或被保險人或第三人，所為履行道德義務之行為，引起危險增加之情形而言。例如鄰近之房屋失火，要保人或被保險人或第三人，為救火而取去裝置於火災保險標的房屋內之滅火器，致該房屋危險增加，但此危險增加係為履行道德義務而生，要保人或被保險人對於火災保險人不負通知之義務。又如船舶航行海上，船長為救助遇難之他船而偏航，致增加船舶危險，惟此危險增加係為履行道德義務而生，要保人或被保險人對於船舶保險之保險人不負通知之義務等是。

最後須附言者，乃危險增加通知義務之立法目的，在使保險人因通知而能重新評估是否增加保險費或終止保險契約，以維持契約存續期間之對價平衡關係，乃保險事故發生前之危險控制方

---

140 江朝國，保險法基礎理論，306～307頁。須說明者，保險法第33條，有關保險人應償還要保人或被保險人為避免或減輕損害之必要行為所生費用之規定，仍應以所為行為足以防止該保險人所承保之危險發生或損害加重為要件。例如房屋火災險之被保險人，緊急僱工協助救火所支出之費用，不得請求地震險之保險人償還是。同理，車主為防止淹水，而將停放於地下室只投保竊盜險之古董汽車，駛往室外馬路上停放（增加被竊之危險），因而被竊，則要保人或被保險人仍應承擔未通知竊盜保險人之後果（被解除契約），因其將古董汽車駛往室外停放，目的在防止淹水不在防止被竊，而淹水並非竊盜險保險人所承保之危險也。

法。因此，保險法第59條各項所訂之「危險增加」以及第2項所訂之「其危險達於應增加保險費或終止契約之程度者」，或第61條各款所訂之「損害之發生不影響於保險人之負擔者、為防護保險人之利益者、為履行道德上之義務者」，均屬通知義務人於危險增加當時，即須加以判斷並決定是否為通知之事項，要保人或被保險人對於其中涉及專業判斷之部分，亦應本於一般知識依社會觀念作常理之判斷。至如要保人或被保險人決定不為通知，而於保險事故發生後，保險人主張其怠於為通知時，則應以法院判決之認定為準（法院應以危險增加是否影響對價平衡，而達於應增加保險費之程度，為認定標準，自不待言）。是要保人或被保險人於不確信可否不為通知之情形下，仍以對保險人為通知較妥，以免因判斷錯誤，而須承受保險人解除契約或對保險人負賠償責任之不利益。此亦應屬保險法課要保人或被保險人通知義務之規範內容。

（二）一般通知義務之免除

保險法第62條規定：「當事之一方對於下列各款，不負通知之義務：一、為他方所知者。二、依通常注意為他方所應知，或無法諉為不知者。三、一方對於他方經聲明不必通知者。」本條為一般通知義務免除之規定，對於保險契約當事人雙方所負之任何通知義務，均有其適用。分別說明之：

1. 為他方所知者

當事人一方，依法或依約應通知他方之事項，為他方所知者，不負通知義務。（保62①）主張不負通知義務之一方，對於他方已知悉之事實，應負舉證責任。他方既已知情，自可不再為通知，以符常情。

2.依通常注意為他方所應知或無法諉為不知者

當事人一方，依法或依約應通知他方之事項，依通常注意為他方所應知，或無法諉為不知者，不負通知義務。（保62②）所謂「依通常注意為他方所應知者」，例如在地震險之情形，臺灣發生921大地震，關於受災區域及受災情況，報章、網路、電視均有報導，相關政府單位亦有公布資料，自為保險人所應知之事項。所謂「依通常注意為他方無法諉為不知者」，例如在人身保險之情形，訂約前被保險人左眼已失明，訂約時既經保險人指定醫院為身體檢查，保險人自無法諉為不知。須注意者，所謂「依通常注意」，係指依他方之通常注意標準而言。因保險人具有保險之專業知識與敏銳性，故對於保險有關之事項，保險人之通常注意標準應較一般人（要保人或被保險人）之通常注意標準為高，更易構成應知或無法諉為不知之要件。

3.一方對於他方經聲明不必通知者

當事人一方，依法或依約應通知他方之事項，經他方聲明不必通知者，不負通知義務。（保62③）所謂「一方對於他方經聲明不必通知者」，例如保險人於保險契約條款中或於批註單上，載明要保人或被保險人無須通知之事項；或要保人或被保險以書面或傳真或電子郵件，告知保險人無須通知之事項。既經他方聲明不必通知，自無須再為通知。

第二項　保險人之義務

保險契約係雙務契約，要保人所負「交付保險費」債務之對價，為保險人「危險承擔」之債務，俟保險事故發生後，再轉化為「保險金給付」之債務。前已言之。是保險人之義務，可從危險承擔之義務及保險金給付之義務兩方面言之。

壹、危險承擔之義務

一、危險承擔義務之規定

我國保險法關於保險人危險承擔義務，除設有適用於各種保險之一般規定外，又針對若干特殊情形，設有具體之個別規定。分言之：

（一）一般規定

關於保險人危險承擔之義務，保險法第29條第1項前段設有通則性之規定，曰：「保險人對於由不可預料或不可抗力之事故所致之損害，負賠償責任。」亦即，保險人負有承擔可能發生「不可預料或不可抗力之事故」之危險之義務。此項規定，對於各種保險，均有其適用。

所謂不可預料之事故，指不確定發生之事故而言，亦即偶然發生之事故也。只須不確定發生，不論事故之發生及發生之時均不確定之事故（例如房屋因電線走火而燒毀、被違規行駛之車輛撞傷、罹患疾病等是），或事故之發生已確定而發生之時不確定之事故（例如死亡雖必定發生，但一般人無法預知何時發生是），均屬之。所謂不可抗力之事故，指人力不能抗拒其發生之事故而言。只須人力不能抗拒其發生，不論其發生是否可得預料，均屬之。人力得預料但不能抗拒其發生之事故，例如在臺灣，雖可預料每年夏季均有颱風來襲，但對於颱風之來襲無法抗拒之情形是。人力無法預料且不能抗拒其發生之事故，例如地震、海嘯、旱災、水災等是。不可抗力之事故，一般亦具有不可預料性，其與不可預料之事故之區別，主要在於事故之發生是否為人力所可避免。質言之，為人力所可避免，只是事出偶然者，為不可預料之事故；為人力所不可避免，且其發生亦不可抗拒

者，為不可抗力之事故。此之「不可預料或不可抗力之事故」，須屬於保險契約所定之事故，始足當之。否則，縱屬不可預料或不可抗力之事故，亦非保險人所應承擔之危險。自屬當然。

須注意者，乃保險法第29條第1項但書，對於上述原則，設有例外規定曰：「但保險契約內有明文限制者，不在此限。」依此，似謂對於「不可預料或不可抗力事故所致之損害」，只須於保險契約內明定除外之項目，保險人對之即可不負賠償責任。惟按保險契約，一般均係由保險人單方擬定之定型化契約，與由雙方當事人自由議定之情形不同。因此，於解釋保險契約所載之不包括（或除外）危險條款時，自須受消費者保護法有關定型化契約規定之規範。至於判斷其條款是否有效之主要依據，則為對價平衡之原則，亦即應衡酌要保人所繳納之保險費與扣除不包括之部分後保險人所承擔之危險之間，是否仍具有對價平衡之關係。否則，即屬「當事人間之給付與對待給付顯不相當」（消保細則14①）對被保險人顯失公平，該不包括之條款應解為無效（消保12Ⅱ①、11Ⅰ、民71前段）。此外，不包括危險之條款，如有疑義時，應為有利於被保險人之解釋（消保11Ⅱ），不待言。

（二）個別規定

基於上述保險人所承擔之危險，須係「不可預料或不可抗力之事故」之一般原則，我國保險法又針對若干特殊情形，設有具體之個別規定如下：

1. 要保人或被保險人過失所致之損害

保險法第29條第2項規定：「保險人對於由要保人或被保險人之過失所致之損害，負賠償責任。但出於要保人或被保險人之故意者，不在此限。」蓋因要保人或被保險人之過失行為，性質上

亦屬不可預料之事故，而要保人或被保險人之故意行為，則非屬不可預料之事故也。由於要保人或被保險人之過失所致之損害，例如投保火災險之房屋之要保人或被保險人，疏未關緊瓦斯開關，釀成火災，燒燬房屋；或因拜拜燒金紙不慎引起火災，而燒燬房屋；或傷害保險之要保人，使用電鑽修繕房屋，不慎傷及被保險人；或人壽保險之被保險人，開車不慎墜海死亡等情形是。

須注意者，乃保險法第29條第2項所稱之「過失」，應包括所有之過失態樣（即抽象輕過失、具體輕過失及重大過失）在內。蓋所謂過失，乃欠缺注意之謂，雖欠缺注意之程度有所不同，但均非出於行為人之故意則同一。且所謂重大過失，指欠缺一般人之注意而言，雖其欠缺注意之程度較輕過失為重，但其責任評價則因行為係一般人或專業人員而不同。申言之，如行為人為一般人，則不過欠缺其原本應負之注意標準而已，可責性並不大；至如行為人為專業人員，法律原本即對其課予較高之注意義務（例如善良管理人之注意），如竟而不及一般人之注意，欠缺之程度較大，法律責任之評價應較高。亦即，在法律責任評價上，一般人之重大過失，等同於自己之具體輕過失，以及善良管理人之抽象輕過失。可知一般之要保人或被保險人，因重大過失造成保險事故之情形，並無較大之可責性。此與海商法第131條規定：「因要保人或被保險人或其代理人之故意或重大過失所致之損失，保險人不負賠償責任。」係針對從事海商業務之專業人員（即商人）而設，其原本即應負較高之注意義務，如竟而欠缺一般人之注意，可責性應較大，故將其與故意同列為保險人不負賠償責任之原因，情形不同，不可同日而語。若有引海商法第131條之規定，主張保險法第29條第2項前段所稱之過失，不包括重大過失，

而其但書則包括重大過失者[141]，顯有誤解。

　　其次，保險法第29條第2項規定，原為：「保險人對於由要保人或被保險人**或其代理人**之過失所致之損害，負賠償責任。但出於要保人或被保險人**或其代理人**之故意者，不在此限。」至民國90年修正時，始將其代理人之部分刪除，修正理由謂：「一般學說認為，從代理人代理行為之法律性質而言，其能代理者僅為法律行為，關於侵權行為則不得代理。而且要保人或被保險人之代理人所為之侵權行為不論其故意或過失所致，對被保險人而言皆屬不可預料之偶發性事件，仍應為保險契約所保障的範圍，爰將第2項有關『代理人』之規定刪除。」學者贊成將「代理人」刪除者，謂：「蓋就代理人之代理行為而言，應僅限於法律行為及準法律行為，關於侵權行為則不得代理之。且被保險人或要保人之代理人所為之侵權行為不論其故意或過失所致，對於被保險人而言皆屬不可預料之偶發事件，應可視為保險契約所欲保護之對象，不應將其排除在外。然而依該項條文規定之邏輯係將被保險人或要保人之代理人之故意視為被保險人或要保人之故意，所以保險人不負保險給付的責任。亦即將被保險人或要保人之代理人之侵權行為視為被保險人或要保人之侵權行為，其不妥之處可見一斑。更甚者，若保險法第29條第2項關於代理人之規定不做修正將會產生與保險法第31條規定之衝突。因為保險法第31條規定：被保險人或要保人之受僱人所致之損失不論其故意或是過失，保險人皆應負保險給付之責任，而保險法第29條第2項之代理人與被保險人或要保人應有選任或監督關係，屬民法第188條之受僱人。

---

[141] 關於保險法第29條第2項規定之「過失」，是否包括重大過失之問題，學者有列述其不同意見者，例如江朝國，保險法基礎理論，359～365頁；林群弼，保險法論，247～251頁。惟本書認為所述之理由均有不足，爰不予論列。

而保險法第31條之受僱人之定義又與民法第188條之受僱人做相同之解釋。故保險法第29條第2項規定被保險人或要保人之代理人故意所致之損害，保險人不負保險給付的責任。將使得雖同為被保險人或要保人之受僱人之故意所致之損害，卻已因為代理權之有無而作不同之解釋，顯有不公。」[142]但有持保留態度者，則曰：「其實，代理人之行為其效力及於本人，形同為本人之行為，為避免投機取巧，故解釋本法第29條規定，將代理人之故意行為，亦排除在承保範圍，不無道理。」[143]

本書以為，代理人之權能如何，與本問題之判斷無關，謂代理人之代理行為僅限於法律行為，侵權行為不得代理，猶如謂要保人之權能為訂約繳保費，不得為侵權行為一般，均非反對保險人就代理人故意所致之損害不負賠償責任之理由。保險人對於要保人或被保險人之代理人之故意行為所致之損害，須否負責？其判斷依據，應在於代理人（不論係保險契約之代理人抑或其他行為之代理人）與保險契約之間是否具有足夠之實質關係，達到其行為所生之不利效果應由被保險人承擔之地步，以致保險人無庸負賠償責任？顯而易明，本於代理人之身分與保險契約之間並未具有任何實質關係，更不可能達到應由被保險人承擔不利效果，致保險人無庸負賠償責任之地步，此與保險法第31條規定「受僱人」之故意行為所致之損失，被保險人不須承擔其不利效果，保險人仍應負賠償責任之旨趣，完全一致。基於此，民國90年7月9日修正前之保險法第29條第2項但書，所為保險人對於要保人或被保險人之代理人之故意行為所致損失，不負賠償責任之規定，顯然欠缺法理依據，「代理人」之部分，自應予刪除。又因代理人

---

[142] 江朝國，保險法基礎理論，358～359頁。
[143] 梁宇賢，保險法新論，177頁。

與保險契約根本不具有任何實質關係，與一般人無異，其因故意或過失所致被保險人之損失，保險人自均應負責，故連前段有關過失所致之損害，保險人應負賠償責任之規定，亦不宜將「代理人」列入。此本書贊成將保險法第29條第2項前段及但書規定中之「代理人」部分，均予刪除之理由也。

於此須附言者，要保人、被保險人或受益人之故意行為所致之災害，學理上稱為「主觀之除外危險」（或稱「主觀之不包括危險」）[144]。蓋因要保人、被保險人或受益人之故意，均違反保險事故之偶然性也。我國保險法關於「主觀之除外危險」，除第29條第2項但書之一般規定外，另設有下列之個別規定：

第109條第1項前段規定：「被保險人故意自殺者，保險人不負給付保險金額之責任。」

第121條第1項規定：「受益人故意致被保險人於死或雖未致死者，喪失其受益權。」

第128條規定：「被保險人故意自殺或墮胎所致疾病、失能、流產或死亡，保險人不負給付保險金額之責。」

第133條規定：「被保險人故意自殺，或因犯罪行為，所致傷害、失能或死亡，保險人不負給付保險金額之責任。」

第134條第1項規定：「受益人故意傷害被保險人者，無請求保險金額之權。」

2. 履行道德上義務所致之損害

「保險人對於因履行道德上之義務所致之損害，應負賠償責

---

[144] 「除外危險」（或不包括危險），在實務上稱為「不保事項」。

任。」（保30）所謂道德上之義務，即良心上或禮俗上之義
務[145]，可分為金錢上之道德義務與非金錢上之道德義務二類。前
者，例如對於無扶養義務之親人之給付；對友人之婚喪所為之慶
弔給付（例如紅包、白包）；後者，例如基於良心或禮俗之驅使
而對落水者施予救助。於後者情形，若行為人為被保險人，即可
能因而導致保險事故之發生。此時，被保險人之行為雖係出於故
意，但因其動機善良，故規定保險人仍應負賠償責任，以示鼓
勵。舉例言之，例如傷害保險之被保險人路見搶劫，奮力與歹徒
搏鬥而受傷；或見他人房屋失火，自告奮勇參與救火，致身體受
傷；人壽保險之被保險人因救助落水者，不慎自己溺斃等情形，
保險人均應依約給付保險金是。

於此有一問題，即因被保險人履行道德上義務所致之損害，
保險人應負保險責任，固無問題。惟若在要保人與被保險人不同
一，而因要保人履行道德義務之行為致保險事故發生，或因受益
人履行道德義務之行為致保險事故發生時。例如傷害保險之被保
險人落水，要保人因救助而傷害被保險人；或人壽保險之受益人
於救助他人火災時誤觸雲梯車開關，將站立一旁之被保險人壓
死；或船長於船舶觸礁時，為救助船舶、貨物及海員，將部分貨
物投棄於海中之情形。保險人須否負賠償責任？不無疑問。本書
以為，依前述「主觀之除外危險」之觀念，要保人或受益人之故
意行為應等同於被保險人之故意行為，茲被保險人因履行道德上
義務之故意行為所致之損害，保險人既應負賠償責任，則要保人
或受益人因履行道德上義務之故意行為所致之損害，保險人自應
負賠償責任也。至於因要保人或被保險人之受僱人（保31）、代

---

[145] 陳猷龍，民法債編總論，79頁。

理人或其他使用人所致之損害，保險人原本即須負賠償責任，其因履行道德上義務之故意行為所致之損害，自更不待言。可知，只須係因履行道德上義務所致之損害，無論行為人為何人，保險人均應負賠償責任。

3.要保人或被保險人之受僱人或其所有之物或動物所致之損害

「保險人對於因要保人，或被保險人之受僱人，或其所有之物或動物所致之損害，應負賠償責任。」（保31）所謂「因要保人，或被保險人之受僱人，或其所有之物或動物所致之損害」，包括要保人之受僱人、所有之物、動物，所致之損害，及被保險人之受僱人、所有之物、動物所致之損害在內。因受僱人所致之損害，例如人壽保險之被保險人，被要保人或被保險人之男傭打死；投保火災險之房屋，因要保人或被保險人之女傭用電不慎引起火災而燒燬。因所有之物所致之損害，例如傷害保險之被保險人，做菜時不慎被自有菜刀剁傷；投保火災險之房屋，因電線走火引起火災而燒燬。因動物所致之損害，例如傷害保險之被保險人，被要保人或被保險人飼養之馬匹踢傷；投保火災保險之房屋，因要保人或被保險人飼養之愛犬打翻燃燒中之蠟燭引起火災而燒燬等是。

於此須說明有四：

其一，雖導致保險事故發生之受僱人、所有之物、動物，不因其係屬於要保人或屬於被保險人而不同，但均須致使被保險人受到損害，始足當之，如僅致使要保人（與被保險人不同一者）受到損害，則不在本條規定範圍。

其二，如前所言，要保人或被保險人之受僱人原本即與保險契約不具有任何實質關係，其行為所致之災害，性質上即係不可

預料之事故，另因物或動物所致之災害，更屬不可預料之事故，保險人對於其所致之損害，原即應負賠償責任，不待再事明文。可知保險法第31條應僅係立法者出於却除疑慮之目的，對之為注意規定而已。

其三，所謂受僱人，有廣狹二義，廣義受僱人，指客觀上被他人使用為之服勞務而受其監督之人[146]。是否為受僱人，以選任監督關係之有無為斷，有無訂立僱用契約、勞務之性質、時間之久暫、報酬之有無、有無授與代理權，皆非所問[147]。一般稱受僱人，即指廣義受僱人而言（民188）；狹義受僱人，指與僱用人訂有僱傭契約，約定於一定或不定之期限內為僱用人服務，並接受僱用人給付報酬之人。亦即民法各種之債「僱傭」節中所稱之受僱人（民482以下）。於此，究係指廣義受僱人抑係指狹義受僱人而言，不無疑問。本書以為，雖不論係採廣義受僱人或狹義受僱人，結果保險人均應負賠償責任，似無區別之實益，但如前項所述，保險法第31條係立法者出於却除疑慮之目的，所為之注意規定。基於此項瞭解，解釋本條所定受僱人之意義，自應以可能發生疑慮之較大範圍為依據，亦即採廣義受僱人較符立法本意。又所謂所有物，指無生命之物品；所謂動物，則指一般社會通念之動物。併予說明。

其四，因受僱人所致之損害，不論係出於受僱人之故意或過失，保險人均應負保險責任，固無疑問。惟若損害係因受僱人之故意行為所致者，保險人於給付保險金額後，得代位行使被保險人對於受僱人之請求權；若損害係因受僱人之過失行為所致者，

---

[146] 57台上1663。
[147] 陳猷龍，民法債編總論，100頁。

則保險人於給付保險金額後，不得代位行使被保險人對於受僱人之請求權（保53 II）。有所不同。

4. 因戰爭所致之損害

「保險人對於因戰爭所致之損害，除契約有相反之訂定外，應負賠償責任。」（保32）亦即，除保險契約載有戰爭損害不賠條款之情形以外，保險人對於因戰爭所致之損害，應負賠償責任。惟按戰爭為不可預料亦為不可抗力之事故，保險人對於其所致之損害，原即應負賠償責任，可知本條不過是第29條第1項規定之具體態樣之一，亦係立法者考慮戰爭之特殊性，所為之注意規定而已。對於戰爭所致損害之保險，學理上稱「兵險」或「戰爭險」。至於保險契約內相反之訂定，則稱為「兵險除外條款」。所謂戰爭，指雙方互相採取敵對措施之狀態，不論有無宣戰均可，且不以國際戰爭為限，國內戰爭亦包括在內。

二、危險承擔義務之開始

保險人危險承擔之義務，我國保險法稱為「保險人之責任」（第一章第四節），另第55條第4款設有「保險責任開始之日時及保險期間」為保險契約應記載之基本條款之一之規定，但關於保險人危險承擔之義務，始於何時，則未設明文。原則上，應始於保險契約生效之時或法律規定之時（例如海商法第128條規定關於船舶及其設備屬具，自船舶起錨或解纜之時；關於貨物，自貨物離岸之時），但保險契約另有訂定者，則從其約定。所謂保險契約另有訂定，包括訂定自保險契約生效一定時間後，及訂定溯自保險契約生效前某一時點起，二種情形。訂定自保險契約生效一定時間後，發生之保險事故，保險人始負責任之情形，例如健康保險契約明定自保險契約生效6個月後或至健康檢查合格時，保險

人始負責任是。訂定溯自保險契約生效前某一時點起,發生之保險事故,保險人即須負責任之情形,例如於海上保險契約,明定溯自船舶開始裝載時起,或貨物越過船舷時起,保險人即須負保險責任;或依保險法第51條第1項但書所定,保險契約訂立時,保險標的之危險已發生或已消滅,但為雙方當事人所不知者,保險契約仍溯自危險發生或消滅時生效,保險人應負賠償責任之情形是。

三、危險承擔義務之終了

危險承擔義務,因下列原因而終了:

(一)因保險期間屆滿而終了

保險期間者,指保險人責任之存續期間,亦即承擔危險之期間也。於保險期間內發生保險事故時,保險人應負保險責任。保險契約訂有一定之保險期間者,稱為定期保險,在保險期間(例如1年、10年、20年)內,如未曾發生保險事故,則保險人之危險承擔義務,自保險期間屆滿時起終了。

(二)因保險契約之解除或終止或停止效力而終了

保險契約依法解除(保57、64Ⅱ、68、76Ⅰ前段)時,保險契約溯及地失其效力,保險人危險承擔之義務亦溯及地消滅;又保險契約依法終止(保26Ⅰ、27、28、60Ⅰ、81、82Ⅰ、97、116Ⅳ)時,保險契約往後失其效力,保險人危險承擔之義務則自終止時起終了;另保險契約依法停止效力者(保116),於停止效力期間,保險人亦不負危險承擔之義務。

(三)因危險發生而終了

於保險期間內發生保險事故時,保險人即應履行保險金給付之義務。此時,在財產保險,理賠部分之保險標的已滅失或全損

或分損，保險人就此部分之危險承擔義務，因而終了。至於在分損之情形，保險人與要保人均有終止契約之權，如未經終止，則保險人就未終止之部分，在保險期間內仍應繼續負其危險承擔之義務；而在人身保險，若被保險人已死亡者，則保險人之危險承擔義務，亦因而終了。但在非死亡保險之部分（例如健康保險、傷害保險、年金保險），在保險期間內，雖發生保險事故，保險人仍應繼續負其危險承擔之義務。

（四）因危險消滅而終了

於保險期間屆滿前，如發生危險確定消滅之情形，保險人危險承擔之義務，自危險消滅之時起，實質上終了。例如被保險人赴中國旅遊，投保10日之單次旅行平安險，因故於第8日提早返國之情形是。

須說明者，乃於財產保險，保險標的物非因保險契約所載之保險事故而完全滅失時，固屬危險消滅，但依保險法第81條規定[148]，保險契約即為終止。保險人危險承擔之義務應自保險契約終止時起往後終了，已如前述。

貳、保險金給付之義務

保險人危險承擔之義務，於保險事故發生後，即轉化為保險金給付之義務。分述其有關內容如下：

一、給付之標的

保險法所定保險人履行保險給付之方法，以金錢賠償為原

---

[148] 依保險法第82-1條規定，保險法第73條至第81條有關火災保險之規定，於海上保險、陸空保險、責任保險、保證保險及其他財產保險準用之。亦即，保險法第81條之規定，對於各種財產保險均有其適用。

則，其他賠償為例外。亦即，保險人給付之標的，原則上為「保
險金額」。此觀諸保險法第55條第5款，以「保險金額」為基本條
款之內容自明。至於其他賠償方法，須依特約條款定之（保
66），例如約定以實物或回復原狀為給付標的，是為例外。以實
物為給付之情形，例如房屋火災保險，約定於標的物被火災燒燬
後，由保險人負重建之責；機車竊盜保險，約定於標的物失竊
後，由保險人給付同品牌同型號之機車是。以回復原狀為給付之
情形，例如汽車保險，約定標的物被撞凹陷後，由保險人以板金
修繕為賠償；傷害保險或健康保險，約定被保險人受傷或罹患疾
病後，由保險人以醫護診療為賠償是。回復原狀之方法，應依民
法之規定決之。

二、給付之數額

給付之數額，為「保險金額」。所謂保險金額，有約定之保
險金額與應給付之保險金額之分。前者係指保險契約上所載之保
險金額（簡稱「約定之保險金額」），後者則指保險人於保險事
故發生時依保險契約規定應給付之保險金額，亦即應給付之保險
金額[149]。於此，自係指「應給付之保險金額」而言。應給付之保
險金額，在損害保險為：損失額×投保比例（保險金額÷保險標的
物之價值）所得之數額（保77）；在定額保險，即為約定之保險
金額。

應給付之保險金額，原則上以「約定之保險金額」為最高限
（保72）。惟下列情形，不在此限：

---

[149] 我國保險法對於應給付之保險金額，有稱為「賠償金額」者，亦有稱為「保險
金額」者，關於立法者內心之掙扎及本書建議不妨一律稱為「應給付之保險金
額」之情形，請見前揭註16所述。

（一）減免損害之必要費用之償還

保險法第33條第1項規定：「保險人對於要保人或被保險人，為避免或減輕損害之必要行為所生之費用，負償還之責。其償還數額與賠償金額，合計雖超過保險金額，仍應償還。」其立法目的，在鼓勵要保人或被保險人於遇保險事故可能發生或已經發生之情形下，能盡力設法採行必要之措施以避免或減輕損害，而不須考慮所生之費用多寡之問題，與保險法第61條第2款所定，要保人或被保險人對於「為防護保險人之利益」所致之危險增加，不負通知義務，旨趣相同。前已言之。所謂「為避免或減輕損害之必要行為所生之費用」，乃要保人或被保險人須出於避免或減輕損害之目的，且所為須係避免或減輕損害之「必要行為」，其所生之費用，保險人始須負償還之責之謂。惟是否必要，應就個案之具體情形，依社會通念決之，非以行為有無效果為認定標準，雖無效果，但依一般觀念，於當時情形通常會採行該項措施，或採行該項措施有其一定之合理性時，即屬必要。例如火災保險之房屋起火燃燒之際，被保險人見圍觀者眾，自願參與救火者少，緊急之下，乃當眾宣布對參與救火者每人獎2,000元，共花費10萬元，但房屋仍全部燒燬，保險人仍應償還是。所謂「其償還數額與賠償金額，合計雖超過保險金額，仍應償還」，指「減免損害之必要費用」，與「應給付之保險金額」合計，縱已超過「約定之保險金額」，保險人均應償還。易言之，減免損害之必要費用，不論多少，保險人均應償還也。例如價值500萬元之房屋，投保500萬元之火災保險（即約定保險金額亦為500萬元），其後發生火災時，僱工救火支出10萬元，結果該房屋仍全部燒燬，則應給付之保險金額500萬元加上僱工救火之費用10萬元後為510萬元，雖超過約定之保險金額500萬元，保險人仍應償還是。

上述情形，係指全部保險而言，若為一部保險，則依保險法第33條第2項規定：「保險人對於前項費用之償還，以保險金額對於保險標的之價值比例定之。」其計算式為：減免損害之必要費用×投保比例（保險金額÷保險標的之價值）＝保險人應償還之數額。例如價值500萬元之房屋，僅投保300萬元（即約定之保險金額為300萬元）之火災保險，則對於僱工救火支出之必要費用設為10萬元，保險人僅須償還6萬元是。即：10萬元×（300萬元÷500萬元）＝6萬元。因減免損害之必要費用，為有利於保險人之支出，本質上應由保險人負擔，本條第1項明定「保險人對於要保人或被保險人，為避免或減輕損害之必要行為所生之費用，負償還之責。」即此之故。是則，在一部保險之情形，於依上開方式所計算出者，係要保人或被保險人所支出之部分，應由保險人償還之數額，不生互為找補之問題。

（二）證明及估計損失之必要費用之償還

保險法第79條第1項規定：「保險人或被保險人為證明及估計損失所支出之必要費用，除契約另有訂定外，由保險人負擔之。」此項規定，純係就保險事故發生後，「證明及估計損失之必要費用之負擔」所為之規定，與保險法第33條或第61條第2款，係就保險事故發生前或發生時，「避免或減輕損害之必要費用之償還」所為之規定，性質完全不同。其由被保險人支出者，保險人所負償還之責任，與約定保險金額或應給付之保險金額，亦無關聯。惟因其發生及償還之時點，與給付保險金額之時點相近，爰於此附言之。

所謂「保險人或被保險人為證明及估計損失所支出之必要費用，除契約另有訂定外，由保險人負擔之。」須說明者有三：其一，不論係因保險人之需要或被保險人之需要所為支出，均由保

險人負擔，其由被保險人先行支出者，保險人應負償還之責。其償還數額與應給付之保險金額，合計雖超過約定之保險金額，仍應償還，自為當然。其二，支出之費用，須係為證明及估計損失所必要者。包括證明及估計損失之行為本身所生之必要費用（例如取得醫院診斷證明之費用、委託專業機構對保險標的物為鑑價之費用等），以及為證明及估計損失所支出之必要附隨費用（例如交通費、影印費、檢索費等）。必要與否，應依有無實際需要而定。其三，所謂「除契約另有訂定外」，指保險契約明定特定項目之費用由被保險人負擔而言。此情形，除有對被保險人「顯失公平」之情事外，自應依其訂定。惟因在實務上，保險人於設計保險產品時，大抵均已將有關證明及估計損失之必要費用，列為營業費用而計入保險費中。因此於判斷保險契約所定特定項目之費用由被保險人負擔之條款之效力時，應注意及此。

其次，上述情形，亦係指全部保險而言，若為一部保險，則依保險法第79條第2項規定：「保險金額不及保險標的物之價值時，保險人對於前項費用，依第77條規定比例負擔之。」亦即，保險金額不及保險標的物之價值時，除契約另有訂定外，保險人對於證明及估計損失所支出之必要費用之負擔，以保險金額對於保險標的物之價值比例定之。其計算式為：減免損害之必要費用×投保比例（保險金額÷保險標的之價值）＝保險人應負擔之數額。例如價值1,000萬元之房屋，僅投保500萬元（即約定之保險金額為500萬元）之火災保險，而證明及估計損失之必要費用設為20萬元，保險人須負擔10萬元是。即：20萬元×（500萬元÷1000萬元）＝10萬元。須注意者，依保險法第79條第1項前段「保險人或被保險人為證明及估計損失所支出之必要費用」之用語，可知所謂證明及估計損失之必要費用，係指保險人支出之部分與被保

險人支出之部分,二者加計之總額。因此,在一部保險之情形,依上開方式計算出保險人應負擔之數額後,可能有互為找補之問題,例如保險人支出15萬元時,得向被保險人請求5萬元,若僅支出8萬元,則應再支付2萬元予被保險人是。

三、給付之對象

應給付之保險金額,在損害保險應給付於被保險人;在非死亡之定額保險,亦應給付於被保險人。但在死亡保險,則應給付於受益人,未指定受益人者,則屬於被保險人之遺產(保113),應交付於其繼承人。

四、給付之時期

關於保險金額給付之時期,保險法第34條規定:「保險人應於要保人或被保險人交齊證明文件後,於約定期限內給付賠償金額。無約定期限者,應於接到通知後15日內給付之。」「保險人因可歸責於自己之事由致未在前項規定期限內為給付者,應給付遲延利息年利一分。」分言之:

(一)有約定期限者

保險契約對於應給付之保險金額,訂有給付期限者,保險人應於約定期限內給付之。說明如次:

1. 約定期限之起算

此之約定期限,須約定以要保人或被保險人交齊證明文件後起算者,始足當之。所謂「要保人或被保險人交齊證明文件後」,係指被保險人或死亡保險之受益人依保險契約之規定,檢齊相關證明文件向保險人提出理賠申請後而言。惟按要保人與保險金之給付並無關係,本條第1項有關要保人交齊證明文件之規

定，疑又是對於要保人之身分與被保險人之身分不加區分所致，自屬有誤。亦即，不論要保人與被保險人是否同一，此時均應以被保險人之身分為規範對象，始為當然。此外，於死亡保險，有請求給付保險金權利者，係受益人而非要保人，本條第1項卻未規定及之，亦欠周延。應以「被保險人或受益人交齊證明文件後」為正確。應交付之證明文件，雖以保險契約所載者為準，惟保險人非可隨意擬定，須以關於被保險人本身（例如診斷書、死亡證明書、除戶戶籍謄本、駕駛執照、行車執照等）或被保險人曾經參與（例如和解書或判決書、醫療費或其他支出之收據、報警證明、肇事責任鑑定書等）或有關保險標的物（例如財產證明、照片、估價單、損失清單等）之文件為限，否則即屬違反誠實信用原則，對於非被保險人或受益人能力所可取得之文件，縱有欠缺，亦應視為已交齊證明文件，不影響於約定期限之起算。

2. 約定期限之長短

關於約定期限之長短，法無限制。但本於誠實信用原則，仍應以依具體之保險種類，確定應給付之保險金額（即損失之估計，或稱「確定賠償金額」）所需之相當期間（亦稱合理期間）為限。且於斟酌是否相當時，須將保險人自收受危險發生之通知後即可進行相關作業之事實列入計算。

在財產保險，以損失清單之確認為最重要亦最耗時，但因損失清單之確認過程係由保險人與被保險人交互往來為之，至被保險人提出損失清單時，其內容幾已經雙方認可無誤，所餘僅係保險人內部公文呈判及會計作業事項，因此一般財產保險契約條款，均比照保險法第34條之內容，規定曰：「本公司於接到上列有關文件齊全後應於15日內給付之。但另有約定者，依其約

定。」「本公司因可歸責於自己之事由致未能在前項規定期限內
為給付者，應給付遲延利息，其利率以年利一分計算。」[150]或
謂：「本公司以現金為賠付者，應以被保險人檢齊文件、證據及
賠償金額經雙方確認後15日內給付之。若因可歸責於本公司之事
由而遲延者，應給付遲延利息年利一分。本公司正常鑑定承保之
危險事故及損失之行為，不得視為可歸責本公司之事由。」「本
公司以回復原狀、修復或重建方式為賠償者，應於合理期間內完
成回復原狀、修復或重建。」[151]亦即，原則上以「被保險人交齊
理賠申請所需之文件後15日內」，為給付保險金額之約定期限，
而以回復原狀或給付實物為理賠方法者，則以「合理期間內」，
為約定期限，堪為合理。

　　至於在人身保險，除健康保險、傷害保險二者中之醫藥費用
險，約定按支出憑證給付者（通稱「實支實付」）外，均為定額
之給付，保險人僅須就發生之保險事故是否屬於承保範圍為認
定，確定應給付之保險金額所需之期間，較之財產保險應為更
短。故一般人身保險契約亦均比照保險法第34條之內容，規定
曰：「本公司應於收齊前項文件後15日內給付之。但因可歸責於
本公司之事由致未在前述約定期限內為給付者，應按年利一分加
計利息給付。」[152]自亦屬合理。

---

150 旺旺友聯產物保險股份有限公司「自用汽車保險單條款」之汽車第三人責任保
　　險條款第10條第2項、第3項規定。
151 兆豐產物保險股份有限公司「住宅火災及地震基本保險單」第33條規定。
152 安泰人壽保險股份有限公司「安泰人壽重大疾病終身健康保險單」第11條第2
　　項規定；國泰人壽保險股份有限公司「國泰長期看護終身壽險」保險單第15條
　　第2項規定：「本公司應於收齊前項文件後15日內給付之。逾期本公司應按年
　　利一分加計利息給付。但逾期事由可歸責於要保人或受益人者，本公司得不負
　　擔利息。」意旨相同。

（二）無約定期限者

保險契約對於應給付之保險金額，未訂有給付期限者，保險人「應於接到通知後15日內給付之。」亦即以接到通知後15日內，為法定之給付期限。

惟所謂「接到通知」，究係何所指？語意不明。有學者指出，可能之解釋有三，即：1.指發生保險事故之通知；或2.指提出損失清單或死亡（殘廢）證明之通知；或3.指賠償金額確定後，被保險人請求給付之通知，並主張應採第3種解釋方法者[153]。亦有學者逕認為，係指保險法第58條所定危險發生之通知者[154]。本書以為，保險法第34條第1項後段規定，係立法者在不確知應如何規定之情形下所為，因此問題不在於如何為解釋，而是在於如何為規定。學者所述三種可能之解釋，毋寧視之為三種可能之立法方式。其中第1種方式，自危險發生之通知後15日內即為給付，明顯作業不及，不切實際不待言；而第2種方式，自提出損失清單或死亡（殘廢）證明之通知後15日內為給付，除未顧及其他文件是否已交齊之外，亦僵硬地將確定賠償金額及保險人內部公文及會計作業之時間，限制在短短15日之內，亦未見高明；至於第3種方式，所謂「賠償金額確定後」，事實上與「交齊證明文件」可作相同之解釋，蓋所謂「交齊」，並非以形式上有該文件即屬之，而係應以所需之各項必要文件齊備且內容正確為準，就損失清單而言，自必須係其內容業已經雙方認可作為理賠依據者，始足當之也。但使用「賠償金額確定後」一語，容易被理解為單指「損失清單內容之確定」而言，未能顧及其他文件是否已齊備以及內容正確與否，且於賠償金額確定後尚須被保險人再為請求給付之

153　江朝國，保險法基礎理論，462～465頁。
154　林群弼，保險法論，257頁。

通知，既無依據又強人所難，並不理想。此所以國內各保險公司保險單中有關理賠給付時期之條款，大抵均比照保險法第34條第1項前段之內容，仍以交齊各項證明文件後15日內，為給付保險金額之期限故也。因此本書以為，保險法第34條第1項後段所定15日之起算日，應與前段為同一之解釋，即：「無約定期限者，應於被保險人或受益人交齊證明文件後15日內給付之。」始符立法本意。[155]既係如此，則保險法第34條第1項之規定，似可修正為：「保險人除契約另有訂定外，應於被保險人或受益人交齊證明文件後15日內給付賠償金額。」

須說明者，於保險人與被保險人或受益人，對於賠償金額有爭議時，保險人應如何為給付，就此保險法施行細則第7條設有規定，曰：「保險人與被保險人或受益人，對於賠款金額或給付金額有爭議時，保險人應就其已認定賠付或給付部分，依照契約規定期限，先行賠付或給付；契約內無期限規定者，應自證明文件交齊之日起15日內先行賠付或給付。」所謂「賠償金額」、「賠付」，應係指財產保險之情形；所謂「給付金額」、「給付」，則應係指人身保險之情形。

（三）海商法上之特別規定

海商法第150條就海上保險之保險金額給付期限，設有特別規定，曰：「保險人應於收到要保人或被保險人證明文件後30日內給付保險金額。」「保險人對於前項證明文件如有疑義，而要保人或被保險人提供擔保時，仍應將保險金額全部給付。」「前項情形，保險人之金額返還請求權，自給付後經過1年不行使而消

---

[155] 至於損失清單之「交齊」，得於雙方交互往來確認其內容後簽認為憑，如再有爭議，則可訴諸法院為認定。

滅。」

　　上開規定中，第1項所定之法定給付期限，係自保險人「收到」要保人或被保險人（按要保人之部分顯屬多餘）「證明文件後」起算，字義上雖較上述保險法第34條第1項「於…交齊證明文件後」起算之規定為寬，對海上保險人似較不利，且30日之給付期限較陸上保險僅多15日，依海上保險之複雜性觀之，對海上保險人，似較為嚴苛。但事實上，其所謂「收到證明文件」，亦應解為係指收到足以證明之齊備文件而言，與「交齊證明文件」並無實質差異；又海上保險之損害情況固可能較為複雜，但貨物數量及價值均有載貨證券之記載可稽，且損失均以公證行之報告為準，故被保險人取得公證報告後，應給付之保險金額幾已確定，自海上保險人「收到證明文件後30日內」，應已足够其內部公文及會計作業所需，對海上保險人未見其不利也。其次，因貨物之損失情況均有載貨證券之記載可稽，且均經公證行仔細核對與計算，除可爭議之處不多外，其爭議之解決必有待時日，為免久懸，爰於第2項規定，被保險人對於有疑義之部分得提供擔保請求全部保險金額之給付，海上保險人不得拒絕。反面言之，如被保險人未提供擔保，則海上保險人得拒絕給付有疑義部分之保險金額，自亦得不拒絕而為全部之給付，不待言。最後，依第3項之規定，海上保險人對於已支付之保險金額，不論被保險人有無提供擔保之部分，如認為錯誤或有疑義時，均須於給付後1年內對被保險人行使返還請求權，逾期即因時效完成而消滅。

（四）遲延給付之效果

　　保險人對於應給付之保險金額，遲延給付者，因遲延給付之事由是否可歸責於保險人自己，而異其效果。分言之：

1. 因可歸責於保險人之事由者

依保險法第34條第2項規定，保險人因可歸責於自己之事由致未在前項規定期限內為給付者，應給付遲延利息年利一分。亦即應給付週年利率百分之10之遲延利息，為法定遲延利息週年利率百分之5（民203）之兩倍。立法目的，在以較重之利息負擔，督促保險人依前述法定或約定之期限，給付保險金額於被保險人或受益人。按民法有關利息之規定，均以週年利率百分之若干為文，例如民法第203條、第204條第1項、第205條之規定是，本項規定改用民間說法，稱週年利率百分之10為年利1分，原因不明。

於此須說明者，乃保險法第78條，就火災保險人「損失估計遲延之責任」，設有特別規定如下：「損失之估計，因可歸責於保險人之事由而遲延者，應自被保險人交出損失清單1個月後加給利息。損失清單交出2個月後損失尚未完全估定者，被保險人得請求先行交付其所應得之最低賠償金額。」因本條規定準用於各種財產保險（保82-1）[156]，故本條應解為係針對有損失估計必要之各種財產保險損失估計遲延效果，所為之規定。前段所謂「損失之估計」，即損失清單內容之確定作業。所謂「因可歸責於保險人之事由而遲延者，應自被保險人交出損失清單1個月後加給利息」，指因可歸責於保險人之事由而遲至損失清單交出1個月後，仍未給付保險金額者，須自損失清單交出1個月後，加給利息而言。只問可歸責於保險人之事由，以及遲至損失清單交出1個月後仍未給付保險金額之事實，而不論其事由起於何時，有無中斷，以及於滿1個月之日其事由是否仍存在。所謂「加給利息」，指加給法定利息，亦即加給週年利率百分之5之利息也。後段所謂「損

---

[156] 依保險法第82-1條規定：「第73條至81條之規定，於海上保險、陸空保險、責任保險、保證保險及其他財產保險準用之。」

失清單交出2個月後損失尚未完全估定者，被保險人得請求先行交付其所應得之最低賠償金額」，指損失清單交出2個月後，不論尚未估定之損失，所佔比例多少，除繼續加給利息外，被保險人（或受益人）如請求先行交付其所應得之最低賠償金額，保險人不得拒絕。所謂「應得之最低賠償金額」，應係指已完成估計而無爭議或不須計算之金額而言，保險人應本於專業，依誠實信用原則為給付。

其次，學者有認為保險法第78條之規定，亦應適用於人身保險，而建議將其「損失清單」部分改為「損失清單或其他相關證明文件資料」者[157]。惟本書認為，人身保險中，健康保險、傷害保險二者之實支實付型醫藥費用險，均以發票或收據為證，此外者又均為定額保險，並無損失估計之問題，似無適用第78條規定之必要。人身保險人，如因可歸責於自己之事由致遲延給付保險金額者，適用保險法第34條第2項規定即足。

再者，保險法第78條規定與第34條規定，二者之關係如何？亦即針對有損失估計必要之各種財產保險言，何時應適用保險法第78條之規定？何時應適用保險法第34條之規定？不無疑問。本書以為，第34條係**一般保險人**「賠償金額給付遲延責任」之通則規定，其所稱之「證明文件」，指申請理賠所需交付之所有證明文件，包括損失清單在內。而第78條則係針對**有損失估計必要之各種財產保險之保險人**「損失估計遲延責任」，所為之特別規定，涉及之證明文件為損失清單。前已言之。因此，就各種財產保險言，在應給付之保險金額確定前，應適用第78條之規定，意在防止損失估計之遲延，所定1個月，係供保險人為損失估計之基

---

[157] 江朝國，保險法基礎理論，458頁。

本期間，若非因可歸責於保險人之事由而遲延，則其仍屬損失估計所必需，保險人不須給付利息，惟若因可歸責於保險人之事由而遲延，則非屬損失估計所必需，但因其仍在損失估計作業階段，故僅規定加給法定利息，為一般遲延責任之性質；至於在應給付之保險金額確定後，則應適用第34條之規定，目的在防止保險人於應給付之保險金額確定後，藉故不為給付，故規定應給付二倍之法定利息，屬懲罰性規定。

2. 因不可歸責於保險人之事由者

依保險法第34條第1項規定之反面解釋，保險人因不可歸責於保險人之事由致未能在第1項所定期限內為保險金額之給付者，不須給付遲延利息。惟此之不可歸責於保險人之事由，須於給付期限屆滿時存在者，始足當之。例如於應給付之保險金額確定後，給付期限屆滿前發生戰爭，全國停止上班，至屆滿日仍未結束之情形是。此情形，與時效不完成之觀念相當，於不可歸責之事由消滅後，應再給予保險人足為給付所需之時間，時間過後如保險人仍無故不為給付，始須依第34條第1項規定給付週年利率百分之10之遲延利息。

第三項　保險人之代位權

壹、保險人代位權之意義

保險人之代位權者，指被保險人因保險人應負保險責任之損失發生，而對於第三人有損害賠償請求權者，保險人於給付賠償金額後，得於不逾賠償金額之限度內，代位行使被保險人對於第三人之請求權也（保53 I）。我國保險法稱之為「代位請求權」（保53 II），學理上簡稱為代位權，惟所謂「代位」係代位行使

之意，「權」則係指「被保險人對於第三人之請求權」（可簡稱為「對於第三人之請求權」）而言，可知代位權之「權」，類似代理權之「權」，係「資格」之意，非謂另有一獨立之「代位權」也。因保險人代位行使之標的，係「對於第三人之請求權」，屬權利代位性質，故不包括物上代位在內。保險標的物殘體之所有權，僅第三人（即賠償義務人）於為賠償時得請求被保險人（即損害賠償請求權人）讓與（民218-1），保險人基於代位權，並無請求被保險人給付保險標的物殘體之權利。[158]

　　保險事故發生之原因，可分不可抗力、被保險人自己之行為、他人之行為、物或動物所致等類型，於由他人之行為（含他人之物或動物）致生保險事故之情形，被保險人除得依保險契約，請求保險人給付保險金額外，通常亦可基於侵權行為或契約關係或其他法律規定，請求該他人為損害賠償。此時，可能造成一個損害獲得二份賠償之結果，被保險人將因保險而得利。應如何解決？不無疑問。按此種結果，係因保險契約之效力與損害賠償制度之效力競合所致，既非保險契約獨自造成，亦非損害賠償制度單獨所致，惟因損害賠償制度為民法上之通則規定，被害人有無訂立保險契約均有其適用，故在體制上唯有於屬特別規定性質之保險制度上尋求解決之道。此保險法上保險人代位權之規定所由生也。

---

[158] 梁宇賢，保險法新論，180頁謂：「我國多數學者認為我國保險法第53條第1項規定，僅指權利代位而已，故原則上保險人無物上代位權。不過有例外，即依保險法第73條之規定，加以擴大解釋，在定值保險，如保險人已按約定之保險金額賠償時，保險標的之殘留財產價值，應歸保險人所有。」關於例外部分，見解不同。

貳、保險人代位權之立法理由

保險人之代位權，係在不破壞民法上損害賠償制度之下，為防止被保險人之不當得利，所設之制度。申言之，保險人代位權之規定，除使加害之第三人，不因受害人（即被保險人）已有保險而免其責任，保險人亦不因被保險人可對第三人請求賠償而減免其給付保險金額之義務外，又可達到防止被保險人不當得利之目的。此外，保險人行使代位權所得之額外收入，又可回饋於危險共同團體，以降低保險費率。基於此，保險人代位權之立法理由（或功能），約可分四方面言之：

一、防止被保險人之不當得利

於由他人之行為（含他人之物或動物）致生保險事故之情形，被保險人除得請求保險人給付保險金額外，通常亦可基於侵權行為或契約關係或其他法律規定，請求該他人為損害賠償。此時，可能造成一個損害獲得二份賠償之結果，被保險人將因保險而得利。前已言之。規定保險人於給付賠償金額後，得代位行使被保險人對於加害人之賠償請求權，於被保險人獲得保險理賠後，剝奪其對於加害人之賠償請求權，目的在防止被保險人之不當得利也。

防止被保險人之不當得利，係保險人代位權制度設計之最初目的，亦係此一制度之核心價值所在，其後之目的僅係連動附隨而生，故於解釋其他目的時，應注意僅以防止不當得利之必要為限，且不應使被保險人之保障因而減低。除保險法已明定，須保險人給付賠償金額後，始能行使代位權，且僅以不逾賠償金額為行使範圍之外，於保險人與被保險人發生利益衝突之情形，仍應以被保險人之利益為優先考慮。

二、避免加害人之不當免責

保險人代位權之立法，若專注於防止被保險人之不當得利，而僅切斷被保險人對於造成其損害之加害人（即第三人，以下同）之賠償請求權，則勢必形成被保險人不得向加害人求償，而保險人亦因對該加害人無直接之請求權，而不得向加害人求償，結果將使加害人依民法損害賠償制度原應負之責任，獲得不當之免除，此絕非保險人代位權立法之目的所在。亦即，加害人之損害賠償責任，不應因受害人已有保險而喪失[159]。規定保險人於給付賠償金額後，得代位行使被保險人對於加害人之請求權，不使加害人之賠償責任喪失，目的亦在避免加害人之不當免責也。

三、鼓勵保險人之及時理賠

本於對價平衡之關係，於保險事故發生後，保險人之給付保險金額於被保險人，對於保險人並無不公。使保險人取得對於加害人之賠償請求權，性質上係屬增加保險人額外之收益。惟於防止被保險人不當得利及避免加害人不當免責之同時，唯有將被保險人應得之保障以外之賠償請求權，移轉於保險人之一途。規定保險人於給付賠償金額後，得代位行使被保險人對於加害人之請求權，亦具有使保險人於有利可得之情形下，為免代位行使之請求權罹於時效，而及時對被保險人為理賠之目的也。

---

[159] 最高法院70年度台上字第4695號判決，就侵權行為之情形，謂：「保險制度，旨在保護被保險人，非為減輕損害事故之加害人責任，保險給付請求權之發生，係以定有支付保險費之保險契約為基礎，與因侵權行為所生之損害賠償請求權，並非出於同一原因。後者之損害賠償請求權，不因受領前者之保險給付而喪失。」可供參照。

四、降低保費回饋全體要保人

保險人行使代位權如有所得，其所為保險給付之金額，即因之獲得減少，就該特定種類之保險言，於扣除行使代位權之費用後，即屬營業利潤之增加（或虧損之減少），則於下期依大數法則計算該種保險之保險費率時，必定呈現降低之現象，投保大眾將因而受惠[160]。可知，規定保險人於給付賠償金額後，得代位行使被保險人對於加害人之請求權，亦具有使保險人獲得超過對價平衡以外之營業收入，而降低保險費回饋全體要保人之作用也。

降低保險費回饋全體要保人，係保險人代位權最終之目的，亦即法律將被保險人對於加害人之賠償請求權移轉於保險人，使保險人獲得超過對價平衡以外之營業收入，目的不在使之成為分配股東之股利，而係在回饋全體要保人。此項目的達成後，保險人代位權之理論始能圓滿。因此，主管機關對於保險人是否將行使代位權之收入（扣除行使之費用後），列入「決定費率」之公式（to introduce the factor of such recoveries into rate-determining formulate）計算，必須進行審核監督，不應任由保險人將其歸入增加股東之股利上[161]。

參、保險人代位權之適用範圍

保險法第53條所定之保險人代位權，雖未明定其適用範圍，惟在人身保險，本於人身無價之觀念，並無防止被保險人或受益人不當得利之問題（仍有防止道德危險之問題），應無適用保險人代位權規定之必要，保險法於第103條規定：「人壽保險之保險人，不得代位行使要保人或受益人因保險事故所生對於第三人之

---

[160] 林群弼，保險法論，261頁。
[161] John F.Dobbyn, Insurance Law, West Publishing Company, p.234 (1993, 2nd Ed.).

請求權。」並準用於健康保險（保130）、傷害保險（保135）及年金保險（保135-4），即此之故。

　　有疑問者，乃人身保險中屬於損害填補性質之部分，例如實支實付型之殯葬費、疾病醫療費、分娩費、住院費等保險，其目的僅在補償被保險人因發生保險事故所支出之費用而已，故保險人於給付此部分之保險金額後，應仍有保險人代位權規定之適用，始為當然。我國保險法雖未注意及此，但全民健康保險法第95條第2項對此設有規定，曰：「保險對象發生對第三人有損害賠償請求權之保險事故，本保險之保險人於提供保險給付後，得依下列規定，代位行使損害賠償請求權：一、公共安全事故：向第三人依法規應強制投保之責任保險保險人請求；未足額清償時，向第三人請求。二、其他重大之交通事故、公害或食品中毒事件：第三人已投保責任保險者，向其保險人請求；未足額清償或未投保者，向第三人請求。」可知，保險法第53條有關保險人代位權之規定，應解為僅適用於損害保險，對於定額保險則不適用。

　　須說明者，關於屬於損害保險性質之責任保險，有學者認為在強制責任保險之場合，因其立法目的「乃在保護無辜受害之第三人，被保險人已非其保護之主要對象。因此，強制責任保險人向受害之第三人賠償後，應仍得代位行使第三人對被保險人之損害賠償請求權，因在此情況下，縱然允許保險人代位行使，亦不違反強制責任保險之立法目的也。[162]」惟本書以為，如此解釋並不妥適，蓋此之「第三人對被保險人之損害賠償請求權」，與保險法第53條所定保險人代位權行使之對象係「被保險人對於第三

---

[162] 林群弼，保險法論，274頁。

人之損害賠償請求權」，不可同日而語，在法條適用上已成問題；又強制責任保險，除以保護無辜受害之第三人為目的外，仍兼具保護被保險人，以免被保險人因賠償第三人而受損害之目的，如使保險人於向受害之第三人賠償後，得代位行使第三人對於被保險人之損害賠償請求權，將完全喪失責任保險之意義；此外，保險人代位權之立法目的，主要在防止被保險人之不當得利，於責任保險之情形，並無發生被保險人不當得利之可能，至於被保險人對於第三人應負之賠償責任，則正是責任保險制度保障之對象，根本無啟動保險人代位權之餘地也。

肆、保險人代位權之要件

依保險法第53條規定：「被保險人因保險人應負保險責任之損失發生，而對於第三人有損失賠償請求權者，保險人得於給付賠償金額後，代位行使被保險人對於第三人之請求權；但其所請求之數額，以不逾賠償金額為限。」「前項第三人為被保險人之家屬或受僱人時，保險人無代位權。但損失係由其故意所致者，不在此限。」分述保險人代位權之要件如下：

一、須保險人應負保險責任之損失發生

所謂保險人應負保險責任之損失發生，指保險契約所定之保險事故發生，致被保險人遭受損害，而保險人應負給付賠償金額責任之情形。簡言之，即保險事故發生之謂也。保險事故尚未發生時，尚無適用保險人代位權規定之必要，不待言；而保險事故之發生如係由於被保險人自己之過失或不可抗力所造成者，因不涉及對於第三人之賠償請求權問題，不生保險人之代位權，亦顯而易明；至於保險事故之發生雖由第三人之故意或過失所致，但該第三人依法或依約不須對被保險人負損害賠償責任時，亦不生

保險人之代位權。例如第三人為避免自己或他人生命、身體、自由或財產上急迫之危險而損害保險標的物，若構成緊急避難之要件（民149），對於被保險人不負損害賠償責任之情形，保險人於給付賠償金額於被保險人後，並無對於第三人之代位請求權是。必也保險事故之發生，係由第三人之故意過失所致，且第三人對被保險人須負損害賠償責任者，始有保險人代位權之發生。

二、須被保險人對第三人有損害賠償請求權

保險人之代位權，以被保險人對於第三人之損害賠償請求權為行使之客體，故須「被保險人因保險人應負保險責任之損失發生，而對於第三人有損失賠償請求權者」始足當之。亦即，須以第三人之行為致生保險事故，且被保險人依法或依約對該第三人有損害賠償請求權[163]為要件。例如投保火災險之房屋，因第三人之故意或過失而失火燒燬，被保險人對於該第三人即有損害賠償請求權是。所謂「損害賠償請求權」，指各種損害賠償請求權而言，包括侵權行為損害賠償請求權、債務不履行損害賠償請求權、其他法定損害賠償請求權在內，不以侵權行為損害賠償請求權為限[164]。須注意之。債務不履行所生之損害賠償權，例如投保竊盜險之珠寶或名畫，因保全公司之疏失而遭竊時，被保險人對

---

[163] 保險法第53條第1項雖以「損失賠償請求權」為文，惟此項請求權係依民法規定而生，而非保險法規定所生，自宜使用與民法相同之稱謂，爰本書均稱之為「損害賠償請求權」。

[164] 最高法院76年度台上字第1493號判例：「保險法第53條第1項規定之保險人代位權，其行使之對象，不以侵權行為之第三人為限，苟被保險人因保險人應負保險責任之損失發生，而對於第三人有損失賠償請求權者，保險人即得於給付賠償金額後，代位行使被保險人對於第三人之請求權。原審謂前項代位權行使之對象，限於侵權行為之第三人，即須保險事故之發生限於第三人之故意或過失，被保險人對之得基於侵權行為請求其賠償時，保險人始得代位行使此項損害賠償請求權，顯有違誤。」

於保全公司之賠償請求權是。其他法定之損害賠償請求權,指因締約上過失所生之損害賠償請求權,例如投保營業損失險之被保險人,於商議訂約之際,因他方當事人違反誠信之行為,致契約未成立,被保險人對於他方當事人之損害賠償請求權是(民245-1)。此等損害賠償請求權之成立與否及其內容,應依被保險人與該第三人間之法律關係定之,與保險人無涉。

須附言者,第三人之行為致生保險事故後,除第三人須對被保險人負損害賠償責任外,保險人亦須對被保險人負賠償責任,可知第三人之責任與保險人之責任,係出於同一之保險事故造成同一標的之損害。學理上稱此為「保險人代位權標的之一致性」。例如投保火災險之房屋,因第三人之故意或過失而失火燒燬之情形,第三人對被保險人所負賠償責任,及保險人對被保險人所負賠償責任,均係出於同一之保險事故「火災」,造成同一標的「房屋」之損害是。

所謂第三人,指保險人及被保險人以外之任何加害人(包括與被保險人不同一之要保人在內),不論自然人或法人(例如前舉之保全公司),均屬之。但保險法第53條第2項對於自然人設有例外規定,即:「前項第三人為被保險人之家屬或受僱人時,保險人無代位請求權。但損失係由其故意所致者,不在此限。」蓋家屬或受僱人,原即與被保險人不同,其行為致生保險事故時,不論係出於故意或過失,性質上均屬被保險人所不可預料,保險人本應予被保險人賠償,並對該肇事之家屬或受僱人行使代位請求權,始為當然。只因家屬與被保險人有同財共居之關係,受僱人則與被保險人具有選任監督及服勞務之關係,被保險人並須對受僱人之行為連帶負損害賠償責任(民188),就保險事故之發生,應是利害與共,立場一致,故保險法將此等人因過失致生保

險事故之情形除外，規定保險人對之無代位請求權，除顧及人情關係以外，更係基於此等人與被保險人財產關係密切之考慮。但此等人若係故意使保險事故發生時，表示其與被保險人已非同心[165]，故保險人仍得對之行使代位請求權，以防止不當行為之發生。

　　所謂家屬，於此應解為「家之所屬」之意，指以永久共同生活為目的而「同居一家之人」而言。所謂永久共同生活，即久住之意思（民20），是否以永久共同生活為目的而同居一家，實務上應以戶籍登記之有無為依據。只須以永久共同生活為目的而同居一家之人，不問相互間有無親屬關係（民1123Ⅲ），亦不問是否被推定為家長（民1124、1123Ⅱ），均屬之。亦即應與民法第1122條所定「以永久共同生活為目的而同居之親屬團體」同其範圍。蓋若不如此解釋，則於被保險人非為家長，而由家長過失致生保險事故時，保險人對肇事之家長將得行使代位權，與保險法第53條第2項之立法意旨顯有未合也。此外，學者有謂：「即非同居，而有法定扶養之義務者似亦屬之。」[166]亦有謂：「雖非同財共居，但現已受被保險人扶養之人，亦屬本條第2項所稱家屬範圍之內。蓋若保險人對受被保險人扶養之人得向之代位行使損失賠償請求權，則其負擔終究仍轉嫁至被保險人，而喪失其保險保護之意義，但若僅屬民法第1114條所規定之互負扶養義務，而未實際由被保險人扶養者，且非第1123條所稱之家屬，則仍無本法第53條第2項規定之適用。」[167]者，本書贊同後者見解，亦即須為民

---

[165] 若與被保險人共謀使保險事故發生，則屬保險人不負賠償責任之問題（保29Ⅱ但書），不必論及保險人之有無代位請求權。

[166] 桂裕，保險法論，154頁。

[167] 江朝國，保險法基礎理論，476頁。

法第1114條所定互負扶養義務之親屬，未與被保險人同居而不具備前述之家屬關係，但實際受被保險人扶養者始可，不宜過度擴張解釋。扶養之事實只須於保險事故發生前存在而在繼續狀態中即足，除能證明係與被保險人共謀而不予理賠（保29Ⅱ但書）者外，扶養時間之久暫，可以不問。上開家屬須係因過失致生保險事故者，保險人對之始無代位請求權，如係出於故意之行為，則保險人對之仍有代位請求權（保53Ⅱ但書），須注意之。

所謂「受僱人」，學者有謂：「至於受僱人則宜作狹義解釋，即第三人不僅須受被保險人僱傭，并須對其行為被保險人應負責任之情形而言。」[168]本書認為，此之受僱人，凡被保險人對其行為應連帶負賠償責任者均屬之，仍應與保險法第31條所定之受僱人採相同之廣義解釋，亦即指客觀上由被保險人使用為之服勞務而受其監督之人（民188）。與家屬之情形同，受僱人須係因過失致生保險事故者，保險人對之始無代位請求權，如係出於故意之行為，則保險人對之仍有代位請求權（保53Ⅱ但書）。

於此有一問題，即此所謂第三人，是否包括公法人在內？易言之，公法人可否為保險人代位權行使之對象？舉例言之，傷害保險之被保險人騎乘機車，遇市政府維修馬路坑洞未補而跌傷，則保險人於給付保險金額於被保險人後，可否對市政府行使代位權，請求為國家賠償？對此，法務部曾有函釋謂：「人民因公有公共設施設置或管理有欠缺，致財產遭受損害，經保險公司依保險契約理賠後，該公司似不得代位請求國家賠償。蓋以國家賠償法所規定之國家賠償責任，國家賠償法第5條明定，除依本法規定外，適用民法之規定，即以民法為補充法。臺灣省政府原函說

---

[168] 施文森，保險法總論，204頁。

明，謂保險公司代位請求國家賠償，係以保險法第53條第1項為根據。惟查保險法並非國家賠償法之補充法，其代位請求之權源，似非適法。」云云[169]。各界對此亦有不同說法[170]。本書以為，國家賠償法第5條規定：「國家賠償，除依本法規定外，適用民法規定。」係指國家賠償請求權本身，除依國家賠償法規定外，適用民法規定而言，並無排除其他法律制度之適用之效力，不得依此即謂其他有關之法律規定，均不得再適用。保險人能否代位行使被保險人之國家賠償請求權，並非國家賠償請求權本身之問題，而係保險法規定之問題，自應依保險法之有關規定定之，而有其效力。質言之，保險人代位行使被保險人依國家賠償法所生而移轉於保險人之賠償請求權，與被保險人對國家有無賠償請求權之認定，係屬二回事，應分開理解。國家賠償請求權中，除人民自由權或其他人格權受公務員侵害（國賠2），所生之非財產方面損害賠償請求權，具有行使上及享有上之專屬性，不得讓與或繼承，以及財產方面損害賠償請求權，具有行使上專屬性，於行使前不得讓與或繼承以外[171]，其餘均屬財產方面之損害賠償請求權，並無不得於行使前為轉讓之法律限制規定，自得依約或依法為轉讓。保險人代位行使依法（保險法）自被保險人移轉而來之國家賠償請求權，自為法之所許。至於保險人代位行使之國家賠償請求權有無理由，應依國家賠償法、民法或其他法律之規定認

169　法務部72年1月7日（72）法律字第0158號函。此號函釋業經法務部93年7月19
　　日（93）法律字第0930700342號函通令不再援用。

170　各種說法，見江朝國，保險法基礎理論，485～489頁。

171　依民法第195條第2項規定：「前項請求權，不得讓與或繼承。但以金額賠償之
　　請求權已依契約承諾，或已起訴者，不在此限。」侵害人格權所生之損害賠償
　　請求權中，非以金額為賠償者，具有行使上及享有上之專屬性；以金額為賠償
　　者，則僅具有行使上之專屬性，而無享有上之專屬性（因身分關係而生之損害
　　賠償請求權，亦同）。有關說明，見陳猷龍，民法債編總論，126頁、219頁。

定之（國賠5、6），則不待言。是保險法第53條所定之「第三人」，包含公法人在內，應屬肯定。

三、須保險人已給付賠償金額於被保險人

保險人之代位權，以保險人已給付賠償金額於被保險人為取得要件。蓋保險事故發生時，對於加害之第三人擁有損害賠償請求權者，係被保險人而非保險人，必也保險人已依約履行保險給付後，如再讓被保險人行使對於第三人之賠償請求權，始有雙重獲利之虞，而有將其賠償請求權移轉於保險人之必要也。保險法第53條第1項前段以「保險人得於給付賠償金額後，代位行使…」為文，明顯不夠精準，雖尚不影響於須先取得後再行使之解釋，惟「代位行使」仍以修正為「取得」為適當。就此有學者謂：「保險人之代位權於其同意承擔危險之時，亦即保險契約訂立之時即已存在，而於危險事故發生時成為既得權利，但此項權利之行使，經本法第53條明定，以賠償金額之給付為先決條件。」[172]以保險人之給付賠償金額為代位權之行使要件，為本書所不採。所謂「給付賠償金額」，指履行保險給付而言，除以給付金錢為賠償方法者外，應擴張解釋包括以給付其他標的（例如給付實物成回復原狀）為賠償方法者在內。

伍、保險人代位權之效力

具備上述要件之後，被保險人對於第三人之請求權即法定當然地移轉於保險人，保險人即得以自己名義行使之，但其所請求之數額以不逾賠償金額為限，是為保險人代位權之效力。分言之：

---

[172] 施文森，保險法總論，204頁。

一、被保險人對於第三人之請求權法定當然地移轉於保險人

　　保險人於履行保險給付後，被保險人對於第三人之請求權，即法定當然地移轉於保險人，不須被保險人另為讓與之意思表示，學理上稱為當然代位。此與民法第218-1條所定之「讓與請求權」，以負損害賠償責任之人向損害賠償請求權人為「請求」，並經損害賠償請求權人為「讓與」為要件，以及第225條所定之「代償請求權」，須經債權人向債務人為「請求」並經債務人為「讓與」為要件者，不可同日而語。此兩條規定，對於保險人亦均無適用。保險人對於第三人之請求權，既係由被保險人移轉而來，則其效力應與債權讓與同，民法有關債權讓與之規定（民294～299），於性質相符之範圍內，對於保險人代位權應有其適用。具體言之：

　　1.被保險人因人格權或身分法益受侵害之損害賠償請求權部分，不論係財產方面或非財產方面之損害賠償請求權，於行使前均不得讓與或繼承，屬「依債權之性質，不得讓與者」，亦應不在法定移轉之範圍（民294Ⅰ①）；又對於第三人之請求權之法定當然地移轉，係保險人代位權防止被保險人不當得利之核心設計，性質上應屬強行規定，雖有學者認為依保險法第54條第1項但書規定，當事人得以特約排除之者[173]，惟本書以為保險法第54條第1項但書規定，並無使被保險人獲得不當得利之目的，故須在被保險人未獲不當得利之原則下，始有其適用，而保險人代位權規範之對象為被保險人可能獲得不當得利之部分，應無保險法第54條第1項但書規定之適用，故無發生「依當事人之特約，不得讓與」之餘地（民294Ⅰ②、Ⅱ）。至於保險人於取得對於第三人之

---

[173] 林咏榮，新版商事法新詮（下），401～402頁註41。

請求權後，不予行使或甚至拋棄，係權利人固有之權能，並無不可，不應混為一談；此外，被保險人對於第三人之請求權，係因第三人之侵權行為、債務不履行或依法律規定而生，性質上非屬禁止扣押之債權（民294 I ③）。可知民法第294條之規定，僅第1項第1款，於保險人代位權有其適用。

2.被保險人對第三人之請求權法定移轉於保險人，該債權之擔保及其他從屬之權利，除與被保險人有不可分離之關係者外，隨同移轉於保險人；未付之利息，推定其隨同原本移轉於保險人。（民295 I 、 II）

3.被保險人應將證明債權之文件，交付保險人，並應告以關於主張該債權所必要之一切情形。（民296）

4.被保險人對於第三人之請求權，係於保險人履行保險給付之同時法定當然地移轉於保險人，所謂法定當然地移轉，應具有不須被保險人另為讓與之意思表示，亦不待被保險人或保險人之通知第三人，即可發生效力之內涵，此與民法第297條第1項就債權之任意讓與，所為非經讓與人或受讓人通知債務人，對於債務人不生效力之規定，性質完全不同，是保險人代位權應無民法第297條「讓與通知」[174]、第298條「表見讓與」，以及第299條「債務人抗辯之援用與抵銷之主張」等規定之適用。

於此有問題者，乃第三人對於被保險人有無投保，以及保險人已否履行保險給付，一般並不知情，如第三人於不知保險人已給付賠償金額於被保險人之情形下，對被保險人履行其賠償義務，第三人得否以之對抗保險人？或被保險人竟拋棄或對第三人

---

[174] 73年台上1445判決，於理由中謂：「被上訴人（按即保險人）於理賠後取得代位求償權，已顯示其請求，係基於保險法第53條第1項之規定，不發生應否依民法第297條第1項向上訴人（按即第三人）為通知之問題。」可資參照。

免除其賠償義務[175]，是否有效？就此，學者有認為，就法理而言，仍應視保險人有無對第三人為代位權之通知為斷。**於第三人對被保險人履行其賠償義務之情形**，如第三人已受通知，則第三人不得再向被保險人為給付，否則不生清償效力，保險人仍得向第三人請求賠償，而第三人只得依不當得利之規定向被保險人請求返還；反之，**若第三人未受通知**，則其向被保險人所為之清償仍為有效，其賠償義務因而消滅，保險人只得依不當得利之規定請求被保險人返還其代位權範圍內之數額[176]。**而於被保險人對第三人免除賠償義務之情形**，因本法第53條僅係被保險人和保險人間請求權移轉之內部規定，對第三人須於其受通知後始生拘束之效力。故**第三人於受通知前**，即使保險人已給付賠償金，被保險人仍得對第三人免除賠償義務，保險人仍須負保險給付之責，惟所受損害得就其本可代位之範圍內，向被保險人求償；**至於第三人已受通知後**，因保險人對第三人之代位權已確定，故被保險人對第三人所為之免除賠償義務，應不發生效力[177]云云。此外，就被保險人拋棄其對於第三人之請求權乙點，有認為無論在損害發生前或發生後，未經保險人許可，被保險人不得拋棄其對於第三人之請求權；若為拋棄，則保險人即得免除其賠償義務，已給付賠償金額者則得要求返還[178]。

---

[175] 權利之拋棄為無相對人之單獨行為，被保險人拋棄其對於第三人之請求權時，不須對第三人為表示，而免除則為有相對人之單獨行為，被保險人免除第三人之賠償義務時，須向第三人為免除之意思表示（民343），二者性質雖有不同，但其對於第三人之請求權因而消滅之效果則相同，故被保險人拋棄其對於第三人之請求權與對第三人免除其賠償義務，二者所生之效力，得合併說明。

[176] 江朝國，保險法基礎理論，480頁。

[177] 江朝國，保險法基礎理論，481～483頁。

[178] 桂裕，保險法論，154頁；施文森，保險法總論，205頁亦謂被保險人於保險事故發生後對第三人拋棄求償權者，保險人即得據以推卸責任。

　　本書以為，被保險人對於第三人之請求權，係於保險人履行保險給付之同時法定當然地移轉於保險人，所謂法定當然地移轉，應具有不須被保險人另為讓與之意思表示，亦不待被保險人或保險人之通知第三人，即可發生效力之內涵，此與民法第297條第1項就債權之任意讓與，所為非經讓與人或受讓人通知債務人，對於債務人不生效力之規定，性質完全不同，應無民法第297條「讓與通知」[179]、第298條「表見讓與」，以及第299條「債務人抗辯之援用與抵銷之主張」等規定之適用。自亦無再依民法第297條之規定作相同解釋之餘地。前已述之。否則不但將產生強加保險人或被保險人法律所未規定之通知義務，徒增較複雜之法律關係，且與保險人代位權立法之主要目的在避免第三人之不當免責，而不在保護第三人之利益，亦有未合。判斷第三人對被保險人所為清償之效力，以及被保險人對第三人免除賠償義務之效力，均應以保險人給付賠償金額於被保險人之時點為分界點，分別觀察。質言之，於**保險人給付賠償金額於被保險人之前**，因對於第三人之請求權仍屬於被保險人，故第三人對被保險人所為之清償，自屬有效，此時保險人仍不免其給付賠償金額於被保險人之義務，惟於其給付後，於代位權可實施之範圍內，得向被保險人請求償還；另被保險人拋棄或對第三人免除其賠償義務，亦屬有效，此時保險人亦不免其給付賠償金額於被保險人之義務，惟於其給付後，對於其代位權所受之損害，得向被保險人請求賠償。於**保險人給付賠償金額於被保險人之後**，因對於第三人之請求權已移轉於保險人，被保險人已無該項請求權，此時第三人對被保險人所為之清償，應不生效力，保險人仍得對第三人行使代位請求權，至於第三人得依不當得利之規定請求被保險人返還其所為之

---

[179] 同註172。

給付，則為另一事；又因被保險人對於第三人已無請求權，無由其拋棄或對第三人免除賠償義務之餘地，故被保險人之拋棄或對第三人免除賠償義務，應不生效力，保險人仍得對第三人行使代位請求權，至於第三人能否依其所以受免除之原因關係對被保險人為何種請求，係屬另一問題。

最後須說明者，有二：其一，保險人於取得對於第三人之請求權後，得依法行使之，自亦得不予行使，甚至拋棄，此除可依保險法第53條第1項：「保險人得於給付賠償金額後，代位行使…」之規定為解釋之外，亦係權利人固有之權能，前已言之。其二，保險人對於第三人之請求權既係由被保險人移轉而來，自屬繼受取得，第三人所得對抗被保險人之事由，皆得以之對抗保險人，不待言。

二、保險人應以自己名義行使代位請求權

保險人對於第三人之請求權既係由被保險人移轉而來，保險人自應以自己為權利人之名義，並聲明以自己為給付之對象，對第三人為請求，只是所主張之權利內容及抗辯事由，須求之於被保險人與第三人間之關係而已，此乃權利移轉當然之結果，與民法第242條所定之代位權，因權利並未移轉，故代位權人須聲明給付於債務人（即權利人）之情形不同。再者，不論權利有無移轉，在代位權行使之技術上，均必須以代位權人自己名義為之，只是聲明應給付之對象不同而已，是如謂應以被保險人之名義為之，明顯係出於誤解，何況於保險人給付賠償金額之範圍內，被保險人已無對於第三人之請求權，何來以被保險人之名義為請

求？[180]

三、保險人所得請求之數額以不逾賠償金額為限

依保險法第53條第1項但書規定：「但其所請求之數額，以不逾賠償金額為限。」

可知被保險人對於第三人之請求權，僅於保險人給付賠償金額之範圍內移轉於保險人，因此保險人對於第三人所請求之數額，自須以不逾賠償金額為限。所謂「以不逾賠償金額為範圍」，具有下列意義：

1.保險人得斟酌具體個案之利害得失而不予行使或拋棄之，例如查無第三人之財產，進行訴追徒增律師費及訴訟費用等支出時，保險人不予行使；或因與第三人達成和解而拋棄全部或部分請求權等情形是。

2.被保險人之損害額，大於保險人之賠償金額時，保險人僅能在賠償金額之限度內，行使代位請求權，超過部分仍歸被保險人行使，蓋因超過部分之請求權並未移轉於保險人也。例如價值400萬元之房屋，投保300萬元之火災保險，因第三人之故意或過失而失火，如發生全部損失，則保險人於賠償300萬元後，僅能於300萬元之限度內向第三人為請求，餘100萬元仍歸被保險人請求；至如僅發生部分損失，例如損失200萬元，則保險人僅須賠償150萬元（200萬元×300萬元／400萬元＝150萬元）（保77），於保險人賠償150萬元後，僅能於150萬元之限度內向第三人為請求，餘50萬元仍歸被保險人請求是。

---

[180] 王衛恥，實用保險法，258頁，謂：「保險法第53條未明訂得以自己名義行使，即未授與直接訴權。」

　　3.**第三人應負責之損害額，小於保險人之賠償金額時**，保險人僅能於第三人應負責之損害額限度內，行使代位請求權，蓋因僅第三人應負責之損害額部分之請求權移轉於保險人也。例如價值600萬元之房屋全部投保火災保險，因被保險人與第三人之共同過失而失火全部燒燬，設被保險人與第三人各應負擔50%之過失，即第三人應負責之損害額為300萬元，則保險人於賠償600萬元後，僅能於300萬元之限度內向第三人為請求；至如僅一部保險且僅發生部分損失時，例如600萬元之房屋投保400萬元火災保險，因被保險人與第三人之共同過失而失火，設損失300萬元，且被保險人與第三人各應負擔50%之過失，即第三人應負責之損害額為150萬元，則保險人僅須賠償200萬元（300萬元×400萬元／600萬元＝200萬元），於保險人賠償200萬元後，僅能於150萬元之限度內向第三人為請求是。[181]

　　4.**被保險人之利益與保險人之代位請求權發生衝突時**，例如價值500萬元之房屋投保400萬元火災保險，因第三人之故意或過失而失火全部燒燬，此時保險人僅須賠償400萬元，同時於賠償後取得400萬元之代位請求權，惟被保險人尚有100萬元之損失未得賠償，設第三人之財產僅值300萬元，則第三人之300萬元究應全部歸保險人受償？抑或被保險人得優先就未得保險賠償之100萬元受償，餘200萬元始歸保險人取得？不無疑問。可能之解釋有三：其一，「保險人優先受償」，蓋依保險法第53條第1項規定，保險人於賠償400萬元後，已取得400萬元之代位請求權，而第三人之財

---

[181] 最高法院65年台上字第2908號判例：「損害賠償祇應填補被害人實際損害，保險人代位被害人請求損害賠償時，依保險法第53條第1項規定，如其損害額超過或等於保險人已給付之賠償金額，固得就其賠償之範圍，代位請求賠償，如其損害額小於保險人已給付之賠償金額，則保險人所得代位請求者，應祇以該損害額為限。」

產價值300萬元，尚不足400萬元，自無由被保險人分受也。其
二，「保險人與被保險人按比例分受」，蓋保險人對於第三人有
400萬元之代位請求權，被保險人對於第三人亦有100萬元之賠償
請求權，各有請求之依據，自應由二人按比例分受第三人之300萬
元財產，即由保險人受償240萬元，被保險人受償60萬元也。其
三，「被保險人優先受償」，蓋於解釋保險法第53條規定之適用
範圍時，不應使被保險人之保障因而減低，且於保險人與被保險
人發生利益衝突之情形，應以被保險人之利益優先考慮也。故第
三人之300萬元財產，應由被保險人優先受償100萬元，餘200萬元
始歸保險人受償。本書以為，保險人代位權之立法目的，主要在
防止被保險人之不當得利，於被保險人未受完全清償以前，並無
不當得利之可言，保險人代位權之規定應落後適用，故於被保險
人所受之保險賠償金額不足其損害額，而第三人之財產價值低於
損害額之情形下，應由被保險人優先就不足部分受償，餘額始歸
保險人受償。應以「被保險人優先受償」之說為可採。

陸、保險人代位權之時效

被保險人對於第三人之請求權，於保險人給付賠償金額後，
法定當然地移轉於保險人，已如前述。則本於權利繼受之法理，
於「被保險人對於第三人之請求權」移轉於保險人之後，其消滅
時效期間，並不因之而改變，仍應就被保險人與第三人間發生該
請求權之原因事實原應適用之時效規定定之。例如關於侵權行為
所生之損害賠償請求權，應「自被保險人知有損害及賠償義務人
時起，2年間不行使而消滅。自有侵權行為時起逾10年者，亦
同。」（民197 I）；關於陸上物品之運送，因喪失、毀損或遲到
而生之賠償請求權，「自運送終了，或應終了之時，1年間不行使
而消滅。」（民623 I）；關於海上貨物運送，因貨物之全部或一

部毀損或滅失所生之損害賠償請求權,「自貨物受領之日或自應
受領之日起,1年間未起訴者,運送人或船舶所有人解除其責
任。」[182](海商56Ⅱ);關於契約未成立之締約上過失損害賠償
請求權,「因2年間不行使而消滅。」(民245-1Ⅱ);關於契約
因標的給付不能而無效之締約上過失損害賠償請求權,「因2年間
不行使而消滅。」(民247Ⅲ)等是。至於其他未設短期時效規定
之請求權,其消滅時效期間則均為15年(民125)。

　　保險人代位行使被保險人對於第三人之請求權,其消滅時效
之期間,應就被保險人與第三人間發生該請求權之原因事實原應
適用之時效規定定之,則其時效期間自亦應自被保險人可行使請
求權時起算,而非自保險人給付賠償金額時起算,不待言。惟須
說明者,乃關於消滅時效之起算,民法第128條所設:「消滅時
效,自請求權可行使時起算。以不行為為目的之請求權,自為行
為時起算。」係屬一般規定,若短期時效之特別規定中,就其
「請求權可行使時」之態樣未設明文者,例如上開民法第245-1條
第2項及第247條第3項,僅規定「因2年間不行使而消滅」之情
形,此時自應適用民法第128條所設「消滅時效,自請求權可行使
時起算」之一般規定。惟若短期時效之特別規定中,就其「請求
權可行使時」之態樣已設有明文者,例如民法第197條第1項所定

---

[182] 我國海商法於民國51年7月25日修正時,增訂第100條第2項(民國89年1月26日
修正為第56條第2項),原規定:「受領權利人之損害賠償請求權,自貨物受
領之日或自應受領之日起1年內,不行使而消滅。」係將美國海上貨物運送條
例(Carriage of Good by Sea Act)第3條第6項第3段規定之意旨,調整為適合我
國法制之消滅時效規定,不論在法理上或實務上,原均不生問題,惟民國89年
1月26日修正時,主導者以為係翻譯錯誤,而修正為現行內容,使其1年期間成
為起訴之除斥期間,受領權利人未於該1年內起訴者,不論其損害賠償請求權
之時效是否消滅,運送人之責任均因之解除,新創一「以債權人之未起訴作為
債務人免責原因」之制度。

「自請求權人知有損害及賠償義務人時起」，或民法第623第1項所定「自運送終了，或應終了之時」等情形，其消滅時效即應自該特別規定之時點起算，此即相當於民法第128條所定之「自請求權可行使時起算」，不可誤解為民法第197條第1項所定之「自請求權人知有損害及賠償義務人時起」，或民法第623條第1項所定之「自運送終了，或應終了之時」，與民法第128條所定之「自請求權可行使時起算」，係不同之兩個時點。[183]

柒、保險人之殘存物代位權

所謂保險人之殘存物代位權，係指保險事故發生致保險標的物全損時，保險人於給付賠償金額後，即取得保險標的物殘存部分之利益之權利也。又稱為保險人之物上代位權。例如，保險標的之汽車被撞至全損（無法修復）後，保險人於給付全損之賠償金額後，即取得該汽車殘體之所有權是。此係為避免被保險人不當得利及計算並扣減保險標的物殘存部分價值之麻煩與糾紛而設之制度。亦即，於保險標的物發生全損時，保險人即應依當時保險標的物之價值給付全損之賠償金額，而不得於計算殘存部分之價值後自應給付之全損賠償金額中扣除也。就此，英國1906年海上保險法第79條第1項、日本商法第661條、德國商法第859條、中國保險法第59條及海商法第256條，設有規定。我國保險法雖未設明文，但各種汽車車體損失及竊盜損失保險條款中，均設有如下之殘存物代位條款：「本公司以全損賠付後，本保險契約即行終止，本保險之未滿期保費不予退還，本公司並即取得對該殘餘物之處分權，但該被保險汽車原所存在的債務應由被保險人自行處

---

[183] 林群弼，保險法論，302～303頁所列甲說、乙說及丙說，似應屬同一說。

理，本公司並不因取得該殘餘物之處分權而承受該債務。」[184]學者亦有主張不論保險法有無明文，均應解為保險人有物上代位權者[185]。本書贊同之，惟於保險法未明定之情形下，仍宜訂明於保險契約中，以免爭議。

保險人殘存物代位權之要件，有三：

一、須保險標的物發生全部損失

所謂保險標的物發生全部損失，包括全部保險之全部損失、全部保險可分部分之全部損失、一部保險之全部損失、一部保險可分部分之全部損失等情形。所謂全部損失（total loss），又稱全損，包括實際全損及推定全損在內。是否已達全損之程度，應就具體個案，依客觀標準認定之，不論是否委由公證人為鑑定，通常須視其主要功能是否全部喪失及修繕費用是否過鉅為斷。保險人不宜恣意以不構成全損，而以扣除保險標的物殘存部分價值之方式為理賠。就此點言，明定保險人之殘存物代位權，對被保險人不無實益。

二、須保險人給付全部賠償金額

所謂給付全部賠償金額，於全部保險之情形，指給付全部損失或其可分部分之全部損失之賠償金額；於一部保險之情形，指給付以損失額×保險金額／保險標的物價值，所得之賠償金額。

---

184 見自用汽車保險定型化契約範本所示「車體損失保險甲式條款」及「車體損失保險乙式條款」之第11條第2項、「車體損失保險丙式──免自負額車對車碰撞損失保險條款」及「汽車竊盜損失保險條款」之第10條第2項、汽車保險營業汽車保險單條款中「車體損失保險甲式條款」及「車體損失保險乙式條款」第9條第2項、「汽車竊盜損失保險條款」第8條第2項等規定。

185 梁宇賢、劉興善、柯澤東、林勳發，商事法精論，今日書局有限公司，民國96年11月修訂5版，726頁。

三、保險人取得殘存物之利益

所謂取得殘存物之利益，於全部保險之情形，指取得殘存物之全部利益；在一部保險之情形，指按保險金額與保險標的物價值之比例，取得受損保險標的物之部分利益。所謂利益，乃不包括債務在內之謂。保險人物上代位權之標的物，以保險標的物之殘餘部分，故須保險標的物為有體物，且發生全損後仍有殘存部分（俗稱殘體）者，始有其適用。

上開要件中，關於可分部分之全部損失，英國1906年海上保險法第79條第1項前段規定：「代位權－（1）保險人對保險標的物全部損失或其可分部分之全部損失支付賠償金額後，有權取得該保險標的物殘存部分之利益。」[186]可資參照。至於一部保險之按比例取得殘存物利益，則可參照中國保險法第59條：「保險事故發生後，保險人已支付了全部保險金額，並且保險金額等於保險價值的，受損保險標的的全部權利歸於保險人；保險金額低於保險價值的，保險人按照保險金額與保險價值的比例取得受損保險標的的部分權利。」[187]後段之規定。最後，保險人僅係取得殘存物之利益，不包括債務在內，英國1906年海上保險法第79條稱之為「利益」（interest），在日商法第661條及中國保險法第59

---

[186] The Marine Insurance Act, 1906. Article79. Right of subrogation.－(1) Where the insurer pays for a total loss, either of the whole, or in the case of goods of any apportionable part, of the subject-matter insured, he thereupon becomes entitled to take over the interest of the assured in whatever may remain of the subject-matter so paid for, and he is thereby subrogated to all the rights and remedies of the assured in and in respect of that subject-matter as from the time of the casualty causing the loss. 其後段為權利代位之規定，可譯之為：「並自致生損失之意外事故發生時起，得代位行使被保險人有關保險標的物之一切權利及賠償（請求權）。」

[187] 中國保險法第59條規定之內容，與日本商法第661條、德國商法第859條之規定相似。

條、海商法第256條，雖稱之為「權利」，亦應解為不包括債務，始為合適。

第八節　保險契約之變動

第一項　保險契約之變更

保險契約之變更者，於保險契約存續期間內，契約主體或內容發生變更之謂也。

壹、契約主體之變更

所謂保險契約之主體，指要保人、被保險人與保險人而言。茲分要保人之變更、被保險人之變更及保險人之變更述之：

一、要保人之變更

要保人，係指訂立保險契約並負有繳納保險費義務之人。於被保險人自己要保之情形，要保人與被保險人為同一人，要保人係被保險人作為保險契約當事人並承擔繳納保險費義務之另一身分；於以他人之保險利益（指財產保險）或以他人之人身（指人身保險）投保之情形，要保人與被保險人為不同之人。要保人對於保險標的不須具有保險利益，他人無法因受讓保險利益而成新要保人；另保險契約之書面或保險單均僅係保險契約之證明，單純受讓保險契約之書面或保險單亦不因之成為新要保人。他人唯有以契約承擔之方式，始能繼受為保險契約之新要保人。此時，如原要保人與被保險人為同一人者，即因要保人之變更，而成為新要保人以被保險人之保險利益投保或以被保險人之人身投保之狀態；如原要保人與被保險人為不同一人者，則僅發生要保人之

變更。因契約承擔而成為新要保人之人，除繼受為保險契約之當事人外，並負有繼續交付保險費之義務，乃屬當然。

二、被保險人之變更

人身保險之被保險人，恆為人身之本人，而人身不能移轉，故無由他人取代為原人身保險契約被保險人之可能，亦即人身保險不發生被保險人變更之情事。至於財產保險之被保險人，乃保險利益之享有者，而保險利益得因其連接關係之移轉而移轉，故只須將連接關係移轉於他人，受讓連接關係之人，即自受讓生效之時起成為新被保險人，而發生被保險人之變更。此時不論保險契約（或保險單）上之被保險人名義有無辦理變更，對於新被保險人之權益，均不生影響。此證諸我國保險法第18條有關被保險人死亡或保險標的物所有權移轉時（按應係指「連接關係讓與時」而言），保險契約除另有規定外，仍為繼承人或受讓人之利益而存在，以及第28條所定要保人（按應係被保險人之誤）破產時，保險契約仍為破產債權人之利益而存在之規定自明。

須注意者，乃單純受讓保險契約之書面或保險單，並無法取得保險契約上之權利，必也同時取得保險利益之連接關係之所有權，始能以被保險人之身分享有保險契約上之權利。依保險法第50條第1項規定，財產保險之保險契約，得為指示式（即被保險人欄內，除載有被保險人之姓名或名稱外，更記載「或其繼受人」）或無記名式（即被保險人欄內，保持空白，未為任何記載），不過係方便於因連接關係移轉而致被保險人變更時，不需辦理保險契約（或保險單）上載被保險人之更名手續而已，保險契約上之權利有無移轉，亦即被保險人有無變更，仍應視保險利益之連接關係是否移轉而定，不可誤以為將保險契約之書面或保

險單讓與他人，該他人即會變成要保人或被保險人。

三、保險人之變更

　　具體保險契約之保險人，不論其為股份有限公司或合作社，於其與他保險公司或合作社合併時，不論為吸收合併或創設合併，其因合併而消滅之公司或合作社之權利義務，均由合併後存續或另立之公司或合作社承受（公司75、民306）。此時即發生保險人之變更。

貳、契約內容之變更

　　所謂保險契約內容，指保險契約條款所定之事項中得於契約生效後加以變更者而言。例如要保人或被保險人之姓名及住所、保險之標的物、保險事故之種類、保險期間、保險金額、保險費、無效及失權之原因、受益人，及其他應記載事項或特約條款所定之事項是（保55、87、95-2、95-3、108、129、132、135-2、66、67）。保險契約之內容得由當事人之一方提議，經另一方當事人之同意而變更之，自不待言。惟保險法第56條就被保險人（或要保人）所提之變更保險契約，規定：「變更保險契約……時，保險人於接到通知後10日內不為拒絕者，視為承諾。但本法就人身保險有特別規定者，從其規定。」以使一般保險人不會或不能拒絕之事項之變更，不因保險人之遲延回覆而損及被保險人之權益。人身保險契約內容之變更，通常涉及被保險人之身體狀況，應予保險人重新檢查被保險人身體之時間，故保險法設有特別規定者有之，例如保險法第116條第2項、第3項就停止效力之人壽保險契約之恢復效力，所設之特別規定是，此時自應從其規定，而無保險法第56條規定之適用。惟人身保險契約內容之變更，亦有不涉及被保險人之身體狀況者，例如變更受益人（保

111）、請求減少保險金額或年金（保118Ⅰ）、終止保險契約
（保119）等，保險法並未設有特別規定，此時仍有保險法第56條
規定之適用。

第二項　保險契約之停止

保險契約之停止者，於保險契約存續期間內，因法定或約定
原因之發生，致使契約之效力停止，俟完成一定條件後始恢復效
力之謂也。亦稱保險契約之停止效力或保險契約之停效。

壹、效力之停止

一、效力停止之原因

（一）人身保險契約效力停止之原因

關於保險契約之停止，我國保險法僅對人壽保險設有明文
（保116），準用於健康保險（保130）、傷害保險（保135）、年
金保險（保135-4），就財產保險則未加以規定，主要是因人身保
險之保險期間較長而保險費均分期繳納且具有儲蓄性質也。

依保險法第116條第1項及第8項規定：人壽保險之保險費到期
未交付者，或約定由保險人墊繳之保險費本息已超過保單價值準
備金時，除契約另有訂定外，經催告到達後屆30日仍不交付時，
保險契約之效力停止。是為保險契約停止效力之法定原因。30日
之期間，自保險人之催告送達於要保人，或負有交付保險費義務
之人[188]之最後住所或居所（保116Ⅱ前段）後起算。可知，自保險

---

[188] 法律上僅要保人係負有交付保險費義務之人，此外其他依約或依法需代要保人
交付保險費之人，並非負有交付保險費義務之人，保險法第116條第2項前段
「或負有交付保險費義務之人」一語，應係指「負有代為交付保險費義務之
人」（例如保險法第22條第1項規定之信託業），較為正確。

費到期或墊繳之保險費本息超過保單價值準備金之翌日起，至催告到達後滿30日止之期間內，雖尚未交付保險費，但保險契約仍為有效，於此段期間內，如發生保險事故，保險人仍應為理賠，猶如給予被保險人優惠，故學理上稱此段期間為優惠期間或寬限期間。所謂「除契約另有訂定」，指保險契約訂定較30日為長之優惠期間而言。蓋此之30日，為有利於被保險人之法定期間，性質上屬強行規定，不得約定縮短之，但約定延長對被保險人更為有利，故得為之（保54Ⅰ），亦即30日為最短期間也。

（二）財產保險契約效力停止之原因

因停止效力，係暫時性效果，被保險人不但有恢復效力之機會，且停止效力前所得之利益仍然保留，係有利於被保險人之規定，故如於財產保險契約中訂定停止效力之條款，應認為有效。此證諸保險法第56條前段，對於恢復停止效力之方式，設有一般規定更明。

按財產保險契約之保險費，雖以一次交付（即總繳或躉繳）為常，但約定分期交付之情形亦有之，此時自可比照保險法第116條之有關規定，約定其停止效力條款；另財產保險之標的物，如有移出移入之情形，亦可約定以移出為停止效力之原因；此外，約定以其他情事之發生為停止效力之原因，只須對要保人或被保險人並無不公平，亦無不可。

二、效力停止之效果

自保險契約之效力停止後，保險人即不負保險責任，但要保人得依一定程序，恢復保險契約之效力，雖自停止效力起2年後保險人並有終止契約之權（保116Ⅵ），但於保險人為終止之前，要保人仍有恢復效力之權。

貳、效力之恢復

保險契約停止效力後，要保人得依一定程序申請恢復效力，使保險契約接續生效。保險法之相關規定如下：

一、人身保險契約效力之恢復

（一）一般人身保險契約

停止效力之一般人身保險契約，其效力之恢復方式，因申請恢復效力之時間不同而異：

1. 於6個月內申請恢復效力者

要保人於停止效力之日起6個月內清償保險費、保險契約約定之利息及其他費用後，翌日上午零時起，開始恢復效力。（保116Ⅲ前段）

2. 於6個月後申請恢復效力者

要保人於停止效力之日起6個月後申請恢復效力者，保險人得於要保人申請恢復效力之日起5日內要求要保人提供被保險人之可保證明，除被保險人之危險程度有重大變更已達拒絕承保外，保險人不得拒絕其恢復效力。（保116Ⅲ後段）「保險人未於前項規定期限內要求要保人提供可保證明或於收到前項可保證明後15日內不為拒絕者，視為同意恢復效力。」（保116Ⅳ）

須附言者，要保人自保險契約停止效力之日起，即得申請恢復效力，依保險法第116條第5項規定：「保險契約所定申請恢復效力之期限，自停止效力之日起不得低於2年，並不得遲於保險期間之屆滿日。」亦即原則上，應給予要保人至少2年申請恢復效力之期限，惟如停止效力日至保險期間屆滿日，不足2年者，僅以所餘期間（例如1年2個月）為申請期間。申請恢復效力之期限，所

以不得遲於保險期間之屆滿日，蓋因保險期間屆滿後，保險人已不須負擔保險責任，申請恢復效力對於被保險人已無實益也。2年（或保險契約所定較長之期間）期滿，要保人仍未申請恢復效力，而保險期間尚未屆滿者，保險人有終止契約之權（保116VI）。惟於保險人尚未終止契約之前，要保人如為恢復效力之申請，本於保險法第116條第5項所定「申請恢復效力之期限不得低於2年」之立法意旨，仍應解為有效，如符合恢復效力之要件，保險人仍應同意之，不得藉詞已逾約定期限而拒絕。

（二）載有被保險人故意自殺條款之人壽保險契約

人壽保險契約，「載有被保險人故意自殺，保險人仍應給付保險金額之條款者，其條款於訂約2年後始生效力。恢復停止效力之保險契約，其2年期限應自恢復停止效力之日起算。」（保109Ⅱ）此項規定，並不準用於健康保險、傷害保險及年金保險（保130、135、135-4）。所謂「恢復停止效力之保險契約，其2年期限應自恢復停止效力之日起算」，係指載有被保險人故意自殺條款之人壽保險契約，其條款雖已於訂約2年後生效，但其後如發生停止效力之情事，則於要保人申請並獲保險人同意恢復效力之日起，須重行起算2年，期滿後其故意自殺條款始再生效力而言。

二、財產保險契約效力之恢復

停止效力之財產保險契約，其要保人得於保險期間屆滿前申請恢復效力，保險人於接到通知後10日內不為拒絕者，視為承諾（保56前段）。蓋財產保險標的物之危險程度有無重大變更，較易查知，法律爰予簡化保險人同意恢復效力之程序，如無拒絕之原因，保險人於接到恢復效力之申請後，只須不予回覆，待10日後，保險契約即可恢復效力。

於此有問題者，即保險法第56條所定之10日期間，得否約定變更之，保險法未設明文。解釋上，縮短對被保險人有利，應無不可，延長則對被保險人不利，應予禁止（保54Ⅰ）。惟本書認為，若因保險標的物數量龐大或情況複雜，無法於10日內檢視完成時，保險人於10日內回覆要保人，保留至其完成標的物檢視後，再為承諾與否之表示，衡諸誠實信用原則，只須其延長之期限合理，應非不可。是否合理發生爭議時，應由法院依個案之具體情況判定之。

第三項　保險契約之消滅

保險契約，除因保險期間之屆滿而消滅外，亦因無效、失效、終止、解除而歸於消滅。

壹、保險契約之無效

保險契約係法律行為之一種，民法總則有關法律行為無效之規定（例如民71、72、73）自有其適用。又保險契約未具備一般契約之成立要件者（民153以下），亦因不成立而無效。此外，保險契約無效之原因，可分為約定原因與法定原因。約定原因，指保險契約所定契約無效之原因。保險契約所訂契約無效之條款，如對要保人或被保險人並無顯失公平之情事（消保12Ⅰ、Ⅱ①），應為有效，保險契約得依其規定而無效。法定原因，則指保險法所定契約無效之原因。我國保險法所設保險契約無效之規定，可分絕對無效及相對無效，二方面述之：

一、絕對無效

1.惡意複保險之無效

複保險，除另有約定外，要保人應將他保險人之名稱及保險

金額通知各保險人，故意不為通知或意圖不當得利而為複保險者，其契約無效。（保36、37）保險人於不知情之時期內，仍取得保險費（保23Ⅱ）。

2. 危險不存在之無效

保險契約訂立時，保險標的之危險已發生或已消滅，為雙方所知悉者，其契約無效。（保51Ⅰ）

3. 超額保險超額部分之無效

超額保險，除善意超額定值保險外，其超額部分之契約無效。（保72、169、76Ⅰ後段）

4. 未經書面同意之無效

由第三人訂立之死亡保險契約，未經被保險人書面同意，並約定保險金額者，其契約無效。（保105、130、135）

5. 年齡不實之無效

人壽保險之被保險人年齡不實，而其真實年齡已超過保險人所定保險年齡限度者，其契約無效。（保122Ⅰ）

保險契約絕對無效時，保險契約自始不生效力，保險人已給付之賠償金額，或要保人已交付之保險費，除另有不須返還之規定外（例如保險法第23條第2項「保險人於不知情之時期內，仍取得保險費」之規定），收受人均應依不當得利之規定返還之。如保險契約僅一部絕對無效時（例如超額保險之超額部分），則僅就該無效之部分，依不當得利之規定返還之。

二、相對無效

1. 保險人不受契約之拘束

訂約時，僅要保人知危險已發生者，保險人不受契約之拘束。（保51Ⅱ）亦即對要保人有效，負有交付保險費及償還費用於保險人之義務（保24Ⅰ）；對保險人則無效，不須負保險責任。

2. 要保人不受契約之拘束

訂約時，僅保險人知危險已消滅者，要保人不受契約之拘束。（保51Ⅲ）亦即對保險人有效，須負保險責任；對要保人則無效，不須負交付保險費及償還費用於保險人之義務，已交付者，保險人應返還之。（保24Ⅱ）

貳、保險契約之失效

保險契約之失效者，保險契約生效後，因法定或約定之特定原因事實發生，而自發生時起向後喪失其效力之謂也。保險契約失效之原因，亦分為約定原因與法定原因。約定原因，指保險契約所定契約失效之原因。保險契約所訂契約失效之條款，如對要保人或被保險人並無顯失公平之情事（消保12Ⅰ、Ⅱ①），應為有效，保險契約得依其規定而失效。法定原因，則指保險法所定契約失效之原因。我國保險法有關保險契約失效之規定，有積極規定與消極規定，二種方式。說明如下：

1. 積極規定

所謂積極規定，又稱正面規定，指以正面方式規定保險契約自特定原因事實發生時起，失其效力之情形。例如保險法第17條規定：「（要保人或）被保險人，對於保險標的（物）無保險利

益者，保險契約失其效力。」是。亦即被保險人於訂約時須對保險標的具有保險利益，使保險契約成立生效，惟嗣後若因連接關係移轉或滅失，而喪失保險利益，則自喪失之時起，保險契約向後喪失其效力。

2. 消極規定

所謂消極規定，又稱反面規定，指以反面方式規定保險契約不因特定原因事實之發生而失其效力之情形。例如保險法第19條規定：「合夥人或共有人聯合為被保險人時，其中一人或數人讓與保險利益於他人者，保險契約不因之而失效。」又如第69條規定：「關於未來事項之特約條款，於未屆履行期前危險已發生，或其履行為不可能，或在訂約地為不合法而未履行者，保險契約不因之而失效。」實際上，「保險契約不因之而失效」，等於「保險契約仍為有效」，只因法條所定之原因事實涉及可能使契約失效之觀念，故以反面方式規定保險契約不因之而失效，以達保險契約仍為有效之規範目的。嚴格言之，不因之而失效，並非「失效」之態樣。

保險契約失效後，除保險法另有為保險利益受讓人之利益而存在之規定（例如保險法第18條）外，保險人不再負保險責任，要保人自亦不負交付保險費之義務，其已交付者，保險人應依不當得利之規定（民179以下）[189]返還之[190]。至於失效前保險契約之效力並不受影響，故失效前因保險事故發生所給付之賠償金額，保險人不得請求返還，已到期之保險費，要保人仍應交付之。

---

[189] 保險法對於保險契約失效後保險費之返還，未設特別規定，故應適用民法上不當得利之規定（民179～183）。

[190] 陳志川，保險法新論，64頁。

參、保險契約之終止

　　保險契約之終止者，於保險契約存續期間，因一定事由之發生，或因保險人或要保人行使終止權，使保險契約之效力向將來消滅也。保險契約之終止，須在保險契約存續期間內始有其適用，若保險契約之效力已消滅（例如保險期間屆滿或保險事故發生），則已無保險契約之終止可言，不可混為一談。此外，保險契約之終止，與保險契約之停止及失效，同為效力向將來消滅，但保險契約停止後可以恢復效力，而保險契約終止後則無恢復效力之問題，又保險契約之失效，係因特定原因事實之發生而當然失效，不待當事人另為意思表示，而保險契約之終止可分為當然終止與任意終止，在當然終止亦不須由當事人另為終止之意思表示，與保險契約失效之觀念相當，僅立法技術不同而已，惟在任意終止則須當事人另為終止之意思表示，與保險契約之失效不同。此三者之主要區別也。

　　保險契約終止之原因，亦可分為約定原因與法定原因。約定原因，指保險契約所定終止契約之原因。保險契約所定終止契約之條款，如對要保人或被保險人並無顯失公平之情事（消保12Ⅰ、Ⅱ①），應為有效，保險人或要保人自得依其規定，為保險契約之終止。法定原因，則指保險法所定終止契約之原因。我國保險法有關保險契約終止之規定，可分當然終止及任意終止。分述如下：

一、當然終止

　　保險契約之當然終止者，保險契約之效力，因一定事由之發生，不須當事人為意思表示，即當然向將來消滅之謂也。於下列情形下，保險契約當然終止：

1. 保險人破產時

保險人破產時，保險契約於破產宣告之日終止。其終止後之保險費，已交付者，保險人應返還之。（保27）

2. 要保人不同意另定保險費時

危險增加後，保險人得終止契約或提議另定保險費，要保人對於另定保險費不同意者，其契約即為終止。（保60 I 前段）危險之增加如係由於要保人或被保險人之行為所致，而終止契約時，保險人如有損失，並得請求賠償。（保60 I 但書）

3. 保險標的物滅失時

保險標的物非因保險契約所載之保險事故而完全滅失時，保險契約即為終止。（保81）

二、任意終止

保險契約之任意終止者，因一定事由之發生，由當事人之一方行使終止權，使保險契約之效力向將來消滅之謂也。於任意終止之情形，有終止權之一方當事人如不行使其終止權，保險契約仍繼續有效。保險法關於保險契約任意終止之規定如下：

1. 危險增加之終止

危險增加後，不論其是否由於要保人或被保險人之行為所致，保險人與要保人[191]均得終止契約。（保60 I 前段）如危險之

---

[191] 依保險法第60條第1項前段規定：「保險遇有前條情形，得終止契約，或…。」何人得終止契約不明，於危險增加後，保險人較有可能終止契約，固無問題。惟要保人遇危險增加時，非不可考慮改訂他種保險契約，或尋向他保險人投保，或為其他處置，故亦應許要保人得終止契約。保險法第60條第1項前段規定，未使用如第82條第1項「保險人與要保人均有終止契約權」之用語，雖有不足，仍以解為於危險增加後，保險人與要保人均得終止契約為宜。

增加係由於要保人或被保險人之行為所致，而終止契約時，保險
人如有損失，並得請求賠償。（保60 I 但書）保險人知危險增加
後，仍繼續收受保險費，或於危險發生後給付賠償金額，或其他
維持契約之表示者，喪失前項（得終止契約及請求損害賠償）之
權利。（保60 II）

2. 危險減少之終止

保險費依保險契約所載增加危險之特別情形計算者，其情形
在契約存續期內消滅時，要保人得按訂約時保險費率，自其情形
消滅時起算，請求比例減少保險費。保險人對於前項減少保險費
不同意時，要保人得終止契約。其終止後之保險費已交付者，應
返還之。（保26）

3. 要保人或被保險人不接受建議之終止

保險人有隨時查勘保險標的物之權，如發現全部或一部分處
於不正常狀態，經建議要保人或被保險人修復後，再行使用。如
要保人或被保險人不接受建議時，得以書面通知終止保險契約或
其有關部分。（保97）

4. 被保險人破產之終止

被保險人[192]破產時，保險契約仍為破產債權人之利益而存
在，但破產管理人或保險人得於破產3個月內終止契約。其終止後
之保險費已交付者，應返還之。（保28）

---

[192] 要保人僅係訂契約繳保費之人，並未享有保險契約上之利益，保險契約上之利
益係歸被保險人享有，保險法第28條所定「要保人」應係「被保險人」之誤；
梁宇賢，保險法新論，206頁謂：「本法第28條之規定，就可將『要保人』修
改為『被保險人』較妥，俾於要保人與被保險人非同一人，而被保險人破產時
亦適用之。」意旨相似。

5. 保險標的物受部分損失之終止

保險標的物受部分之損失者，保險人與要保人均有終止契約
之權。終止後，已交付未損失部分之保險費應返還之。（保82
Ⅰ）關於此項終止契約權之行使，保險法另有如下之特別規定：

（1）「保險人終止契約時，應於15日前通知要保人。」（保
82Ⅲ）亦即保險人終止契約之意思表示達到要保人15日後，始發
生終止之效力，目的在使要保人有尋向他保險人接續投保之機
會。至於要保人為終止契約時，則無此項限制，蓋因保險人無接
續投保之問題也。

（2）「前項終止契約權，於賠償金額給付後，經過1個月不
行使而消滅。」（保82Ⅱ）亦即保險人或要保人之終止契約權，
其除斥期間（即權利存續期間），均只有1個月，並自賠償金額給
付後起算。

（3）「要保人與保險人均不終止契約時，除契約另有訂定
外，保險人對於以後保險事故所致之損失，其責任以賠償保險金
額之餘額為限。」（保82Ⅳ）所謂「要保人與保險人均不終止契
約時」，只須終止契約權之除斥期間過後，要保人或保險人均無
行使終止權之事實，不問其係有意不為終止或因遲誤而未終止，
均屬之。所謂「其責任以賠償保險金額之餘額為限」，即繼續維
持原保險契約之效力後，保險人對於再由保險事故所致之損失，
至多以賠償原訂保險金額扣除前次部分損失之賠償金額以後之餘
額為限。至於本次之賠償金額，仍應依有關規定計算之，不待
言。所謂契約另有訂定，指訂定不以賠償保險金額之餘額為限之
情形。例如約定仍以原訂保險金額為限是。

6. 申請恢復效力之期限屆滿後之終止

人壽保險之保險契約效力停止後（保116 I 、VIII），要保人未於保險契約所定之期限內（自停止效力之日起不得低於2年，並不得遲於保險期間之屆滿日，保116 V），申請恢復效力時，保險人於期限屆滿後，有終止契約之權（保116 VI）。保險契約終止時，保險費已付足2年以上，如有保單價值準備金者，保險人應返還其保單價值準備金（保116 VII）。

保險契約終止後，不論係當然終止或任意終止，保險契約之效力均自終止時起向將來消滅。申言之，終止後保險人不須再負保險責任，要保人則不須再交付保險費，已交付者，保險法設有返還規定者（例如保26 II 、27、28、82 I ），保險人應依保險法之規定返還之，保險法未設返還規定者（例如保60 I 、97、116 VI）保險人應依不當得利之規定返還之；又終止前保險契約之效力並不消滅，故終止前因保險事故發生所給付之賠償金額，保險人不得請求返還，已到期之保險費，要保人仍應交付之。此外，在人壽保險，契約終止時，保險費已付足2年以上，如有保單價值準備金者，保險人應返還於應得之人（保116 VII）。

肆、保險契約之解除

保險契約之解除者，於保險契約存續期間，因一定事由之發生，由保險人或要保人行使解除權，使保險契約之效力溯及的消滅也。

保險契約解除之原因，亦可分為約定原因與法定原因。約定原因，指保險契約所定解除契約之原因。理論上，保險契約所訂解除契約之條款，如對要保人或被保險人並無顯失公平之情事（消保12 I 、 II ①），應為有效，保險人或要保人自得依其規

定，為保險契約之解除。惟實際上，因保險契約為繼續性契約，除要保人或被保險人之行為嚴重影響保險人對於危險之估計者外，宜約定以終止為消滅契約效力之方法，否則極易因對要保人或被保險人顯失公平而無效。法定原因，則指保險法所定解除契約之原因。依我國保險法之規定，於下列情形下，得為保險契約之解除：

1. 怠於通知之解除

保險契約當事人之一方對於他方應通知之事項而怠於通知者，除不可抗力之事故外，不問是否故意，他方得據為解除保險契約之原因。（保57）

2. 違反說明義務之解除

訂立保險契約時，要保人對於保險人之書面詢問，應據實說明。（保64Ⅰ）要保人有為隱匿或遺漏不為說明，或為不實之說明，足以變更或減少保險人對於危險之估計者，保險人得解除契約；其危險發生後亦同。但要保人證明危險之發生未基於其說明或未說明之事實時，不在此限。（保64Ⅱ）前項解除契約權，自保險人知有解除之原因後，經過1個月不行使而消滅；或契約訂立後經過2年，即有可以解除之原因，亦不得解除契約。（保64Ⅲ）

3. 違反特約條款之解除

保險契約當事人之一方違背特約條款時，他方得解除契約；其危險發生後亦同。（保68Ⅰ）前項解除契約權，自保險人知有解除之原因後，經過1個月不行使而消滅；或契約訂立後經過2年，即有可以解除之原因，亦不得解除契約。（保68Ⅱ準用64Ⅲ）

4. 惡意超額保險之解除

保險金額超過保險標的價值之契約，係由當事人一方之詐欺而訂立者，他方得解除契約。如有損失，並得請求賠償。（保76Ⅰ前段）

保險契約解除後，保險契約之效力溯及的歸於消滅，雙方當事人應互負回復原狀之義務（民259）。亦即保險人自始不負保險責任，已給付之賠償金額，被保險人應返還之；要保人則自始不負交付保險費之義務，已交付之保險費，保險人應返還之（民259②）。惟此乃原則，於違反說明義務之解除，保險法第25條設有「保險人無須返還其已收受之保險費」之規定，以示對要保人為懲罰，前已言之，是為例外。此外，解除權人於契約解除前因他方當事人給付遲延或給付不能已生之損害，於保險契約解除後，並得向他方當事人請求賠償（民260）。

第九節　再保險

壹、再保險之意義

再保險（reinsurance），指原保險人以其所承保之危險，轉向再保險人投保之保險（保39）。又稱第二次保險或轉保險。再保險之成立，以有原保險契約之存在為前提。再保險之要保人，為「原保險人」。再保險之保險人，稱為「再保險人」。原保險人與再保險人所訂立之契約，稱為「再保險契約」，保險法第39條所稱再保險，係指再保險契約而言。一般稱再保險，可指再保險之種類，亦可指再保險契約，應依其意旨理解之。再保險契約之標的，為「原保險人所承保之危險」，亦即原保險人因原保險事故發生而須給付賠償金額之責任。因此，所謂再保險，係指具

體個案之再保險而言。原保險人將其承保之危險全部轉向再保險人投保者，稱為「全部再保險」，僅以一部分轉向再保險人投保者，稱為「一部再保險」。

　　再保險，足以減輕（指一部再保險）或消除（指全部再保險）原保險人之賠償責任，對於原保險保險業之經營，具有安定之作用。其次，經由再保險，更可擴大危險共同團體之人數，使分散危險更加徹底。

貳、再保險之性質

　　再保險之法律性質為何？學說主要有四[193]：

一、合夥契約說

　　認為再保險契約，係原保險人與再保險人，以分擔危險為目的而訂立之一種合夥契約。惟合夥契約，須互約出資以經營共同事業（民667），始足當之，再保險人僅因再保險契約而承擔危險，並非與原保險人經營共同事業，此說明顯不合。

二、原保險契約性質說

　　認為再保險契約，與原保險契約之性質並無不同，僅是當事人不同而已。因此，原保險為財產保險者，再保險亦為財產保險；原保險為人身保險者，再保險亦為人身保險。惟按再保險與原保險，除當事人不同之外，再保險人所承擔之危險，係「原保險人所承保之危險」，與原保險人所承擔之危險，為原保險事故發生之危險，性質亦非相同，故此說亦不足採。

---

[193] 林咏榮，新版商事法新詮（下），323頁註5；梁宇賢，保險法新論，232頁；林群弼，保險法論，370頁。

三、責任保險契約說

認為再保險，係原保險人以其就原保險契約所承擔之賠償責任，轉向再保險人投保之保險，性質上屬責任保險之一種。。

四、折衷說

此說既承認再保險具有責任保險之性質，同時又認為再保險係以危險之分擔為目的所訂立之合夥保險契約，應適用民法有關之規定，合夥契約與保險契約之間，並非相互排斥。

依我國保險法第39條之規定可知，再保險契約之標的，為「原保險人所承保之危險」，亦即原保險人因原保險事故發生而須給付賠償金額之責任，應係採「責任保險契約說」之立法。

參、再保險之效力

再保險契約之效力，可得言者如下：

一、與原保險契約相互依存

再保險契約之成立，以有原保險契約之存在為前提，因此原保險契約無效、失效、終止、解除時，再保險契約將失所附麗，而生同一之效果；又原保險人因原保險事故發生而對原被保險人負賠償責任時，連動地使再保險人亦須對原保險人負賠償責任；此外，再保險契約之保險期間，不得超過原保險契約之保險期間，如無特別約定，終期應同時屆滿。

二、與原保險契約各別獨立

再保險契約在成立基礎上，雖與原保險契約具有相互依存之關係，但仍係各別獨立之契約，除當事人不同外，依保險法之規定，在效力上亦有下列差異：

1. 原被保險人對於再保險人無賠償請求權

保險法第40條規定：「原保險契約之被保險人，對於再保險人無賠償請求權。但原保險契約及再保險契約另有約定者，不在此限。」蓋因原保險契約與再保險契約，係各別獨立之契約，而原被保險人，並非再保險契約之被保險人也。但書所謂「原保險契約及再保險契約另有約定者，不在此限」，係指除原保險契約約定，於原保險人投保再保險時，原被保險人對於再保險人有直接請求賠償之權利外，再保險契約亦約定，原被保險人對於再保險人有直接請求賠償之權利者而言。蓋本於契約之相對性，僅於原保險契約中為約定，效力不及於再保險人，而僅於再保險契約中為約定，則效力不及於原被保險人，必也原保險契約「及」再保險契約，均為相同之約定，原被保險人始能取得對於再保險人之賠償請求權也。此益證二者係各別獨立之契約。

須說明者，有二：其一，於原保險人對原被保險人應負之賠償責任確定時，應解為原被保險人得在其保險金額範圍內，依其應得之比例，直接向再保險人請求給付賠償金額（保94Ⅱ），是為例外。其二，於保險事故發生後，原保險人如不履行其對於原被保險人之賠償責任，亦怠於對再保險人請求再保險金額之給付，且原保險人之財務狀況不佳時，原被保險人得依民法上代位權之規定（民242、243），代位行使原保險人對於再保險人之賠償請求權，則屬另一問題。

2. 再保險人不得向原要保人請求交付保險費

保險法第41條規定：「再保險人不得向原保險契約之要保人請求交付保險費。」此亦係原保險契約與再保險契約各別獨立之故。因原要保人僅對原保險人負交付保險費之義務，再保險人自

不得向原要保人請求交付保險費。

3. 原保險人不得因再保險人拒絕理賠而拒絕或延遲賠償原被保險人

保險法第42條規定：「原保險人不得以再保險人不履行再保險金額給付之義務為理由，拒絕或延遲履行其對於被保險人之義務。」此亦係基於原保險契約與再保險契約各別獨立之法理所為之規定。原保險事故發生後，不論再保險人是否履行再保險金額給付之義務，原保險人均應依約給付其賠償金額於原被保險人，不得藉詞拒絕或延遲履行其對於原被保險人之義務。

三、再保險契約之法律適用

再保險為保險之一種，並具有責任保險之性質，故除再保險之規定（保39～42）及保險法上其他性質上許可之規定外，有關責任保險之規定（保90～95），原則上對再保險亦有其適用[194]。關於保險法上其他規定之適用，例如原保險人訂立再保險契約時，對於再保險人之書面詢問，亦應負據實說明之義務，如有違反而足以變更或減少再保險人對於危險之估計者，再保險人得解除再保險契約是[195]。

有問題者，即保險法第94條第1項規定，於再保險有無適用？亦即再保險人賠償責任之發生，是否以原保險人已對原被保險人給付賠償金額為前提？就此，學者有認為，只須原保險事故發生，再保險人即應對原保險人為給付，不得以原保險人對原被保險人履行其賠償義務為條件，原保險人實際是否為保險金之給

---

[194] 梁宇賢，保險法新論，232～233頁。
[195] 桂裕，保險法論，109頁。

付，與再保險人無關者。[196]惟本書以為，再保險為責任保險之一，責任保險之有關規定，性質許可者，均應有其適用。原保險之保險事故雖已發生，但再保險之保險事故，須至原保險人受賠償之請求時始發生（保90），不宜等同視之；又再保險人賠償責任之發生，雖非以原保險人已對原被保險人給付賠償金額為前提，但仍有防止原保險人未對原被保險人為賠償，但卻取得再保險人給付之賠償金額之情況發生之必要，故保險法第94條第1項之防範規定，對於再保險亦應有其適用。

四、原保險人代位權之移轉

原保險人於對原被保險人給付賠償金額後，依法取得之代位請求權，於再保險人對原保險人給付賠償金額後，在賠償金額之範圍內，應再移轉於再保險人。故再保險人給付之賠償金額如大於原保險人代位權所得請求之數額時，原保險人之代位權應全部移轉於再保險人，反之如小於保險人代位權所得請求之數額時，原保險人之代位請求權，應僅餘扣除再保險人之賠償金額後之餘額。再保險人與原保險人，各自行使其代位請求權，固無不可。但在實務上，通常於再保險契約明訂授權原保險人代理再保險人，一併向第三人行使賠償請求權，於受償後再將應歸屬於再保險人之數額給付再保險人，並分擔各項費用，不失為簡便之方法。

本於原保險契約與再保險契約各別獨立之法理，原保險人代位權之內容與再保險人代位權之內容，應分別認定。再保險人，不涉入原保險人與原被保險人間關於代位請求權之分配關係，僅

---

196 採此說者，例如桂裕，保險法論，109頁；施文森，保險法總論，219頁；梁宇賢，保險法新論，233頁。

就原保險人依法所取得之代位權內容，於再保險人給付之賠償金額限度內，移轉於再保險人而已。須注意之。

第十節　消滅時效與除斥期間

第一項　保險法上之消滅時效

所謂消滅時效，乃因請求權不行使，繼續達一定之期間，致其請求權消滅之制度。除法律有短期消滅時效之規定者外，一般之消滅時效期間，為自請求權可行使時起算15年（民125、128）。保險法對於由保險契約所生之權利，設有短期消滅時效之一般規定，另海商法對於海上保險人之金額返還請求權，又設有消滅時效之特別規定。

壹、一般規定

「由保險契約所生之權利，自得為請求之日起，經過2年不行使而消滅。有下列各款情形之一者，其期限之起算，依各該款之規定：一、要保人或被保險人對於危險之說明，有隱匿、遺漏或不實者，自保險人知情之日起算。二、危險發生後，利害關係人能證明其非因疏忽而不知情者，自其知情之日起算。三、要保人或被保險人對於保險人之請求，係由於第三人之請求而生者，自要保人或被保險人受請求之日起算。」（保65）分述之：

一、消滅時效之期間

由保險契約所生之權利，自得為請求之日起，經過2年不行使而消滅（保65前段）。所謂「由保險契約所生之權利」，指一切由保險契約所生之請求權而言。例如保險費請求權、保險費返還

請求權、保險金給付請求權、保單價值準備金請求權、解約金請求權、費用償還請求權、保單借款返還請求權、損害賠償請求權等是。此等請求權，其消滅時效之期間，一律為2年。

二、消滅時效之起算

由保險契約所生之請求權，其2年消滅時效期間之起算方式，可分一般規定與特別規定，說明如下：

（一）起算日之一般規定

由保險契約所生之請求權，其2年消滅時效期間，原則上「自得為請求之日起算」。保險法第65條規定所稱「自得為請求之日起」，僅是民法第128條所定「自請求權可行使時起算」之重複規定，並非「請求權可以行使之態樣」之特別規定。得為請求之日如何？應就各個請求權之情況定之，例如一次交付之保險費請求權，應自契約生效後起算，分期交付之保險費請求權，應自各期交付期限屆滿後起算；因契約終止所生之保險費返還請求權，應自終止之日起算；保險金給付請求權，應自約定之給付期限屆滿後，無約定給付期限者，自保險人接到通知15日後起算（保34）；因終止契約所生之保單價值準備金請求權，應自人壽保險契約終止之日起算（保116Ⅵ、Ⅶ）；解約金請求權，應自保險人接到通知1個月後起算（保119Ⅰ）；費用償還請求權，應自支出費用之日起算；保單借款返還請求權，應自借款期限屆滿之日起算；損害賠償請求權，應自損害發生之日起算等情形是。

（二）起算日之特別規定

有下列各款情形之一者，2年消滅時效期間，自各款所定之日起算（保65後段）。所謂「有下列各款情形之一者」，係指下列各款所定者並非單指某一特定法條之規定而言，凡具有各款規定

之情形者,均有各該款之適用。

1. 要保人或被保險人對於危險之說明,有隱匿、遺漏或不實者,自保險人知情之日起算

即凡因「要保人或被保險人對於危險之說明,有隱匿、遺漏或不實」,致保險人受有損害者,其損害賠償請求權,均「自保險人知情之日起,經過2年不行使而消滅」。所謂「知情」,係指知有損害及要保人或被保險人對於危險之說明有隱匿、遺漏或不實之情形而言,以時間在後者為準。蓋僅知有損害,而不知係因說明之隱匿、遺漏或不實所致,或僅知說明有隱匿、遺漏或不實之情形,但不知有損害者,保險人均無法行使其損害賠償請求權也。涉及要保人或被保險人須對危險進行說明,且保險人可能因之受到損害而應予賠償之情形,例如訂約時之說明義務(保64)、危險增加之通知(保59)、惡意超額保險(保76 I)等是。於此情形,保險法本身訂有得請求損害賠償之規定者(例如保險法第63條、第76條第1項規定),自得依其規定為請求,並無問題。惟如未設得請求損害賠償之規定者,例如保險法第64條就要保人或被保險人之違反說明義務,未設保險人得請求損害賠償之規定,則於保險人解除契約後,依我國民法第260條規定,僅能請求契約解除前因給付遲延或給付不能已生之損害賠償,不得請求因契約解除所生之損害賠償[197],保險人似無請求損害賠償之依據;至如保險人不為解除契約時,其訂約之各項花費則屬經營之成本,亦無請求損害賠償之餘地,應認保險法第64條係有意省略,保險人不得為損害賠償之請求。

---

[197] 陳猷龍,民法債編總論,254～255頁。

2. 危險發生後，利害關係人能證明其非因疏忽而不知情者，自其知情之日起算

即凡「利害關係人能證明其非因疏忽而不知危險發生者」，其因危險發生所生各項請求權，均「自為請求之人知情之日起，經過2年不行使而消滅」。所謂利害關係人，指因危險發生而有權利義務關係之人，例如要保人、被保險人、受益人、繼承人、保險人等是。所謂「非因疏忽而不知情」，指不知危險已發生，而自己並未疏忽而言。所謂疏忽，以欠缺一般人之注意已足，相當於重大過失。非因疏忽而不知情之事實，應由為請求之人證明之。例如被保險人證明保險標的之房屋燒燬時，其因案被收押禁見而不知情；受益人證明於被保險人死亡時，其因出國經商而不知情。所謂「自其知情之日起算」，指自利害關係人中具體提出請求之人知危險發生之日起算而言，不可誤解為利害關係人間可相互援用他人未疏忽之抗辯及知情之時間也。因危險發生所生之各項請求權，例如被保險人或受益人或繼承人之保險金請求權、保險人之費用償還請求權（保24Ⅰ）、要保人之保險費返還及費用償還請求權（保24Ⅱ）等是。

3. 要保人或被保險人對於保險人之請求，係由於第三人之請求而生者，自要保人或被保險人受請求之日起算

即凡「要保人或被保險人因第三人之請求而生對於保險人之請求權」，均「自要保人或被保險人受請求之日起，經過2年不行使而消滅」。法文所謂「由於第三人之請求而生者」，係指因第三人對要保人或被保險人為請求，連動所生要保人或被保險人對於保險人之請求權而言。此情形，如要保人或被保險人尚未受請求，無法向保險人為請求，故規定自要保人或被保險人受請求之日起算。要保人或被保險人因第三人之請求而生對於保險人之請

求權，例如責任保險之被保險人對於保險人之保險金請求權（保90）、再保險之原保險人對於再保險人之保險金請求權（保39）等是。事實上，因第三人之請求而生對於保險人之請求權，僅被保險人有之，本款所定「要保人」部分，似屬多餘。

上開保險法第65條後段各款有關消滅時效期間起算日之規定，屬於特別規定，應優先適用。故因保險契約所生之請求權，如符合第65條後段各款規定之要件者，即無第65條前段所設消滅時效期間起算日一般規定之適用。併予敘明。

貳、海商法之規定

海商法第150條對於海上保險人因錯誤給付保險金額，所生之「金額返還請求權」，設有更短期之消滅時效期間之特別規定，曰：「保險人應於收到要保人或被保險人證明文件後30日內給付保險金額。」「保險人對於前項證明文件如有疑義，而要保人或被保險人提供擔保時，仍應將保險金額全部給付。」「前項情形，保險人之金額返還請求權，自給付後經過1年不行使而消滅。」所謂「保險人之金額返還請求權」，指保險人依第2項規定將保險金額全部給付後，經確定被保險人所提供之證明文件不實時，向被保險人請求返還溢付之保險金額之請求權。因證明文件之疑義已釐清，已不須為其他準備，保險人宜早日請求返還，故規定其請求權自給付後經過1年不行使而消滅。

第二項　保險法上之除斥期間

所謂除斥期間，係指法律對於請求權以外之權利所預定之「存續期間」而言。於除斥期間起算之前，該項權利尚未發生，於除斥期間屆滿後，該項權利即行消滅，僅於除斥期間內有該項

權利之存在，始能行使該項權利。因此，除斥期間已否經過，為法院應依職調查之事項；又除斥期間僅適用於請求權以外之權利，亦即形成權。例如撤銷權、終止權、解除權等。此外，除斥期間為不變期間，不因中斷或不完成而延長，除斥期間經過後，其利益亦不得拋棄。凡此均與消滅時效不同[198]。保險法對於除斥期間，未設一般規定，應依各個法條之規定而定。保險法設有除斥期間之規定如下：

壹、終止權之除斥期間

一、因被保險人破產之終止權

被保險人破產時，保險契約仍為破產債權人之利益而存在，但破產管理人或保險人得於破產宣告3個月內終止契約。（保28）

二、因保險標的物部分損失之終止權

保險標的物受部分之損失時，保險人與要保人均有終止契約之權，其終止權，於賠償金額給付後，經過1個月不行使而消滅。（保82Ⅱ）

貳、解除權之除斥期間

一、因違反說明義務之解除權

要保人（被保險人）違反說明義務時，保險人得解除契約，其解除權，自保險人知有解除之原因後，經過1個月不行使而消滅；或契約訂立後經過2年，即有可以解除之原因，亦不得解除契約。（保64Ⅲ）

---

[198] 關於消滅時效與除斥期間之比較，請見陳猷龍，民法總則，251～252頁。

二、因違反特約條款之解除權

保險契約當事人之一方違背特約條款時，他方得解除契約，其解除權，亦自保險人知有解除之原因後，經過1個月不行使而消滅；或契約訂立後經過2年，即有可以解除之原因，亦不得解除契約。（保68Ⅱ準用64Ⅲ）

須說明者，乃保險契約當然終止時，立即發生終止之效力，無須當事人另為終止之意思表示，不生終止權，故無規定除斥期間之必要，僅任意終止權、解除權，有規定除斥期間之必要。惟關於保險契約之任意終止權及解除權，保險法僅就上開情形，設有除斥期間之規定，則其他未設規定者，例如因怠於通知之解除權（保57）、因惡意超額保險之解除權（保76Ⅰ），另海商法就海上保險人破產時之契約終止權（海商113），亦未設有除斥期間之規定。此時就解除權言，解釋上應適用民法第257條之規定，他方當事人得定相當期限，催告解除權人於期限內確答是否解除，如逾期未受解除之通知，解除權即消滅。至於終止權之行使，民法雖未設準用上開第257條之規定（民263），但在法理上亦應為相同之解釋，否則將發生某項終止權永遠存在之不當現象。依上述終止權及解除權除斥期間均介於1至3個月間之規定觀之，我國保險法非不可就終止權及解除權，分別設一除斥期間之一般規定，以免遺漏。

第四章

財產保險

第一節　火災保險

壹、火災保險之意義

　　火災保險（fire insurance）者，謂火災保險人，對於由火災所致保險標的物之毀損或滅失，除契約另有訂定外，負賠償責任之保險也。（保70 I）

貳、火災保險之起源

　　火災保險制度之起源如何，有二種說法。一說認為起源於德國，謂中世紀德國北部即有「火災共濟協會」（Brandgilde）之組織；1591年漢堡有釀造業百人組成之「火災救助協會」（Feuerkontrakt），發生火災時，此等協會除填補受害人之損失外，並給予資金融通，已具有火災保險之雛形。其後，至1676年漢堡又成立「總火災金庫」，1718年柏林則成立「火災保險所」。凡此，皆為今日火災保險制度之先驅。另一說認為起源於英國，謂英國於1666年發生倫敦大火，次年有一位醫生名為尼古拉‧巴朋（Nicholas Barbon）者，即以個人名義辦理建築物火災保險業務，是為近世火災保險之創始。以上二說，各有所偏，事

實上第一說係著眼於公營保險而言，第二說則係著眼於私營保險
而言。[199]

　　至18世紀以後，火災保險更進一步發展，英國查理斯・波凡
（Charles Poveg），於1710年創設「倫敦保險公司」（Company
of London Insurance），其後又更名為「永明火險公司」（The sun
fire office），已具有現代火災保險之制度，其後並為各國所仿
效，而普及於世。就現代火災保險制度言，應係起源於英國。[200]

參、火災保險之標的物

　　凡能因火之作用而受損害之物，均可為火災保險之標的物。
包括動產（例如傢俱）及不動產（例如房屋）。因動產及不動產
均為有體物（固體、液體、氣體），故我國保險法以「保險標的
物」稱之。惟現代之火災保險，已擴及因保險標的物毀損滅失所
致期待利益損失之賠償，「保險標的物」一語，已無法涵蓋之。
至於人身，雖亦能因火之作用而受傷或死亡，惟其係屬傷害保險
或死亡保險之範圍，故非火災保險之標的。分言之：

一、動產

　　所謂動產，指土地及其定著物以外之物（民66、67）。凡動
產均得因火之燃燒作用而受損害，原則上均得為火災保險之標的
物。惟在保險實務上，除有特別約定承保外，通常將下列動產列
為不保之標的物[201]：

---

[199] 鄭玉波，保險法論，114頁；林群弼，保險法論，389～390頁。

[200] 鄭玉波，保險法論，114頁；林群弼，保險法論，390頁。

[201] 兆豐產物保險股份有限公司之「住宅火災及地震基本保險單」第25條；鄭玉波，保險法論，117頁。

1.各種動物或植物。

2.各種爆裂物或違禁物。

3.皮草。

4.金銀條塊及其製品、珠寶、玉石、首飾、古玩、藝術品。

5.文稿、圖樣、圖畫、圖案、模型。

6.貨幣、股票、債券、郵票、票據及其他有價證券。

7.各種文件、證件、帳簿或其他商業憑證簿冊。

8.機動車輛及其零配件。

　　動產火災保險之投保方式有二：一為與建築物分開投保。此時可就單一項目之動產投保，亦可將多數之動產列為明細，以集合保險之方式投保。於集合保險之情形，不以置於建築物內之動產為限，置於戶外者，例如放置屋外之桌椅、裝飾品等，亦得包括之。純粹以動產為保險標的物之火災保險，稱為動產火災保險；另一為與建築物一起投保。在保險實務上，住宅火災保險條款，通常載有以建築物投保火災險時，該建築物內之動產即自動納入保險範圍，但該動產之保險金額不得超過一定限額（例如限於建築物保險金額之30%，且最高以新臺幣50萬元為限[202]）之條款。此時雖亦須明列動產項目及以實際價值計算其保險金額，但其保險金額不得超過保險契約所定之最高限額，超過部分須另為投保。動產與建築物一起投保之火災保險，稱為混合保險契約。

二、不動產

　　所謂不動產，指土地及其定著物（民66）。土地本身無投保火災險之必要，惟土地之出產物，例如農作物、樹木或森林，尚

202　行政院金融監督管理委員會發布之「住宅火災及地震基本保險條款」第27條規定。

未分離時，雖為土地之一部分，但非不得獨立為火災保險之標的物。定著物，即固定附著於土地上之物[203]，例如房屋、燈塔、防空洞及其他建築物等是。房屋不論其係住宅、商店、工廠、倉庫、教堂、戲院或辦公室，均無不可，至於因其發生火災之危險性不同，而收取不同費率之保險費，則為另一問題。建造中之房屋，亦得為火災保險之標的物。[204]純粹以不動產為保險標的物之火災保險，稱為不動產火災保險。

須附言者，乃近世火災保險已將保險標的物本身毀損滅失之賠償，擴及因保險標的物毀損滅失所致期待利益損失之賠償，例如因房屋失火所致租金收入之損失、因生財器具或執行業務之器材或商店或工廠失火所致利潤收入之損失、因抵押物失火所致無法受償之損失等是。此情形，雖仍以該動產或不動產為發生火災之對象，但已非所有權保險利益之保險，而係期待利益保險利益之保險，相對於前述動產及不動產屬有體物之性質，可稱為無形利益火災保險。

肆、火災保險之保險事故

火災保險之保險事故為「火災」。何謂火災？學者解釋不一，但一般認為火災係指不屬通常用法之燃燒作用。其要件有三：

一、須有燃燒作用

所謂燃燒作用，指發生灼熱及火焰而具有破壞力之作用。僅具有灼熱而不生火焰者，例如燒燙之鍋具、使用中之電熨斗、使

---

[203] 關於定著物之意義，請見陳猷龍，民法總則，119頁。
[204] 鄭玉波，保險法論，117頁。

用中之烤箱、太陽光或燈光之照射等，雖亦具有破壞力，但非此之謂火災，因其所致之損失（例如被燙焦、變色、發酵、變質），不在火災保險承保之範圍。必也此等作用達到標的物產生火焰之程度，其所致之損失，始屬火災保險之範圍。

二、須不在通常用法範圍內

火有「友火」（friendly fire）及「敵火」（hostile fire）之分。友火者，有益之火也，指在人類通常用法範圍內之燃燒作用。例如照明之火、炊飯之火、取暖之火、吸煙之火、信號之火、祭祀之火、實驗室之火、焊槍之火等是。敵火者，有害之火也，指不在人類通常用法範圍內之燃燒作用。例如燃燒之香火，插在香爐中，為友火，惟若不慎掉落，引起地毯燃燒，即成為敵火；點着之香煙，夾在指間，為友火，但若隨意丟棄，引起木材燃燒，即成為敵火；焊槍用以焊接鋼鐵，為友火，但若以之作為放火之工具，即成為敵火等情形是。友火與敵火之區別，僅在於其是否屬人類通常用法範圍內一點。不在人類通常用法範圍內之火，足以發生損害，始為此所謂之火災。

須說明者，電線走火、爆炸引起之火災、雷電引起之火災、颱風引起之火災、暴動引起之火災、恐怖主義之破壞行為引起之火災、地震引起之火災、戰爭引起之火災等，性質上均屬不在通常用法範圍內之燃燒作用，自亦屬敵火，而為火災保險承保之保險事故。惟在保險實務上，通常將其中颱風、地震、暴動、恐怖主義之破壞行為、戰爭等引起之火災，列為不保之危險，蓋因此等情形發生火災之可能性及損害性較高之故也。

三、須發生損害

敵火足以發生損害，但未必發生損害。例如吸食後丟棄於水泥地板上之香煙，其燃燒作用雖為敵火，但因無可助燃之物品而熄滅，即無損害之發生是。因敵火發生損害時，即屬火災保險事故之發生。例如因祭祀用之香火掉落地上，引起地毯燃燒，甚至燒燬傢俱或房屋之情形是。

須說明者，乃敵火所致之損害，可分為「直接損害」與「間接損害」。所謂直接損害，指敵火對保險標的物所造成焚燬（例如傢俱被燒為灰燼）、燒焦（例如鋼琴雖未被焚燬，但已受燃而焦化變質）、煙燻（例如衣物被煙燻烤而變色）、爆炸（例如鍋爐被火燒而爆炸）之損害而言。保險法第70條第1項所定「由火災所致保險標的物之毀損滅失」，屬之。所謂間接損害，指因救護保險標的物之行為，對保險標的物所造成之損害而言。因救護保險標的物之行為，對保險標的物所造成之損害，例如因救火而噴水，致保險標的物之電視受損；因救火而打破玻璃、因救火而破壞裝潢、因救火而拆毀圍牆等情形是。就此，保險法第70條第2項規定：「因救護保險標的物，致保險標的物發生損失者，視同所保危險所生之損失。」保險人應負賠償責任。

於此有問題者，乃因火災保險標的物（例如鍋爐、電器、房屋建材）被火燃燒而爆炸或倒塌，所造成保險標的物本身之損害，火災保險人應負賠償責任，固無問題。惟因爆炸或倒塌而損及同為火災保險標的物之其他財產（例如鍋爐被火燃燒而爆炸，損及傢俱）或損及他人之財產（例如房屋因燃燒而倒塌，壓壞他人汽車）時；或保險標的物失火後延燒及他人財物，以及因救護被延燒之他人財物之行為，所致他人財物之損失等，原火災保險人是否應負賠償責任？不無疑問。我國保險法就此未設明文規

定，本書以為，除因爆炸或倒塌而損及同為火災保險標的物之其他財產之情形，仍屬火災保險人應負賠償責任之範圍外，其他因爆炸或倒塌損及他人財物、延燒及他人財物、及因救護被延燒之他人財物所致他人財物之損失等情形，雖在性質上亦屬火災通常可能發生之損害，列為承保之範圍，自無不可，惟因涉及危險評估及對價平衡問題，是否屬於承保範圍，宜於保險契約中明定之，以免發生爭議。

伍、契約另有訂定之情形

保險法第70條第1項規定所謂「除契約另有訂定外」，係指於保險契約中訂定，對於某項標的物因火災所致之損失，列為不保之範圍或列為承保範圍之情形而言。例如前述保險實務上將若干動產，列為不保之標的物，或特別約定將其列為承保範圍；或將颱風、地震、暴動、恐怖主義之破壞行為、戰爭等引起之火災所致損失列為不保之範圍，或特別約定將其列為承保範圍；或將因爆炸或倒塌損及他人財物、延燒及他人財物、及因救護被延燒之他人財物所致他人財物之損失，列為不保之範圍，或特別約定列為承保範圍等情形是。

陸、其他財產保險之準用

保險法第82-1條規定：「第73條至第81條之規定，於海上保險、陸空保險、責任保險、保證保險及其他財產保險準用之。」「第123條及第124條之規定，於超過1年之財產保險準用之。」本條為民國86年5月28日保險法修正時新增，修正理由謂：「二、本法第100條原規定第73條至第80條，第123條及第124條之規定，於其他財產保險準用之；但依其內容應通用於海上保險、陸空保險、責任保險及保證保險，為使相關條文之規範更周延起見，爰

予以重作調整，刪除第100條，新增本條條文。三、要保人繳納保費達1年以上者，已提列有責任準備金，準此，為保障要保人、被保險人及受益人合法之權益，1年以上財產儲蓄性保單所提存之責任準備金準用第123條及第124條之責任準備金相關規定。」

按現行火災保險節中之主要規定，係於民國52年修正時，因保險法改採人身保險與財產保險之分類法，並不設「財產保險通則」，爰將原「損失保險」章通則之規定，可適用於火災保險者，移訂於火災保險節中而來。嗣因發現原第100條僅準用於「其他財產保險」之規定，有所不足，爰於民國86年5月28日修正時，將其移訂於第82-1條，分為兩項規定，第1項明訂火災保險節中第73條至第81條之規定，於各種財產保險（即海上保險、陸空保險、責任保險、保證保險、其他財產保險）均準用之。此益證火災保險節中之規定，係屬財產保險之一般規定無疑。事實上，現行保險法第70條至第82條關於火災保險之規定，除第70條第1項規定以外，性質上均屬於各種財產保險通用之條文，非僅以第73條至第81條為限。本書於第三章「保險契約」中討論屬於財產保險共通之部分，而於本節則僅論及火災保險特有之部分，不重複敘述，即此理由。

其次，依上開修正理由可知，新增保險法第82-1條第2項規定，係由原第100條後段移訂而來。惟查第123條及第124條，係人壽保險之規定，如有準用於全部財產保險之必要，實應於各該條文或於人壽保險節中，另立一條或一項為準用之規定，始為正辦。原訂於第100條僅準用於「其他財產保險」，固屬有誤，移至「火災保險」節中規定屬於「人壽保險」之第123條及第124條規

定，於超過1年之「財產保險」準用之，於立法體例亦有不合。[205]

第二節　海上保險

第一項　總說

壹、海上保險之意義

　　海上保險（marine insurance）者，謂海上保險人對於保險標的物，除契約另有規定外，因海上一切事變及災害所生之毀損、滅失及費用，負賠償責任之保險（保83、海商129）。

貳、海上保險之立法體例

　　海上保險之發展先於陸上保險，原屬於海商法之範圍，故自民國18年12月30日國民政府公布海商法至今，均將海上保險規定於海商法中。另因海上保險亦係營利保險之一種，因屬於財產保險性質，為求保險法體例之完整，故我國保險法財產保險章中，亦列有「海上保險」一節[206]。但為避免重複起見，於保險法中僅

---

[205] 關於保險法第123條及第124條規定如何準用於「超過1年之財產保險」之情形，見本書第五章第一節人壽保險中之說明。

[206] 民國46年間，財政部研擬保險法修正草案時，原將海上保險之條文納為「運送保險」一章，惟於邀請有關機關及學者專家集會審查時，交通部代表以海上保險具有獨特性質，建議仍將海上保險之規定，保留於海商法中；其他與會之學者專家，則多數贊成修正草案之議。財政部則以保險法所定者為營業保險之強制事項，海上保險既為營業保險之一種，縱具有獨特性質，仍可於保險法內詳為規定，而於海商法中，標舉綱要，以資並顧，且海上保險之訂入保險法中，菲律賓已有先例，建議依草案為修正。案經行政院於46年10月28日函送立法院審議。稍後，交通部研擬之海商法修正草案，亦經行政院於47年3月8日函請立法院審議。結果海商法先完成立法程序，於51年7月25日修正公布，仍保留海上保險於其第九章。立法院審議保險法修正案時，主張應將海上保險之條文移訂於保險法中，以便營業保險之法律，統納於一法，而體例整飭者有之，主張

設二條條文，除第83條為海上保險之意義（或海上保險人之責任）之規定，已如前述外，於第84條明定：「關於海上保險，適用海商法上保險章之規定。」以與海商法第126條規定：「關於海上保險，本章無規定者，適用保險法之規定。」相呼應。因此海商法海上保險章，係保險法之特別法。對於海上保險事項，應優先適用海商法海上保險章之規定，其無規定者，則仍須適用保險法。本書考慮海商法海上保險章僅係就海上保險特殊部分所為之規定，仍須與保險法上關於財產保險之一般規定一併理解，體系較為完整，爰將海商法海上保險章之規定，納入本節述之。

參、海上保險之起源

近代保險源自於海上保險，海上保險起源甚早，約在西元前4世紀，希臘即盛行一種「冒險借貸」（bottomry）制度，亦即船舶所有人為籌借航海資金，乃以船舶為擔保向特定金主舉債，同時雙方約定，若船舶滅失時，無須清償借款，若船舶安全完成航海，則須附加高利為清償。在高額利息中，隱隱含有船舶保險保險費負擔之意涵[207]。西元前4世紀Demostenes之演說集中即有冒險借貸之記載，直到19世紀末期，歐洲各國之海事法，莫不承認冒險借貸之制度，尤其在英美之海事法中，更承認冒險借貸債權具有海事優先權[208]。於冒險借貸制度流行之同時，約14世紀在地中海沿岸，開始演變為類似海上保險之制度，惟海上保險見諸明文者，則始於法國1681年之路易14海商條例（Ordinance de la marine

---

仍應保留於海商法中，以保全歷史傳統及海商法之完整性者有之。結果以海商法既已先行完成立法程序，爰決定仍保留於海商法中。林咏榮，新版商事法新詮（下），650頁註1；鄭玉波，保險法論，131頁。

[207] 林咏榮，新版商事法新詮（下），639頁。
[208] 林群弼，保險法論，413～414頁。

of 1681），歐陸諸國相繼仿之。另相傳英國在1601年亦有海上保險成文法之制定，但無文獻可稽，其可考者，早期為判例法，至1756年曼斯菲爾德法官（Lord Mansfield），將歐陸之海事條例及國際慣例整編成海上保險法草案，於1788年完成立法，1906年又以之為基礎，另行制定一部更完整之海上保險法（The Marine Insurance Act 1906），美國及近世各國之海上保險法，多繼受自本法。

肆、海上保險之特性

海上保險，較之陸上保險，具有下列特殊性：

一、國際性

海上保險，多涉及國際貿易之貨物運送。在C.I.F.買賣之下，出賣人對於出售之貨物負有投保海上保險之義務，於取得保險單之後，再經由跟單信用狀付款系統，移轉於國外買受人；在F.O.B.買賣下，則由國外買受人自行投保海上保險，或以附加服務之方式委託出賣人代為辦理投保事宜，再移轉於該買受人。利害關係人分屬不同國籍，保險契約之準據法各有差異，具有濃厚之國際性。

二、商事性

在涉及國際貿易之貨物運送之情形，海上保險之要保人，不論係出口商或進口商，均為商人，保險人亦為商人，保險標的物又為商品，具有完全之商事性，受契約自由原則支配之程度應較深。此與陸上保險之要保人有為商人有為一般人民者不同，尤其在人身保險之被保險人，一律為自然人，且具有社會性及強行性，受契約自由原則支配之程度應較淺。

三、多樣性

海上保險之保險事故，包括「海上一切事變及災害」在內，例如碰撞、擱淺、觸礁、沈沒、暴風雨、海嘯、海盜、火災、捕獲、船員故意或過失之行為、共同海損等皆屬之。較之陸上保險，一般以單一或一定範圍關聯性較大之危險為保險事故之情形，亦有差異。海上保險，可謂係「海上全險」，保險事故之多樣性，亦為其特性之一。

第二項　海上保險契約

壹、海上保險契約之意義

海上保險契約者，當事人約定，一方交付保險費於他方，他方對於保險標的物，因海上一切事變及災害所生之毀損、滅失及費用，負賠償責任之契約也。

貳、海上保險契約之應記載事項

海商法對於海上保險契約應記載之事項（即基本條款），未再設一般性之規定，其應記載之項目，自應依保險法第55條之規定定之。但海商法就其中若干應記載項目或其有關事項之內容，設有特別規定。爰列述其特別規定如下：

一、保險標的

「凡與海上航行有關而可能發生危險之財產權益，皆得為海上保險之保險標的。」（海商127Ⅰ）可知海上保險之標的，以「財產權益」為限，不包括人身在內，亦即海上保險為財產保險之一種。因此船舶上之人員，如為旅客，應依海商法「旅客運送」節之有關規定（海商81、82）投保意外險；如為船員（船

長、海員），除由雇用人為其投保勞工保險及全民健康保險（船員52），並支付醫療費、失能補償、死亡補償、喪葬費（船員41、44、45、46、48）之外，自亦可自費投保各種人身保險，以加強保障。所謂「與海上航行有關而可能發生危險之財產權益」，不外船舶、貨載、運費、預期利益等四項。分言之：

（一）船舶

以船舶為保險標的之保險，稱為船舶保險（hull insurance）。所謂船舶，除船舶結構體以外，凡於航行上或營業上必需之一切設備及屬具，均屬之（海商7）。又海上保險之立法目的在填補既有船舶之損失，與海商法之立法目的在獎勵航業建造大船、商船、海船，並不相同，故得為海上保險標的之船舶，應可不限於海商法上之船舶（包括從事貨物運送、旅客運送、捕魚、救助、船舶拖帶等海上商業之船舶），非海商法上之船舶（例如小船、公務艦艇、河船、試航中之船舶、遊艇），非不可當之。此外，在英國，建造中之船舶，雖非船舶，亦可為海上保險之標的[209]。

（二）貨物

以貨物為保險標的之保險，稱為貨物保險（cargo insurance）。所謂貨物，指為船舶運送標的之物，包括商品（例如國際貿易之標的物）及非商品（例如移民搬家之傢俱）。至於非為船舶運送標的之船員、旅客之行李，除有特別約定外，不包括在內。

（三）運費

以運費為保險標的之保險，稱為運費保險（freight

---

[209] 鄭玉波，海商法，123頁。

insurance）。所謂運費，指運送貨物應得之對價。海上運送，除約定運費不論貨物有無安全送達，均應支付者，無保險之必要外，通常均以貨物安全送達目的港（或目的地）為取得運費之要件，運送中之貨物若發生毀損滅失，運送人將無法取得運費，海商法第137條第1項前段規定：「運費之保險，僅得以運送人如未經交付貨物即不得收取之運費為之。」即此之故。又依海商法第137條第2項規定：「前項保險，得包括船舶之租金及依運送契約可得之收益。」可知運費保險之標的，得包括船舶之租金及依運送契約可得之收益在內。依運送契約可得之收益，例如旅客運送之票價，通常先付，但若約定票價後付者，亦得以之作為運費保險之標的。

（四）預期利益

以貨物安全送達目的港（或目的地）之預期利益為保險標的之保險，稱為利得保險（profits insurance）。所謂預期利益，包括運送人之預期利益及原貨物所有人之預期利益。運送人之預期利益，例如貨物到達時應有之佣金、費用；原貨物所有人之預期利益，例如佣金、費用、差額利潤、如期交貨獎勵金等是。（海商136）

須附言者，海上保險人亦得將其所承保之危險，轉向再保險人投保（保39），自不待言。此時，其保險標的為「原海上保險人所承保之海上危險」，亦即原海上保險人因原海上保險事故發生而須給付賠償金額之責任，屬責任保險之性質，與此所述係原海上保險之保險標的者，不可同日而語。

二、保險事故之種類

「保險人對於保險標的物，除契約另有規定外，因海上一切

事變及災害所生之毀損、滅失及費用，負賠償責任。」（海商129）可知海上保險之保險事故，為「海上一切事變及災害」。所謂「事變」，指人為之危險，例如海盜、火災、捕獲、船員故意或過失之行為是；所謂「災害」，指天然之危險，例如暴風雨、海嘯是。事實上海上保險標的物之毀損滅失，除單獨由人為或天然之危險造成者外，亦有二者均可造成或由二者共同造成者，例如碰撞、擱淺、觸礁、沈沒、共同海損等是。故所謂「海上一切事變及災害」，應解為係指一切足以使海上保險標的物發生毀損、滅失及費用之危險而言，不須拘泥於其究係出自人為之事變或天然之災害。

　　海上保險之保險事故，指「海上」一切事變及災害，並無問題。惟依海商法第127條第2項規定：「海上保險契約，得約定延展加保至陸上、內河、湖泊或內陸水道之危險。」[210]是於延展加保之情形下，延展階段之保險事故，應指陸上、內河、湖泊或內陸水道上之一切事變及災害而言，併予敘明。

三、保險期間

　　「保險期間除契約另有訂定外，關於船舶及其設備屬具，自船舶起錨或解纜之時，以迄目的港投錨或繫纜之時，為其期間；關於貨物，自貨物離岸之時，以迄目的港起岸之時，為其期間。」（海商128）是為海上保險期間之規定。分言之：

---

[210] 本項規定，係民國88年7月14日修正海商法時新增，立法理由謂：「為配合現行海陸聯運之發展趨勢及其作業之需要，並參考1906年英國海上保險法（Marine Insurance Act 1906）Sec.2規定，爰予增訂第2項海上保險契約當事人間得自由約定加保內河及陸上等之危險。」

（一）約定保險期間

所謂「契約另有訂定」，指契約另有不同於海商法第128條所定保險期間之約定而言。是為約定保險期間。例如約定自船舶到港投錨或繫纜之時，以迄目的港投錨或繫纜之時止；或約定自船舶起錨或解纜之時，以迄目的港投錨或繫纜後滿24小時止是。又於約定延展加保至陸上、內河、湖泊或內陸水道之危險時（海商127 II），就其保險期間之終止時點，亦宜一併約定之。保險契約就保險期間另有訂定者，應優先適用。

（二）法定保險期間

1. 船舶之法定保險期間

關於船舶及其設備屬具，自船舶起錨或解纜之時，以迄目的港投錨或繫纜之時，為其保險期間。

2. 貨物之法定保險期間

關於貨物，自貨物離岸之時，以迄目的港起岸之時，為其保險期間（海商128後段）。惟於約定延展加保至陸上、內河、湖泊或內陸水道之危險時（海商127 II），其保險期間，應於何時終止，海商法未設明文，本書以為，如契約另無訂定，應解為以迄陸上、內河、湖泊、或內陸水道之運送工具卸載之時，為貨物之法定保險期間。

須說明者，關於運費保險及利得保險之保險期間，海商法與保險法均未設明文規定。解釋上，除契約另有訂定外，因運費及預期利益，均以貨物安全送達為取得之要件，故其保險期間應與貨物之保險期間一致[211]。

---

[211] 梁宇賢，海商法精義，296頁。

四、保險價額

海商法分就船舶、貨物、運費、預期利益之保險價額，設有規定。分述之：

（一）船舶之保險價額

「船舶之保險以保險人責任開始時之船舶價格及保險費，為保險價額。」（海商134）所謂「保險人責任開始時」，除契約另有訂定外，指船舶起錨或解纜之時，前已言之。所謂「船舶價格」，指該船舶於保險人責任開始時在交易市場上應有之價格而言。但因船舶通常為訂製而具有獨特設備及性能之構造物，少有同型號之規格品於市場上流通，故此之謂在交易市場上應有之價格，通常應以保險人與要保人雙方同意之公正機構所為鑑定之價格為準。所謂「保險費」，指海上保險人單就船舶部分所應收取之保險費。

船舶之保險以保險人責任開始時之船舶價格及保險費，為保險價額，固無問題。惟究應以何地點之船舶價格及保險費為準？可能之地點有四：即「船舶所在地」、「船舶起錨或解纜地」、「船籍港所在地」、「保險契約訂立地」。學者有認為應以船籍港所在地之船舶價格及保險費為準者[212]。本書以為，似應以保險契約訂立地之船舶價格及保險費為準，蓋因船舶大半時間在航行，所謂船舶所在地，難以確定，顯不足採。而船舶起錨或解纜地及船籍港所在地，固較為明確或固定，但未必與訂立海上保險契約之交易直接有關，而船舶價格及保險費，均可能因保險契約訂立地點之不同而有差異，尤其保險費率更應係指保險契約訂立地之保險費率而言，至於船舶價格縱無差異，以保險契約訂立地

---

[212] 林群弼，保險法論，428頁。

之船舶價格為準,亦無可議之處也。

依上所述,可知船舶之保險價額,除契約另有訂定外,應係指船舶起錨或解纜時,保險契約訂立地之船舶價格與船舶保險費之總和而言。

(二)貨物之保險價額

「貨物之保險以裝載時、地之貨物價格、裝載費、稅捐、應付之運費及保險費,為保險價額。」(海商135)可知貨物之保險價額,係指「裝載時、地之貨物價格」與「裝載費、稅捐、應付之運費及保險費」之總和而言,亦非單以貨物部分之價格為限。所謂貨物價格,係指貨物在裝載時、地在交易市場上應有之價格,通常以該批次國際貿易之發票價格為準。所謂裝載費、稅捐、應付之運費及保險費,係指裝卸貨物所需之各項費用、因貨物出口至目的地所應繳納之各項稅捐、因貨物出口至送達目的地所需之各項運費,及因貨物出口至送達目的地所需之各項保險費,應以各項單據憑證之數額為準。此等費用,均為貨物價值之一部分,於貨物毀損滅失時,將與貨物一起成為損失之一部分,故應包括於貨物保險價額之中。

(三)運費之保險價額

「運費之保險,僅得以運送人如未經交付貨物即不得收取之運費為之,並以被保險人應收取之運費及保險費為保險價額。」「前項保險,得包括船舶之租金及依運送契約可得之收益。」(海商137)可知運費之保險價額,除「被保險人應收取之運費」及「運費之保險費」外,尚可包括「船舶之租金」及「依運送契約可得之收益」在內。所謂被保險人應收取之運費,指被保險人(即運送人)將貨物安全送達目的地交付受領人時,依運送契約

可得收取之運費。所謂保險費,指單就運費部分應交付之保險費。二者通常以運送契約所載之數額為準。

所謂「船舶之租金」,應指船舶所有人或有出租權之人,將船舶出租(移轉占有)於他人經營海上商業,所應得之對價。如此則取得船舶租金之人,顯非以該船舶營運之運送人,亦即「船舶之租金」不可能係運送人收入之一部分,海商法第137條第2項前段規定「前項保險,得包括船舶之租金」,似有未合。經查本項係民國88年7月14日修正海商法時新增,立法理由謂:「增訂第2項船舶之租金及運送契約可得之收益得為運費保險之標的,以符國際慣例(參照MIA.1st Schedule 16[213]及我國保險法第20條)。」惟查1906年英國海上保險法附錄1第16條規定:「運費一辭包括船舶所有人使用其船舶運送自己貨物或動產可得之利益及第三人應支付之運費,但不包括票價。[214]」其前段明顯係指「船舶所有人使用其船舶運送自己貨物或動產可得之利益」而言,並無任何租金之意涵在內,疑係修正案起草人誤解原文意義所致。另所謂依運送契約可得之收益,不論其名稱為何,實均屬運費性質,且依上開1906年英國海上保險法附錄1第16條規定,所謂運費並不包括票價在內,足見海商法第137條第2項後段顯係重複之規定,並無必要。是如欲參照1906年英國海上保險法附錄1第16條規定,海商法第137條第2項似應規定為:「前項運費,包括船舶所有人使用其船舶運送自己貨物或動產可得之利益,但不包括票價。」

---

[213] MIA.1st Schedule 16係指1906年英國海上保險法,附錄1勞依茲保險單,保險單解釋規則第16條之規定而言。

[214] The Marine Insurance Act, 1906. 1st Schedule, Lloyd's S. G. Policy, Rules for Construction, sec. 16.: The term 'freight' includes the profit derivable by a shipowner from the employment of his ship to carry his own goods or moveables, as well as freight payable by a third party, but does not include passage money.

另查，海商法第137條第1項規定：「運費之保險，僅得以運送人如未經交付貨物即不得收取之運費為之，並以被保險人應收取之運費及保險費為保險價額。」係民國88年7月14日修正海商法時，將舊海商法第179條第1項及第2項之規定[215]合併修正而來，其修正理由謂：「參照MIA. Sec. 16(2)以被保險人應負擔（按應係「應收取」之誤）之運費為保險價額，以符海上保險『損害填補』之基本法理。爰將現行條文第1項、第2項合併修正為第1項如上。」惟按1906年英國海上保險法第16條第2款規定：「在運費保險，不論運費係預付或以他法支付，其保險價額係指被保險人負擔危險之運費，另加保險費用之總額。[216]」似以原文照譯較為清楚。

（四）預期利益之保險價額

「貨物到達時應有之佣金、費用或其他利得之保險以保險時之實際金額，為保險價額。」（海商136）所謂貨物到達時應有之佣金、費用或其他利得，例如貨物到達時運送人或原貨物所有人應有之佣金、費用、原貨物所有人應有之差額利潤、如期交貨獎勵金等是。此等預期利益，一般商業習慣上，係以保險時之實際金額，為保險價額，以避免舉證或估價之困難。所謂保險時之實際金額，指保險時已有憑證（例如契約、電子文件、發票）可資證明之數額而言。

---

[215] 民國88年7月14日修正前舊海商法第179條第1項、第2項規定如下：「關於運費之保險，以運送契約內所載明之運費額及保險費為保險價額，運送契約未載明時，以卸載時卸載港認為相當之運費額及其保險費為保險價額。」「以淨運費為保險標的，而其總額未經約定者，以總運費百分之60為淨運費。」

[216] The Marine Insurance Act, 1906. sec.16(2): In insurance on freight, whether paid in advance or otherwise, the insurable value is the gross amount of the freight at the risk of the assured, plus the charges of insurance.

參、海上保險契約之特別效力

一、對於海上保險人之效力

（一）海上保險人之賠償責任

「保險人對於保險標的物，除契約另有規定外，因海上一切事變及災害所生之毀損滅失及費用，負賠償責任。」（海商129）可知海上保險人應負賠償責任之保險事故及賠償之範圍，首應依保險契約之訂定，如無特別訂定時，海上保險人對於海上一切事變及災害所生之毀損滅失及費用，除符合下列法定免責事由外，均應負賠償責任：

1.「因要保人或被保險人或其代理人之故意或重大過失所致之損失，保險人不負賠償責任。」（海商131）

2.「未確定裝運船舶之貨物保險，要保人或被保險人於知其已裝載於船舶時，應將該船舶之名稱、裝船日期、所裝貨物及其價值，立即通知於保險人。不為通知者，保險人對於未為通知所生之損害，不負賠償責任。」（海商132）

所謂未確定裝運船舶之貨物保險，指訂立海上保險契約時，保險標的之貨物已確定，但將裝運該批貨物之船舶尚未確定，而約定要保人或被保險人嗣後再將裝運船舶之名稱、裝船日期、實際裝載之貨物及其價值等事項通知保險人之一種貨物保險也。學理上稱為「預定保險」。惟此種貨物保險契約本身已成立生效，並非一種「預約」，不可誤解。所謂「立即」通知於保險人，指要保人或被保險人應於知悉貨物已裝載於船舶後，以最快速度通知保險人。所謂「未為通知所生之損害」，應係「未為通知前所生之損害」，蓋「未為通知」並非海上保險事故，無致生貨物損害之可言也。可知要保人或被保險人之通知雖有遲延，但仍在貨

物發生損害前達到保險人者，保險人仍應負其賠償責任。

　　3.「保險事故發生時，要保人或被保險人應採取必要行為，以避免或減輕保險標的之損失，保險人對於要保人或被保險人未履行此項義務而擴大之損失，不負賠償責任。」（海商130Ⅰ）

（二）減免損失費用之償還

　　依海商法第130條第2項規定：「保險人對於要保人或被保險人，為履行前項義務所生之費用，負償還之責，其償還數額與賠償金額合計雖超過保險標的價值，仍應償還之。」所謂「為履行前項義務所生之費用」，指為履行第130條第1項所定「採取必要行為，以避免或減輕保險標的之損失」之義務所生之費用，亦即減免損失之費用。例如於船舶觸礁時，僱用拖船或人員協助救助所生之費用。於保險事故發生時，被保險人如能及時採取必要行為，以避免或減輕保險標的之損失，對於海上保險人及社會資源均屬有利，為鼓勵被保險人勇於為之，故規定其因此所生之費用，海上保險人均應負償還責任，即使其償還數額與賠償金額合計已超過保險標的之價值，仍應償還之。此項規定之立法意旨與保險法第33條第1項規定相同，雖保險法第33條第1項後段規定，償還數額與賠償金額，合計雖超過「保險金額」，仍應償還，用語稍有差異，效果則一。惟依海商法第130條第3項前段規定：「保險人對於前項費用之償還，以保險金額為限。」亦即償還數額與賠償金額合計，至多為保險金額之二倍。此項限制，則為保險法第33條規定所無。考其理由，應係海上之救助費用，通常較陸上之救助費用為鉅大，為免海上保險人負擔過重，故明定以保險金額為限也。至於在不足額保險之情形下，應償還之減免損失費用，應「以保險金額對於保險標的之價值比例定之。」（海商130Ⅲ但書）計算式為：減免損失之費用×保險金額／保險標的之

價值（即投保比例）＝應償還之數額。則又與保險法第33條第2項規定同。

（三）保險金額之給付

1. 給付之時期

「保險人應於收到要保人或被保險人證明文件後30日內給付保險金額。」（海商150 I）所謂證明文件，指足以證明因保險事故而受損害或支出費用及其數額之證明文件。證明文件之種類，以保險契約所載為準，保險契約未規定者，應依慣例或依特定標的之情況提出有效之憑證。要保人與保險金額之給付並無關係，提出證明文件者，應係「被保險人」，而非「要保人或被保險人」，海商法第150條第1項「要保人或」等語係屬多餘，理由同本書有關保險法第34條規定之說明。保險人於收到證明文件後，應於30日內完成審核並給付保險金額，如對於證明文件有疑義，應即請被保險人說明或補強或更換，對於確切仍有疑義部分之保險金額，可給付亦可暫緩給付，但被保險人（海商法第150條第2項「要保人或」等語亦無必要）提供擔保時，應即將保險金額全部給付（海商150 II）。所謂提供擔保，應係指就確切仍有疑義部分之保險金額提供相當之擔保而言，非謂就保險金額之全部均須提供擔保也。擔保之種類，法無限制，物保（設定抵押權、質權）人保（保證人），均無不可。對於確切仍有疑義部分，應如何處理，海商法及保險法均未設明文，如被保險人認為其所提證明文件已足，而不願或無法再為補強或更換，則唯有訴請法院為判決之一途。

最後，依海商法第150條第3項規定：「前項情形，保險人之金額返還請求權，自給付後經過1年不行使而消滅。」所謂「前項

情形」，即被保險人提供擔保，而保險人將保險金額全部給付之情形。所謂「金額返還請求權」，指錯誤給付之保險金額返還請求權。所謂「自給付後經過1年不行使而消滅」，乃自給付後經過1年，不論已否確定為錯誤給付，亦即不論請求權是否可以行使，均不得請求返還。此種消滅時效期間之規定，與民法第197條第1項後段之規定：「自有侵權行為時起逾10年者，亦同。」方式相同，但更為短期，目的在避免保險人就提供擔保部分之保險金額，藉故拖延證明文件疑義之認定或不為給付。因此，被保險人提供擔保之原因，自保險人給付保險金額1年後，即歸消滅，縱其提供之證明文件之疑義尚未經認定，亦同。此時，提供人保者，保證人之責任即行解除，但提供物保者，仍有民法第145條第1項及第880條規定[217]之適用，應注意之。

2. 給付之計算

海上保險標的發生毀損滅失時，應依其究係定值保險或不定值保險，係全部保險或一部保險，以及係全部損失或一部損失，分別計算其應給付之保險金額，就此海商法未設特別明文，應適用保險法之有關規定決之。但海商法就海上保險標的部分損失之損害額（補償額）計算方式，設有特別規定如下：

（1）貨物部分損害之計算

①以比較方式計算損害額　受損之貨物未變賣時，「貨物損害之計算，依其在到達港於完好狀態下所應有之價值，與其受損

---

[217] 民法第145條第1項規定：「以抵押權、質權或留置權擔保之請求權，雖經時效消滅，債權人仍得就其抵押物、質物或留置物取償。」；第880條規定：「以抵押權擔保之債權，其請求權已因時效完成而消滅，如抵押權人，於消滅時效完成後，5年間不實行其抵押權者，其抵押權消滅。」

狀態下之價值比較定之。」（海商138）例如某船舶自越南運送稻
米到臺灣時，稻米部分受損，「其在到達港於完好狀態下所應有
之價值」為500萬元，「其受損狀態下之價值為300萬元」，則其
差額200萬元即為貨物之損害額。計算出損害額後，須再依其係定
值保險或不定值保險、全部保險或一部保險，計算其應給付之賠
償金額。以不定值一部保險為例，設上開例子之稻米，裝船時價
值500萬元，僅投保300萬元，而在到達港完好狀態下之價值為400
萬元，受損狀態下之價值為300萬元，計算出差額100萬元後，尚
須乘以「保險金額與保險標的物價值之比例（保77）」（投保比
例），亦即100萬元×300萬元／400萬元＝75萬元是。以下有關損
害額（補償額）之計算，均同。

　　②**以變賣方式計算損害額**　受損害之貨物，亦得以變賣方式
計算其損害額。依海商法第141條規定：「受損害貨物之變賣，除
由於不可抗力或船長依法處理者外，應得保險人之同意。並以變
賣淨額與保險價額之差額為損害額。但因變賣後所減省之一切費
用，應扣除之。」所謂「受損害貨物之變賣，除由於不可抗力者
外」，究係何所指？若係指貨物受損係由於不可抗力所致者（即
指受損原因），實無必要，蓋受損害貨物之變賣，與其受損之原
因為何無關，縱貨物係由於不可抗力而受損，其變賣除由船長依
法處理者外，亦應得保險人之同意也。至若係指「除由於不可抗
力之變賣者外」，則事實上並無此種變賣方式。應認「不可抗力
或」等字係屬多餘。所謂「受損貨物之變賣，除由於船長依法處
理者外」，指船長依法律規定對受損貨物為變賣之情形，惟查海
商法除第51條第3項設有運送人於受貨人怠於受領貨物時（海商51
Ⅰ）、受貨人不明或受貨人拒絕受領貨物時（海商51Ⅱ），「運
送人…得聲請法院裁定准予拍賣」之規定外，尚無關於船長得以

「變賣」方式處理受損貨物之明文。所謂「變賣淨額」,指變賣所得扣除各項費用、稅捐後之淨額。所謂「因變賣後所減省之一切費用」,例如變賣後不需倉儲、運送等所減省之費用,此項費用已不需再支出,應自損害額中扣除之,自為當然。

（2）船舶部分損害之計算

①**以合理修復費為補償額** 「船舶部分損害之計算,以其合理修復費用為準。但每次事故應以保險金額為限。」（海商139 Ⅰ）所謂合理修復費用,指合乎市場行情之修復費用,如有爭議,可比較數家修船廠之報價定之。因船舶之修復,經常使用新零件,船舶部分損害之修復費用,有時高於當時以折舊計算之船舶價格,故但書規定每次事故所致船舶部分損害之修復費用,應以保險金額為限。此所謂保險金額,應解為於船舶全損時可得之保險金額,而非投保之保險金額,始為合理。

②**以減少之市價為補償額** 「部分損害未修復之補償額,以船舶因受損所減少之市價為限。但不得超過所估計之合理修復費用。」（海商139 Ⅱ）即船舶受部分損害時,如不依合理修復費用為理賠,則可比較船舶受損後之市價與未受損情形下當時應有之市價,以其減少之價額為補償額。但以減少之市價計算之補償額,不得超過前項估計之合理修復費用。至如就部分損害尚未完成理賠以前,又遭遇全損時,依海商法第139條第3項規定:「保險期間內,船舶部分損害未修復前,即遭遇全損者,不得再行請求前項部分損害未修復之補償額。」亦即應逕依全損方式計算理賠也。

（3）運費部分損害額之計算

「運費部分損害之計算,以所損運費與總運費之比例就保險

金額定之。」（海商140）例如總運費為100萬元，運費之保險金額為80萬元，因部分貨物滅失無法送達，而損失運費30萬元，即屬運費部分損害，其損害額之計算式為：80萬元×30萬元／100萬元（損失比例）＝24萬元。事實上，本條所定者，僅係於運費定值保險（即將總運費100萬元約為固定，載明於契約）之情形下，運費部分損害之計算方式。至於在運費不定值保險之情形下，並不能依此方式為計算，仍應適用保險法之有關規定為之。例如上開例子，於不定值保險之情形下，因總運費將隨損害發生時之行情而上漲或下跌，其投保比例亦隨之不同，設於損害發生時總運費上漲為120萬元，則其損害額之計算式應為：30萬元×80萬元／120萬元（投保比例）＝20萬元，反之如下跌為80萬元以下，則其損害額之計算式應為：30萬元×80萬元／80萬元（下跌至80萬元以下時投保比例均為1）＝30萬元（保73Ⅲ、77）。本條規定之計算方式，與保險法上定值保險部分損害之計算方式（保73Ⅱ、77）並無不同，實無特別規定之必要。

於此有疑問者，乃海商法上開關於部分損害之計算之規定，就計算所得之數額，有稱為「補償額」者（例如第139條第2項、第3項），有稱為「損害額」者（例如第141條）。各係何所指？二者有無不同？經查海商法第139條、第140條，係民國88年7月14日修正海商法時分別參照1906年英國海上保險法第69條及第70條規定而新增之條文，其中海商法第139條第2項「補償額」一詞應係由1906年英國海上保險法第69條第3款[218]之「the assured is

---

[218] The Marine Insurance Act, 1906. sec. 69(3): Where the ship has not been repaired, and has not been sold in her damaged state during the risk, the assured is entitled to be indemnified for the reasonable depreciation arising from the unrepaired damage, but not exceeding the reasonable cost of repairing such damage, computed as above.

entitled to be indemnified for the reasonable depreciation arising from the unrepaired damage」（被保險人有權請求因受損部分未修復所致合理減價額之補償）意譯而來。而海商法第141條則僅係將舊法第181條中有關船舶變賣之部分刪除並變更條次而已，原使用之「損害額」一詞未加調整，故呈現與第139條用語不同之情況。事實上，依海商法第138條至第141條規定計算所得之金額，均尚非保險人應直接給付被保險人之金額，似以稱「損害額」較為合適。

（4）預期利益部分損害額之計算

關於預期利益（利得）部分損害之計算，海商法未設特別規定，自亦應適用保險法之有關規定決之，與上述運費部分損害之計算方式相同。

二、對於要保人或被保險人之效力

海上保險之要保人或被保險人，所享有之權利與應負擔之義務，原則上與陸上保險之要保人或被保險人相同，應適用保險法之有關規定決之。但海商法就通知義務及契約之終止，設有如下之特別規定：

（一）危險發生之通知

「要保人或被保險人，於知悉保險之危險發生後，應即通知保險人。」（海商149）

（二）貨物損害之通知

「要保人或被保險人，自接到貨物之日起，1個月內不將貨物所受損害通知保險人或其代理人時，視為無損害。」（海商151）

（三）保險人破產時之終止契約

「要保人或被保險人於保險人破產時，得終止契約。」（海商133）所謂「或被保險人」，應係指被保險人與要保人同一之情形，就契約之終止言，仍應以其要保人之身分為規範對象，較為合適。規定保險人破產時，要保人得終止契約即可。

第三項　海上保險之委付

壹、委付之意義

「海上保險之委付，指被保險人於發生第143條至第145條委付原因後，移轉保險標的物之一切權利於保險人，而請求支付該保險標的物全部保險金額之行為。」（海商142）說明之：

一、須具備法定之委付原因

委付，非可隨意為之，必也發生保險事故而保險標的物具備法定之委付原因時，始得為委付。所謂法定之委付原因，即海商法第143條（船舶之委付）、第144條（貨物之委付）及第145條（運費之委付），所定之委付原因（要件）。

二、須移轉保險標的物一切權利於保險人而請求全部保險金額

委付，須表明將保險標的物之一切權利移轉於保險人，並請求支付該保險標的物全部保險金額。

三、委付係一種法律行為

委付，係被保險人向保險人為委付之意思表示，經保險人承諾，保險人不表示承諾時經法院判決為有效後（海商147Ⅰ），成立生效之一種法律行為。

貳、委付制度之沿革

委付（abandonment），為海上保險所特有之制度。陸上保險無之。委付制度起源甚早，最初係為解決船舶行踪不明之理賠問題，而於保險契約中載有「船舶航行方向不明而無任何消息時，視同船舶之喪失。」之條款，其後逐漸演變成在特殊情況下，被保險人得將保險標的物讓與保險人而取得保險金之制度。1681年法國路易14之海事條例，稍將其原因擴大，凡保險標的物之滅失具有確實性者（例如捕獲、扣押），均許其委付。自15、16世紀以來，委付已慣行於海上保險。今日主要國家之海上保險，莫不採行委付制度。[219]

參、委付之成立要件

委付之成立要件有三：

一、須有委付之原因

委付須具備法定之委付原因，前已言之。綜觀委付之原因，可謂係指保險標的物可推定全損之特定情事。海商法就船舶之委付、貨物之委付、運費之委付，分別規定其原因。說明如下：

（一）船舶委付之原因

「被保險船舶有下列各款情形之一時，得委付之：一、船舶被捕獲時。二、船舶不能為修繕或修繕費用超過保險價額時。三、船舶行踪不明已逾2個月時。四、船舶被扣押已逾2個月仍未放行時。」「前項第4款所稱扣押，不包含債權人聲請法院所為之查封、假扣押及假處分。」（海商143）分述之：

---

[219] 例如德國商法第861條以下、法國商法第369條以下、日本商法第833條以下、英國海上保險法第60條以下；林咏榮，新版商事法新詮（下），647～648頁。

1. 船舶被捕獲時

所謂船舶被捕獲，原係指船舶被敵國捕拿之謂，惟就海上保險之理賠言，應解為包括平時船舶被他國非法扣留及被海盜奪取之捕拿在內。兩國交戰時，對於敵國之商船，或破壞封鎖、載運禁制品或為敵國提供服務之中立國商船，得加以捕拿，船舶經捕拿後，被保險人即得為委付，嗣後縱經捕拿國之捕獲法庭判決捕獲不成立而獲釋，亦係屬保險人如何取回船舶之問題。其次，於平時船舶被他國非法扣留或被海盜奪取之情形，通常難以獲釋，或須支付鉅額贖金，或須進行冗長耗費之交涉或訟爭，亦可將其視同全損，船舶經非法扣留或奪取後，被保險人即得為委付，歸由保險人自行決定是否取回及如何取回船舶。

2. 船舶不能為修繕或修繕費用超過保險價額時

所謂「不能為修繕」，指船舶雖非全損，但毀損情況已至不能修繕之程度而言。此時，其殘骸亦無法再行利用，與全損已無甚區別，故以之為委付之原因。不能為修繕之情形，可分為技術上之不能為修繕與欠缺材料之不能為修繕二種。前者指船舶損害嚴重，在技術上無法再為修繕之情形；後者指在技術上雖可為修繕，但因無法取得修繕之材料而不能為修繕之情形。所謂「修繕費用超過保險價額」，指船舶損害雖未至不能為修繕之程度，但所需之修繕費用超過保險價額而言。此時，修繕已不符經濟效益，故將其視同全損，而為委付之原因。

3. 船舶行蹤不明已逾2個月時

所謂「船舶行蹤不明」，指船舶不知去向無法知悉存否之情形。船舶行蹤不明已逾2個月，通常凶多吉少，故亦將其視同全損，而得為委付。2個月之期間，應自船舶最後音訊日起算。

4. 船舶被扣押已逾2個月仍未放行時

所謂「船舶被扣押」，指船舶被本國或外國之有權機關，依法所為強制處分，而限制其航行之情形。扣押原可指一切限制船舶航行、移轉、其他處分（例如出租、變更船籍港、船名等）之強制處分，但本款規定係以「已逾2個月仍未放行」為要件，故應僅具有限制船舶航行效力之強制處分，始足當之。此外，依海商法第143條第2項規定：「前項第4款所稱扣押，不包含債權人聲請法院所為之查封、假扣押及假處分。」可知此之扣押，係指公法上之扣押而言，不包括私法上之扣押在內。船舶被扣押已逾2個月仍未放行，情況亦非樂觀，故法律亦將其視同全損，而為委付之原因。2個月之期間，應自被扣押之日起算。

（二）貨物之委付

「被保險貨物有下列各款情形之一時，得委付之：一、船舶因遭難，或其他事變不能航行已逾2個月而貨物尚未交付於受貨人、要保人或被保險人時。二、裝運貨物之船舶，行蹤不明，已逾2個月時。三、貨物因應由保險人負保險責任之損害，其回復原狀及繼續或轉運至目的地費用總額合併超過到達目的地價值時。」（海商144）分述之：

1. 船舶因遭難，或其他事變不能航行已逾2個月而貨物尚未交付於受貨人、要保人或被保險人時

所謂「船舶因遭難或其他事變不能航行」，指一切船舶不能航行之情形。船舶不能航行時，通常運送人應即設法以其他船舶將貨物運送至目的港（海商68），但如運送人因各種原因（例如無其他適當船舶可供轉運、或因當地政府發布禁令、或違反疾病檢疫規定而無法轉運）未能如此為之，而逾2個月後貨物仍未交付

於受貨人、要保人或被保險人時，則尚未受損之貨物，可能已發生變質、腐敗或受其他損害，被保險人亦須對買受人負遲延之責任，故將逾2個月未能交付之貨物，視同全損，而為貨物委付之原因。2個月之期間，自船舶不能航行之日起算。

2. 裝運貨物之船舶，行蹤不明，已逾2個月時

裝運貨物之船舶，不知去向無法知悉存否之情形，已逾2個月時，船舶通常凶多吉少，貨物更難倖存，故亦將其視同全損，而得為貨物之委付。2個月之期間，自船舶最後音訊日起算。

3. 貨物因應由保險人負保險責任之損害，其回復原狀及繼續或轉運至目的地費用總額合併超過到達目的地價值時

所謂「應由保險人負責任之損害」，例如因船舶冷凍設備發生故障，致載運之肉品受到損害；或因船舶進水，致載運之電子零件受潮。於此情形，受損貨物之「回復原狀」之費用，加計「繼續」或「轉運」至目的地之費用，總額如超過「貨物到達目的地之價值」時，被保險人即得為貨物之委付。所謂「回復原狀」之費用，指被保險人對受損貨物修復或重置所需之費用（亦即運送人對受損貨物應為賠償之金額）。所謂「繼續」，乃以原船舶繼續運至目的地之意；所謂「轉運」，指以其他船舶運至目的地而言。所謂「貨物到達目的地之價值」，指受損貨物到達目的地可得變價之金額。於「繼續運至目的地之費用」或「轉運至目的地之費用」，有一與「回復原狀之費用」合計超過「貨物到達目的地之價值」時，對被保險人已無經濟效益，故將其視同全損，而為貨物委付之原因。被保險人為貨物之委付後，保險人得依法對運送人行使代位求償權，自為當然。

須附言者，乃海商法第143條規定之船舶委付原因，與第144

條規定之貨物委付原因，僅「船舶行蹤不明已逾2個月時」（海商143 I ③、144②）一款相同，其餘各款則不完全相同。除第143條第2款「船舶不能為修繕或修繕費用超過保險價額時」，為船舶獨有之委付原因外，第1款「船舶被捕獲時」及第4款「船舶被扣押已逾2個月仍未放行時」，均應解為包含於第144條第1款所定「船舶因遭難或其他事變不能航行」事由之中，亦即船舶如因而不能航行已逾2個月，而貨物尚未交付於受貨人、要保人或被保險人時，自亦得為貨物之委付。

（三）運費之委付

「運費之委付，得於船舶或貨物之委付時為之。」（海商145）蓋於船舶得為委付之情形，其載運之貨物亦同其命運，通常無法送達；而於貨物得為委付之情形，貨物則當然無法送達。故法律均將其視同運費之全損，而得於船舶或貨物為委付時，為運費之委付。

（四）預期利益之委付

關於預期利益之委付原因，我國海商法未設明文。惟預期利益係指貨物安全送達時，運送人或原貨物所有人可得之利益（以之投保，即為被保險人之利益），自應與運費同其命運，於船舶或貨物得為委付之情形，亦應得為預期利益之委付。

二、須有委付之表示

委付，須由被保險人對保險人以意思表示為之。被保險人為委付之意思表示時，除保險契約另有訂定外，應提出保險標的物之各項權利證書、各種契約、負債憑證，及其他有關之證明文件或資料，以及有關委付原因之證明文件或資料，供保險人調查認

定，此乃事理之所當然，法雖無明文規定，亦應作如是解釋[220]。
蓋委付一經保險人承諾，委付標的物之一切權利，即溯自發生委
付原因之日起，法定移轉於保險人（視為保險人所有），保險人
於決定為承諾前，自得要求被保險人提出有關委付標的物及其委
付原因之各項證明文件或資料也。關於委付之意思表示，除應適
用民法之有關規定外，海商法第146條及第148條又設有特別規定
曰：「委付應就保險標的物之全部為之。但保險單上僅有其中一
種標的物發生委付原因時，得就該一種標的物為委付請求其保險
金額。」（海商146Ⅰ）「委付不得附有條件。」（海商146Ⅱ）
「委付之通知一經保險人明示承諾，當事人均不得撤銷。」（海
商148）分別說明之：

（一）須就保險標的物之全部為之

委付，原則上須就保險標的物之全部為之。學理上稱為「委
付之不可分性」或「委付之完整性」。蓋委付之原因，係將保險
標的物視同全損，被保險人自應就保險標的物之全部為委付，乃
當然之理。如允許為一部之委付，則除與視同全損之法理不合之
外，被保險人可能專就不利之部分為委付，徒增複雜，且對保險
人亦不公平。惟於同一保險單中之保險標的物如有不同種類，而
僅其中一種標的物發生委付之原因時，僅就該種標的物之全部為
委付，除關係單純外，對保險人亦無不公平，故例外許其得就該
一種標的物之全部為委付，請求其保險金額。

（二）不得附有條件

委付，不得附有條件。學理上稱為「委付之單純性」。蓋委

---

[220] 吳智，海商法論，317頁。就此，日本商法第840條第1項規定：「被保險人辦
理委付時，應將有關保險標的之其他保險契約及有無債務與種類，通知保險
人。」可資參照。

付制度之設，在免除證明保險標的物全部損害之困難或繁瑣，寓有迅速解決保險理賠之意，如許附加條件，除徒增糾葛之外，更與委付之立法目的不合。基於相同理由，委付自亦不得附期限。

（三）經承諾後不得撤銷

依海商法第148條規定，被保險人委付之意思表示，經保險人明示承諾後，被保險人不得撤銷其委付之意思表示，保險人亦不得撤銷其承諾之意思表示。查本條係民國88年7月14日修正海商法時，參照1906年英國海上保險法第62條第6款規定：「委付之通知經承諾後，委付即不得撤銷。對於委付通知之承諾，具有終局承認委付符合要件及對損失負賠償責任之效力。[221]」並納入舊法第189條規定：「被保險人之船舶於依第183條（按即現行第143條第1項）第4款之規定為委付後歸來者，保險人仍應給付保險金額。」之立法意旨後，新增之規定。其意乃委付成立生效後，無論如何均不得改變。在法條繼受上，並無大問題。

惟查在我國，意思表示之撤銷，須有法律明文規定，始得為之，於無得撤銷規定之情形下，原本即不得為撤銷，不須再為不得撤銷之明文。海商法對於委付既另無得撤銷之明文，自無再為不得撤銷規定之必要。至於委付之意思表示或承諾之意思表示，如有被詐欺、被脅迫、錯誤、誤傳等情事（民88、89、92），依法當然得為撤銷，與委付成立生效後之隨意撤銷並不相同，自亦不受本條規定之限制。故本條所為不得撤銷之規定，並無意義。於繼受他國法律時，仍應考慮我國法律體系不同之因素。其次，1906年英國海上保險法第62條第6款前段並無「明示」承諾之用

---

[221] The Marine Insurance Act, 1906. sec. 62(6): Where notice of abandonment is accepted the abandonment is irrevocable. The acceptance of the notice conclusively admits liability for the loss and the sufficiency of the notice.

語，我國海商法第148條所定，一經保險人「明示」承諾，立法意旨不明。若係有意之規定，則不得撤銷者將僅限於「保險人以直接表示承諾之效果意思之作為，對委付所為之承諾」，始有當事人不得撤銷之適用，此之限制並無理由。且如上所述，在我國不論對委付為明示或默示之承諾，均無再為不得撤銷規定之必要，可知我國海商法第148條所定「明示」一語，亦屬多餘。

三、須經承諾或判決

「委付經承諾或經判決為有效後，自發生委付原因之日起，保險標的物即視為保險人所有。」（海商147Ⅰ）所謂「委付經承諾」，指被保險人委付之意思表示經保險人承諾而言。所謂「或經判決為有效後」，指保險人若不為承諾時，被保險人須提起訴訟，經法院判決委付為有效而言。所謂「自發生委付原因之日起」，指自符合海商法第143條及第144條各款所定委付原因之日起，因此委付原因定有期間者（例如船舶行蹤不明已逾2個月時），應為自期間屆滿之翌日起。所謂「保險標的物即視為保險人所有」，乃委付因而發生效力，保險標的物之一切權利法定移轉為保險人所有之意。可知委付係以「被保險人委付之意思表示」經「保險人承諾或經法院判決為有效」而成立之契約行為（民153）。

我國海上保險之委付係屬契約行為，而非單獨行為。學者言及之者，見解大體一致[222]。代表性之意見，例如鄭玉波教授謂：「委付是否需要對方承諾？立法例不同，德商（868條）、日商

---

[222] 鄭玉波，海商法，144頁；吳智，海商法論，314頁；林咏榮，新版商事法新詮（下），650頁；梁宇賢，海商法實例解說，319頁；林群弼，保險法論，452頁。

（833條以下）認為委付為委付權人之單獨行為，無須經保險人之同意，即可生效；而英海上保險法（62條）、法商（385條）則認為須經對方之承諾，始能有效，本法仿後者之立法例，於第188條（按即現行法第147條第1項）中有：『委付經承諾或經判決為有效後…』等字樣；可見在我國海商法上委付並非單獨行為，而係須經對方承諾之行為；倘委付人具備合法要件而表示委付，如對方不予承諾者，祇有訴請法院判決其有效。」[223]吳智教授謂：「本條係採英美法例，不認委付為單獨行為。」[224]林咏榮教授謂：「德國於此規定：委付經表示後，屬於被保險人關於委付標的物之一切權利，移轉於保險人（德商868Ⅰ、日商839Ⅰ）。既經表示，則不得撤回（德商866Ⅲ）。日本商法雖無不得撤回之規定，但彼邦學者多解為委付為單獨行為，無須保險人之同意，而委付權亦為形成權之一種，此則與本法異其旨趣也。」[225]本書以為，委付之所以須經保險人承諾或經法院判決為有效，乃因船舶或貨物發生之情事是否符合委付之原因，非被保險人可單獨認定，而須經保險人一起認定後為承諾，若保險人認其情事與委付原因不合而不為承諾時，則被保險人唯有訴請法院判決認定，以法院之判決有效視為保險人之承諾之故也。我國海商法對於海上保險之委付，採契約行為之規定方式，較合實際。

其次，保險人之承諾或法院之判決為有效，究係委付之成立要件抑係生效要件？學者有謂，經承諾或判決後，「始生效力」、「即生效力」或「方生效力」者[226]。亦有明言係生效要件

---

[223] 鄭玉波，海商法，144頁。

[224] 吳智，海商法論，314頁。

[225] 林咏榮，新版商事法新詮（下），650頁。

[226] 吳智，海商法論，314頁；甘其綬，海商法論，599～560頁。

者，謂：「…所以嚴格說來，『須經承諾或判決』一項並不是委付的成立要件，而是它的生效要件。」[227]或「…我國海商法係仿英國海上保險法第62條、法國商法第385條之規定，須經承諾或判決，乃委付生效之要件，而非成立之要件，…」[228]本書以為，海商法上之委付，除當事人、標的、意思表示等一般成立要件外，尚須具備海商法第143條及第144條各款所定之特別成立要件，始足當之，至於保險人之承諾或法院之判決為有效，則均係對於被保險人委付「要約」所為「承諾」意思表示之一種。質言之，起訴之目的，係在請求法院取代保險人，就船舶或貨物發生之情事是否符合海商法第143條及第144條各款之要件為認定，法院於調查審究後，如認符合委付之要件，即以判決取代保險人之「承諾」，因判決為有效（承諾）而與被保險人委付之要約，因意思表示一致而發生委付之效力。亦即，法院之判決為有效，係屬承諾之意思表示，性質上仍為委付一般成立要件之一，謂「承諾或法院判決為有效」係委付之生效要件，並非正確。

再者，海商法第147條第2項規定：「委付未經承諾前，被保險人對於保險標的物之一切權利不受影響。保險人或被保險人對於標的物採取救助、保護或回復之各項措施，不視為已承諾或拋棄委付。」前段規定，不過係同條第1項規定意旨之重申，意在確立後段規定之法理。至於後段規定，則可一分為二：即「保險人對於標的物採取救助、保護或回復等各項措施，不視為已承諾委付。」與「被保險人對於標的物採取救助、保護或回復等各項措施，不視為已拋棄委付。」目的在使保險人及被保險人，雙方均

227　鄭玉波，海商法，144頁。
228　何佐治，最新海商法釋義，407頁。

得採取救助、保護或回復等各項措施，以避免損失之擴大。[229]

肆、委付之效力

委付生效後，保險標的物之權利即法定移轉於保險人，同時保險人應給付保險金額於被保險人。分述之：

一、保險標的物之移轉

「委付經承諾或經判決為有效後，自發生委付原因之日起，保險標的物即視為保險人所有。」（海商147 I）亦即委付經承諾或經判決為有效後，委付即發生效力，保險標的物（指為委付之船舶、貨物、運費或預期利益，亦即委付標的物，或稱委付標的）之一切權利，即溯自符合海商法第143條及第144條各款所定委付原因之日起（委付原因定有期間者自期間屆滿之翌日起）法定移轉於保險人，無須被保險人另為讓與之意思表示。前已言之。因此，被保險人除應將委付標的物移轉占有於保險人外，更應將有關委付標的物一切權利之證明文件，交付於保險人，此乃當然之理。

另須說明者，有三：

其一，委付標的法定移轉於保險人後，發生委付原因前，原由委付標的所生對於第三人之物上請求權（民767），應隨同移轉於保險人，由保險人以所有人之身分行使之。但先前發生之對於

---

[229] 海商法第147條第2項規定，係民國88年7月14日修正海商法時新增，修正理由謂：「增訂第2項規定，係參照1983年協會船舶保險條款（Institute Time Clauses-Hulls 1/10/83）第13條第3款及1982年協會貨物保險條款（Institute Cargo Clauses (A)1/1/82）第17條，於保險標的物雖經委付而未被承諾前，當事人雙方均得採取救助、保護或回復等各項措施，以避免損失之擴大，乃係世界性之公益規定。」

第三人之損害賠償請求權，除屬於先前之保險事故所生，保險人得依代位權（保53）之規定行使之者外，應解為仍應由被保險人行使。就此，學者有謂：「若被保險人原對第三人有損害賠償請求權，保險人亦取得是項權利，得對第三人主張之；縱使此項得請求損害賠償之數額超過保險金額，保險人亦得全部主張之，與在一般情形，保險人於給付保險金後代位行使被保險人對於第三人之請求權時，其請求之數額，以不逾賠償金額為限者不同。」[230] 為本書所不採。又發生委付原因前，所應繳納之保險標的物各項稅費（例如船舶稅、貨物稅），及已發生之擔保債務（例如船舶抵押債務、海事優先權擔保之債務），應由被保險人負責，不隨同移轉於保險人；至於發生委付原因後，所應繳納之各項稅費及新生之擔保債務（例如海事優先權擔保之債務），則應由保險人負責，自不待言。

有疑問者，乃於委付標的物法定移轉於保險人後，被保險人原應負責之擔保債務，應如何處理？就此，學者有謂：「如委付標的已設定擔保物權，並應向保險人提供擔保，但其擔保權係因保險人依保險契約應負擔之危險而生者，自不在此限。」[231] 另有謂：「保險標的物上已存在之擔保物權如係應由被保險人負責者，例如船舶抵押權或船舶優先權，則因此項擔保物權之行使而保險人受有損害者，保險人得請求被保險人賠償。」[232] 本書以為，二種見解，均有其理由，惟如保險契約未為約定，保險人似難以要求被保險人提供擔保，因此應解為，除契約另有訂定外，因債權人執行船舶抵押權或海事優先權，致保險人受有損害者，

230 甘其綬，海商法論，600頁。
231 吳智，海商法論，316～317頁。
232 甘其綬，海商法論，601頁。

得向被保險人請求賠償，並得就此要求被保險人提供擔保。

其二，委付原因之事故本身，所生之損害、各項費用及擔保債務（例如海事優先權擔保之債務），屬保險契約承保範圍者，應由保險人負責，不屬保險契約承保範圍者，則由被保險人負責。

有問題者，乃由保險事故所生之附隨義務（例如船舶沈沒於航道上之清除義務），是否隨同移轉於保險人？就此，學者有謂：「保險人對於標的物之委付所接受者，為殘餘物及權利，並不包括義務；例如某船觸礁沉沒，因而阻塞航道，主管官署因命令將該船起除，並負擔所有費用，是項起除責任，不得因已委付而加諸保險人，保險人並無起除義務。」[233]學者多從之[234]。本書以為，依舊海商法第183條第1款規定，「船舶沈沒」為船舶委付之原因，自委付生效後，沈沒之船舶已溯自沈沒之時，視為保險人所有，則清除沈船之義務，應由保險人負之乃屬當然，似無解為由被保險人於船舶委付後再負清除沈船義務之餘地；況民國88年7月14日修正海商法時，已以「現行條文第1款『船舶沈沒』屬於實際全損，實務上已無須委付，故刪除之。」之理由，將「船舶沈沒」排除於船舶委付原因之外，則清除沈船之義務既已與船舶之委付無涉，自亦無是否隨船舶委付而加諸保險人之問題，保險人僅須就船舶實際全損負給付保險金額之責，清除沈船之義務應由被保險人自行負責，更不待多言。

其三、在全部保險之情形，委付經承諾或經判決為有效後，

233　吳智，海商法論，316～317頁。
234　例如甘其綬，海商法論，601頁；梁宇賢，保險法新論，280頁；林群弼，保險法論，461頁。

自發生委付原因之日起，保險標的物之一切權利即法定移轉於保險人，已如上述。至於在一部保險之情形，保險標的物之權利應如何移轉於保險人？不無疑問。學者有謂：「但在一部保險之情形，保險標的物似應視為保險人與被保險人所共有；保險人之應有部分與被保險人應有部分之比例，則為保險金額與保險金額及保險價額間差額之比例。」[235]為直接就結果比例所為之說明，較不易理解，且未顧及委付標的為可分物之情形。本書以為，於一部保險之情形，除契約另有訂定外，保險標的物之權利，應依保險金額與保險標的物之價值之比例（保77），移轉於保險人，其餘部分仍歸被保險人所有。如委付之標的為船舶，因船舶為不可分，故應由保險人與被保險人，按應有部分之比例共有船舶。例如價值10億元之船舶，僅投保8億元之海上保險，因船舶行蹤不明已逾2個月而為委付，設當時船舶價值仍為10億元，則船舶應有8/10（保險金額／保險標的物之價值）之應有部分，移轉於保險人，餘2/10之應有部分仍歸被保險人，並由保險人與被保險人按8：2（即4：1）之比例共有之；設當時船舶價值降為9億元，則船舶應有8/9之應有部分移轉於保險人，餘1/9之應有部分仍歸被保險人，並由保險人與被保險人按8：1之比例共有之。委付之標的如為不可分之貨物時，亦應依上開方式計算保險人與被保險人之應有部分，並共有之。至如委付之標的為可分之貨物、運費或預期利益時，則應依上開方式計算移轉於保險人之部分，由保險人取得其權利，其餘部分則仍歸被保險人所有，不生共有之問題。

二、保險金額之給付

　　委付經承諾或經判決為有效後，保險人應給付保險金額於被

---

[235] 甘其綬，海商法論，601頁。

保險人。惟給付之期間為何？一般均引海商法第150條之規定為說明[236]。惟本書以為，於保險人就委付為承諾或法院判決委付為有效之前，已就委付原因之事實進行調查並為認定，故於承諾或經判決為有效後，已無再由被保險人提出委付標的物及委付原因證明文件或資料之問題，且委付係將保險標的物視同全損，故被保險人亦無須提出損害金額之證明文件，因此應解為「保險人應於為承諾之日或法院判決確定之日起30日內給付保險金額於被保險人」，較為合適。

委付經承諾或經判決為有效確定後，縱委付之船舶歸來，保險人亦應為保險金額之給付，不得將船舶交還被保險人而拒絕給付保險金額；於給付保險金額後，船舶歸來時亦同。[237]

於有第三人對於發生委付之原因，須負損害賠償責任之情形，被保險人於受領保險金額時，應將證明債權之文件，交付保險人，並應告以關於主張該債權所必要之一切情形（民296）。保險人依法雖不得以此項交付並說明之義務與其保險金額之給付義務，主張同時履行之抗辯（民264），但非不得於其為委付承諾之前，或給付保險金額之前，要求被保險人先行交付並說明之。

實務上，保險人於給付保險金額時，有要求被保險人簽署「授權書」（subrogation receipt）或「授權狀」（letter of subrogation），載明委付標的物之權利及對於第三人之求償權等完全轉讓於保險人，並授權保險人得使用被保險人名義進行訴訟，及願意提供協助之意旨者。此項作法，僅具有向保險人重申

---

[236] 桂裕，保險法論，271頁；梁宇賢，保險法新論，280頁；林群弼，保險法論，461頁。

[237] 甘其綬，海商法論，602頁。

事實之心理作用，不具有授權之效力，在法律上並無必要，縱無此類書狀之簽署，保險人對於委付標的物之權利及保險代位權等之取得及其行使，亦不受影響。

伍、委付之時效

「委付之權利，於知悉委付之原因後，自得為委付之日起，經過2個月不行使而消滅。」（海商152）所謂「委付之權利」，在我國應解為係指提出委付要約，請求保險人為承諾之權利，屬一定行為之請求權，可稱之為「委付請求權」。所謂「於知悉委付之原因後，自得為委付之日起」，指於被保險人知悉委付之原因，並得行使委付權利時，二項要件均具備之日起算而言。所以規定2個月之短期消滅時效期間，目的在要求被保險人儘早為委付之請求，以利保險人介入為證據之保全或其他必要之處置。

須注意者，於2個月期間經過後，僅發生委付請求權消滅之效力，保險金額給付請求權仍猶存續，被保險人仍得以保險標的物遭受實質損害之理由，依保險法第65條之規定，於2年內向保險人請求保險金額之給付。可知，保險標的物發生委付原因時，被保險人仍有選擇是否請求委付之餘地。此外，對於海商法第152條所定之期間，有認為屬除斥期間之性質者[238]，此在委付係採單獨行為之立法，因委付係形成權性質，故2個月期間應解為係除斥期間，固為當然。惟我國海商法就委付係採契約行為之立法，已如前述，似難作如是解釋。

---

[238] 林群弼，保險法論，462頁。

第三節　陸空保險

壹、陸空保險之意義

陸空保險者，謂陸上、內河及航空保險人，對於保險標的物，除契約另有訂定外，因陸上、內河及航空一切事變及災害所致之毀損、滅失及費用，負賠償責任之保險也。（保85）說明之：

一、陸空保險包括陸上內河及航空保險

陸空保險，包括陸上保險、內河保險、航空保險在內。陸空保險係一種運送保險（transport insurance），但因其承保之保險事故，不以發生於運送中或運送工具上為限，故我國保險法未稱之為「陸空運送保險」[239]。

二、陸空保險係一種財產保險

陸空保險之保險標的，以運送之標的（貨物）及與運送有關之「物」（運輸工具、運費、預期利益、流動財產）為限，不及於人身；且其係由保險人就保險標的物所受之毀損、滅失及費用支出，對所有人負賠償責任，以填補其損害之保險，故屬一種財產保險。惟須注意，此之陸空保險，係指以標的物之所有人為被保險人者而言，與陸空運送人以其對於運送標的物所負之運送責任，自為被保險人所為之責任保險有別，不可混為一談。

三、陸空保險係一種綜合保險

陸空保險人應負賠償責任之保險事故，包括陸上、內河及航

---

[239] 林咏榮，新版商事法新詮（下），428頁。

空上一切事變及災害，例如車輛之碰撞、脫軌、傾覆；船舶之碰撞、擱淺、沈沒；飛機之碰撞、被擊落、墜落；火災、雷擊、暴風雨、大水、爆炸、火山爆發；鐵路公路之隧道坍塌、橋樑折斷、落石擊毀；盜竊及其他偶然事故等，均屬之。故陸空保險，係一種綜合保險。此點性質與海上保險相同。

　　須說明者，乃保險法第85條設有「除契約另有訂定外」之例外規定，性質上得另為訂定者，例如保險標的物、運送工具、保險事故等之種類，或保險之地理範圍等是。保險契約另有訂定者，自應從其訂定。

貳、陸空保險之起源

　　運送保險以海上運送保險起源最早，其後漸及於陸上運送保險。早期稱運送保險，包括海上保險（海上保險以運送保險為中心）及陸上運送保險，約至20世紀初，所謂運送保險，漸轉為專指陸上及內河運送之保險，而不包括海上保險，例如德國1908年保險契約法第二章（損害保險）第五節，及日本商法第三編第十章第一節（損害保險）第3款，所定之「運送保險」即屬之。近代因航空運送漸趨頻繁，運送保險在慣例上又逐漸兼及航空運送。我國舊保險法原未設運送保險之規定，至民國52年9月2日修正時，始增設「陸空保險」一節，適用於海上運送以外之各種陸上運送保險、內河運送保險、航空運送保險。我國保險法於民國52年即明文將航空保險納入運送保險之範圍，可謂係為各國立法開先例。[240]

---

[240] 林咏榮，新版商事法新詮，427～428頁。

參、陸空保險之種類

陸空保險，可依不同之標準，分類如下：

一、依運送領域為分類

依運送領域之不同，陸空保險可分為陸上運送保險、內河運送保險、航空運送保險等三種。分述之：

（一）陸上運送保險

陸上運送保險（insurance of transport by inland），指以國內陸地運送之一切事變及災害為保險事故所為之保險也。按陸上運送，原可再分為陸上運送（以汽車或火車為運送工具）及內河運送（以汽船或帆船為運送工具），但在保險實務上，一般稱陸上運送保險，多係包括國內陸地及河川（自載貨地至卸貨地之路程及水程）運送之保險[241]。

陸上運送保險與「陸上保險」不同。陸上保險（non-marine insurance），係指陸上一切保險之總稱，包括各種財產保險與人身保險在內，而陸上運送保險，則僅指陸上運送方面之保險，範圍較窄。[242]

（二）內河運送保險

內河運送保險（insurance of transport by inland river）者，指以國內河川運送之一切事變及災害為保險事故所為之保險也。此種保險，除保險之水域與海上保險不同外，與海上保險並無多大差異，故保險法第89條規定：「航行內河船舶運費及裝載貨物之保險，除本節另有規定外，準用海上保險有關條文之規定。」所

---

[241] 林咏榮，新版商事法新詮，428頁。
[242] 鄭玉波，保險法論，133頁；林咏榮，新版商事法新詮（下），429頁。

謂「航行內河船舶運費及裝載貨物之保險」，不論係陸上運送保險包含之內河運送保險，或單獨之內河運送保險，均屬之。

（三）航空運送保險

航空運送保險（insurance of transport by air），指以航空機運送之一切事變及災害為保險事故所為之保險也。其保險之領域，不限於「空中」，尚包括航空機起落之陸地，且有時亦兼及國際[243]。

航空運送保險與「航空保險」不同。航空保險（aviation insurance），係以填補因航空事故所生損害之各種保險之總稱。包括各種航空傷害保險、航空責任保險、航空運送保險及其他航空保險在內，而航空運送保險，則僅指航空運送方面之保險，範圍較窄。[244]

二、以保險標的為分類

依保險標的之不同，陸空保險可分為貨物運送保險、運輸設備保險、運費保險、預期利益保險、流動財產保險等五種。分述之：

（一）貨物運送保險

貨物運送保險（Insurance of shipments），指以運送之各種貨物為保險標的之保險。航空運送保險與陸上運送保險、內河運送保險、航空運送保險，均以貨物為其主要保險標的。

（二）運輸設備保險

運輸設備保險（Insurance of instrumentalities of transportation），

---

[243] 林咏榮，新版商事法新詮（下），429頁；林文泉，保險法實用，298頁。
[244] 林群弼，保險法論，466頁。

指以各種運輸設備為保險標的之保險。例如以各種水路運送工具
（汽車、火車、內河之船舶）、橋樑、隧道、碼頭、油管、船
塢、修船架、飛機場導航設備、照明設備、無線電塔等，作為保
險標的之保險是。運輸設備保險之保險範圍，除一切事變及災害
所致之毀損、滅失及費用外，通常包括因毀損滅失而減少收益之
損失在內。[245]

（三）運費保險

運費保險（Freight insurance），指以運送貨物可收取之對價
為保險標的之保險。

（四）預期利益保險

預期利益保險（Expected profit insurance），指以貨物安全送
達時預期獲得之利益為保險標的之保險。

（五）流動財產保險

流動財產保險（Floating property insurance），指以私人使用
或商業使用之流動財產為保險標的之保險。通常分為：

1.**私人流動財產保險**　指以個人隨身攜帶之財物為保險標的之
保險。例如私人照相機、攝影機、樂器、電子設備、手錶、珠
寶、貴重衣物、行李等之保險是。

2.**商業流動財產保險**　指以商人業務上所有之器物或配備為保
險標的之保險。例如珠寶商之珠寶、推銷員之樣品、承包工人之
設備、醫師之設備等之保險是。[246]

---

[245] 林咏榮，新版商事法新詮（下），430頁；袁宗蔚，保險法，190頁。
[246] 林文泉，保險法實用，299頁。

三、以貨物範圍為分類

依貨物範圍之不同，陸空保險可分為計時運送保險、計程運送保險、計件運送保險等三種。分述之：

（一）計時運送保險

計時運送保險（Insurance of transport for a term），又稱定期運送保險，指以一定期間內所運送之貨物為保險標的之保險。例如製造廠商以1年為期，就其出產之貨品供運送所為之保險是。

（二）計程運送保險

計程運送保險（Insurance of transport for a trip），又稱定程運送保險，指以特定行程所運送之貨物為保險標的之保險。例如經銷商就臺北至高雄單次行程運送之貨物所為之保險是。

（三）計件運送保險

計件運送保險（Insurance of transport for various things），指以個別貨物為保險標的之保險。例如就每件郵包之運送所為之郵包運送保險、就每件行李之運送所為之行李運送保險是。[247]

肆、陸空保險契約之應記載事項

陸空保險契約，依保險法第87條規定：「保險契約，除記載第55條規定事項外，並應載明下列事項：一、運送路線及方法。二、運送人姓名或商號名稱。三、交運及取貨地點。四、運送有期限者，其期限。」茲分基本應記載事項及特別應記載事項述之：

---

[247] 林咏榮，新版商事法新詮（下），429頁；林文泉，保險法實用，298頁；林群弼，保險法論，468～469頁。

一、基本應記載事項

　　所謂基本應記載事項,指保險法第55條所定,任何保險契約均應記載之事項。其中,就陸空保險具有特殊性之項目,除保險之標的物(保55②)、保險事故之種類(保55③),已如前述,不再重複說明外,尚有「保險責任開始之日時及保險期間」一項(保55④),保險法第86條就**貨物保險**部分設有特別規定。說明如下:

　　「關於貨物之保險,除契約另有訂定外,自交運之時以迄於其目的地收貨之時為其期間。」(保86)所謂「自交運之時」,指自託運人將貨物交付運送人管領之時起,保險人即開始負其責任而言。所謂「以迄於其目的地收貨之時」,指保險人之責任期間,至貨物送達目的地交付受貨人受領之時終止而言。可知陸空保險人對於貨物之保險,原則上以運送人對於貨物管領期間之始終為其保險期間,亦即責任期間。

　　上開保險期間開始及終止之規定,除契約另有訂定外,不論交付貨物時運送契約或陸空保險契約是否成立,亦不論貨物之交付受貨人有無困難,均適用之。所謂「契約另有訂定」,例如於貨物先行交付之情形,得以運送契約或陸空保險契約成立在後為原因,約定貨物之保險期間,延後自運送契約或陸空保險契約成立時起算;或對於貨物之交付受貨人有困難之情形,得約定於特定條件下,保險人之責任即行終止等是。

　　保險法對於陸空保險之保險期間,僅就貨物之保險設有特別規定,已如上述。至於運輸設備、運費、預期利益、流動財產等之保險期間,則未設特別規定,自應由當事人自行約定,於為約定時可參照海上保險之有關規定,不待言。

二、特別應記載事項

所謂特別應記載事項，指保險法第87條所定，陸空保險契約應記載之事項。分言之：

（一）運送路線及方法

運送路線及方法，包括運送路線及運送方法。所謂「運送路線」，指自出發地至目的地，所行經之路程。例如自臺北出發行經中山高速公路（或縱貫公路）運送至高雄；或自高雄出發行經山線運送至桃園是。所謂「運送方法」，指運送貨物所用之工具。例如以火車自臺北運送至臺東；以卡車自苗栗運送至臺北，再以飛機運送至澎湖是。運送之路線及方法不同，所涉及之危險亦有不同，故須載明於陸空保險契約，以便保險人進行危險評估，並決定保險費率。

運送路線及方法，載明於保險契約之後，運送人自應依其路線及方法為貨物之運送，如有違反應依法或依約負其責任。惟依保險法第88條規定：「因運送上之必要，暫時停止或變更運送路線或方法時，保險契約除另有訂定外，仍繼續有效。」所謂「因運送上之必要，暫時停止或變更運送路線或方法」，指在運送上有必要暫時停止運送，或暫時變更運送路線或方法而言。例如因遇罷工而必須暫時停止運送、因高速公路部分路段封閉或橋樑斷裂而必須變更某路段之運送路線、因高速公路部分路段封閉而必須將某路段改以鐵路運送等情形是。所謂「暫時停止」，乃運送路線及方法均未改變，僅暫時停止運送，至原因消滅後再依原運送路線及方法，繼續為運送之謂；所謂「暫時變更運送路線或方法」，指於原因消滅前，短暫之運送路線或運送工具之改變而言。於路程較長之運送情形，通常應指部分路段之運送路線或運送工具之改變。惟於路程較短之運送情形，則不必拘泥於路段之

全部或一部。暫時停止或變更運送路線或方法，有無運送上之必要？以及停止運送或變更運送路線或方法，是否逾越「暫時」之程度？應依個案具體情況定之，有爭議時，則由法院為認定。

因運送上之必要，暫時停止或變更運送路線或方法時，其效力如何？依保險法第88條後段規定「保險契約除另有訂定外，仍繼續有效」。所謂「仍繼續有效」，乃保險契約原訂內容及保險費率，均不因之而改變，而繼續其效力之謂。可知，因運送上之必要而暫時停止或變更運送路線或方法時，既不視為保險契約所定運送路線或方法之變更，亦不視為危險之增加（保險費率不因之而改變），被保險人對此自亦不負通知之義務（保59Ⅲ），保險人更不得以此為理由，為保險契約之解除（保57）或終止（60Ⅰ前段）。

（二）運送人姓名及商號名稱

所謂「運送人姓名及商號名稱」，指運送人為個人時，必須記載運送人之姓名；運送人為商號時，必須記載商號名稱。至所謂商號，應解為包括獨資、合夥之商業（商登法3），及法人組織之公司。蓋運送人對於運送物之喪失、毀損或遲到，應負責任（民634、民航法93-1），於保險人為賠償後，可能對運送人有代位求償權，故於陸空保險契約，應載明運送人姓名及商號名稱，以便保險人對其營運信譽及財務狀況為瞭解並掌握。

（三）交運及取貨地點

交運及取貨地點，包括交運地點及取貨地點。所謂「交運地點」，指託運人將貨物交付運送人管領之地點。所謂「取貨地點」，指貨物送達目的地交付受貨人受領之地點。交運地點及取貨地點，分別為保險期間開始及終止之地點，與保險人之責任具

有密切關係，故規定應載明於陸空保險契約。

（四）運送期限

　　每批次之陸空運送，有訂定運送期限者，亦有未訂定運送期限者。如訂有運送期限者，其期限不僅係判斷運送遲延之依據，且通常亦為判斷保險人應否負其責任之依據，故規定應載明於陸空保險期間。

第四節　責任保險

第一項　總說

壹、責任保險之意義

　　責任保險（Liability insurance）者，「責任保險人於被保險人對於第三人，依法應負賠償責任，而受賠償之請求時，負賠償之責」（保90）之保險也。分述之：

一、責任保險以被保險人對於第三人依法應負之賠償責任為保險標的

　　責任保險之保險標的，並非有形之動產或不動產，更非人身，而係被保險人對於第三人依法應負之賠償責任。例如汽車駕駛人，因開車不慎而發生車禍，對於受害人應負之侵權行為損害賠償責任。被保險人如履行此項賠償責任，則其財產必形減少，責任保險即為填補此種損失而設。

二、責任保險以被保險人受賠償之請求為保險事故

　　責任保險之保險事故，並非造成被保險人對於第三人應負賠償責任之原因事實，而係第三人對被保險人行使賠償請求權之事

實。蓋第三人縱因被保險人之行為，而受有損害，但若不對被保險人為賠償之請求，則被保險人並未因而蒙受損失，自無由保險人對之為損失填補之問題也。

三、責任保險係一種財產保險

被保險人對於第三人依法應負賠償責任，而受賠償之請求時，被保險人如履行其賠償責任，則其財產必形減少，前以言之。因被保險人之總財產，為其所負債務（損害賠償責任）之總擔保，故責任保險猶似對於被保險人總財產之減少為填補之保險，其為財產保險之一種，至為明顯。

貳、責任保險與一般財產保險之不同

責任保險，雖為財產保險之一種，但與一般財產保險有下列之不同：

一、保險標的不同

責任保險之保險標的，係被保險人對於第三人依法應負之賠償責任，係以其全部財產為總擔保，並非被保險人之特定財產。至於一般財產保險之保險標的，則為被保險人之特定財產。

二、保險事故不同

責任保險，係以「被保險人受第三人之賠償請求」為保險事故。至於一般財產保險，則係以「一定之危險」為保險事故，例如火災保險，係以火災為保險事故；海上保險，係以海上一切事變及災害為保險事故是。

三、有無保險價額不同

責任保險之標的，非被保險人之具體財產，故無保險價額之問題，被保險人得斟酌可能發生之賠償責任大小，依自己之財務能力，自由訂定保險金額投保之，並無超額保險或一部保險之適用。至於一般財產保險則有保險價額之問題，故有超額保險或一部保險規定之適用。

參、責任保險之起源

隨著工商逐漸發展，人類經濟活動趨於頻繁，造成損害之事件亦日見增多，例如職場傷害、礦區災害、車禍事故等是，為此德國及英國早有「責任法」（Haftpflichtgesetz）及「僱主責任法」（Employers Liability Act）之制定，日本及我國亦有工場法及礦業法之頒行，惟此等法律均以防止損害發生為主要目的，側重於社會安全，屬於公法性質。具有私法上契約性質之責任保險，則於1882年以後在法國見之，各國相繼仿之。迨1908年德國保險契約法第六章第六節，始以專節規定責任保險。法國1904年之保險契約法，尚無關於責任保險之規定，至1925年修正時，始仿德國立法例，規定責任保險於第三章。[248]我國於民國18年（1929年）12月30日國民政府公布之保險法第51條至55條，已設有責任保險之規定，民國26年1月11日國民政府修正公布之保險法，更於第二章（損失保險）第三節，設「責任保險」專節之規定，民國52年9月2日總統公布修正之保險法，則改設於第三章第四節，延續至今。

近代由於社會本位法律思想興起，採行無過失責任之立法漸

---

[248] 林咏榮，新版商事法新詮（下），432頁。

多，肇事者之歸責原因及賠償範圍更加廣大，例如空難事故、產品傷害、環境污染、遊樂場或賽場事故等情形是。因所生之損害鉅大，肇事者往往無力負擔賠償責任而倒閉關廠，受害人則因求償無著或所得有限而家庭破碎，產生頗多家庭及社會問題。企業主為維持其事業之存續，紛紛投保責任保險以分散危險，政府為保護受害人，則逐漸推廣或強化強制責任保險，例如汽車責任保險、航空責任保險等是，藉以落實民事賠償責任，保護受害人。責任保險，已屬今日之重要保險制度。

肆、責任保險之種類

責任保險之種類甚多，各國已辦理之責任保險中，較為常見者例如：房屋主人以其對於進出或停留之人應負之賠償責任，投保之「房屋責任保險」（Property owner's indemnity insurance）；僱用人以其受僱人對於第三人之連帶賠償責任，投保之「僱用人責任保險」（Employer liability insurance）；汽車所有人以其因駕駛過失致第三人傷亡及財物損失之賠償責任，投保之「汽車責任保險」（Third party motor insurance）；電梯所有人以其對於使用其電梯之第三人傷亡及隨身財物損失之賠償責任，投保之「電梯責任保險」（Lift insurance）；學校以其對於學生在校內傷亡之賠償責任，投保之「學童傷害責任保險」（Scholars accident insurance）；商品製造人以其商品所致第三人傷亡及財物損失之賠償責任，投保之「商品責任保險」（Products liability insurance）；律師醫師等專門職業人員以其因業務過失對委任人應負之賠償責任，投保之「職業責任保險」（Professional liability insurance）；運送人以其對於運送之貨物所負之賠償責任，投保之「運送人責任保險」（Carrier's liability insurance）；旅店（或飲食店或娛樂場所）主人以其對於客人之傷亡及行李、寄託物或

衣物之損失所負之賠償責任，投保之「旅店責任保險」
（Innkeeper's liability insurance）；營造人以其營造工程所生對於
第三人傷亡及財物損失之賠償責任，投保之「營造人責任保險」
（Contractor's liability insurance）等是[249]。此等責任保險之間，尚
可依不同之標準，分類如下：

一、依保險標的之不同為分類

依保險標的之不同，可將責任保險分為個人責任保險及事業
責任保險：

（一）個人責任保險

個人責任保險（Personal liability insurance），指以被保險人
個人行為所生之賠償責任為保險標的，所為之責任保險。又可分
為純粹個人責任保險及職業責任保險二種。前者，例如一般汽車
駕駛人投保之汽車強制責任保險是；後者，例如醫師、藥師、律
師、會計師、建築師等個人就其職業行為所生之賠償責任，投保
之各種責任保險是。

（二）事業責任保險

事業責任保險（Business liability insurance），指以被保險人
所營事業所生之賠償責任為保險標的，所為之責任保險。亦即經
營事業之主體（包括個人、合夥、公司），就其所經營之獨資事
業、合夥事業、公司事業，所生之賠償責任，所投保之責任保險
也。例如運送人責任保險、倉庫營業人責任保險、旅店營業人責
任保險、遊樂場營業人責任保險等是。

保險法第92條對於事業責任保險之效力，設有一特別規定

---

[249] 桂裕，保險法論，291～293頁。

曰：「保險契約係為被保險人所營事業之損失賠償責任而訂立者，被保險人之代理人、管理人或監督人所負之損失賠償責任，亦享受保險之利益，其契約並視同為第三人之利益而訂立。」亦即，事業責任保險之效力，及於被保險人之代理人（包括意定代理人、法定代理人）、管理人（例如破產管理人）或監督人（例如重整監督人、和解監督人），於此等人因執行職務致他人受損害，或因違反應執行之職務致被保險人受損害時，債權人如向被保險人求償，保險人固應負給付保險金額之義務，即此等人受債權人或受被保險人請求時，保險人亦應負給付保險金額之義務。[250]

二、依是否強制投保之不同為分類

依是否強制投保之不同，可將責任保險分為任意責任保險及強制責任保險：

（一）任意責任保險

任意責任保險，指基於要保人之自由意願所投保之責任保險。一般之責任保險屬之。

（二）強制責任保險

強制責任保險，指基於法律之強制規定而投保之責任保險。例如強制汽車責任保險是。

任意責任保險與強制責任保險，除上述意義之區別外，尚有下列之不同（以汽車強制責任保險為例）：

1. 性質之不同

任意責任保險，係一般財產保險之一種，屬營利保險之性

---

[250] 保險法第92條規定之意義，詳見本書第三章第五節，有關為自己兼為他人利益之保險契約之說明。

質；強制責任保險，則係政府為推行特定社會政策，以法律規定強制符合一定條件者均應投保之責任保險，屬社會保險之性質。

2. 保護對象之不同

任意責任保險，主要之保護對象為被保險人；強制責任保險，則以受害人或其遺屬（受害人死亡時）為主要之保護對象。

3. 保險範圍之不同

任意責任保險，所承保之賠償責任，以由被保險人之過失行為所生者為原則，無過失行為所生者為例外，但不包括由故意行為所生者在內（民184、220、保29Ⅱ但書）；強制責任保險，所承保之賠償責任，則不論由被保險人之故意（汽保法29）、過失，或無過失（汽保法7）行為所生者，均包括在內。

4. 有無直接請求權之不同

任意責任保險，依保險法第95條規定：「保險人得經被保險人通知，直接對第三人為賠償金額之給付。」受害人對於保險人，原則上無「直接請求權」，必須經被保險人通知保險人後，受害人始得直接向保險人請求保險金額之給付。蓋因受害人既非保險契約之當事人，亦非任意責任保險主要之保護對象也。強制責任保險之受害人或其遺屬，對於保險人則有「直接請求權」。例如強制汽車責任保險法第25條第1項規定：「保險人於被保險汽車發生汽車交通事故時，依本法規定對請求權人負保險給付之責。」之情形是。蓋因強制責任保險，係以受害人或其遺屬（即請求權人）為主要之保護對象，故明定保險人應直接對其為保險金額之給付也。

5.有無特別補償基金之不同

在任意責任保險，無「特別補償基金」之設置，若受害人不知肇事者為何人，或因要件不合而無法向被保險人求償時，並無其他救濟方法。而在強制責任保險，則有「特別補償基金」之設置，於因事故汽車無法查究、或未保險、或未經被保險人同意使用或管理、或無須保險等情事，而無法向保險人請求保險給付時，得於法定之保險金額範圍內，向特別補償基金請求補償（汽保法40）。[251]

第二項　責任保險之保險標的

責任保險以被保險人對於第三人依法應負之賠償責任為保險標的，前已言之。此項賠償責任，須具備下列要件：

一、須為被保險人對於第三人應負之賠償責任

責任保險之標的係「被保險人對於第三人應負之賠償責任」，例如被保險人為執業律師，因疏未於時效完成前起訴，對其委任人所應負之損害賠償責任是。被保險人如以此項賠償責任投保，保險人對其因履行賠償責任所生之損害，負給付保險金額之義務，即為一種責任保險。此之謂第三人，係指被保險人以外之任何人而言。不包括被保險人自己在內。因此在汽車責任保險之情形，被保險人本人駕駛自有汽車發生車禍而受傷害時，保險人不須負賠償責任。被保險人對於因自己之過失行為所受之損害，應另行投保其他保險（例如火災保險、人壽保險、傷害保險、健康保險），以求保障。

---

[251] 林群弼，保險法論，483～485頁。

二、須為民事賠償責任

被保險人之行為，可能同時發生民事責任、刑事責任或行政責任。惟被保險人因犯罪行為應負之刑事責任，及因違反行政規章應負之行政責任，縱為罰金或罰鍰，亦均係國家或政府機關所課予之制裁，與被保險人對於第三人之賠償責任，不可同日而語。被保險人自不得以其應負繳交刑事罰金或行政罰鍰之責任，投保責任保險。因此作為責任保險標的之賠償責任，須為民事責任，亦即「民事損害賠償責任」也。

三、須為依法應負之賠償責任

關於責任保險之標的，保險法第90條稱「被保險人對於第三人，依法應負賠償責任」，所謂「依法應負賠償責任」，究係何所指？學者有認為：「民事責任本有『依約而生之責任』與『依法而生之責任』之別，本法上責任保險標的之責任，須屬依法而生之責任，依約而生之責任，不包括在內。惟『依約而生之責任』與『契約上之責任』，兩者尚有分別。就是契約上之責任，可分為：①純粹依當事人意思而生之契約責任，這才是依約而生之責任，例如依保險契約保險人對被保險人所負之賠償責任是。②因法律賦與契約效果而生之契約責任，此種責任與當事人之意思無關，所以不是依約而生之責任，仍屬依法而生之責任，例如債務不履行責任，出賣人之瑕疵擔保責任均是。上述兩種契約上之責任，僅①不得為責任保險之標的（保險人對被保險人所負之責任如以之投保，在本法上已另設有再保險之規定，即因此之故），至於②仍得為責任保險之標的。由此觀之，得為責任保險標的之責任，除侵權行為責任外，尚有債務不履行責任（如運送人對於運送物之責任，倉庫營業人對於寄託物之責任），及其他

依法而生之責任（如瑕疵擔保責任），其範圍頗為廣泛。」[252]

上開見解，不無理由。惟本書以為，保險法第90條所稱「依法應負賠償責任」，係指因一定事實（法定或約定）之發生，依法律賦與之效果而生之賠償責任而言。又民事損害賠償責任，依其發生之原因，可分為四類，即：（一）侵權行為損害賠償、（二）債務不履行損害賠償、（三）其他法定之損害賠償及（四）約定之損害賠償（例如保險金之給付）。其中，侵權行為損害賠償責任，係因侵權行為之事實發生，而依法律（民184）賦與之效果而生；債務不履行損害賠償責任，係因債務不履行之事實發生，而依法律（民226、227、232、233）賦與之效果而生；其他法定之損害賠償，係因該法律所定之事實發生，而依法律（例如民91、110、113、114Ⅱ、173Ⅱ、174～177、182Ⅱ、245-1、247、336、397Ⅱ）賦與之效果而生；約定之損害賠償，則係約定之事實（例如保險事故）發生，而依法律（例如保險法）賦與之效果而生。是則，上開四類損害賠償責任，均應得為責任保險之標的。就保險人之賠償責任（約定之損害賠償）言，係因保險法就保險人賠償責任之保險，另設有「再保險」（再保險亦屬責任保險之性質[253]）之特別規定，而排除一般責任保險規定之適用，非謂其不得為責任保險之標的也。因此，學者所謂之「純粹依當事人意思而生之契約責任」，應解為係指純粹以約定之方式成立之賠償責任而言。因其賠償責任之發生並非由約定之一定事實發生而造成，實質上等同於贈與，而非賠償責任，自不得為責任保險之標的也。

---

252 鄭玉波，保險法論，142～143頁；林群弼，保險法論，486～487頁同。
253 請見本書第三章第九節之說明。

有疑問者，乃保險法第90條所稱之「賠償責任」，是否包括「瑕疵擔保責任」在內？學者有持肯定見解，而將瑕疵擔保責任列為「其他依法而生之責任」者[254]。本書以為，瑕疵擔保責任分為「權利瑕疵擔保責任」與「物之瑕疵擔保責任」。就權利瑕疵擔保責任言，買賣標的物發生權利瑕疵時，出賣人應設法予以排除，此部分之責任，尚非賠償責任可比，應不在責任保險標的之範圍；至如出賣人不能排除權利之瑕疵，而應負權利瑕疵擔保責任時，買受人得依關於債務不履行之規定行使其權利（民353），亦即出賣人應對買受人負「債務不履行損害賠償責任」，此得作為責任保險之標的，應無問題。其次，就物之瑕疵擔保責任言，買賣標的物發生物之瑕疵時，出賣人所負排除瑕疵之責任，以及買受人依法解除契約或請求減少價金（民359）等情形，均非賠償責任，亦應不在責任保險標的之範圍，必也買受人不解除契約或請求減少價金，而請求不履行之損害賠償時（民360），始得以之為責任保險之標的。因此，正確言之，得為責任保險之標的者，應係指「因瑕疵擔保而生之損害賠償責任」而言。

四、須為過失或無過失責任

被保險人對於第三人，依法應負之賠償責任，有由於被保險人之故意或過失造成者，亦有係依法應負無過失責任者，並非均得作為責任保險之標的。依保險法第29條第2項但書規定，由於要保人或被保險人之故意行為所造成之「被保險人對於第三人之賠償責任」，應不在責任保險人負責之範圍。可知被保險人對於第三人，依法應負之賠償責任，須係**過失責任**或**無過失責任**者，始足當之。所謂過失責任，包括重大過失、具體輕過失、抽象輕過

---

[254] 鄭玉波，保險法論，143頁；林群弼，保險法論，487頁。

失在內，此與海上保險人對於被保險人之重大過失所致損失不須負責，而僅就被保險人之輕過失（具體輕過失、抽象輕過失）所致損失負賠償責任者（海商131），有所不同。又被保險人對於偶然性較低之過失責任既須負責，則依舉輕明重之當然解釋，對於偶然性較高之無過失責任，自更應負責。

須說明者，被保險人對於第三人，依法應負之賠償責任，須係**過失責任**或**無過失責任**，僅係原則。在強制汽車責任保險，縱係由於被保險人之故意行為，致被保險汽車發生汽車交通事故者，保險人仍應依法負保險給付之責。但得在給付金額範圍內，代位行使請求權人對被保險人之請求權（汽保法29 I ③）。是為例外。此乃因強制汽車責任保險之立法目的，在加強保護交通事故之受害人故也。

第三項　責任保險之保險事故

於責任保險，自損害事故發生後，以迄被保險人賠償受害人時止，具法律上意義之階段，依序有四，即：損害事故發生、被保險人責任發生、被保險人受請求、被保險人賠償受害人。此四個階段，學說上各有以之為責任保險之保險事故者。說明如下：

一、損害事故說

此說認為「發生損害之事故」，即係責任保險之保險事故。例如營造人，以其營造工程所生對於第三人傷亡及財物損失之賠償責任，向保險人投保「營造人責任保險」，嗣於建造過程中，因吊車墜落而砸壞停放於路邊之車輛。此時即係保險事故之發生是。就保險人之給付保險金額義務，係因此一損害事故之發生而起之觀點言，此說非無依據。惟查此之損害事故，係車輛所有人

（即第三人）發生損害之事故，而非被保險人發生損害之事故，車輛所有人雖因吊車墜落而發生損害，但被保險人未必有其責任，縱經查明被保險人須負責任，車輛所有人若未提出賠償之請求，被保險人並未受到損害，自亦無由保險人負賠償義務之問題。故此說並非合適。

二、被保險人責任發生說

此說認為「被保險人依法應負賠償責任」，始為責任保險之保險事故。例如前例「吊車墜落砸壞車輛」之損害事故發生後，經查明係因被保險人之過失所致而應對車輛所有人負賠償責任。此時即係保險事故之發生是。日本學者多數採此說[255]。就責任保險人之責任在承擔被保險人對於第三人之賠償責任言，此說似有其理由。惟查被保險人責任雖已發生，但如受害人未提出賠償之請求，被保險人並未受到損害，何以須由保險人對被保險人負賠償義務？仍難說明。此說亦不合適。

三、被保險人受請求說

此說認為「被保險人受賠償之請求」，始為責任保險之保險事故。例如前例「吊車墜落砸壞車輛」之損害事故發生後，經查明係因被保險人之過失所致而應對車輛所有人負賠償責任，且車輛所有人亦已對被保險人提出賠償之請求。此時即係保險事故之發生是。就被保險人因履行賠償責任而受到損害，幾可確定之觀點言，此說之理由似較堅強。德、美學者多數採此說，日本亦有部分學者從之[256]。惟如被保險人未對受害人為賠償，但卻取得保

---

[255] 張國鍵，商事法論（保險法），189頁；林咏榮，新版商事法新詮（下），450頁；鄭玉波，保險法論，144頁；林群弼，保險法論，489頁。
[256] 林咏榮，新版商事法新詮（下），450頁。

險人給付之保險金額時，則如何？採此說尚有須克服之問題。

四、賠償義務履行說

此說認為「被保險人已賠償受害人」，始為責任保險之保險事故。例如前例「吊車墜落砸壞車輛」之損害事故發生後，經查明係因被保險人之過失所致而應對車輛所有人負賠償責任，車輛所有人亦已對被保險人提出賠償之請求，且被保險人已對車輛所有人為賠償。此時即係保險事故之發生是。就被保險人已因履行賠償義務而受到損害之觀點言，此說之理由最為堅強。惟如堅持被保險人必須先對受害人為賠償，保險人始須給付保險金額於被保險人，於被保險人無支付能力時，反對受害人不利。採此說亦有其待克服之問題。

以上四說，我國之責任保險，究係採何者？學者有認為係採第三說者，謂：「以上四說，多數立法例採用其中之第三說，即以被保險人受第三人損害賠償之請求時，為責任保險之保險事故，保險人對於被保險人之損害賠償責任，始能實現，故我保險法從之。」[257]亦有認為兼採第二說及第三說並寓有第四說之見解者，謂：「以上四說，在我保險法係兼採（二）、（三）兩說，就是被保險人依法應負賠償責任，而受賠償之請求，便是保險事故之發生（參照本法90條），斯時保險人即應負其責任。不過如向被保險人給付保險金時，則應受第94條之限制，這又寓有（四）說之見解。」[258]亦有認為，依保險法第90條規定之用語及任意責任保險兼有保護受害人之法理觀之，原則上應採第三說

---

[257] 張國鍵，商事法論（保險法），189頁；林咏榮，新版商事法新詮（下），436頁，說法相同。

[258] 鄭玉波，保險法論，145頁。

（被保險人受請求說）為妥，惟依保險法第94條第1項之規定觀之，則似又兼採第四說（賠償義務履行說）者[259]。

　　本書以為，被保險人對於第三人應負之賠償責任，係責任保險之保險標的，前已述之，與責任保險之保險事故，不可同日而語；此外，保險法第94條第1項規定：「保險人於第三人由被保險人應負責任事故所致之損失，未受賠償以前，不得以賠償金額之全部或一部給付被保險人。」係為防止發生被保險人未對受害人為賠償，但卻取得保險人給付之保險金額之情況，而設之配套措施，與責任保險之保險事故，亦不可混為一談。認為我國之責任保險，應係採第三說，即以「被保險人受賠償之請求」為保險事故較妥。

第四項　責任保險契約之效力

　　我國保險法就責任保險契約之效力，設有下列特別規定，應優先適用。

壹、對於保險人之效力

一、賠償責任之負擔

　　「責任保險人於被保險人對於第三人，依法應負賠償責任，而受賠償之請求時，負賠償之責。」（保90）其意義除如前所述外，尚須說明者，乃責任保險之保險金額如何訂定？因責任保險之標的，並非被保險人之具體財產，並無保險價額，故除設有最低保險金額之強制責任保險外，被保險人得斟酌可能發生之賠償責任大小，依自己之財務能力，自由訂定保險金額投保之，並無

---

[259] 林群弼，保險法論，491頁。

超額保險或一部保險之適用。此點類似於定額保險。保險事故發生時，保險人則僅於不超過約定之保險金額限度內，依被保險人實際應賠償於受害人之數額賠償之。

二、必要費用之負擔

「被保險人因第三人之請求而為抗辯，所支出之訴訟上或訴訟外之必要費用，除契約另有訂定外，由保險人負擔之。」「被保險人得請求保險人墊給前項費用。」（保91）所謂「被保險人因第三人之請求而為抗辯，所支出之訴訟上或訴訟外之必要費用」，指被保險人為反駁受害人賠償之請求，而採取各種訴訟上或訴訟外之行為，所支出之必要費用而言。例如申請或製作證明文件或調取監視錄影檔案之費用、出庭應訊之交通費、請求鑑定之鑑定費用、損失估計之費用等是。此等必要費用，除契約另有訂定外，應由保險人負擔。蓋因此等費用之支出，具有間接為保險人爭取減免賠償金額之作用，故原則上應由保險人負擔。此與保險法第33條所定「保險人對於要保人或被保險人，為避免或減輕損害之必要行為所生之費用，負償還之責」，意旨相同。所謂「除契約另有訂定外」，指於保險契約中，就應由保險人負擔之必要費用之項目或數額為排除或限制之規定，或訂定全由被保險人自行負擔之情形。

上開之必要費用既應由保險人負擔，故保險法第91條第2項乃又規定：「被保險人得請求保險人墊給前項費用。」是為被保險人之費用墊給請求權。被保險人提出墊給費用之請求時，保險人於其應負擔之範圍內，有墊給之義務，不得藉故拒絕或拖延。費用墊給後，如有不足，被保險人得再要求墊給，如有餘額，應俟第三人之請求案確定後，或最終保險人為理賠時，與保險人

結清。

三、保險金額之給付

責任保險之保險事故發生後，原則上保險人應將保險金額給付於被保險人，但於特定情形下，亦得逕行對第三人為給付。分述之：

（一）向被保險人給付

理論上，責任保險人於保險事故發生後，即應將保險金額給付於被保險人，但保險法對此設有限制規定，即「保險人於第三人由被保險人應負責任事故所致之損失，未受賠償以前，不得以賠償金額之全部或一部給付被保險人。」（保94）亦即被保險人須賠償第三人（即受害人）後，保險人始得賠償被保險人。蓋被保險人尚未賠償第三人以前，被保險人尚未蒙受損失，保險人應尚無給付賠償金額之義務，且如前所述，責任保險兼有保護受害人之目的，規定於第三人未受賠償以前，保險人不得給付賠償金額於被保險人，亦具有督促被保險人先對第三人為賠償，以確保第三人受償之作用也。

（二）向第三人給付

於下列二種情形下，責任保險人得直接對第三人為賠償金額之給付：

1. 被保險人之賠償責任確定而第三人直接向保險人請求給付時

「被保險人對第三人應負損失賠償責任確定時，第三人得在保險金額範圍內，依其應得之比例，直接向保險人請求給付賠償金額。」（保94Ⅱ）所謂「被保險人對第三人應負損失賠償責任確定時」，指損害事故發生後，經被保險人通知保險人參與，認

定被保險人應負賠償責任之比例，經受害人同意之時。所謂「第三人得在保險金額範圍內，依其應得之比例，直接向保險人請求給付賠償金額」，乃第三人得直接向保險人請求給付其應得之保險金額之謂。此情形，保險人自得對第三人為賠償金額之給付，惟保險人基於保險契約所得對抗被保險人之事由，皆得以之對抗第三人（施行細則9），乃為當然。

須說明者，乃民國90年7月9日修正前之保險法，僅設有第94條第1項被保險人須先賠償第三人，保險人始能賠償被保險人之規定，並無第三人得直接向責任保險人請求賠償之明文。以致在被保險人無資力時，發生第三人無法從被保險人處獲得賠償，又無法直接向保險人請求賠償，非但責任保險保護被保險人及第三人之目的無法達成，且使保險人坐收保險費卻無須理賠之不合理情況，爰於民國90年7月9日修正保險法時增定第94條第2項規定[260]，以為解決。

2. 經被保險人通知時

「保險人得經被保險人通知，直接對第三人為賠償金額之給付。」（保95）本條係為謀被保險人（向第三人）賠償及（向保險人）求償手續之便利及避免收支勞費而設之規定。被保險人之通知保險人，發生保險人得直接將賠償金額給付於第三人之效力，固無問題。惟第三人是否因而取得直接向保險人請求給付之權？學者有持肯定見解者，謂：「因而被保險人為謀手續之便利，避免收支之勞費，自可通知保險人直接向第三人給付，於是

---

[260] 保險法第94條增訂第2項規定之修正理由謂：「責任保險制度旨在提供加害人足夠清償能力，並保護受害第三人得以獲得補償。為維護受害第三人之權利，並確保保險人之給付義務，爰增定第2項，在被保險人對第三人應付損失賠償責任確定後，受害第三人得直接向保險人請求賠償。」

第三人即對保險人有直接請求之權。」[261]但民國72年5月司法院司法業務研究會第三期，對於「法律問題：責任保險之第三人，對於保險人，有無保險金給付請求權？」之研究結論，則持否定見解，而謂：「…至同法第95條之規定，係因被保險人為謀手續之便利，避免收支之勞費，故通知保險人直接向第三人給付，保險人依此規定，固可直接向第三人給付，但並非第三人得直接向保險人請求給付。」本書以為，保險法第95條固未明定被保險人通知保險人後，第三人即因而取得直接向保險人請求給付賠償金額之權，惟按被保險人之通知保險人直接對第三人為給付，必是基於應將賠償金額給付第三人之意思而為，是其通知保險人直接對第三人為給付，非不可解為具有將其對保險人之請求權移轉於第三人之效力，且被保險人既為免除自己先向第三人賠償後再向保險人求償之麻煩而通知保險人直接對第三人為給付，如第三人未能取得直接向保險人請求給付之權，則如保險人因故不為給付時，勢須再由被保險人出面為請求，亦與本條之立法目的不合。為此，本書認為應以肯定見解為是，亦即經被保險人通知保險人後，除保險人得直接對第三人為賠償金額之給付外，第三人亦取得直接向保險人請求給付賠償金額之權。

須附言者，在強制汽車責任保險，於被保險汽車發生汽車交通事故時，保險人應對請求權人（受害人或其遺屬）負保險給付之責，請求權人則除得向保險人請求保險給付外，於未能依法向保險人請求保險給付時，亦得向特別補償基金請求補償（汽保法25 I 、11、40）。與上述適用於任意責任保險之規定不同。

261　鄭玉波，保險法論，147頁。

貳、對於被保險人之效力

「保險人得約定被保險人對於第三人就其責任所為之承認、和解或賠償，未經其參與者，不受拘束。但經要保人或被保險人通知保險人參與而無正當理由拒絕或藉故遲延者，不在此限。」（保93）是為保險人之參與權。蓋被保險人就其責任所為之承認、和解或賠償，與保險人之利益關係重大，故規定保險人得約定須經其參與，以便共同就被保險人應否負責及其比例、和解條件、賠償方式等為認定，並避免被保險人與第三人串通而恣意承認或故意高額賠償，以危害保險人之利益。有此項約定時，被保險人即負有通知保險人參與之義務，如未通知保險人參與，則被保險人所為之承認、和解或賠償，保險人不受拘束。所謂「不受拘束」，即被保險人所為之承認、和解或賠償，對保險人不生效力之謂。保險人不必依被保險人自行承認之責任範圍及賠償數額，負賠償責任。但若經要保人或被保險人通知保險人參與而無正當理由拒絕或藉故遲延者，則不在此限。亦即被保險人所為之承認、和解或賠償，對保險人仍生效力，保險人須依被保險人承認之責任範圍及賠償數額，負賠償責任。

須注意者，本條係規定「保險人得約定」，故保險人不為約定亦無不可。惟如未為此項約定時，被保險人縱未通知保險人參與，其所為之承認、和解或賠償，對保險人仍生效力，保險人須依被保險人承認之責任範圍及賠償數額，負賠償責任。與經要保人或被保險人通知保險人參與而無正當理由拒絕或藉故遲延者同。

第五節　保證保險

壹、保證保險之意義

保證保險（fidelity insurance; bond insurance），乃保險人對於被保險人因其受僱人之不誠實行為或其債務人之不履行債務所致損失，負擔賠償責任之一種財產保險也（保95-1）。分述之：

一、保證保險以被保險人受僱人之不誠實行為或其債務人之不履行債務為保險事故

保證保險原有多種，惟我國保險法僅就以「被保險人受僱人之不誠實行為」為保險事故之保證保險，及以「被保險人債務人之不履行債務」為保險事故之保證保險設有規定。學理上稱前者為「誠實保證保險」[262]，稱後者為「確實保證保險」[263]。

二、保證保險人對於保險事故所致損失負擔賠償責任

保證保險人，對於「被保險人因其受僱人之不誠實行為所致之損失」，例如被保險人因外傭或公司會計捲款潛逃所生之損失，或「被保險人因其債務人之不履行債務所致之損失」，例如被保險人因房屋委建之承包商倒閉而不能完成興建所生之損失，應負擔賠償責任。

---

[262] 以「被保險人受僱人之不誠實行為」為保險事故之保證保險，有稱為「誠實保證保險」者（鄭玉波，保險法論，150～152頁），有稱為「員工信用保證保險」者（林群弼，保險法論，520頁），亦有稱為「員工誠實保證保險」者（劉宗榮，新保險法，416頁）。

[263] 以「被保險人債務人之不履行債務」為保險事故之保證保險，有稱為「確實保證保險」者（鄭玉波，保險法論，150～154頁），有稱為「債務履行保證保險」者（林群弼，保險法論，521頁），亦有稱為「債務不履行保證保險」者（劉宗榮，新保險法，417頁）。

三、保證保險係一種財產保險

保證保險之目的，在填補被保險人因保險事故所致之財產上損失，自為財產保險之性質。我國保險法，將保證保險規定於財產保險章，而為財產保險之一種，即此之故。

貳、保證保險之立法理由

我國保險法原未設保證保險之規定，迨民國88年2月26修正保險法時，始於財產保險章中增訂第四節之一「保證保險」，修正理由謂：「（一）歐美先進國家採行保證保險制度已久，為重要險種之一，且保證保險與財產保險不盡相同，有於本法專節規定之必要。（二）近年來政府積極推動工程保證制度，加強營繕管理，且工商業投保誠實信用保證保險者逐年增加，爰將保證保險於本法中明定，以資適用。」

惟按上述二點僅係增設保證保險之形式上理由，保證保險之實質上立法理由，約可分為為四點：

（一）於締結工程承攬或供應物品契約等場合，投標人通常須繳存巨額之保證金，以致大量資金固定化，無法為有效運用；又於人事保證之場合，受僱人往往難以覓得妥適保證人。此時即可以支付少額的保險費簽訂保證保險契約代之。

（二）保險人於訂立保證保險契約時，在核保上必定會為危險之選擇，即對被保證人之信用、品德等為必要的調查，從而對定作人或僱用人而言，得以透過保證保險契約之簽訂，而獲得信用或品德良好之投標人或受僱人。

（三）保險人於發生損害賠償責任時，必定會對其所保證之投標人或受僱人等債務人為充分之調查，採取種種可能求償之措

施，從而得以防止債務人為不正行為或過怠行為。

（四）保險人對於債權人（被保險人）之營業方法、管理等亦會進行監視，從而亦可防止債權人之內部人員為收賄等不正行為。[264]

因我國保險法增設之規定，僅及於誠實保證保險及確實保證保險，且僅有3個條文，故實質上僅具有宣示保證保險為我國保險法所定之一種財產保險之意義，保險法未規定之部分（包括其他保證保險），唯有由保險業者比照他國之保證保險單而為訂定，發生爭議時，則有賴法院依他國之有關規定及一般保險法理，為判斷。

參、保證保險之種類

保證保險之種類甚多，例如工程履約保證保險、貸款保證保險、人事保證保險、公務員保證保險、契約保證保險、司法保證保險、寄託金保證保險、財管人員保證保險、誠實保證保險（員工誠實保證保險）、確實保證保險（債務履行保證保險）等是。惟我國保險法僅就「誠實保證保險」及「確實保證保險」為規定。說明如下：

一、誠實保證保險

誠實保證保險，亦稱員工誠實保證保險，乃指以「被保險人受僱人之不誠實行為」為保險事故之保證保險。亦即，由要保人交付保險費於保險人，約定由保險人就被保險人之受僱員工將誠實執行職務作保證，若因受僱員工有不誠實行為，致被保險人遭受金錢或財物損失時，應由保險人負擔賠償責任之保險也。所謂

264　鄭玉波，保險法論，149～150頁。

「受僱人之不誠實行為」，指受僱人違反忠誠義務侵害被保險人財物之內部行為，及被保險人依法對之須負責任之受僱人職務上對外行為而言。例如受僱員工挪用公款、偷竊財物、毀損財物、捲款潛逃等，及因執行職務侵害他人財物致被保險人應負賠償責任之行為是。如與職務無關，而屬於受僱人個人之犯罪行為或侵害他人之行為，例如受僱人在外所為強盜、搶奪、竊盜、詐欺、毀損鄰人財物、假日駕駛自用汽車撞傷行人等行為，則不包括在內。應注意之。我國保險業界所辦理之「員工誠實保證保險」，即屬之。

二、確實保證保險

確實保證保險，亦稱債務履行保證保險，乃指以「被保險人債務人之不履行債務」為保險事故之保證保險。亦即，要保人交付保險費於保險人，約定由保險人就被保險人之債務人將確實履行債務作保證，若因債務人不履行債務，致被保險人遭受金錢或財物損失時，應由保險人負賠償責任之保險也。所謂「債務人之不履行債務」，指債務人不依債務本旨為給付而言，包括給付不能、給付拒絕、給付不完全、給付遲延等情形在內。我國保險業所辦理之「工程履約保證保險」，即屬之。確實保證保險之種類較多，常見者例如：

（一）投標保證保險

投標保證保險，乃以「承攬人得標後未能完成簽約」為保險事故之保證保險。亦即承攬人（即債務人）於投標之際，自為要保人（他人要保亦可，以下同），以定作人（即債權人）為被保險人，約定由保險人就其得標後將依約定期限及條件與定作人簽訂承攬契約作保證，若因其未能完成簽約致定作人遭受損失時，

應由保險人對定作人負賠償責任之保險也。

（二）工程履約保證保險

工程履約保證保險，乃以「承攬人未能依約履行契約」為保險事故之保證保險。亦即由承攬人（即債務人）於即將簽訂承攬契約之際，自為要保人，以定作人（即債權人）為被保險人，約定由保險人就其將確實履行承攬契約作保證，若未能依約完成工程時，應由保險人負責安排其他承包商繼續完成，或負擔賠償定作人損失責任之保險也。

（三）保固保證保險

保固保證保險，乃以「承攬人完成之工程在保固期間內發生瑕疵」為保險事故之保證保險。亦即由承攬人（即債務人）於工程即將驗收完成之際，自為要保人，以定作人（即債權人）為被保險人，約定由保險人就其所完成之工程在保固期間內不發生瑕疵作保證，若發生瑕疵時，應由保險人負責修繕或重作，或負擔賠償定作人損失責任之保險也。

（四）預付款返還保證保險

預付款返還保證保險，乃以「採購契約之出賣人依採購契約不返還預付款」為保險事故之保證保險。亦即由出賣人（即債務人）於向採購人收取預付款之際，自為要保人，以採購人（即債權人）為被保險人，約定由保險人就其預付款之返還作保證，若採購人無法依採購契約扣回預付款時，由保險人對採購人負賠償責任之保險也。

（五）貸款保證保險

貸款保證保險，乃以「貸款之債務人未能依約清償債務」為保險事故之保證保險。亦即由貸款人（即債務人）於簽訂貸款契

約之際，自為要保人，以貸款銀行或其他金融機構（即債權人）為被保險人，約定由保險人就其將確實依約清償貸款債務作保證，若未能依約清償貸款債務時，由保險人向該銀行或其他金融機構負賠償責任之保險也。[265]

（六）私立學校履約保證保險

私立學校履約保證保險，乃以「私立學校向學生收取就學費用後，發生無法繼續辦學之情事，致學生全部或部分就學費用遭受損失」為保險事故之保證保險。亦即由私立學校（即債務人）為要保人，以已繳交就學費用之學生（即債權人）為被保險人，約定於學校發生停辦、解散、學生學籍不被承認（私校法70、71、72、78）或其他無法繼續辦學之情事時，由保險人依「保險給付基準表」所定之金額，對學生負賠償責任之保險也。所謂學生，指向各校註冊有案取得學籍之人。所謂就學費用，指私立學校於註冊時向學生收取之費用，包括學費、雜費、代辦費及使用費。關於私立學校履約保證保險，教育部依私立學校法第39條第2項規定訂有「私立學校投保履約保證保險實施辦法」，可為依據。[266]

肆、保證保險契約之應記載事項

一、誠實保證保險契約之應記載事項

依保險法第95-2條規定，以受僱人之不誠實行為為保險事故

---

[265] 鄭玉波，保險法論，153～154頁。

[266] 依民國97年1月16日修正公布之私立學校法第39條第2項規定：「私立學校得依前項核定之招生總額，為學生之利益，投保履約保證保險；其履約保證保險之保險契約、保險範圍、保險金額、保險費率等相關事項之辦法，由教育部定之。」教育部依而訂定「私立學校投保履約保證保險實施辦法」，於民國98年3月11日發布施行。首創我國私立學校履約保證保險之制度。

之保證保險契約，除記載第55條規定事項外，並應載明下列事項：

（一）被保險人之姓名及住所

此所謂被保險人，乃指僱用人而言。僱用人之姓名及住所，須載明於保險契約，除係因僱用人為員工誠實保證保險保障之對象外，亦可作為認定僱用人與受僱人關係之依據。

（二）受僱人之姓名、職稱或其他得以認定為受僱人之方式

此所謂受僱人，應採與民法第188條相同之廣義解釋，凡客觀上被他人使用為之服勞務而受其監督之人，而可能致僱用人受損害者，均屬之。有無訂立僱用契約、勞務之性質、時間之久暫、報酬之有無、以及是否授與代理權，皆所不問[267]。受僱人之姓名、職稱等資料，須載明於保險契約，除係因受僱人為保險人所保證之對象外，亦可作為認定受僱人與僱用人關係之依據。

所謂「受僱人之姓名、職稱或其他得以認定為受僱人之方式」，包括「受僱人之姓名」及「受僱人之職稱或其他得以認定為受僱人之方式」二者。受僱人之姓名，宜擴張解釋包括身分證字號、住址等識別人我之必要資料。至於「受僱人之職稱或其他得以認定為受僱人之方式」，則指足以認定為受僱人之方式，職稱僅係例示，例如載明為「職員」或「工友」，並以職工名冊或薪資扣繳憑單或職工服務證影本作為附件是。實務上，記載受僱人之方式有二：一為載明被保證之具體個人之姓名、職稱或職務，及個別之保險金額；一為載明被保證之職稱、人數及每人之保險金額。本款所定之文字，似不甚精準。

---

[267] 陳猷龍，民法債編總論，100頁。

二、確實保證保險契約之應記載事項

依保險法第95-3條規定，以債務人之不履行債務為保險事故之保證保險契約，除記載第55條規定事項外，並應載明下列事項：

（一）被保險人之姓名及住所

確實保證保險之被保險人為債權人，而訂立確實保證保險契約之目的，係在填補債權人因其債務人之不履行債務所致之損失。故應將被保險人之姓名及住所，載明於保險契約。並作為認定被保險人與債務人關係之依據。

（二）債務人之姓名或其他得以認定為債務人之方式

被保險人之債務人，係保險人所保證之對象，故應載明於保險契約。並作為認定債務人與被保險人關係之依據。債務人之姓名，亦宜擴張解釋包括身分證字號、住址等識別人我之必要資料。至於所謂「或其他得以認定為債務人之方式」，究係何所指？不明，疑係指「及得以認定為債務人之方式」而言。得以認定為債務人之方式，例如提出承攬契約書或買賣契約書或借據等影本作為附件為憑是。

伍、保證保險契約之效力

一、誠實保證保險契約之效力

誠實保證保險人，對於被保險人因其受僱人之不誠實行為所致損失，應負賠償責任。賠償責任之內容，依保險契約之訂定，保險契約未規定者，得引他國誠實保證保險之規定或他國保證保險單之條款依法理適用之，或適用保險法上財產保險之一般規定，以為解決。又所謂受僱人之不誠實行為，不論其係出於故意

或過失，均應包括在內。又於被保險人就其損害之發生與有過失
之情形，其受僱人得依法對被保險人主張減免賠償金額（民
217），此時保險人應依減免後之數額，對被保險人負給付賠償金
額之責，自不待言。

誠實保證保險人於對被保險人（僱用人）為賠償後，依保險
法第53條第2項但書之規定，以受僱人因故意行為所致被保險人損
害之部分為限，對於致生損害之受僱人（被保證之對象），得行
使代位求償權。對於受僱人因過失所致被保險人損害之部分，保
險人無代位求償權。

二、確實保證保險契約之效力

確實保證保險人，對於被保險人因其債務人之不履行債務所
致損失，負賠償責任。賠償責任之內容，依保險契約之訂定，保
險契約未規定者，得引他國確實保證保險之規定或他國保證保險
單之條款依法理適用之，或適用保險法上財產保險之一般規定，
以為解決。

有問題者，乃於債務人自為要保人（以債權人為被保險人）
之確實保證保險，保險人得否依保險法第29條第2項但書規定，主
張對於要保人之故意不履行債務所生之損失，不負賠償責任？如
答案為肯定，則確實保證保險之美意將喪失殆盡。學者有認為：
「惟如此情形，對被保險人甚為不利，故當事人應於保險契約
內，明文以保險法第54條第1項規定排除本法第29條第2項但書之
規定為妥。為保護被保險人之利益，本法應明文排除第29條第2項
但書之適用。」[268]本書贊同之，並認為縱未於保險契約為排除適

---

[268] 梁宇賢，保險法新論，315頁。

用之規定，依確實保證保險以「被保險人債務人之不履行債務」
為保險事故之制度設計，保險人對於債務人之故意或過失不履行
債務之危險，均應列入評估，從而亦應解為依確實保證保險之本
質，並無保險法第29條第2項但書規定之適用。

　　確實保證保險人於對被保險人（債權人）為賠償後，得依法
對於致生損害之債務人（被保證之對象），行使代位求償權，並
無問題。與誠實保證保險之情形，不同。

第六節　其他財產保險

壹、其他財產保險之意義

　　「其他財產保險為不屬於火災保險、海上保險、陸空保險、
責任保險及保證保險之範圍，而以財物或無形利益為保險標的之
各種保險。」（保96）蓋財產保險之種類甚多，難以一一規定，
爰保險法立法者，乃於就具代表性之財產保險為個別規定之後，
另立一節「其他財產保險」之通則規定，除宣示尚有其他財產保
險以外，應另有供上述五種保險外之其他各種財產保險一體適用
之意。

　　惟按保險法為任意法，其個別規定之九種保險（即火災保
險、海上保險、陸空保險、責任保險、保證保險，及人壽保險、
健康保險、傷害保險、年金保險），應僅屬示範性之有名保險契
約，保險人與要保人成立之其他保險契約（包括其他財產保險契
約、其他人身保險契約），不論名稱如何，亦均係保險法上之保
險契約[269]，本即應依其性質分別歸屬於特定之一種或數種有名保

---

[269] 桂裕，保險法論，310頁；林群弼，保險法論，528～529頁。

險契約，分別適用其有關之特別規定，及保險法總則章、保險契約章之有關規定，有無另訂「其他財產保險」或「其他人身保險」規定，均無不同。此外，觀諸「其他財產保險」節所設之規定，除第96條其他財產保險之意義外，其餘3個條文，性質上均係各種財產保險得一體適用者，而非專屬其他財產保險之規定。是則，本節「其他財產保險」之規定，似非必要，可將其規定移列於保險契約通則中，並增訂一條關於其他保險契約法律適用之規定，體例較佳。

貳、其他財產保險之種類

各國辦理之其他財產保險種類甚多，重要者列舉如下：

一、玻璃保險

玻璃保險（plate glass insurance），乃以「玻璃發生毀損」為保險事故之保險。玻璃保險之標的物，多以厚板玻璃為主，例如展示櫥窗之玻璃、建築物之門窗玻璃、特殊用途之貴重玻璃等是。又玻璃保險之理賠方式，以現物換新為常，較少給付保險金者，且只須玻璃發生裂痕，即應全塊換新，並無「分損」或「比例填補」之問題。[270]

二、機械保險

機械保險（machinery insurance; engineering insurance），乃以「機械設備於開動中發生毀損」為保險事故之保險。廣義之機械保險，包括鍋爐（boiler）設備之保險在內。機械設備之發生毀損，係因機械本身之原因或因所有人、從業人員或第三人之不當

---

[270] 鄭玉波，保險法論，156～157頁。

操作所致，在所不問。惟通常不包括火災、地震、戰爭、暴風雨等原因所致之毀損。[271]

三、汽車保險

汽車保險（automobile insurance），乃以「汽車車體因碰撞、竊盜、浸水及其他意外事故所生之毀損」為保險事故之保險。汽車保險係一種車體本身毀損之綜合性財產保險，而汽車責任保險則係一種汽車致他人身體或財產遭受損害，依法應負賠償責任而受賠償請求時，由保險人負賠償責任之責任保險。二者不同。[272]

四、財產壽命保險

財產壽命保險（property-life insurance），乃以「財產因自然消耗所致之減價損失」為保險事故之保險。所謂自然消耗，即折舊也。例如房屋、機械、汽車、船舶之折舊，所為之各種壽命保險是。財產壽命保險，自20世紀起源於德國，其後傳入美國，目前我國及日本尚無此種保險。此種保險，因其保險事故欠缺偶然性，是否為真正之保險，頗成問題。[273]

五、信用保險

信用保險（credit insurance），乃以「被保險人因其債務人不能履行債務而遭受損失」為保險事故之保險。例如債權人因恐被詐欺、債務人倒閉、債務不履行、或因戰爭、天災，債權無法受償，而投保之債權信用保險是。信用保險與確實保證保險不同，

---

[271] 鄭玉波，保險法論，157頁。
[272] 張國鍵，商事法論（保險法），197頁。
[273] 鄭玉波，保險法論，157頁。

信用保險係債權人就自己之債權未能受償之損失所為之保險，而確實保證保險則係債權人為確保其債務人能確實履行債務所為之保險。不可相混。

　　此外，美國盛行一種「信用人壽保險」（credit life insurance）（或稱消費者壽命保險），係指以「債務人於債務清償期間內死亡」為保險事故，約定於債務人死亡時，由保險人以應得之保險金額償還債務人未能履行之債務之保險。屬於人壽保險之一種，多用於確保分期付款買賣價金之支付上。雖亦為有關債務履行之保險，但與信用保險及確實保證保險，均有差異。[274]

六、權利保險

　　權利保險（title insurance），乃以「不動產之受讓人因權利瑕疵或訴訟費用而遭受損失」為保險事故之保險。例如房屋買受人，因恐第三人對其主張買賣標的物為其所有，而無法取得其權利或更支出訴訟費，約定保險人於其因權利瑕疵而受損害時，負賠償責任之保險是。通常保險人於訂約時，須先向出賣人查明該項權利之狀況。[275]

七、竊盜保險

　　竊盜保險（burglary insurance），乃以「被保險人因竊賊或強盜之行為而發生損害」為保險事故之保險。竊盜所生之損害，包括財物被竊取或奪取及被破壞之損害在內。竊盜保險通常以場所為區分，例如住宅竊盜保險、營業所竊盜保險、銀行竊盜保險等

---

[274] 林咏榮，新版商事法新詮（下），442頁；鄭玉波，保險法論，158頁。
[275] 林咏榮，新版商事法新詮（下），441頁；林群弼，保險法論，531頁。

是。[276]但亦有以標的物為區分者,例如汽車竊盜保險、名畫竊盜保險、古董竊盜保險是。

八、地震保險

地震保險(earthquake insurance),乃以「被保險人之住宅建築物因地震而發生損害」,為保險事故之保險。所謂地震,通常包括:(一)地震震動。(二)地震引起之火災、爆炸。(三)地震引起之山崩、地層下陷、滑動、開裂、決口。(四)地震引起之海嘯、海潮高漲。在連續72小時內發生2次以上時,視為同一次地震事故。住宅地震保險之保險金額,通常以重置成本為基礎,並設有每一住宅最高額(120萬元)及全國賠償總額之限制規定。賠償範圍,則包含「臨時住宿費用之賠償」(例如每一住宅建築物,支付臨時住宿費用18萬元)。[277]

九、核子保險

核子保險(nuclear energy insurance),乃以「被保險人因核子力危險而發生損害」為保險事故之保險。狹義之核子保險,通常係以陸上核反應器之核子力危險為保險標的;廣義之核子保險,則尚包括核子力船及核子力航空機之核子力危險在內。所謂「核子力危險」,須以和平利用時所發生者為限,於戰爭時所發生之核子力危險,不包括之。[278]

---

276 鄭玉波,保險法論,158頁。
277 兆豐產物保險股份有限公司之「住宅火災及地震基本保險條款」,第54條、第55條、第58條、第60條。
278 學者有稱此種保險為「原子保險」者,見鄭玉波,保險法論,158頁;張國鍵,商事法論(保險法),197頁。

十、天候保險

天候保險（weather insurance），乃以「被保險人因天候不佳而發生營業損失」為保險事故之保險。所謂天候不佳，指天候不適於營業而言。例如異常之多雨、異常之日光不足等是，是否不適於營業，因營業種類之不同而異。例如異常之多雨，不利於觀光事業，惟卻利於雨具製造業者；異常之日光不足，不利於蜜餞製造業者，惟對於飲食業者並不生影響是。天候保險之保險人，對於因天候不佳所致營業收入之損失，負賠償責任。例如觀光業者因天氣不佳，觀光客減少，以致營業收入少於往年同一季節之水準，保險人即應依約賠償其損失是。此種保險在歐美甚為流行。[279]

十一、風害保險

風害保險（windstorm insurance），乃以「被保險人因暴風、颶風、旋風而發生損害」為保險事故之保險。此種保險於歐洲及北美甚為流行，在我國應稱為「颱風保險」。[280]

十二、洪水保險

洪水保險（flood insurance），乃以「被保險人因河川湖沼氾濫而發生損害」為保險事故之保險。早期，洪水保險多包含於家宅綜合保險之中，並非一種獨立之保險，但近來已有成為獨立保險之趨勢。例如美國在「1968年國家洪水保險法」（National Flood Insurance Act, 1968）中，推動之「國營洪水保險計劃」（National Flood Insurance Program），即以洪水保險為單獨承保

---

[279] 鄭玉波，保險法論，158～159頁。
[280] 鄭玉波，保險法論，159頁。

之危險。[281]

參、其他財產保險契約之效力

一、對於保險人之效力

「保險人有隨時查勘保險標的物之權，如發現全部或一部分處於不正常狀態，經建議要保人或被保險人修復後，再行使用。如要保人或被保險人不接受建議時，得以書面通知終止保險契約或其有關部分。」（保97）依本條規定，其他財產保險之保險人，具有下列權利：

（一）標的物查勘權

保險人有隨時查勘保險標的物之權，如發現全部或一部分處於不正常狀態，得建議要保人或被保險人修復後，再行使用。是為標的物查勘權。例如倉庫火災保險之保險人，得隨時查勘倉庫之防火設備、寄託物之堆置情況、周遭環境；竊盜保險人之保險人，得隨時查勘該保險標的物之存放處所及其防盜保全措施等情形是。賦予保險人查勘權之目的，在查勘保險標的物有無處於不正常狀態，及時請被保險人修復，以防止危險之發生。所謂「處於不正常狀態」，指保險標的物處於可能發生保險事故之不安全情況。例如倉庫之電線老舊、通風不良、救火設備不足等是。

（二）保險契約終止權

保險人查勘保險標的物之後，如發現全部或一部分處於不正常狀態，除得建議要保人或被保險人修復後，再行使用外，如有危險增加之情形，保險人亦得終止契約或提議另定保險費（保60）。於建議要保人或被保險人修復之情形，若要保人或被保

---

[281] 林群弼，保險法論，533頁。

人不接受建議時，保險人則得進而以書面通知終止保險契約或其有關部分。所謂「終止契約」，指終止契約之全部而言。例如要保人以其珠寶投保竊盜保險後，即隨意將其置放於未上鎖之抽屜內，保險人查勘發現後，建議將該珠寶存放於保險櫃中，要保人不接受建議，則保險人得終止保險契約之全部是。所謂「或其有關部分」，指終止該有關部分之契約而言。例如前例，僅一部分珠寶隨意置放，經建議改善後，要保人不從，則保險人得僅終止該部分之契約是。賦予保險人契約終止權之目的，在督促要保人或被保險人接受建議為修復，防止危險之發生，否則得更以終止契約之方式，控制其危險。

二、對於被保險人之效力

「要保人或被保險人，對於保險標的物未盡約定保護責任所致之損失，保險人不負賠償之責。」「危險事故發生後，經鑑定係因要保人或被保險人未盡合理方法保護標的物，因而增加之損失，保險人不負賠償之責。」（保98）依本條規定，其他財產保險之（要保人或）被保險人，負有保護保險標的物之責任，其因未盡責任所生之效力如下：

（一）危險發生前未盡約定保護責任之效力

被保險人對於保險標的物未盡約定保護責任所致之損失，保險人不負賠償之責。所謂「約定保護責任」，指保險契約所載保護標的物之各項措施。例如竊盜保險約定被保險人應將珠寶或其他貴重物品鎖入保險櫃中是。有此約定時，被保險人如未依照辦理，則因此所致之損失（例如因而被竊），保險人不負賠償責任。

（二）危險發生後未盡合理保護責任之效力

危險事故發生後，經鑑定係因被保險人未盡合理方法保護標的物，因而增加之損失，保險人不負賠償之責。所謂「未盡合理方法保護標的物」，指危險發生後，被保險人未對保險標的物為合理之保護措施而言。例如汽車發生碰撞後，車頭受損而無法行駛，於事故處理完畢後，被保險人理應即僱用拖車拖往修配廠進行修繕，卻不此之為，而棄置肇事地點路邊多日，以致汽車零件、音響、車門、座椅、輪胎等被偷一空。對於因而增加之損失，保險人不負賠償責任。被保險人是否未盡合理方法保護標的物，保險法規定為「經鑑定」，似不論有無爭議，一遇增加損失，均應提經鑑定。惟按諸實際，被保險人對於事理顯明之部分（例如被竊之事實），一般均不會爭執，未必須經鑑定，必也有所爭議時始有鑑定之必要。鑑定機關為何？保險法未加限定，各地區之汽車肇事鑑定委員會固可，即其他從事一般鑑定業務之公私機構亦無不可，對於鑑定意見仍有爭議時，可再委請他家鑑定機構再為鑑定或訴請法院判決之。

須說明者，乃保險法第98條所定保護保險標的物之義務人，為「要保人或被保險人」，此係立法者未將要保人與被保險人之身分加以區分，就要保人與被保險人為不同一人之情形，界定為由被保險人負之，惟就要保人與被保險人為同一人之情形，則又割捨不了要保人之身分，而界定為由要保人或被保險人負之所致。本書已指陳多次。要保人之身分，與標的物之保護義務無關，本條保護標的物之義務人宜規定為「被保險人」，而非要保人或被保險人。

三、保險標的物部分損失之效力

「保險標的物受部分之損失，經賠償或回復原狀後，保險契約繼續有效。但與原保險情況有異時，得增減其保險費。」（保99）前段規定之要件有四，即：（一）須保險標的物僅受部分之損失。（二）須經賠償或回復原狀。（三）須保險期間尚未屆滿。（四）須保險情況未改變。例如物品被竊後，保險人賠償補足時，保險期間尚未屆滿，且保險情況未改變，則保險契約繼續有效是。所謂「保險契約繼續有效」，乃保險契約不因標的物之受部分損失而失效，且於補足後，就補足部分仍依原保險契約之內容繼續生效之謂。至如經賠償或回復原狀後，保險情況有異時，例如對於被竊之有體物以金錢賠償後，已無實體標的物；對於被撞毀之車體以板金烤漆回復原狀後，汽車之價值已大不如前等是。則依但書規定「得增減其保險費」。得要求增減保險費之人，不以保險人為限，要保人亦得為之。若當事人對於保險費之增減不同意時，其保險契約即為終止。[282]

---

[282] 鄭玉波，保險法論，161～162頁；林群弼，保險法論，536～537頁。

第五章

人身保險

第一節　人壽保險

第一項　總說

壹、人壽保險之意義

　　人壽保險（life insurance; life assurance），簡稱壽險，乃人壽保險人於被保險人在契約規定年限內死亡，或屆契約規定年限而仍生存時，依照契約負給付保險金額責任之保險也。（保101）

　　人壽保險，係以人之生命為保險標的，以死亡或生存為保險事故。所謂「契約規定年限」，即保險期間之謂。所謂死亡，指被保險人在契約規定年限內死亡而言，包括自然死亡及死亡宣告。死亡宣告判決所確定之死亡時間在保險期間內者，固屬之；死亡宣告判決所確定之死亡時間在保險期間之外，但被保險人係於保險期間內失蹤者，亦非不得包括在內，但宜於契約中訂明之，以免爭議。以死亡為保險事故者，稱為死亡保險。所謂生存，指被保險人於保險期間屆滿時仍生存而言，亦即「未死亡」也。因被保險人於保險期間屆滿時是生是死，於訂立保險契約

時，係屬不可預料之事，自得以之為保險事故。以生存為保險事故者，稱為生存保險。

　　本於人命無價之理論，人壽保險無保險價額、超額保險、一部保險之問題，保險人亦無代位求償權（保103）；關於保險金額，則以要保人與保險人約定之一定金額為之，保險事故發生時，保險人只須依約定金額為給付，無須為損害金額之估計，為一種定額保險。

貳、人壽保險之起源

　　相傳羅馬帝政時代之埋葬費金庫（collegis）制度，雖係公共救濟之措施，但已有人壽保險之性質；而中世紀之基爾特（guied），對其成員之疾病、死亡，所為互助性給付，說者認為係人壽保險之濫觴。17世紀末，英人哈利（Halley）依死亡者性別、年齡及死亡數算定死亡率之確率論原理，作成死亡生存殘廢表，使人壽保險先流行於英國，至1762年倫敦出現之公平保險社（Equitable Society），可謂係近代人壽保險企業之開始。[283]19世紀以來，各國之人壽保險事業，漸受重視。迨至今日，由於環境污染情況嚴重、重大疾病發生率激增、重大災害事故頻傳，以致保險觀念深入人心，人壽保險業務更為興盛，幾已成為最主要之保險種類。

參、人壽保險之種類

　　依不同之標準，可將人壽保險為不同之分類。茲舉其重要者，分述如下：

---

[283] 林咏榮，新版商事法新詮（下），453～454頁；鄭玉波，保險法論，171頁。

一、以保險事故為標準

可分為死亡保險、生存保險、混合保險三種：

（一）死亡保險

死亡保險（insurance payable at death; insurance against death），乃以被保險人之死亡為保險事故之人壽保險也。死亡保險之目的，不在謀被保險人本身之利益，而在為其家屬（受益人）生活費預留保障，本質上屬於一種為他人利益之保險契約。可分為兩種：

1. 終身保險

終身保險（whole life insurance），乃以被保險人之終身為保險期間，不論被保險人何時死亡，保險人均須依約給付保險金額之死亡保險也。

2. 定期保險

定期保險（term insurance），乃以一定期間為保險期間，被保險人於該期間內死亡者，保險人須給付保險金額，若期滿仍生存時，則保險人不必給付保險金額，保險契約並即終止。定期保險之保險期間，可由當事人自由約定，較長者稱為長期保險（long term insurance），較短者稱為短期保險（short term insurance）。保險人通常對於被保險人之保險年齡，設有最高限制，例如最高以70歲或75歲為限是。定期保險非屬儲蓄性質之保險，保險費率較低，是其優點，但被保險人逾最高保險年齡以後無法獲得保障，則為缺點。

（二）生存保險

生存保險（pure endowment insurance），乃以被保險人在保

險期間屆滿仍生存為保險事故之人壽保險也。保險期間屆滿，被保險人尚生存時，保險人始給付保險金額，若被保險人於保險期間內死亡時，保險人不必給付保險金額，且其契約即告終止。生存保險之目的，在保障被保險人自身晚年生活之安定。

（三）生死合險

生死合險（mixed insurance），亦稱混合保險，乃不論被保險人在保險期間內死亡，或期間屆滿仍生存，保險人均須給付保險金額之人壽保險也。[284]混合保險兼有死亡保險與生存保險之雙重目的，被保險人在保險期間內死亡時，受益人或其繼承人可獲得保險金額，保險期間屆滿後被保險人仍生存時，被保險人本身亦可獲得生活保障。

二、以保險金給付方法為標準

可分為資金保險、年金保險二種：

（一）資金保險

資金保險（capital insurance），指於保險事故發生時，將應給付之保險金額全部一次給付之人壽保險而言。一般之人壽保險，屬之。

（二）年金保險

年金保險（annuity insurance），指以被保險人生存為條件，於其終身或一定期間內，自契約成立之年度起或自若干年後，定期（例如每年、每3年或每5年）給付一定金額之人壽保險而言。

---

[284] 舊保險法施行細則第13條就生死合險之意義，規定曰：「前條所稱之生死合險，指保險人於被保險人在契約規定年限內死亡或屆契約規定年限仍生存時，保險人依照契約均須負給付保險金額責任之生存與死亡兩種混合組成之保險。」

於被保險人終身定期給付者，稱為「終身年金保險」（whole life annuity）；於一定期間內定期給付者，稱為「定期年金保險」（temporary annuity）。自契約成立之年度起開始給付者，稱為「即期年金保險」（immediate annuity）；自契約成立若干年後始開始給付者，稱為「延期年金保險」（deferred annuity）。此外，依年金額度是否確定不變，尚有「確定年金保險」、「遞增年金保險」、「遞減年金保險」之分。

三、以保險經營方式為標準

可分為普通人壽保險、簡易人壽保險二種：

（一）普通人壽保險

普通人壽保險（ordinary life insurance），乃以通常方法經營之人壽保險也。保險法所定之人壽保險，即屬之。

（二）簡易人壽保險

簡易人壽保險（industrial insurance），乃以簡易方法經營之人壽保險也。所謂簡易方法，例如免體檢即可投保是。簡易人壽保險，在日本稱為「簡易生命保險」，德法兩國稱為「國民保險」（Volksversichervng; assurance populaire），英美兩國則稱為「工業保險」（industrial insurance）。此種保險雖亦為營業保險，但兼有社會保險之性質，我國另訂有「簡易人壽保險法」規範之。早期，簡易人壽保險為國營事業，屬交通部主管，僅中華郵政股份有限公司得經營之（由郵政儲金匯業局管理），其他保險業者，不得經營。至民國79年11月30日始修正為，其他保險業者亦可經營簡易人壽保險，並由財政部主管，嗣「行政院金融管

理委員會」於民國93年7月1日成立，保險業務改由該會主管。[285]

依簡易人壽保險法第6條規定：「簡易人壽保險對於被保險人，免施以健康檢查。」惟為防止流弊，實務上多搭配「緩期生效」（waiting period），或「削減給付」（discounting period）制度，即保險契約訂定後，須經過一定期間（例如90天或180天）始能生效，或按期依比例逐次生效（例如第1年按35%生效、第2年按70%生效），被保險人若於該期間內死亡，保險人不負給付保險金額之責（通常僅將已繳交之保險費退還），或僅給付保險金額之一定比例。

四、以有無紅利分派為標準

可分為有紅利分派保險、無紅利分派保險二種：

（一）有紅利分派保險

有紅利分派保險（life insurance with dividend），乃保險人以其營業獲利之一部分，依一定比例（例如以第三回新生命表壽命改善率）分派於被保險人之人壽保險也。被保險人就分派之紅利，可選擇「增加保障金額」（增額繳清）、「抵繳保費」、「累積紅利」（滿期給付）或其他約定方式處理之。

---

[285] 簡易人壽保險法第1條原規定：「簡易人壽保險，為國營事業，屬交通部主管，其他保險業者，不得經營之。」第2條原規定：「簡易人壽保險，由郵政儲金匯業局管理，並指揮各郵政儲金匯業分局或郵局經營之。」民國79年11月30日修正時，將第1條、第2條合併為第1條：「簡易人壽保險由郵政機關經營者，屬交通部主管，並受財政部監督，由郵政總局所轄郵政儲金匯業局督導各級郵局經營之。」「其他保險業者經營簡易人壽保險業務，由財政部主管，並適用第4條、第6條至第36條之規定。」後於91年6月11日修正時移列為第2條並作文字修正，95年4月28日修正時，為配合行政院金融監督管理委員會之成立（93年7月1日），保險業務屬該會掌理，而將財政部修正為「行政院金融監督管理委員會」，成為現行條文。

（二）無紅利分派保險

無紅利分派保險（life insurance without dividend），乃保險人不以其營業獲利之一部分，分派於被保險人之人壽保險也。一般之人壽保險屬之。無紅利分派保險，要保人不須負擔紅利部分之保險費，故保險費較之有紅利分派保險為低，惟有紅利分派保險，獲配之紅利每年不等，有時大於保險費之差額，有時則小於保險費之差額，因此購買何者較為有利，未可一概而論[286]。

五、以保險費是否平均為標準

可分為平均保險費保險、自然保險費保險二種：

（一）平均保險費保險

平均保險費保險（實務上稱為平準保險費保險），乃於保險費繳納期間內，每期應繳之保險費，數額平均一致，不因被保險人年齡之增長，而逐漸增加之保險也。此種保險，寓有年輕時分擔年老時部分保險費之意，一般人壽保險之保險費採之。

（二）自然保險費保險

自然保險費保險，乃於保險費繳納期間內，每期應繳之保險費，因被保險人年齡之增長，而逐漸增加之保險也。此種保險，年齡愈大須繳納之保險費愈高，對愈老收入愈少之一般人，較為不利，保險業者較少採之。

六、以被保險人之人數為標準

可分為個人人壽保險、聯合人壽保險、團體人壽保險三種：

---

286 林群弼，保險法論，553頁。

（一）個人人壽保險

個人人壽保險（single life insurance; individual or personal insurance），亦稱單獨保險，指被保險人僅一人之人壽保險也。例如以自己一人之生命所訂立之生存及／或死亡保險契約是。

（二）聯合人壽保險

聯合保險（joint life insurance），指二人以上為聯合被保險人，而以其中一人之死亡為保險事故之人壽保險也。例如夫妻兩人投保聯合人壽保險，其中一方死亡，他方即可獲得保險金額，生活不致因而發生困難。

（三）團體人壽保險

團體保險（group insurance），指以特定之多數人為被保險人，而保險事故個別認定，個別理賠，所訂立之一個人壽保險契約。例如公司為全體員工訂立之團體人壽保險契約，於任一員工死亡時，由其受益人領取保險金額是。團體保險之保險費，通常由該要保之團體（例如公司、學校）負責，但亦有由團體成員為內部分擔者。被保險人之資格，則因加入該團體並經通知保險人而取得，因脫離該團體而喪失。

七、以保險契約利益之歸屬為標準

可分為為自己利益之人壽保險、為他人利益之人壽保險二種：

（一）為自己利益之人壽保險

為自己利益之人壽保險，指保險契約利益歸屬要保人自己之人壽保險。亦即要保人以自己之生命投保，自己為被保險人，所訂立之生存保險契約，保險期間屆滿仍生存時，由自己領取保險金額之人壽保險。

（二）為他人利益之人壽保險

　　為他人利益之人壽保險，指保險契約利益歸屬要保人以外之他人之人壽保險。情形有二：1.要保人以他人之生命投保，該他人為被保險人，所訂立之各種人壽保險契約。發生保險事故時，在生存保險，由該他人領取保險金額，在死亡保險，則由指定之受益人或繼承人，領取保險金額。2.要保人以自己之生命投保，自己為被保險人，所訂立之死亡保險契約。發生保險事故時，由受益人或繼承人領取保險金額。

第二項　人壽保險契約之訂立

壹、當事人及關係人

一、當事人

（一）保險人

　　人壽保險契約之保險人，須以人身保險業者為限。財產保險業者，僅得經主管機關核准經營「傷害保險」及「健康保險」，不得經營人壽保險。（保138 I）

（二）要保人

　　「人壽保險契約，得由本人或第三人訂立之。」（保104）亦即人壽保險之要保人，得為被保險人本人，亦得為被保險人以外之第三人（包括自然人及法人在內）。被保險人本人為要保人時，以訂定保險契約及交付保險費之身分言，應稱為要保人；惟自保險契約利益歸屬者之身分言，應稱為被保險人。不可混為一談。第三人以他人之生命投保人壽保險時，被保險人恆為擁有生命之該他人，要保人不得自為被保險人，保險契約上之權利均歸被保險人所有，性質上屬於為他人利益之保險契約。因此，所謂

由第三人訂立之人壽保險契約，即係第三人為被保險人之利益所訂立之人壽保險契約。

關於由第三人訂立之人壽保險契約，我國保險法第105條及第106條分別設有須經「被保險人書面同意」之限制規定：

1. 「由第三人訂立之死亡保險契約，未經被保險人書面同意，並約定保險金額，其契約無效。」（保105Ⅰ）

亦即第三人以被保險人之生命訂立死亡保險契約時，就契約之訂立及保險金額之數額，均須取得被保險人之書面同意，其契約始能生效。本項「未經被保險人書面同意，並約定保險金額」之用語，不甚精準，極易被誤解為被保險人除就同意訂立提出書面外，尚須出面與保險人約定保險金額。被保險人之同意，既須以書面為之，自為要式行為，惟其所用書面，並無一定格式之限制，只須表明其同意訂立及保險金額即足，另提書面載明之固可，逕行於要保申請書上簽名以示同意，更為方便。又由第三人訂立之死亡保險契約，經被保險人之書面同意即可生效，故被保險人之書面同意，為單獨行為。其次，被保險人之書面同意，應解為須對要保人及保險人為之，始生效力，故為有相對人之單獨行為。此外，被保險人書面同意之時間，雖未明定，惟因未經被保險人書面同意，保險契約係屬無效，故通常應於訂立保險契約時為之，本項原規定為「書面承認」，民國90年6月26日修正保險法時，將其修正為「書面同意」，其意在此。最後，被保險人如係15歲以上之未成年人時（保107Ⅰ），其所為之書面同意，須得其法定代理人之允許，否則無效（民77、78）[287]。縱其法定代理人同時為要保人時，亦同。就此，雖有學者認為應例外容許該未

---

[287] 鄭玉波，保險法論，173頁。

成年人「單獨」為之，以使被保險人多一層保障者[288]。惟法定代理人既同時為要保人，對於未成年之被保險人之書面同意，斷無不允許之可能，容許該未成年人「單獨」為之，結果與經法定代理人允許，實質上並無不同，亦未見未成年之被保險人有何增加之保障。實則，經法定代理人之允許，仍以未成年之被保險人自行提出同意之書面為前提，非法定代理人逕為同意即可，宜注意之。

　　須說明者，乃須經被保險人就契約之訂立及保險金額為書面同意者，僅以由第三人訂立之「**死亡保險契約**」為限，不包括生存保險在內。蓋因生存保險係以被保險人於保險期間屆滿時尚生存為保險事故，不可能發生要保人致被保險人於死之道德危險，故無防患之必要也。至於由第三人訂立之死亡保險契約，須經被保險人就契約之訂立及保險金額為書面同意始能生效，其理由為何？學者言及之者，謂：「所以如此者，因以他人之生命，訂立死亡保險契約，如毫無限制，得隨意為之者，則無異以他人之生命為賭注，極易引起道德危險，故各國法律上對此無不加以限制。惟限制之方法，則不一致。有採『金錢利益主義』者，就是要保人須與被保險人有金錢利益關係始可，如英美法是。有採『一般利益主義』者，就是要保人與被保險人祇要有利益關係即可，並不限於金錢利益，如荷蘭商法第320條、比利時法（1874年）第41條第3項、葡萄牙法（1888年）第456條是。有採『限制受益人主義』者，就是此種保險契約的受益人，須為被保險人的繼承人或其他親屬始可。如日舊商法第428條是。有採『同意主義』者，就是以經過被保險人之同意為必要。如德保險法第159

288　林群弼，保險法論，562頁。

條、法保險法第57條、瑞士保險法第74條、日商法第674條是。本
法本條規定，須經被保險人的書面承認並約定其保險金額，顯亦
採同意主義無疑，惟另依本法第3條規定，要保人須對被保險人有
保險利益，死亡保險亦應受此限制，所以較他國之單純採取同意
主義者，有所不同（匈牙利商法採取同意主義兼利益主義，與我
類似）。」[289]

　　我國保險法就由第三人訂立之死亡保險契約，雖採利益主義
兼同意主義，惟因我國保險法又將受益人指定權歸由要保人享有
（保110），故第三人（要保人）於契約生效後，仍得以指定或變
更指定自己或親友為受益人之方式，遂行其不法意圖，道德危險
仍難免發生，利益主義兼同意主義之規定，毫無防患作用。為
此，民國90年7月9日修正保險法時，乃於第105條增訂第2項及第3
項規定曰：「被保險人依前項所為之同意，得隨時撤銷之。其撤
銷之方式應以書面通知保險人及要保人。」（保105Ⅱ）「被保險
人依前項規定行使其撤銷權者，視為要保人終止保險契約。」
（保105Ⅲ）賦予被保險人得隨時以書面通知保險人及要保人，撤
銷其前所為之同意，並將其撤銷視為要保人之終止保險契約，保
險契約即因其行使撤銷權而終止。被保險人之撤銷權，為要式有
相對人之單獨行為，其撤銷之意思表示，應以書面向保險人及要
保人為之。修正理由謂：「一、被保險人於行使同意權後，若因
情事變更，繼續為被保險人而有危及生命之虞時，因被保險人非
契約當事人，並無終止契約之權，原條文無法保障被保險人之權
益，基於避免道德危險及保護被保險人之人格權之考量，特增訂

---

[289] 鄭玉波，保險法論，172～173頁。相同說明，見張國鍵，商事法論（保險
　　　法），213～214頁；梁宇賢，保險法新論，324～325頁；林群弼，保險法論，
　　　558～560頁。

第2項，以資補救，並對撤銷方式及對象作明確規定。二、被保險人若撤銷其同意之意思表示，其撤銷之效力宜作明確規範，在此增訂第3項以杜爭議。」可謂用心良苦。惟受益人指定權在握而有不法意圖之第三人（要保人），僅須使用欺罔手段使被保險人不防有詐而未行使或未能行使其撤銷權，同樣難以防患道德危險之發生。

　　實則，上開各種主義中，利益主義係以保險利益制度作為防患措施，而同意主義則係在人身保險無保險利益觀念下之防患機制，我國保險法兼採二者，看似更為完善，實際上則係使理論體系更加紊亂。**蓋生命、身體係屬人格權，不得由他人加以處分，係近世法律不變之價值，故一切基於第三人得處分他人生命、身體等人格權之制度設計**（包括要保人對於被保險人之生命身體須有保險利益（不論金錢利益或一般利益）、以保險利益享有者為被保險人、須得被保險人書面同意、受益人指定權歸屬要保人等），**均非合適，亦無法達到防患道德危險之目的。**關於人身保險無保險利益之觀念，本書於第三章第三節已有說明；至於以保險利益享有者為被保險人之問題，實務界均知不可為，以致長久以來一直呈現與保險利益制度不符合之現象（即理論上應以人身保險利益之享有者為被保險人，但實務上卻始終以生命、身體之擁有者，為人身保險之被保險人）；而關於須經被保險人書面同意之規定，搭配新增第2項被保險人得隨時撤銷其同意，及第3項視為要保人終止保險契約之設計，或較能防止因我國保險法將受益人指定權歸由要保人，所可能發生之弊病，但終究係在處分他人生命或身體等人格權前提下之防患措施，亦難謂高明。至於將受益人指定權歸屬要保人，更屬侵犯被保險人人格權之規定，詳如後述。

　　須說明者，由於保險法第105條第2項及第3項有關被保險人得隨時撤銷其同意及視為要保人終止契約之規定，係民國90年7月9日修正保險法時新增，則新增部分對於修正前已訂定之保險契約有無適用？不無疑問。依保險法施行細則第10條規定：「本法第105條…之適用，依保險契約訂定時之法律。」可知修正前已訂定之保險契約，應適用其訂定時第105條之規定（無第2項及第3項），必也民國90年7月11日以後訂定之保險契約，始有新增第2項及第3項規定之適用。本條嗣後如再修正時，亦同。

　　2.「由第三人訂立之人壽保險契約，其權利之移轉或出質，非
　　　經被保險人以書面承認者，不生效力。」（保106）

　　亦即第三人以被保險人之生命訂立之人壽保險契約（包括生存、死亡或混合保險）後，如將保險契約上之權利移轉或出質，須取得被保險人之書面同意，始能生效。立法目的，亦係在防止因受讓人或質權人之不法意圖而發生道德危險。所謂「權利」，指人壽保險契約上之一切權利。主要為保險金額請求權。所謂「移轉」，乃將保險契約上之權利讓與他人，由受讓人享有之謂。所謂「出質」，乃以保險契約上之權利設定質權以為擔保之謂。移轉或出質均係處分行為，必須擁有處分權之人，始得為之。而保險契約上之權利，係屬於被保險人所有，似僅被保險人始得加以處分，本於訂立保險契約及交付保險費之身分（即要保人），對於保險契約上之權利並無處分權，本條規定似屬多餘。

二、關係人

（一）被保險人

　　人壽保險之被保險人，恆為保險標的之生命之擁有人。法人無生命，不得為人壽保險之被保險人。

任何人均得為人壽保險之被保險人。但我國保險法為防止發生道德危險，加強保護兒童及促進保險之正常發展，於第107條、第107-1條分別就以未滿15歲之未成年人、以受監護宣告尚未撤銷者，為人壽保險之被保險人時，設有限制之規定。分述如次：

1. 以未滿15歲之未成年人為被保險人時

「以未滿15歲之未成年人為被保險人訂立之人壽保險契約，除喪葬費用之給付外，其餘死亡給付之約定於被保險人滿15歲時始生效力。」（保107Ⅰ）「前項喪葬費用之保險金額，不得超過遺產及贈與稅法第17條有關遺產稅喪葬費扣除額之一半。」（保107Ⅱ）「前二項於其他法律另有規定者，從其規定。」（保107Ⅲ）

所謂「以未滿15歲之未成年人為被保險人訂立之人壽保險契約」，指以未滿15歲之未成年人為被保險人訂立之生存保險或死亡保險而言，不包括健康保險、傷害保險及年金保險在內。亦即，以未滿15歲之未成年人為被保險人訂立之生存保險、健康保險（含疾病、分娩所致之死亡）、傷害保險（含傷害所致之死亡）、年金保險（含死亡後給付年金之部分），並無本條規定之適用。此為依「人壽保險」之意義（保101）解釋所當然。

所謂「除喪葬費用之給付外，其餘死亡給付之約定於被保險人滿15歲時始生效力」，指以未滿15歲之未成年人為被保險人訂立之死亡保險契約，除喪葬費用之給付約定仍為有效外，其餘死亡給付之約定，須至被保險人滿15歲之日始發生效力。至於喪葬費用之給付約定雖為有效，但其保險金額須受同條第2項規定之限制，即「不得超過遺產及贈與稅法第17條有關遺產稅喪葬費扣除額之一半」。惟遺產及贈與稅法第17條第1項第10款雖規定：「被

繼承人之喪葬費用，以100萬元計算。」但依同法第12-1條第1項規定，喪葬費扣除額等，每遇消費者物價指數[290]累計上漲達百分之10以上時，自次年起按上漲程度調整之；又同條第2項前段規定，財政部應於每年12月底前，依前項規定，計算次年發生之案件所應適用之各項金額後公告之。依財政部民國110年11月24日之公告，民國111年發生之繼承（或贈與）案件，其喪葬費扣除額為123萬元／人。亦即，民國111年以未滿15歲之未成年人或受監護宣告尚未撤銷者，為被保險人訂立之喪葬費用保險，其保險金額不得超過61.5萬元。

所謂「前二項（規定）於其他法律另有規定者，從其規定」，指關於以未滿15歲之未成年人訂立之死亡保險契約之效力，以及喪葬費用之保險金額，如其他法律另有規定者，從其規定，無保險法第107條第1項及第2項規定之適用。所謂其他法律另有規定，指保險法以外之其他法律（包括由法律授權而其授權內容具體明確之法規命令），所為與第1項、第2項不同之規定而言。例如國民教育法第5-1條、高級中學法第6-3條、專科學校法第43條、大學法第34條等，授權各校訂定之有關學生團體保險之規定（辦法）中，所為以未滿15歲之未成年人為被保險人之死亡保險有效及喪葬費用保險金額超過喪葬費扣除額之不同規定，仍應從其規定，而有其效力。宜加注意。

須說明者，乃未滿15歲之未成年人，不得為死亡保險之被保險人，則自無保險法第105條所定，由第三人訂立之死亡保險契約，須經未滿15歲之被保險人書面同意並約定保險金額之適用問

---

[290] 所稱消費者物價指數，係指行政院主計處公布，自前一年11月起至該年10月底止12個月平均消費者物價指數而言。（遺贈稅法12-1Ⅱ後段）

題，不待言。至如於訂立生死合險之保險契約時，被保險人未滿15歲，但就死亡給付部分，約明自被保險人滿15歲時發生效力，並經被保險人預為書面同意並約定保險金額（均須得其法定代理人之允許，前已言之）者，就死亡給付部分，應解為係屬附始期之書面同意（指未滿15歲之未成年人）及允許（指法定代理人），均須至被保險人滿15歲之日始發生效力（民102Ⅰ）。未滿15歲之被保險人對於前項書面同意之撤銷，亦同（保105Ⅱ、Ⅲ）。

2.以受監護宣告尚未撤銷者為被保險人時

「訂立人壽保險契約時，以受監護宣告尚未撤銷者為被保險人，除喪葬費用之給付外，其餘死亡給付部分無效。」（保107-1Ⅰ）「前項喪葬費用之保險金額，不得超過遺產及贈與稅法第17條有關遺產稅喪葬費扣除額之一半。」（保107-1Ⅱ）「前二項規定於其他法律另有規定者，從其規定。」（保107-1Ⅲ）

所謂「訂立人壽保險契約時，以受監護宣告[291]尚未撤銷者為被保險人」，指以受監護宣告尚未撤銷者（受監護宣告尚未撤銷者，即係指受監護宣告者而言，「尚未撤銷」實為贅字）為被保險人訂立之生存保險或死亡保險契約而言，不包括健康保險、傷害保險及年金保險在內。亦即，以受監護宣告尚未撤銷者為被保險人訂立之生存保險、健康保險（含疾病、分娩所致之死亡）、

---

[291] 依民法第14條第1項規定：「對於因精神障礙或其他心智缺陷，致不能為意思表示或受意思表示，或不能辨識其意思表示之效果者，法院得因本人、配偶、四親等內之親屬、最近一年有同居事實之其他親屬、檢察官、主管機關、社會福利機構、輔助人、意定監護受任人或其他利害關係人之聲請，為監護之宣告。」第15條規定：「受監護宣告之人，無行為能力。」關於監護宣告，詳見陳猷龍，民法總則，54～59頁。

傷害保險（含傷害所致之死亡）、年金保險（含死亡後給付年金之部分）等，並無本條規定之適用。所謂「除喪葬費用之給付外，其餘死亡給付部分無效。」指以受監護宣告尚未撤銷者為被保險人訂立之死亡保險契約，除喪葬費用給付之約定為有效外，其餘死亡給付之約定，則為無效。至於喪葬費用之給付約定雖為有效，但其保險金額須受遺產及贈與稅法第17條第1項第10款、第12-1條第1項、第2項規定之限制。亦即，民國111年以受監護宣告尚未撤銷者，為被保險人訂立之喪葬費用保險，其保險金額不得超過61.5萬元，與以未滿15歲之未成年人為被保險人之情形同。

所謂「前二項規定於其他法律另有規定者，從其規定」，指關於以受監護宣告者為被保險人訂立之人壽保險契約之效力，以及喪葬費用之保險金額，如其他法律另有規定者，從其規定，無保險法第107-1條第1項及第2項規定之適用。所謂其他法律另有規定，指保險法以外之其他法律（包括由法律授權而其授權內容具體明確之法規命令），所為與第1項、第2項不同之規定而言。凡此均與以未滿15歲之未成年人為被保險人訂立之人壽保險契約情形同。

於此須附言者，有三：

其一，責任保險中所稱之第三人（保90），並未排除未滿15歲之未成年人及受監護宣告尚未撤銷者，亦即由責任保險之被保險人所致未滿15歲之未成年人或受監護宣告尚未撤銷者之傷害、殘廢、死亡、財產損失等，被害人（被害人死亡時，其受益人或繼承人）請求保險給付之權利，均不受任何影響，不宜與保險法第107條、第107-1條規定之情形相混。

其二，保險法第107條自民國52年9月2日修正公布起，關於未

成年人死亡保險契約無效之規定，均以未滿14歲為年齡分界，至民國99年2月1日修正公布時，始參考勞工保險條例第6條第1項最低投保年齡為年滿15歲以上，及國民教育法第2條義務教育年齡至15歲等規定，將得否為死亡保險之年齡分界，由14歲調整為15歲迄今。

　　其三，保險法第107條（含第107-1條、第169-1條），歷經多次修正（如下列情形），內容各有不同，究應如何為適用？不無疑問。就此，保險法施行細則第10條規定：「本法…第107條之適用，依保險契約訂定時之法律。」亦即，各個時期訂定之人壽保險契約，應各別適用其訂定當時有效之第107條（或第107-1條、第169-1條）規定。本條（應含第107-1條）嗣後如再修正時，亦同。此與前述第105條規定之適用情形相同。

　　保險法第107條（含第107-1條、第169-1條）修正情形如下：

　　民國52年9月2日修正公布之保險法第107條原規定：「以14歲以下之未成年人，或心神喪失或精神耗弱之人為被保險人，而訂立之死亡保險契約無效。」（Ⅰ）「保險人或要保人故意違反前項之規定者，處1年以下有期徒刑、拘役或500元以下罰金。」（Ⅱ）

　　民國63年11月30日將第2項修正為：「保險人或要保人違反前項規定者，處行為人1年以下有期徒刑、拘役或5,000元以上1萬元亦下罰金；並處保險人1萬元以上2萬元以下罰緩。」（第1項未修正）。

　　民國81年2月26日將第2項規定移列為第169-1條並修正為：「保險人或要保人違反第107條規定者，處行為人1年以下有期徒刑、拘役，得併科新臺幣40萬元以下罰金；並處保險人新臺幣15

萬元以上75萬元以下罰緩。」（第107條第1項未修正）

　　民國86年5月28日將第107條、第169-1條規定均刪除。

　　民國90年7月9日恢復第107條規定為：「訂立人壽保險契約時，以未滿14歲之未成年人，或心神喪失或精神耗弱之人為被保險人，除喪葬費用之給付外，其餘死亡給付部分無效。」（Ⅰ）「前項喪葬費用之保險金額，不得超過主管機關所規定之金額。」（Ⅱ）

　　民國99年2月1日修正為：「以未滿15歲之未成年人為被保險人訂立之人壽保險契約，其死亡給付於被保險人滿15歲之日起發生效力；被保險人滿15歲前死亡者，保險人得加計利息退還所繳保險費，或返還投資型保險專設帳戶之帳戶價值。」（Ⅰ）「前項利息之計算，由主管機關另定之。」（Ⅱ）「訂立人壽保險契約時，以精神障礙或其他心智缺陷，致不能辨識其行為或欠缺依其便是而行為之能力者為被保險人，除喪葬費用之給付外，其餘死亡給付部分無效。」（Ⅲ）「前項喪葬費用之保險金額，不得超過遺產及贈與稅法第17條有關遺產稅喪葬費扣除額之一半。」（Ⅳ）「第1項至第4項規定，於其他法律另有規定者，從其規定。」（Ⅴ）

　　民國107年6月13日將以受監護宣告人尚未撤銷者為被保險人之部分，另立為第107-1條，修正為：

　　第107條規定：「以未滿15歲之未成年人為被保險人訂立之人壽保險契約，其死亡給付於被保險人滿15歲之日起發生效力；被保險人滿15歲前死亡者，保險人得加計利息退還所繳保險費，或返還投資型保險專設帳簿之帳戶價值。」（Ⅰ）「前項利息之計算，由主管機關另定之。」（Ⅱ）「前二項於其他法律另有規定

者，從其規定。」（Ⅲ）

　　第107-1條規定：「訂立人壽保險契約時，以受監護宣告尚未撤銷者為被保險人，除喪葬費用之給付外，其餘死亡給付部分無效。」（Ⅰ）「前項喪葬費用之保險金額，不得超過遺產及贈與稅法第17條有關遺產稅喪葬費扣除額之一半。」（Ⅱ）「前二項規定於其他法律另有規定者，從其規定。」（Ⅲ）

　　民國109年6月10日將第107條、第107-1條修正為現行條文：

　　第107條規定：「以未滿15歲之未成年人為被保險人訂立之人壽保險契約，除喪葬費用之給付外，其餘死亡給付之約定於被保險人滿15歲時始生效力。」（Ⅰ）「前項喪葬費用之保險金額，不得超過遺產及贈與稅法第17條有關遺產稅喪葬費扣除額之一半。」（Ⅱ）「前二項於其他法律另有規定者，從其規定。」（Ⅲ）

　　第107-1條規定：「訂立人壽保險契約時，以受監護宣告尚未撤銷者為被保險人，除喪葬費用之給付外，其餘死亡給付部分無效。」（Ⅰ）「前項喪葬費用之保險金額，不得超過遺產及贈與稅法第17條有關遺產稅喪葬費扣除額之一半。」（Ⅱ）「前二項規定於其他法律另有規定者，從其規定。」（Ⅲ）

（二）受益人

　　所謂受益人，指於人壽保險之保險事故發生時，享有賠償請求權之人（保5）。受益人之地位甚為重要，惟我國保險法關於受益人之規定，存在頗多疑義，以致學者解釋不一，分項述之如次：

1. 受益人之資格

何人得為受益人,法無限制,任何自然人或法人,均得被指定為受益人,惟實際上因受益人將於被保險人死亡時領取保險金額,猶如被保險人之繼承人,故以與被保險人具有一定身分或感情或其他特殊關係之自然人為受益人居多。胎兒以將來非死產者為限,關於其個人利益之保護,視為既已出生,民法第7條定有明文,胎兒得為受益人,自無問題。

有疑問者,乃依保險法第110條第2項規定:「前項指定之受益人,以於請求保險金額時生存者為限。」可知被指定之受益人須於請求保險金額時尚生存者始可,若於請求保險金額前死亡,即喪失受益人之資格,自亦無由該受益人之繼承人繼承受益權之問題。惟所謂「請求保險金額時生存」,確切時間究係何所指?設被保險人死亡時,受益人尚生存,但未及申請保險金額即死亡,或提出申請保險金額後,尚未領取前死亡,則其受益人之資格有無喪失?本書以為,受益人之取得請求保險金額之權利,係以被保險人之死亡為停止條件,於被保險人死亡時即已取得,故只須被保險人死亡時,受益人尚生存,受益人之資格即不受影響,若未及申請保險金額或申請後尚未領取前死亡,係屬由受益人之繼承人為繼承之問題。是則,保險法第110條第2項規定之用語,明顯不精確,宜修正或理解為:「前項指定之受益人,以於被保險人死亡時生存者為限。」

2. 受益人之指定

我國保險法上,對於受益人之指定,雖僅人壽保險設有第110條至第114條之規定,但因於第一章總則第5條又設有受益人之定義規定,此外又無何種保險不得指定受益人之明確規定,以致學

者有解為各種保險，包括各種財產保險，均得由被保險人或要保人指定受益人者[292]。

　　本書以為，關於何種保險不得指定受益人，或何種保險得指定受益人，問題之解決，須求諸於保險之目的。申言之，就各種財產保險言，保險之目的均在填補被保險人因不可預料或不可抗力之事故所致之損害，若得指定受益人，勢必導致於保險事故發生後，被保險人遭受損害無法請求賠償，而卻由未受損害之受益人取得保險金之謬誤現象，例如甲以其所有之房屋投保火災保險，若得指定他人為受益人，則於房屋因火災全部被燒燬時，甲變成無屋可住，生活陷於困難，而該未因火災受損害之受益人卻領得保險金額之情形是，此明顯與保險目的悖離，財產保險不得指定受益人，不言可喻。就各種人身保險言，人壽保險中之「被保險人…屆契約規定年限而仍生存（即生存保險）」（保101）部分，及年金保險（保135-1），其保險目的在安定被保險人晚年生活，若得指定受益人，則保險期間屆滿後，被保險人或已屆齡退休，或因年歲較高工作能力大減，嗷嗷待哺，多年繳納保險費所為積蓄無法取回[293]，反由受益人領取保險金額，其不合理亦不待言。就此，我國保險法就年金保險部分，於第135-3條第1項明定：「受益人於被保險人生存期間為被保險人本人。」即此道理。惟關於人壽保險，保險法第110條未設排除生存保險適用之明文，自有缺憾。其次健康保險中之「被保險人疾病、分娩、及其所致殘廢」（保125）、傷害保險中之「被保險人遭受意外傷害及其所致殘廢」（保131）等部分，其保險目的，均在填補被保險人

---

[292] 鄭玉波，保險法論，19～20頁。

[293] 由第三人訂立保險契約時，所繳納之保險費，除於終止契約或保險人免責之情形外，保單價值準備金（保險費之累積）亦應屬於被保險人之利益，詳後述。

因支付醫療費用或增加生活需要所致之損害，與財產保險之目的實無差異，如得指定受益人，亦將導致於保險事故發生後，因疾病、分娩、傷害、殘廢，亟需金錢使用之人，無法取得保險金，而未受疾病、分娩、傷害、殘廢等苦痛之受益人，卻可享受健康或傷害保險之利益之謬誤情況，此等部分自亦不應允許其指定受益人。因此，受益人之指定，雖係一種財產處分權性質，但在上開各種保險，被保險人以指定受益人之方式，將其領取保險金之權利，處分於受益人之權利，均應受其保險目的之限制，而不得實施。至於在人壽保險、健康保險、傷害保險三者中之死亡險部分，因係以被保險人之死亡，為保險事故，故保險事故發生後，已無由被保險人自己領取保險金之問題，本於受益人之指定係一種財產處分權性質，允許被保險人於生前以指定受益人之方式，將其領取保險金之權利，處分於受益人，自無不可。質言之，在各種保險中，應僅死亡險部分，有指定受益人之問題。[294]

至於受益人之產生，由於我國保險法先於第5條規定：「本法所稱受益人，指被保險人或要保人**約定**享有賠償請求權之人，要保人或被保險人均得為受益人。」後又於第110條規定：「要保人得通知保險人，以保險金額之全部或一部，給付其所**指定**之受益人。前項指定之受益人，以請求保險金額時生存者為限。」第5條使用「約定」一詞，而第110條則使用「指定」一詞，以致學者有將受益人之產生，分為「約定」（指第5條規定之情形）與「指定」（指第110條規定之情形）及「法定」（指第113條規定之情

---

[294] 陳猷龍，保險利益體系之改進，收錄於「民事法學新思維之開展」（劉春堂教授六秩華誕祝壽論文集），元照公司出版，民國97年5月初版第1刷，751～769頁，765頁起。

形）等方式者[295]。本書以為，保險法第5條與第110條用語之不同，係立法不嚴謹所致，保險法第5條係關於受益人定義之規定，此觀其開宗明義謂「本法所稱受益人」甚明，而第110條係關於受益人產生（指定）之規定，非謂第5條係「約定受益人」之規定，第110條則係「指定受益人」之規定，否則將導致對於約定受益人無法為變更之錯誤結果，蓋第111條有關受益人變更之規定，明定係以「受益人經指定後」為其要件，不包括學者所謂「約定受益人」之情形也。正確言之，我國保險法上死亡保險受益人產生之方式，應係以「指定」為基本用語。至於指定受益人之時間，除於訂約時以「載明於要保申請書之方式」為指定外，訂約時未指定者，嗣後亦可隨時以「通知」之方式為指定；而以上開二種方式為指定之後，則均得依第111條規定為受益人之變更也。

其次，受益人應由何人指定之？亦即受益人指定權應歸何人？依我國保險法第5條關於受益人定義之規定，似謂受益人之指定權人係「**被保險人或要保人**」，惟第110條關於受益人產生（指定）之規定，卻僅明定「**要保人**」為指定權人；另依第112條關於給付受益人之保險金額不列入被保險人遺產之規定，以及第134條第2項後段關於被保險人得撤銷受益人之受益權利之規定觀之，似又可解為係指「**被保險人**」而言；此外，第114條關於受益權轉讓之規定，又認受益人之受益權係來自「**要保人**」，前後不一。學者對此，解釋紛歧，難以一一敘明。何以如此？本書以為，我國保險法立法者，對於由被保險人自為要保人時，未能依其權利義務之不同而為適切之稱謂，以致常有應以其「被保險人」身分為規範對象之場合，仍以其「要保人」之身分喚之，而出現令人混

---

[295] 鄭玉波，保險法論，176～177頁；梁宇賢，保險法新論，327～328頁；林群弼，保險法論，567～571頁，更有「推定」受益人之分類。

淆之規定。前已言之。於有關受益人指定權人之規定上，所以呈現上述不安之現象，此應係原因之一。除此之外，我國保險法立法者，對於指定受益人之法律性質，定位不明，應係主要原因。本書以為，被保險人係因保險事故而遭受損害之人，為保險保障之對象，保險事故發生時，應係由被保險人享有賠償請求權（保4），始為當然。此項賠償請求權，係因保險契約生效而由被保險人當然取得之固有權利。就人身保險言，係本於被保險人之人格（生命、身體或健康）受害而生之賠償請求權，法律上具有行使上之專屬性[296]，於被保險人尚未行使前，任何人（包括被保險人）均不得加以處分。而所謂受益人，係取代被保險人而享有賠償請求權之人，故受益人之指定，係將原屬於被保險人之賠償請求權轉讓於受益人之行為，於被保險人未為行使此項賠償請求權之前，自無由第三人將其處分於受益人之可能。因此，於非死亡保險，並無指定受益人之餘地。至於在死亡保險，因保險事故發生時被保險人已死亡，無法行使其賠償請求權，故有由被保險人指定受益人之設計，容許被保險人於生前預將其因死亡而發生之保險金額請求權，以指定受益人之方式移轉於受益人，性質上屬以被保險人死亡為停止條件（即生效條件）之財產權處分行為。可知，人身保險之受益人指定權，應僅**被保險人**有之，且僅於死亡保險，始有由被保險人指定受益人之可言。

指定受益人，係有相對人之單獨行為，應由被保險人向保險人以意思表示為之（保險法第110條第1項稱為「通知」）。因被

---

[296] 因人格法益受侵害所生之賠償請求權，具有行使上之專屬性，行使與否，應專由人格所屬之被害人決之，於其行使前，不得讓與或繼承；於行使後，亦僅以金錢為賠償之請求權，始得讓與或繼承。此觀之民法第195條第2項之規定自明。詳見陳猷龍，民法債編總論，127～128頁。

保險人係處分自己之權利，故不須得保險人之同意。意思表示之方式，法無限制，理論上口頭亦可，但因涉及受益權之有無，為求明確並免爭議，實務上均以將受益人之姓名或確定受益人之方法，記載於要保申請書或保險契約書上之受益人欄內之方式為之。

3. 受益人之人數

關於受益人之人數，依保險法第110條第1項後段規定，得為「1人或數人」。被保險人指定數人為受益人時，得指明其先後請求之順位或各個受益人分配之比例，未指明時，依民法第271條「數人有同一債權而其給付可分」之規定，應由該數位受益人平均分受之（民271）；指明分配比例時，亦可聲明得流用或不得流用。多數受益人中一人或數人先於被保險人死亡者，喪失其受益人資格（保110 I），或因故意致被保險人於傷害或死亡者，喪失其受益權。此時，如係按順位指定受益人者，應由後順位之受益人依序遞補；如係按分配之比例指定受益人，而得流用者，則由所餘之受益人依比例擴張其分配比例，或平均分受之，惟如聲明不得流用時，則喪失受益權之受益人原應分配之比例，應依未指定受益人之規定處理（保113）。扣除死亡或喪失受益權之受益人後，已無受益人時，亦同（保113、121 II）。

4. 未指定受益人

保險法第113條規定：「死亡保險契約未指定受益人者，其保險金額作為被保險人之遺產。」蓋被保險人生前既未將其保險金額請求權處分於其他受益人，則於被保險人死亡時，其保險金額請求權自應由其繼承人依法繼承，且因保險事故之發生（即被保險人死亡），而同時轉化為保險人應給付之保險金額（簡言之，

即因保險事故之發生，保險人應給付之保險金額），自應作為被保險人之遺產故也。

　　須說明者，學者一般均稱本條係「法定受益人」之規定[297]。惟事實上，本條規定與法定受益人之規定，尚有不同。所謂「其保險金額作為被保險人之遺產」，在實作上亦應將保險金額交付於被保險人之繼承人，與「以被保險人之繼承人為受益人」似無不同，惟其法律效果則大異其趣。蓋如作為被保險人之遺產，即須由被保險人之繼承人報繳遺產稅，且被保險人之債權人原則上得對之為查封；而如以繼承人為法定受益人，則該保險金額即不計入遺產總額，既不須報繳遺產稅（保112、遺贈稅法16⑨）亦無遺贈之問題，被保險人之債權人亦不得對之為查封，且就該保險金額免納所得稅（所得稅4⑦），二者顯然有別。**本書以為**，保險法第113條之規定，在法理上雖無違誤。惟查被保險人指定外人為受益人而享有保險金額，反而較因繼承而由自己繼承人享有保險金額為有利，既非公平亦無理由；又被保險人死亡時，保險人給付保險金額之性質，不論有無指定受益人，實應相同。為此，非不可將被保險人之未指定受益人，解釋為具有以其繼承人為受益人之默示意思表示之效力（即默示由繼承人為受益人），則受益人欄內有否記載繼承人三字之心理障礙，即可因而解除。質言之，保險法第113條似可修正為以被保險人之繼承人為受益人之規定，例如曰：「死亡保險契約未指定受益人者，以被保險人之繼承人為受益人。」既符合於一般社會大眾之觀念與公平原則，於法理亦無不合。

---

[297] 桂裕，保險法論，360頁；鄭玉波，保險法論，177頁；梁宇賢，保險法新論，330頁；林群弼，保險法論，571頁。

　　於現行保險法第113條規定之下，被保險人如於受益人欄內留下空白，其繼承人即須將保險金額列入被保險人之遺產報繳遺產稅；如記載「繼承人（或法定繼承人）」，則其繼承人即不須將保險金額列入被保險人之遺產報繳遺產稅並免納所得稅（保112、遺贈稅法16⑨、所得稅4⑦）。宜注意之。

5. 受益人之權利

（1）受益權取得之時期

　　受益人於何時取得受益權？學者一般解為，除保險契約另有訂定外，於「保險契約成立之時」，若於保險契約成立後指定者，則自「指定之時」，受益人即取得受益權[298]。本書認為，指定受益人之制度，係因在死亡保險，保險事故發生時被保險人已死亡，無法行使其保險金額請求權，故容許被保險人於生前預將其因死亡而發生之保險金額請求權，以指定受益人之方式移轉於受益人，性質上屬以被保險人死亡為停止條件（即生效條件）之財產權處分行為。猶如遺贈，雖係被保險人生前所為，但須至被保險人死後始生效力之情形一般。故不論係保險契約成立時指定或其後指定或變更指定，均應解為受益人係自被保險人死亡時，始取得其受益權。於被保險人死亡前，受益人僅享有期待權（民100）。

（2）受益權取得之性質

　　被保險人生前以指定受益人之方式，將其對於保險人之保險金額請求權移轉於受益人，因被保險人之死亡而生效，故受益人權利之取得，係屬繼受取得，而非原始取得。至於因受益人實施

---

[298] 鄭玉波，保險法論，178頁；林群弼，保險法論，572～573頁。

受益權（保險金額給付請求權）而取得之保險金額，不須列入被
保險人之遺產報繳遺產稅，係基於獎勵保險之政策所為之規定，
不可因不列入被保險人之遺產，而反推為受益人權利之取得，係
屬原始取得。學者有依保險法第112條：「保險金額約定於被保險
人死亡時給付於其所指定之受益人者，其金額不得作為被保險人
之遺產。」之規定，認為受益人之受益權，非繼受自被保險人之
遺產，故屬原始取得者[299]，為本書所不採。

（3）受益權之內容

受益權，係指因保險事故發生，受益人得行使被保險人依保
險契約所得對保險人請求給付保險金額之權利。亦即受益權之內
容，係指保險金額請求權（有時稱為賠償請求權）而言。可知受
益權，不過係受益人因請求給付保險金額而受益之指示名詞，尚
非受益人可具體實施之權利本體。至於因保險契約所生之其他請
求權，則不屬受益權之內容。例如保險費返還請求權、解約金請
求權（保119），仍屬於要保人；保單價值準備金返還請求權，仍
屬於契約所定應得之人（保121Ⅲ）是。

受益人之保險金額請求權，係繼受自被保險人，故受益人於
實施保險金額請求權時，保險人依保險契約所得對抗被保險人之
事由，仍得以之對抗受益人（保22Ⅲ）。例如要保人之未付保險
費、被保險人之違反據實說明義務是。至於非屬保險契約上之抗
辯事由，保險人不得以之對抗受益人，自不待言。例如保險人向
要保人或被保險人，購買汽車所生之抗辯事由是。

（4）受益權之轉讓

---

[299] 鄭玉波，保險法論，178頁；梁宇賢，保險法新論，330頁；林群弼，保險法論，571～572頁。

　　保險法第114條規定：「受益人非經要保人之同意，或保險契約載明允許轉讓者，不得將其利益轉讓他人。」其理由，一般均謂，「要保人」之指定受益人，乃基於彼此有密切關係，若許其自由轉讓，不僅易於發生道德危險，亦不能貫徹「要保人」使受益人受益之初衷，故加以限制[300]；而此所謂「要保人」，則有解為「係指要保人與被保險人為同一人而言。若非同一人時，則尚須經被保險人同意為是。」者[301]。

　　本書以為，於被保險人死亡後，受益人已確定取得其賠償請求權，此時受益人之處分其權利，根本無經被保險人同意之必要與可能，因此本條規定，應僅受益人於被保險人死亡前轉讓其受益權之情形，始有其適用。而於被保險人死亡前，受益人僅享有取得賠償請求權之期待權，尚無從處分其賠償請求權，故其所為「將其利益轉讓他人」之行為，應解為係一種以受益人未被變更及被保險人死亡為停止條件之債權（對於保險人之賠償請求權）讓與行為，受益人雖於被保險人生前為轉讓，但仍須俟被保險人死亡且其受益人資格未受變更之條件成就時，始生效力。因此，本條所謂「將其利益轉讓他人」，並不等同於由受益人所為「受益人之變更」，不可誤解。其次，「要保人」並非保險契約上利益之享有者，受益人處分屬於被保險人之權利，卻須經非權利人之要保人同意或由要保人於保險契約載明允許轉讓，實難理解，本條所定「非經要保人之同意，或保險契約載明允許轉讓者」，應修正為「非經被保險人之同意」（「或保險契約載明允許轉讓者」等語刪除）為適。至於須經被保險人同意之理由，則如上述

300　梁宇賢，保險法新論，331頁；鄭玉波，保險法論，179頁；林群弼，保險法論，573頁。
301　梁宇賢，保險法新論，331頁；林群弼，保險法論，573頁，同旨。

學者之解釋，即被保險人之指定受益人，乃基於彼此有密切關係，若許受益人自由轉讓，不僅不能貫徹被保險人使受益人受益之初衷，且易因轉讓於不法之人而發生道德危險，故須加以限制也。再者，被保險人之同意受益人將其利益轉讓他人，與「聲明放棄受益權之處分權」，係屬二回事，被保險人於為同意後，並不當然喪失其對於受益權之處分權（保111 I），被保險人是否喪失其對於受益權之處分權，仍須視其另有無聲明放棄之行為為斷。此即受益人所為「將其利益轉讓他人」之行為，應解為係一種以「受益人未被變更」（及被保險人死亡）為停止條件之債權讓與行為之理由也。

（5）受益權之喪失

「受益人故意致被保險人於死或雖未致死者，喪失其受益權。」（保121 I）是為受益權之喪失。所謂受益人故意致被保險人於死或雖未致死，除被保險人之死亡或雖未致死，須為受益人之行為所造成外，尚須係出於受益人故意所為之行為，始足當之。因受益人過失致被保險人於死者，受益人並未喪失其受益權。受益人之「故意」，應由主張受益人喪失其受益權之人（通常為被保險人之繼承人）證明之。惟所謂「或雖未致死」，意義如何？究係指一切傷害被保險人身體而未致於死之情形？或僅指殺人未遂之情形？本書以為，故意致被保險人於死或致傷害，程度上雖有輕重之別，但均係對被保險人大不敬之行為，在故意致被保險人於死之情形，固不應使其取得保險金額，在故意致被保險人傷害之情形，亦因信任或密切關係已失而應剝奪其受益權為是。亦即本條所謂「或雖未致死」，應解為指一切傷害被保險人身體而未致於死之情形而言。果如是，則本條用語似可調整為：「受益人故意致被保險人傷害或死亡者，喪失其受益權。」

　　受益人有數人，而其中一人或部分人致被保險人於傷害或死亡者，僅該人或部分人喪失其受益權。此時，如係按順位指定受益人者，應由後順位之受益人依序遞補；如係按分配之比例指定受益人，而得流用者，則由所餘之受益人依比例擴張其分配比例，或平均分受之；惟如聲明不得流用時，則喪失受益權之受益人原應分配之比例，應依未指定受益人之規定處理（保113）。至如扣除喪失受益權之受益人後，已無受益人時，依保險法第121條第2項規定：「前項情形，如因該受益人喪失受益權，而致無受益人受領保險金額時，其保險金額作為被保險人遺產。」則為當然。

6. 受益人之變更

　　「受益人經指定後，要保人對其保險利益，除聲明放棄處分權者外，仍得以契約或遺囑處分之。」「要保人行使前項處分權，非經通知，不得對抗保險人。」（保111）是為受益人之變更。本條所定之變更權人「要保人」，係「被保險人」之誤；又「保險利益」，係「保險契約之利益」之誤；又保險契約之利益，雖不以保險金額請求權為限，但有關受益人者，應僅保險金額請求權一項。所謂「處分權」，指對於保險金額請求權之處分權，亦即將保險金額請求權讓與他人之權利，實踐上即係受益人之變更權也。分述之：

（1）被保險人未聲明放棄處分權時

　　被保險人指定受益人時或其後，如未聲明放棄其對於保險金額請求權之處分權，則嗣後仍得於其死亡前隨時以契約或遺囑處分之（實踐上即變更受益人）。可知受益人之變更，為要式行為，且其方式，僅以「契約」或「遺囑」為限。所謂「契約」，

指被保險人與新受益人間關於指定為受益人之契約；所謂「遺囑」，指被保險人所為具備遺囑要件（民1189以下）之遺囑。因此，被保險人個人書立或製作之文書上所為受益人之變更，不生效力。

被保險人以「契約」為受益人之變更時，於其與新受益人間之契約生效時，發生變更受益人之效力，新受益人即取代原指定之受益人，而成為受益人，固無問題。惟保險人並未參與其事，如因不知其變更而將保險金額給付於原指定之受益人或被保險人之繼承人（未指定受益人時），則保險人能否免責？就此，依本條第2項規定，對於受益人之變更，須通知保險人，始得對抗保險人。因此，於通知保險人之前，保險人縱將保險金額給付於原指定之受益人或被保險人之繼承人，亦屬有效。此時，新受益人只能依不當得利之法律關係，對原指定之受益人或被保險人之繼承人，請求返還。通知保險人之方式，法無限制，以郵寄保險單（或保險單條款）後附之變更事項通知書，或登入保險人網頁填報通知均可。至於通知之內容，須足使保險人知悉變更受益人之意旨及新受益人姓名（或確定受益人之方法）始可。

至於被保險人以「遺囑」為受益人之變更時，究於何時發生變更受益人之效力？不無疑問。因遺囑雖為被保險人生前所為，但須至被保險人死亡時，始生效力（民1199）。故於被保險人以「遺囑」為受益人之變更之情形，其變更須至被保險人死亡時始生效力，此時之變更，應解為具有優先奪取原指定之受益人因被保險人死亡而取得保險金額給付請求權之地位之效力。其次，於被保險人以「遺囑」為受益人之變更時，被保險人應於生前對保險人為通知，始得對抗保險人。通知之內容，亦應具體指明以遺囑變更之新受益人姓名（或確定受益人之方法），以供保險人於

被保險人死亡後能與遺囑內容核對確認，而非僅對保險人說明已以遺囑變更受益人之事實。須注意之。如被保險人生前未對保險人為通知，則被保險人死亡時，遺囑執行人或繼承人及時對保險人提示遺囑內容，雖非被保險人所為，但使保險人知悉之效果則一，應解為仍發生通知之效力。惟遺囑執行人或繼承人如未及時對保險人提示遺囑內容，以致保險人因不知其變更而將保險金額給付於原指定之受益人或被保險人之繼承人，亦屬有效。不待言。

（2）被保險人聲明放棄處分權時

被保險人指定受益人時或其後，如聲明放棄其對於保險金額請求權之處分權，則該指定之受益人即告確定，嗣後不得再以契約或遺囑處分之（即不得變更受益人）。所謂「聲明」，方式並無限制，於指定受益人欄內註明，或以其他可供存證之方式為表示，均無不可；且只須足以表明其放棄處分權之意思即足，未必使用「放棄處分權」之字眼。例如於原指定之受益人旁註明「不再變更」、「不再指定」或其他類似用語，亦生效力。

須說明者，被保險人聲明放棄處分權後，**僅發生該指定之受益人因而確定，被保險人不得為變更之效力**，於被保險人死亡前，該受益人仍僅取得一種期待權，須至被保險人死亡時，始取得其受益權。因此，該受益人仍須於被保險人死亡時尚生存者，始足當之（保110Ⅱ）。如該受益人先於被保險人死亡者，不生由其繼承人繼承之問題，蓋該受益人尚未取得其受益權也。此時即成為無受益人之狀態，被保險人得另為指定受益人，如未另為指定即死亡，其保險金額即作為被保險人之遺產（保113）。凡此與未聲明放棄處分權之情形，並無二致。

就此，有學者謂：「受益人如先於被保險人死亡，保險契約利益應成為受益人之遺產，由其繼承人繼承。被保險人於受益人死後不得使保險契約之效力停止或終止，以保單之現金價值換取新單，並改訂受益人。」[302]或謂：「在此情況，受益人無須於保險事故發生時生存，始可請求給付保險金，因此若受益人尚未受益即死亡，其權利可視同受益人之遺產而移轉於其繼承人。易言之，縱然受益人較被保險人提前死亡，或受益人與被保險人同時死亡，受益人之受益權得由其繼承人繼承，其繼承人自可請求給付保險金。」[303]云云，與本書見解不同。

貳、保險金額

「人壽保險之保險金額，依保險契約之所定。」（保102）亦即保險法對人壽保險之保險金額，並未設限制，得由契約當事人自由約定，為一種定額保險。於發生保險事故時，保險人應依保險契約上約定之保險金額為賠償，無庸審查被保險人之實際損害為若干。蓋在理論上，人身無價，既無法計算客觀之損害額，亦無補償超過之觀念也。惟在實務上，因保險金額約定過高，容易發生道德危險，故各保險公司，均依被保險人之職業、年齡或身體狀況之不同，設有不等之承保限額，投保金額合計如超過其承保限額者，即予以拒保。並非毫無限制。[304]

---

302 施文森，保險法論文集，第1集，239～240頁。

303 林群弼，保險法論，574～575頁。相同見解：林文泉，保險法實用，379頁；陳雲中，保險法要論，307頁。

304 人壽保險既為定額保險，自無全部或一部保險之觀念、亦無超額保險之問題及禁止超額複保險規定（保38）之適用、保險人亦不得代位行使被保險人對於第三人之損害賠償請求權。惟本質上仍屬抽象性之損害填補，只是不發生不當得利之問題，與「禁止不當得利原則」並不相衝突。詳見本書第一章第二節保險之種類「四、損害保險與定額保險」之說明。

參、應記載事項

依保險法第108條規定，人壽保險契約，除記載第55條規定事項外，並應載明下列事項：

一、被保險人之姓名、性別、年齡及住所

被保險人之姓名、性別、年齡及住所，乃確定人壽保險標的之生命所屬之人之依據，自應記載。其中，性別不同或年齡不同，危險亦有差異，乃決定是否承保及保險費率高低之依據，更應載明。保險年齡之計算，自出生之日起，算至要保日，滿1年為1歲，超過完整年數但未滿6個月者，仍算為同歲，但超過6個月者，則加1歲計算。例如民國74年3月5日出生之被保險人，於98年7月5日投保，則保險年齡為24歲，但如於98年9月6日投保，則保險年齡為25歲是。

二、受益人姓名及與被保險人之關係或確定受益人之方法

受益人乃被保險人死亡後，有權領取保險金額之人，故應載明之。記載方式有二：

其一，為記載「受益人姓名及與被保險人之關係」，亦即「受益人之姓名」及「受益人與被保險人之關係」，二者均予載明。例如記載受益人姓名為「張三」，與被保險人之關係為「養父子」是。此情形，「與被保險人之關係」，僅屬加強說明之性質，故於被保險人死亡時，縱該受益人與被保險人間已不具有該種關係（例如已終止收養），除被保險人已以遺囑變更受益人為他人外，該受益人之受益權應不受影響[305]。

---

[305] 林群弼，保險法論，578頁。

其二，為僅記載確定受益人之方法。例如記載「夫」、「妻」、「配偶」、「子女」、「法定繼承人」、「大孫兒」為受益人等是。此情形，應以被保險人死亡當時，依法與被保險人具有配偶、子女、法定繼承人或大孫兒等關係之人為受益人。但有疑義時，應探求當事人之真意定之。例如記載配偶為受益人，後被保險人雖離婚但並未再娶[306]，或雖再娶他人為妻，但離婚協議書約定，仍以離婚後之女方為其保險契約之受益人；或約定仍由離婚後之女方支付該保險契約之保險費等情形，自可於探求真意後，仍以離婚前之妻（即離婚後之女方）為受益人是。至如完全無法決定何者為被保險人之真意時，應解為「未指定受益人」，依保險法第113條規定處理之[307]。

三、請求保險金額之保險事故及時期

此所謂「請求保險金額之保險事故」，與保險法第55條第3款所定「保險事故之種類」，並無不同，似屬重複，應指死亡保險之「死亡」及生存保險之「生存」而言。所謂「請求保險金額之時期」，在死亡保險，應指保險事故發生時，並無特別意義；至於在生存保險，則依保險種類之不同，可有各種記載方式，例如記載自訂約後或自繳費期滿後，於一定期間內（或以被保險人終身為期），每滿1年或2年或3年或5年…，得請求一定百分比之保險金額是。

---

306 司法院74.2.14（74）廳民（一）字第0104號復台灣高等法院函。

307 關於保險法第45條第2項規定：「受益人有疑義時，推定要保人為自己之利益而訂立。」宜移列為第110條第3項，並修正為：「受益人有疑義時，如法院不能決定何者為被保險人之真意，應視為未指定受益人。」以及第52條規定：「為他人利益訂立之保險契約，於訂約時，該他人未確定者，由要保人或保險契約所載可得確定之受益人，享受其利益。」並無必要等情，詳見本書第三章第五節「保險契約之種類」中之說明。

四、依第118條之規定，有減少保險金額之條件者，其條件

按保險法第118條第1項規定：「保險人依前條規定，或因要保人請求，得減少保險金額或年金。其條件及可減少之數額，應載明於保險契約。」本款所定即指此而言。應記載之事項，分為二種，一為因要保人遲交保險費，保險人依第117條規定，得減少保險金額或年金時，其條件及可減少之數額；一為因要保人請求，得減少保險金額或年金時，其條件及可減少之數額。均應載明於保險契約。

第三項　人壽保險契約之效力

壹、對於保險人之效力

一、保險金額給付之義務

人壽保險為定額保險，於發生保險事故時，保險人負有依保險契約上約定之保險金額為給付之義務。於生存保險，應給付於被保險人；於死亡保險，應給付於受益人，未指定受益人者，應給付於被保險人之繼承人。給付之方式，於生存保險，通常不須由被保險人為危險發生（生存）之通知，亦無交齊證明文件之問題，而直接由保險人於給付保險金額之時期屆至時，主動郵寄領據請被保險人填寫後寄回，再由保險人郵寄保險金額之支票予被保險人提領，或直接匯入被保險人之銀行帳戶等方式為之；惟於死亡保險，則須由受益人依法對保險人為危險發生之通知（保58），於交齊證明文件後，由保險人於約定期限內，無約定期限者，於接到通知後15日內給付於受益人（保34），通常亦係以郵寄領據及支票或匯入受益人之銀行帳戶等方式為之。

此外，人身保險契約得約定保險金額一次或分期給付（保

138-2Ⅰ）；要保人就其中死亡或殘廢之保險部分，並得於保險事故發生前與保險人訂定保險金信託契約，由保險人擔任受託人，於保險事故發生後，依信託契約對受益人為給付。（保138-2Ⅱ、Ⅲ）

人壽保險人負有依保險契約上約定之保險金額為給付之義務，故如保險契約訂有保險人不負給付保險金額之責任者，自應依其規定。此外，保險法基於公益上之理由，設有若干保險人不負給付保險金額責任之規定，是為人壽保險人之法定免責事由，分述之：

（一）被保險人故意自殺

1. 自殺不賠之原則

「被保險人故意自殺者，保險人不付給付保險金額之責任。但應將保險之保單價值準備金返還於應得之人。」（保109Ⅰ）是為自殺不賠之原則。惟按被保險人故意自殺，並非不可預料或不可抗力之事故（保29Ⅰ前段），保險人原即不負給付保險金額之責任。本項前段不過係注意規定，僅其但書規定具實際規範意義（詳如後述）。其次，所謂「自殺」，係指有意結束自己生命之行為，已具有故意之內涵，本項使用「故意自殺」，僅具強調自殺者意願之效果。實則於被保險人因過失而致自己死亡（例如開車不慎肇事致死、誤食偏方而亡）之情形，係屬不可預料之保險事故，別無「過失自殺」之說法，不可誤解。就此，學者有認為本項「故意自殺」之規定，甚易誤導「過失自殺」之觀念，來日修法之時，似應將「故意」二字刪除者[308]。

---

308 陳志川，保險法新論，129頁；林群弼，保險法論，584頁。

2. 自殺亦賠約款之效力

「保險契約載有被保險人故意自殺，保險人仍應給付保險金額之條款者，其條款於訂約2年後始生效力。恢復停止效力之保險契約，其2年期限應自恢復停止效力之日起算。」（保109Ⅱ）是為自殺亦賠約款之效力規定。所謂「保險契約載有被保險人故意自殺，保險人仍應給付保險金額之條款者」，即自殺亦賠約款。自殺亦賠約款，須於訂約2年後始生效力。其立法理由，係認為人必好生惡死，自殺多由於一時衝動，故縱出於自殺念頭而投保，歷經2年之久，亦必因時間冷卻或環境變易而不再，故規定須於訂約2年後始生效力；至於停止效力之保險契約，其2年期間應自恢復效力之日起算（保116Ⅲ），目的則在避免於保險費未交付而保險契約效力停止之情形下（保116Ⅰ），被保險人新生自殺念頭，而故為恢復效力後立即自殺，以謀取保險金額之不當情況發生。

本項規定，似有其道理，各國立法例亦有之。惟查本項規定，能否防患於訂約時（或恢復契約效力時）已有自殺念頭之被保險人，頗成問題，蓋人世間萬念俱灰，隨時求死者，不乏其人，2年時間非但未打消自殺念頭，反而蓄積自殺能量者，亦非無之。此外本項規定，對於訂約時並無自殺念頭，其後因事業失敗、感情受創、病痛纏身而求死者，只須自殺在訂約2年後，即可獲得保險給付之不當現象，非但無法防止，且有鼓勵巧取之暗示作用。最重要者，乃自殺本即非屬不可預料或不可抗力之事故，以之為保險事故，更屬違反保險之基本法理。本項規定存在之基礎，似嫌薄弱。如欲強為解釋，或可謂逾2年後，仍有自殺勇氣，並進而自殺，非不得謂為不可預料也。

（二）被保險人因犯罪處死或拒捕或越獄致死

「被保險人因犯罪處死或拒捕或越獄致死者，保險人不負給

付保險金額之責任。但保險費已付足2年以上者，保險人應將其保單價值準備金返還於應得之人。」（保109Ⅲ）此即犯罪不賠之原則。犯罪處死，例如因連續殺害多人而被處死刑定讞，並被執行槍決身亡是。此情形，性質上非屬不可預料或不可抗力之事故，不言可喻。拒捕致死，例如現行犯於遭圍捕時落海或墜樓而亡或被警方擊斃是；越獄致死，例如逃獄時誤觸高壓電而亡或被警方擊斃是。拒捕致死或越獄致死，性質上雖屬不可預料之事故，但因係出於不法之原因，如今保險人負給付保險金額之責任，將使犯罪者因身後有靠而勇於拒捕或越獄，形同鼓勵犯罪，故規定保險人不負給付保險金額之責任，以杜絕流弊。惟須注意者，本項所定犯罪不賠之原則，僅及於「因犯罪處死或拒捕或越獄致死」三種情形，其他非犯罪處死或無拒捕或越獄情事之犯罪致死，例如高樓行竊墜樓而亡、洗劫壯士反被格斃[309]、黑道火拼中彈而亡、獄中鬱卒而死等情形，並無本項規定之適用，保險人仍應負給付保險金額之責任。

被保險人因犯罪處死或拒捕或越獄致死者，保險人固不負給付保險金額之責任。但保險費已付足2年以上者，保險人應將其保單價值準備金返還於應得之人（詳如後述）。

於此有一問題，即保險法對於自殺不賠之原則，設有自殺亦賠約款之例外規定，有如前述（保109Ⅱ），惟對於犯罪不賠之原則，卻未設例外規定，則當事人可否以特約條款排除其適用？亦即保險契約上載有「被保險人因犯罪處死或拒捕或越獄致死者，保險人仍應給付保險金額」之約款者，其效力如何？學者見解不一，分言之：

---

[309] 林群弼，保險法論，586頁。

1. 無效說

主要理由，為：（1）此種約款違反公序良俗；（2）犯罪不賠之規定（保109Ⅲ），乃防止犯罪而有關公益之規定，具有強行性，當事人不得以特約變更之；（3）因犯罪而獲得賠償，無異予亡命之徒便利，有鼓勵犯罪之虞。[310]

2. 有效說

主要理由，為：（1）對於犯罪者制裁，應止於犯罪人本身，對於未曾犯罪之受益人剝奪其保險金請求權，本屬不該，故排除其適用之特約，應屬有效；（2）保險金之受領者如係無依之人，使受領者暫時衣食無憂亦足以防止犯罪。[311]

我國學者言及之者，均採無效說[312]，本書贊同之。蓋保險法所定犯罪不賠之原則，僅限於「因犯罪處死或拒捕或越獄致死」等三種情形，始有其適用，已留相當之例外空間，前已言之，而此三種情形較之故意自殺，對於社會更具侵害性，行為之可責性更大，實不宜再設例外規定；又立法者將犯罪不賠與自殺不賠之原則規定於同一條文（保109），緊接於第2項自殺亦賠之例外規定之後，卻未設犯罪亦賠之例外規定，應認係有意之省略，而非立法之疏漏。因此，保險契約上約定「被保險人因犯罪處死或拒捕或越獄致死者，保險人仍應給付保險金額」者，其條款應解為無效，始符立法本意。

310　林咏榮，新版商事法新詮（下），494頁註12；鄭玉波，保險法論，186頁；張國鍵，商事法論（保險法），223頁。

311　林咏榮，新版商事法新詮（下），494頁註12。

312　林咏榮，新版商事法新詮（下），469頁；鄭玉波，保險法論，186頁；林群弼，保險法論，588頁；林文泉，保險法實用，385頁。

（三）要保人故意致被保險人於死

「要保人故意致被保險人於死者，保險人不負給付保險金額之責。保險費付足2年以上者，保險人應將其保單價值準備金給付與應得之人，無應得之人時，應解交國庫。」（保121Ⅲ）所謂「要保人故意致被保險人於死者」，係指要保人與被保險人為不同人，亦即由第三人為要保人之情形，蓋如為同一人，故意致自己於死，應適用前述被保險人故意自殺之規定也。按第三人致被保險人於死，一般係屬不可預料之事故，保險人應給付保險金額，並無問題。惟於此第三人恰係要保人之情形，因要保人乃保險契約之當事人，竟自己故意致被保險人於死，其係違反道德危險之行為，不待證明，保險法明定保險人不負給付保險金額之責，即此之故。

要保人故意致被保險人於死者，保險人雖可免責，但如保險費付足2年以上者，保險人仍應將其保單價值準備金給付與應得之人，無應得之人時，應解交國庫（詳如後述）。

二、保險人代位之禁止

「人壽保險之保險人，不得代位行使要保人或受益人因保險事故所生對於第三人之請求權。」（保103）是謂人壽保險人代位之禁止。蓋人壽保險，本於人命無價之觀念，並無防止被保險人或受益人不當得利之問題，故應無適用保險人代位權規定之必要，此本條所由設也。

按人壽保險有生存保險與死亡保險之分，於生存保險，並無因保險事故所生保險人對於第三人之請求權可言（第三人致被保險人受傷害所生對於第三人之請求權，係屬傷害保險之問題，不可混為一談），並無本條規定之適用，不待言；而在死亡保險，

於第三人致被保險人於死時，如受益人非屬法律所定得因被保險人之死亡，而向加害之第三人請求損害賠償之人（民192～195）時，亦應無本條規定之適用，亦為當然。**因此，僅於死亡保險之受益人恰為法律所定得因被保險人之死亡，而向加害之第三人請求損害賠償之人，始有其適用。**須注意之。此外，要保人並非保險給付之對象，於第三人致被保險人於死時，縱有對第三人之請求權，亦不因保險人之給付保險金額而受不當得利，根本與保險人代位禁止之問題無涉，本條「要保人或」等字，顯屬多餘，應予刪除。

三、保單價值準備金之返還

所謂保單價值準備金（policy value reserve），依本法施行細則第11條規定：「本法所稱保單價值準備金，指人身保險業以計算保險契約簽單保險費之利率及危險發生率為基礎，並依主管機關規定方式計算之準備金。」僅係其計算形式之說明，不易理解。實則，就其實質內容言之，所謂保單價值準備金，乃人壽保險人依規定每年將所收保險費之一定比率提存，以作為保單價值備用之金額。提存比率，係以各該保單實際計算保險費所用之死亡率（例如第三回經驗生命表死亡率之百分之90）與預定利率（依各家保險公司之投資報酬率而定）為準，依主管機關規定之方式為計算。提存之保險費，實際上係以年輕時超收之保險費為主。蓋人壽保險具有儲蓄性質，將來給付之保險金額，大部分屬保險費之返還，且人壽保險之保險費，通常係以平均保險費繳納，年輕時期（死亡危險較低）與年老時期（死亡危險較高），繳交同額之平均保險費，故年輕時超收保險費之部分應予提存。由於保單價值準備金，係以各該保單實際計算保險費所用之死亡率與預定利率為準，其計算提存之金額，接近保單當時之實際價

值，因此計算保單紅利、保單貸款金額、解約金等，均以之為準。

提存保單價值準備金之目的，在準備將來支付保險金額之用，其受益對象應係被保險人（或其指定之受益人或被保險人之繼承人）。惟於保險人免責之情形或保險契約終止時，被保險人已無從取得保險金額，而其既係由保險費積存而得，本不屬於保險人，如由保險人保有，即成不當得利，故應將其返還於應得之人，始為合理。依保險法規定，於下列情形，保險人應將保單價值準備金返還於應得之人：

（一）因保險人免責之返還

保險人因「被保險人故意自殺」、「被保險人因犯罪處死或拒捕或越獄致死」、「要保人故意致被保險人於死」等原因而免責時，應將其保單價值準備金返還於應得之人，其規定如下：

1.「被保險人故意自殺者，保險人不負給付保險金額之責任。**但應將保險之保單價值準備金返還於應得之人。**」（保109 Ⅰ）

2.「被保險人因犯罪處死或拒捕或越獄致死者，保險人不負給付保險金額之責任。**但保險費已付足2年以上者，**保險人應將其保單價值準備金返還於應得之人。」（保109 Ⅲ）

3.「要保人故意致被保險人於死者，保險人不負給付保險金額之責。保險費付足2年以上者，保險人應將其保單價值準備金給付與應得之人，**無應得之人時，應解交國庫。**」（保121 Ⅲ）

（二）因保險人終止契約之返還

人壽保險之保險費到期未交付，經催告後仍不交付，保險契

約之效力停止後，逾申請恢復效力之期限，要保人仍未申請恢復效力者，保險人有終止契約之權（保116 I ～ VI），「保險契約終止時，保險費已付足2年以上，**如有保單價值準備金者，保險人應返還其保單價值準備金。**」（保116 VII）

上開關於返還保單價值準備金之規定，呈現用詞不一之現象：其一，關於返還之對象，有規定為「應得之人」者，有未明定者，更有規定「無應得之人時，應解交國庫」者，有稱「返還」者，亦有稱「給付與」者，解釋上應為一致，亦即均應解為係「返還於應得之人，無應得之人，應解交國庫」。所謂「應得之人」，原則上應為要保人，但有特約時亦得為被保險人或指定之受益人或被保險人之繼承人。蓋保險費係由要保人繳納，由超收保費積存之保單價值準備金，自以返還要保人為正辦，但要保人既已繳費為他人投保人壽保險，則約定保單價值準備金亦歸被保險人（於保險契約終止之情形）或指定之受益人或被保險人之繼承人，乃極自然之舉也。所謂「無應得之人」，例如要保人無繼承人亦無特約之應得之人之情形是；所謂「應解交國庫」，指保險人應將保單價值準備金解交國庫，目的亦在避免保險人之不當得利。其二，關於返還之條件，有明定「保險費已付足2年以上」者，有未設此條件者（保109 I），則於被保險人故意自殺時之返還保單價值準備金，須否以「保險費已付足2年以上」為條件？不無疑問。本書以為，此應係立法之疏漏，蓋被保險人故意自殺、被保險人因犯罪處死或拒捕或越獄致死、要保人故意致被保險人於死，三者所生之效果並無差異，均為「保險人不負給付保險金額之責」，則其規範返還保單價值準備金之條件，似無不同之理。均宜解為應以「保險費已付足2年以上」為條件，始為合適。

四、解約金之償付

「要保人終止保險契約，而保險費已付足1年以上者，保險人應於接到通知後1個月內償付解約金；其金額不得少於要保人應得保單價值準備金之4分之3。」（保119Ⅰ）「償付解約金之條件及金額，應載明於保險契約。」（保119Ⅱ）是為解約金之償付之規定。事實上，解約金之償付，亦屬保單價值準備金之返還，性質並無不同，但因保險法另訂名稱及條件，故與前項保單價值準備金之返還，分別述之。

所謂解約金（surrender value），指要保人於保險契約有效期間內，終止保險契約時，保險人所應償付之金額而言。此之「解約」，疑係襲用日本「解約返還金」一語而來，應係「向後解消契約」之謂，與「解除契約」不可同日而語。解約金償付之原因，為「要保人終止保險契約」，不論係依法或依約之終止或隨意之終止，均可。償付之條件，為「保險費已付足1年以上者」，可知須超過1年以上之人壽保險契約，且保險費已付足1年以上者，始有償付解約金之適用；所謂保險費已付足1年以上，只須累計已支付相當於1年以上之保險費已足。償付之時期，為「保險人應於接到通知後1個月內償付」。償付之對象，為要保人。償付之金額，理論上應係以保單價值準備金扣除保險人之營業費用為準，但因營業費用多寡不一，爰本條第1項後段明定「其金額不得少於要保人應得保單價值準備金之4分之3」，以防止保險人假藉名目為扣除而損害要保人之權益。最後，本條第2項雖設有「償付解約金之條件及金額，應載明於保險契約」之規定，但因第1項關於解約金之償付，係屬強制規定性質，既已訂明償付之條件，保險人似無另訂苛刻條件之餘地，而保險人亦少有願意多為償付者，故一般均只載明以保單價值準備金之4分之3為解約金之償付

金額。

　　須說明者，乃保險期間為1年以下之人身保險契約終止時，保險人只須將已交付未到期之保險費返還要保人（施行細則13），尚無解約金償付之問題。

貳、對於要保人之效力

一、保險費之交付

（一）交付義務人

　　「保險費應由要保人依契約規定交付之。」（保22 I 前段）亦即保險費之法定債務人為要保人，人壽保險之要保人，自不例外。

（二）第三人之代為交付

　　須說明者，債之清償，除當事人另有訂定或依債之性質不許者外，均得由第三人為之，民法訂有明文（民311 I），本不待再為規定，惟保險法第115條又明定：「利害關係人，均得代要保人交付保險費。」雖係注意規定性質，但因未設得排除不適用之例外規定，除提醒利害關係人得為自己利益代繳保險費之外，又具有防止保險人拒絕利害關係人代交保險費之作用，應認屬特別規定而有其存在之價值。所謂利害關係人，例如被保險人、受益人、被保險人之繼承人、或其他因保險契約而受利益之人等是。有無利害關係發生疑義時，利害關係人負有釋明之義務。保險第115條僅就利害關係人為特別規定，非利害關係人不適用之。但非利害關係人仍得依民法之規定（民311、312），代要保人交付保險費，自為當然。

（三）不得以訴訟請求交付

人壽保險之「保險人對於保險費，不得以訴訟請求交付。」（保117 I）主要理由係因人壽保險具有濃厚之儲蓄性質，應尊重要保人之意願，不得以訴訟方式強迫要保人為之。為此，於要保人不交付保險費時，除訴訟外之催告外，保險法另訂有效力停止、恢復效力、終止契約（保116）或減少保險金額或年金（保117 II）之規定，以資適用。詳如次項所述。

（四）不交付保險費之效果

1. 催告與停止效力

人壽保險之「保險人對於保險費，不得以訴訟請求交付。」已如前述，故要保人不交付保險費時，保險人僅能以訴訟外之方式催告繳納。經催告後仍不交付時，依保險法第116條第1項規定：「人壽保險之保險費到期未交付者，除契約另有訂定外，經催告到達後屆30日仍不交付時，保險契約之效力停止。」又依保險法第118條第4項規定：「保險金額之一部，係因其保險費全數一次交付而訂定者，不因其他部分之分期交付保險費之不交付而受影響。」（保118 IV）亦即保險金額中，有一部分之保險費已一次繳清，其他部分則分期交付時，若該分期交付之部分發生經催告仍不交付，而保險契約之效力停止之情事，則僅該部分之契約效力停止，已繳清部分之契約仍猶存續，不受影響也。[313]

須說明者，乃上開保險法第116條第1項所定「除契約另有訂定外」，包括保險契約訂定不須經催告或催告期限長於30日或短於30日等情形，除催告期限長於30日之訂定，有利於被保險人，

---

[313] 保險法第118條第4項規定，位置不合適，以移置於第116條第1項規定之後為宜。

其為有效，並無疑慮以外，餘「不須經催告」、「催告期限短於30日」之訂定，因對被保險人不利，是否有效？不無疑問。此涉及保險法第116條第1項是否屬強制規定之問題。學者有認為：「此項規定所定之催告程序，係屬對於要保人或受益人有益之事項，在性質上應認為強制規定，即使當事人間於契約上另有訂定，亦祇能就30日期限予以延長，若竟予縮短或排除，依照本法第54條規定，應認該項約定無效。」[314]但亦有認為，此項規定並非強行規定，當事人得依特約排除其適用[315]；或認為依保險法第116條第1項規定，當事人可依「契約另有訂定」，以排除本項之規定，故本項之規定並非強制規定者[316]。本書以為，本項規定雖未使用「應」或「須」之強制性文字，但本質上仍屬保護被保險人之規定，故贊同本項為強制規定之見解，亦即保險契約僅能就30日期限予以延長（保54 I 但書），不得予以縮短或排除（保54 I 前段）。

又關於催告之送達，保險法第116條第2項規定：「催告應送達於要保人，或負有交付保險費義務之人之最後住所或居所，保險費經催告後，應於保險人營業所交付之。」所謂「或負有交付保險費義務之人」，用詞並不精準，應修正為「或（約定或法定）代為交付保險費之人」，蓋負有交付保險費義務者，僅要保人一人，其他之人均僅係代為交付保險費之人也。所謂「最後住所或居所」，係指為催告時要保人或約定代為交付保險費之人之最後住所或居所而言。果如是，則保險人即負有調查要保人或約定或法定代為交付保險費之人之最後住所或居所之義務。但保險

---

314 陳志川，保險法新論，133頁。
315 林文泉，保險法實用，394頁。
316 林群弼，保險法論，598頁。

契約通常均規定，要保人之住所有變更時，應即以書面通知保險人，不為通知者，保險人之各項通知，得以本契約所載要保人之最後住所發送之。亦即將「最後住所或居所」，限於保險契約所載之最後住所，以求明確，因並無損及要保人之權益，應無不可。最後，保險費經催告後，應於保險人營業所交付之。此乃本於公平觀念所為之規定，蓋要保人欠繳保險費且經催告後，不宜再要求保險人前來收取也。惟事實上，保險人基於業績之考慮，通常仍主動派業務員提供代辦之服務。所謂「保險人營業所」，不以主事務所為限，凡保險人設有營業據點之處所均屬之，通常為負責被保險人住所地轄區之營業所。前已述之。

2. 申請恢復效力

保險契約之效力停止後，發生保險事故者，保險人不負保險給付之責任。但要保人得申請恢復效力，其恢復效力之時點，因是否在停止效力之日起6個月內為申請而不同：

（1）在停止效力之日起6個月內申請恢復效力者，自要保人清償保險費、保險契約約定之利息及其他費用後，翌日上午零時起，開始恢復其效力。所謂其他費用，指催告費、手續費而言。此等費用係因要保人之未如期交付保險費而生，由要保人負擔，乃理所當然。但保險人基於營業政策之考量，不要求要保人繳納者，自無不可。

（2）在停止效力之日起6個月後，申請恢復效力者，除須清償保險費、保險契約約定之利息及其他費用外，保險人得於申請日起5日內要求要保人提供被保險人之可保證明，經提出後，除被保險人之危險有重大改變且已達拒絕承保之程度者外，保險人不得拒絕其恢復效力。（保116Ⅲ）又保險人未於申請日起5日內要

求要保人提供被保險人之可保證明，或於收到可保證明後15日內不為拒絕者，視為同意恢復效力（保116Ⅳ）。此外，保險法對於要保人申請恢復效力之期限，設有保障之規定，依保險法第116條第5項規定：「保險契約所定申請恢復效力之期限，自停止效力之日起不得低於2年，並不得遲於保險期間之屆滿日。」

3. 契約之終止

（1）**原則**　前項保險契約所定要保人申請恢復效力之期限屆滿後，仍未申請恢復效力者，原則上保險人即有終止契約之權，得隨時終止保險契約（保116Ⅵ）。「保險契約終止時，保險費已付足2年以上，如有保單價值準備金者，保險人應返還其保單價值準備金。」（保116Ⅶ）

（2）**例外**　依保險法第117條第2項規定：「以被保險人終身為期，不附生存條件之死亡保險契約，或契約訂定於若干年後給付保險金額或年金者，如保險費已付足2年以上而有不交付時，於前條第5項所定之期限屆滿後，保險人僅得減少保險金額或年金。」所謂「以被保險人終身為期，不附生存條件之死亡保險契約」，係指單純終身死亡保險契約而言；所謂「契約訂定於若干年後給付保險金額或年金者」，係指單純生存保險契約或延期年金保險契約而言。因此等保險之儲蓄性濃厚，如保險費已付足2年以上而不交付時，雖已逾保險契約所定申請恢復效力之期限，但保險人僅得減少保險金額或年金，而不得終止契約，以資保護被保險人之利益，是為保險法第116條第6項之例外規定。

所謂「減少保險金額或年金」，其方式依保險法第118條第2項前段規定，為「減少保險金額或年金，應以訂原約時之條件，訂立同類保險契約為計算標準。」惟此項規定，詞不能達意，無

法瞭解究應如何為減少。原則上，應係以已繳交之保險費，作為躉繳保險費，投保原人壽保險契約，計算其可得之保險金額或年金。俗稱「繳清保險」，此後要保人即不需再繳交保險費。至於細項之條件及具體可減少之數額，則可由保險人訂定，但應載明於保險契約（保118 I）。惟無論如何，其減少後之金額，不得少於原契約終止時已有之保單價值準備金，減去營業費用，而以之作為保險費一次交付所能得之金額（保118 II）。營業費用則以原保險金額百分之一為限（保118 III）。

4. 保險人墊繳保險費超過保單價值準備金時之準用

保險法第116條第8項規定：「保險契約約定由保險人墊繳保險費者，於墊繳之本息超過保單價值準備金時，其停止效力及恢復效力之申請準用第1項至第6項規定。」亦即將保險人墊繳之保險費本息超過保單價值準備金之情形，比照要保人到期未交付保險費，而為相同之處理。所謂「準用第1項至第6項規定」，即前述有關催告與停止效力、催告處所、申請恢復效力、視為同意恢復效力、申請恢復效力之期限不得低於2年，以及期限過後保險人有權終止契約之規定是。須注意者，乃第116條第7項規定，並不在準用之列。蓋因保險人墊繳之保險費本息超過保單價值準備金，已無返還保單價值準備金之問題也。至於第117條第2項規定，乃第116條第6項之例外規定，亦應解為在準用之範圍，始能一致。

二、保單借款

（一）保單借款之意義

「保險費付足1年以上者，要保人得以保險契約為質，向保險人借款。」（保120 I）俗稱保單貸款。蓋保險費付足1年以上

者，已有保單價值準備金之提存，要保人如需資金，而願意以之為擔保，並支付利息，向保險人借款，自無不許之理，故有保單貸款之制。所謂「以保險契約為質，向保險人借款」，係指以保單之價值設定權利質權（民900以下）予保險人，作為擔保，向保險人借款。通常係由要保人另外書立借款書（民904前段），約定就某號保單上之保單價值設定權利質權，並輔以在該保單上批註借、還款情形之方式為之。

（二）保險人之貸給

「保險人於接到要保人之借款通知後，得於1個月以內之期間，貸給可得質借之金額。」（保120Ⅱ）所謂「得於1個月以內之期間，貸給…」，指保險人有權決定是否貸給，而不論是否貸給，均應於接到要保人之借款通知後1個月以內決定並通知要保人或貸給之。所謂「可得質借之金額」，通常以保單價值準備金扣除營業費用及一定比率之預估滯納利息後，以保險人在營業上認為安全之數額借給。因此，通常較解約金之數額為低。

（三）保單借款之性質

於此須附言者，保單貸款之法律性質如何？可能之解釋有二：

1. 解約金一部先付說

認為保單貸款，雖名為借款，但因所能借之款項不過解約金之一部而已，故性質上應屬解約金之一部先付。此說將在未終止契約情形下之借款與終止契約之解約金同視，且無法說明既係解約金之一部先付，何以須支付利息？自不可採。

2. 消費借貸說

認為保單貸款，係屬消費借貸之性質。又分為二說：

（1）權利質權之消費借貸說

認為保單借款，係要保人於自己將來之保險金請求權上設定權利質權，作為擔保，向保險人借款，而與保險人成立之消費借貸。

（2）附抵銷預約之消費借貸說

認為保單借款，係附有將來要保人無法清償借款債務時，保險人得以其所負給付保險金額之債務抵銷之預約，向保險人借款，而與保險人成立之消費借貸。

學者言及之者，有認為我國保險法第120條第1項明定要保人得「以保險契約為質」，似係採權利質權之消費借貸說者[317]。但亦有以保單貸款多未將保險單移交保險人占有為理由，認為權利質權之消費借貸說頗難自圓其說，而採附抵銷預約之消費借貸說者[318]。本書以為，我國保險法第120條第1項既已明定「要保人得以保險契約為質，向保險人借款」，則如將其視而不見，且加上當事人所無之預約，謂保單貸款係屬附抵銷預約之消費借貸，似非一般解釋法律之道。至於實務上未將保險單移交保險人占有，實乃因保單借款，並非以保險單設定動產質權（民884～899），故無將質物（保險單）移轉於保險人之問題；而就權利質權之設定言（民900～910），因保險單（或保險契約），僅係記載保險內容之書面，尚非表彰債權本身之證書（亦非無記名證券或其他得依背書轉讓之證書），單純占有保險單之書面，並無法取得或行使保險契約上之權利，故保險單是否移交保險人占有，並非保單設定權利質權之要件。基於此，保單借款實務上，通常係由要

---

[317] 鄭玉波，保險法論，193頁。

[318] 林群弼，保險法論，603頁。

保人另外書立借款書（民904前段），約定就某號保單上之保單價值設定權利質權，並輔以在該保單上批註借、還款情形之方式為之。保險單之未移交保險人占有，對於保單借款之法律性質，既不生影響，則自仍應以權利質權之消費借貸說為可採。惟尚須說明者，乃一般權利質權之消費借貸說，所謂「要保人係於自己將來之保險金請求權上設定權利質權」[319]，並不正確，蓋保險金請求權，並不屬於要保人所有，要保人無法於其上設定權利質權也。要保人得以之設定權利質權之標的，應係於保險人免責之情形或保險契約終止時，原則上屬於要保人之「保單價值準備金債權」，亦即保單貸款所設定之權利質權，係一種以「債權」為標的之質權，而所謂「以保險契約為質」，應解為係「以保單價值設定質權」，方為正確。

（四）借款本息之返還

保單借款之後，除約定之還款期限屆至外，並無還款之問題。另因保單價值係逐年增加中，要保人如依約支付利息，亦無發生借款本息超過保單價值準備金之可能。僅於要保人未依約支付利息，而借款本息超過保單價值準備金時，保險人始得要求要保人還款，縱無還款期限之約定亦然。惟要保人如未返還時，保險人得否以訴訟請求返還？理論上對於借款似無不許保險人以訴訟請求返還之理。惟依我國保險法第120條第3項、第4項，分就保險人有無通知，設有不同之契約停止效力時點之規定，以及第5項並設有準用第116條第3項至第6項（申請恢復效力、視為同意恢復效力、申請恢復效力之期限不得低於2年、期限屆滿保險人有終止契約之權）之規定觀之，應認具有排除保險人以訴訟請求之效

---

319 鄭玉波，保險法論，193頁；林群弼，保險法論，603頁。

力，亦即保險人不得以訴訟請求保單借款本息之返還。分言之：

1. 保險人已於借款本息超過日之30日前以書面通知要保人返還時

「以保險契約為質之借款，保險人應於借款本息超過保單價值準備金之日之30日前，以書面通知要保人返還借款本息，要保人未於該超過之日前返還者，保險契約之效力自借款本息超過保單價值準備金之日停止。」（保120Ⅲ）

2. 保險人未於借款本息超過日之30日前以書面通知要保人返還時

「保險人未依前項規定為通知時，於保險人以書面通知要保人返還借款本息之日起30日內要保人未返還者，保險契約之效力自該30日之次日起停止。」（保120Ⅳ）

3. 保險法第116條第3項至第6項規定之準用

「前二項停止效力之保險契約，其恢復效力之申請準用第116條第3項至第6項規定。」（保120Ⅴ）準用之結果為：

前二項停止效力之保險契約，於停止效力之日起6個月內清償保險費、保險契約約定之利息及其他費用後，翌日上午零時起，開始恢復其效力。要保人於停止效力之日起6個月後申請恢復效力者，保險人得於要保人申請恢復效力之日起5日內要求要保人提供被保險人之可保證明，除被保險人之危險程度有重大變更已達拒絕承保外，保險人不得拒絕其恢復效力。（準用116Ⅲ）

保險人未於前項規定期限內要求要保人提供可保證明或於收到前項可保證明後15日內不為拒絕者，視為同意恢復效力。（準用116Ⅳ）

保險契約所定申請恢復效力之期限，自停止效力之日起不得低於2年，並不得遲於保險期間之屆滿日。（準用116Ⅴ）

保險人於前項所規定之期限屆滿後，有終止契約之權。（準用116Ⅵ）

除此之外，保險法第117條第2項規定，因係保險法第116條第6項之例外規定，亦應在準用之列，否則將呈現不一致之現象；至於第116條第7項規定，則不在準用之列，蓋因借款本息已超過保單價值準備金，已無返還保單價值準備金之問題也。此與保險法第116條第8項準用之規定，均應作相同之解釋。

（五）被保險人利益之保護

要保人得以其保單價值為質，向保險人借款，固如上述。惟於要保人與被保險人非同一人時，要保人所為之保單借款，猶如將被保險人（生存保險）或其指定之受益人或其繼承人（死亡保險），將來可得之保險金額淘空，必然損及此等人之利益。雖保單價值準備金，屬於保險費一定比率之累積，於保險契約終止時或保險人免責時，原則上應返還於要保人，在理論上得由要保人以保單價值設定權利質權。惟要保人既已繳費為他人訂立人壽保險契約，則於保險契約未終止亦無保險人免責之情況下，要保人對於保單價值，應僅有隱藏性之權利，此時應以保險之目的作為決定保護對象之依據，亦即應以被保險人之利益為思考中心，認為保單價值準備金係為準備將來支付保險金額之用而提存，始為合適。從此角度言，要保人以保單價值貸款之權利，似非想當然之事，而必須受到控制。因此，本書以為，得以保單為質向保險人借款者，應僅限於與被保險人為同一人之要保人，始能兼顧實際。

三、年齡之告知

在人壽保險，被保險人年齡之大小，對於危險之評估及保險費之多寡，影響甚大。故要保人負有將被保險人之真實年齡告知保險人之義務，且為人壽保險之要保人所負據實說明義務（保64）中最重要事項之一。為此，保險法對於要保人違反年齡據實說明義務之效力，於保險法第64條之外，又設有下列規定。分述之：

（一）超過保險年齡之保險契約無效

「被保險人年齡不實，而其真實年齡已超過保險人所定保險年齡限度者，其契約無效，保險人應退還所繳保險費。」（保122 Ⅰ）蓋被保險人之真實年齡已超過保險人所定保險年齡之限度，於據實說明之情形下，本即應予拒保，而無繳納保險費之問題，故規定其契約無效，且應退還所繳保險費也。

本項規定所謂「被保險人年齡不實，而其真實年齡已超過保險人所定保險年齡限度者」，乃不論其係因保險人之故意或過失所造成或因要保人違反年齡據實說明義務所造成，均有本項規定之適用之謂。有疑問者，於因要保人違反年齡據實說明義務所造成之情形下，保險人能否依保險法第64條第2項規定解除契約？本書以為，依保險法第122條第1項規定，其契約既為無效，自無解除契約之問題，應認於此情形，保險法第122條第1項係保險法第64條第2項之特別規定，較為合適。

（二）補繳保險費或減少保險金額

「因被保險人年齡不實，致所付之保險費少於應付數額者，要保人得補繳短繳之保險費或按照所付之保險費與被保險人之真實年齡比例減少保險金額。但保險事故發生後，且年齡不實之錯

誤不可歸責於保險人者，要保人不得要求補繳短繳之保險費。」
（保122 II）分言之：

1. 補繳短繳之保險費

所謂「因被保險人年齡不實，致所付之保險費少於應付數額
者」，係指被保險人年齡以多報少（真實年齡高於投保年齡），
以致少付保險費之情形而言。此情形，於保險事故發生前，或保
險事故發生後，而年齡不實之錯誤係可歸責於保險人者，要保人
得要求補繳短繳之保險費，以維持被保險人真實年齡之保險契約
效力。但保險事故發生後，且年齡不實之錯誤不可歸責於保險人
者，要保人即不得要求補繳短繳之保險費，此時保險人得依本條
中段規定，按照所付之保險費與被保險人之真實年齡比例減少保
險金額，而為理賠。

2. 減少保險金額

因被保險人年齡不實，致所付之保險費少於應付數額者，要
保人得要求或由保險人主動，按照所付之保險費與被保險人之真
實年齡比例減少保險金額。亦即，以被保險人之真實年齡及實際
所付較少之保險費為準，依該種人壽保險之保險費與保險金額之
計算式，計算出其所能投保之較少保險金額，而為理賠。所謂
「比例」減少保險金額，用詞不夠精準，因其未必係依一式之比
例為計算，故不宜拘泥於「比例」二字而為解釋。

本項規定所謂「被保險人年齡不實，致所付之保險費少於應
付數額者」，亦係不論其係因保險人之故意或過失所造成或因要
保人違反年齡據實說明義務所造成，均有本項規定之適用之謂。
有疑問者，於因要保人違反年齡據實說明義務所造成之情形下，
除要保人得依本項規定，要求補繳短繳之保險費或減少保險金額

之外，保險人可否依保險法第64條第2項規定解除保險契約？可能
之解釋有二：其一，認為保險法第122條第2項係關於要保人違反
年齡據實說明義務效力之特別規定，此情形應無保險法第64條第2
項規定之適用，保險人不得解除契約。其二，認為保險法第122條
第2項規定，僅係多賦予要保人二個選擇之權利，並無免除要保人
違反據實說明義務所應負責任之效力。於此情形下，保險人仍得
解除契約。本書以為，於此情形下，要保人之惡性（被保險人年
齡以多報少）較為明顯，若同時具備保險法第64條第2項規定之要
件，保險人非不得斟酌個案具體情形，考量業務政策，決定讓要
保人補繳短繳之保險費或減少保險金額或解除契約，如讓要保人
補繳短繳之保險費或減少保險金額，應不得再為解除契約，以符
誠信[320]。雖因年齡不實與人壽保險之保險事故（生存、死亡）之
發生，可能不具有因果關係，依保險法第64條第2項但書規定，保
險人或許難以解除契約。惟如政策上認為保險法第122條第2項應
設為保險法第64條第2項之特別規定，則宜明定之，以免爭議。

3. 退還溢繳之保險費

「因被保險人年齡不實，致所付之保險費多於應付數額者，
保險人應退還溢繳之保險費。」（保122Ⅲ）亦即，被保險人年齡
以少報多（投保年齡高於真實年齡），致多付保險費，不論係因
要保人違反年齡據實說明義務所造成或因可歸責於保險人之事由
所造成，保險人均應退還要保人溢繳之保險費。於因要保人違反
年齡據實說明義務所造成之情形下，因對保險人並無不利，應認
與保險法第64條第2項規定之要件不合，保險人不能解除契約。亦
即，於此情形，應認為保險法第122條第3項亦屬保險法第64條第2

---

[320] 如為解除契約，則已無讓要保人補繳短繳之保險費或減少保險金額之可能。

項之特別規定。

四、減少保險金額或年金

除保險人依保險法第117條第2項規定得減少保險金額或年金外，要保人亦得停止交付保險費，請求減少保險金額或年金（保118 I 前段）。所謂減少保險金額或年金，俗稱「繳清保險」。至於其減少之方式，依保險法第118條第2項前段規定，為「減少保險金額或年金，應以訂原約時之條件，訂立同類保險契約為計算標準。」惟此項規定，詞不能達意，無法瞭解究應如何為減少。原則上，應係以已繳交之保險費，作為躉繳保險費，投保原人壽保險契約，計算其可得之保險金額或年金。至於細項之條件及具體可減少之數額，則可由保險人訂定，但應載明於保險契約（保118 I 後段）。惟無論如何，「其減少後之金額，不得少於原契約終止時已有之保單價值準備金，減去營業費用，而以之作為保險費一次交付所能得之金額」（保118 II 後段）。營業費用則以原保險金額百分之一為限（保118 III）。

五、要保人破產之效力

「要保人破產時，保險契約訂有受益人者，仍為受益人之利益而存在。」（保123 I 後段）亦即保險契約不因要保人之破產而終止，保險契約如訂有受益人者，仍為受益人之利益而存在；此時應由受益人代為交付保險費（保115）。本段規定僅以「保險契約訂有受益人者」為要件，過於狹隘。蓋要保人破產時，僅保險費之交付發生問題，凡因保險契約受利益之人，例如被保險人、指定受益人、被保險人之繼承人等，均應可接續代為交付保險費，以維持保險契約之效力，不限於指定受益人也。本段宜修正為「要保人破產時，保險契約仍為被保險人、受益人或被保險人

之繼承人之利益而存在。」至於具體為何人，應視情形而定，亦即在生存保險，為被保險人；在死亡保險而有指定受益人者，為指定受益人；未指定受益人者，為被保險人之繼承人。

參、其他方面之效力

一、保險人破產之效力

「保險人破產時，受益人對於保險人得請求之保險金額之債權，以其保單價值準備金按訂約時之保險費率比例計算之。」（保123 I 前段）[321]按保險人破產時，保險契約於破產宣告之日終止（保27前段），此時理應將保單價值準備金返還於應得之人，惟本段卻規定「受益人對於保險人得請求之保險金額之債權」，與保單價值準備金有異，頗似保險契約仍屬有效。可能之解釋，有二：

1.係指保險事故發生後，尚未給付保險金額，而保險人發生破產之情形而言。此時，對於保險人之保險金額債權，原應屬破產債權，而須依破產法之規定分配受償，本段就此規定「以其保單價值準備金按訂約時之保險費率比例計算之」，目的在保護保險金額之請求權人，應認屬破產分配比例之特別規定。

2.係指保險人破產時，雖保險事故尚未發生，但受益人亦得向保險人請求一定之保險金額而言。其數額則「以其保單價值準備金按訂約時之保險費率比例計算之。」

---

[321] 鄭玉波，保險法論，199頁，謂保險法第123條前段規定，乃仿自法國保險契約法第82條之立法例。

　　學者言及之者，大抵採第2種解釋[322]。本書以為，第2種解釋與第1種解釋，在結果上似無差異，蓋第2種解釋，不過將保險人之破產，擬制為保險事故之發生而已，其保險金額債權仍屬破產債權，仍須依破產法之規定分配受償。因此，同樣須以保護保險金額請求權人之理由，而認本段規定屬破產分配比例之特別規定也。基於此，本書認為，不論係「保險人破產時，保險事故尚未發生」或「保險事故已發生，但尚未給付保險金額」，均有本段規定之適用。

　　所謂「保險費率」（rate of premium），乃保險費總額對於保險金額之比率；所謂「訂約時之保險費率」，指該人壽保險契約所用之保險費率；所謂「以其保單價值準備金按訂約時之保險費率比例計算之」，即以該保單之保單價值準備金÷（除以）保單之保險費率之謂。例如投保10年期之人壽保險，保險金額定為100萬元，年繳保費7萬元，10年共繳70萬元，則保險費率為70萬元／100萬元＝70%；設投保至第5年時，保險人破產，當時之保單價值準備金為28萬元（假定為5年保險費總額35萬元之8成），則保險金請求權人所得請求之保險金額為40萬元（即28萬元÷70%＝40萬元）是。[323]

　　尚須說明者，乃第2種解釋將保險人之破產，擬制為保險事故之發生，其擬制之理論為何，仍有待討論；又在人壽保險，享有保險金額請求權者，包括生存保險之被保險人、死亡保險之指定受益人或被保險人之繼承人，並不以指定受益人為限，本段規定

---

[322] 張國鍵，商事法論（保險法），225頁；鄭玉波，保險法論，199頁；林咏榮，新版商事法新詮（下），477～478頁；林群弼，保險法論，612～613頁。

[323] 鄭玉波，保險法論，199頁；張國鍵，商事法論（保險法），225～226頁；林咏榮，新版商事法新詮（下），477頁；林群弼，保險法論，613頁。

僅及於「受益人」，亦有未合。

二、投資型保險契約受益人之權利

「投資型保險契約之投資資產，非各該投資型保險之受益人不得主張，亦不得請求扣押或行使其他權利。」（保123 II）所謂「投資型保險」，指「保險人將要保人所繳保險費，依約定方式扣除保險人各項費用，並依其同意或指定之投資分配方式，置於專設帳簿中，而由要保人承擔全部或部分投資風險之人身保險」（施行細則14）。本項規定為民國90年7月9日修正保險法時新增，目的在加強保障投資型人壽保險契約之「受益人」。惟此所謂「受益人」，亦應解為包括生存保險之被保險人、死亡保險之指定受益人或被保險人之繼承人，並不以指定受益人為限，與保險法第123條第1項規定之受益人同。所謂「投資資產」，指保險費及以保險費投資所得之獲利而言。此項投資資產，專屬於依法對之有請求權之人所有，非請求權人不得對之為請求，亦不得對之為扣押或行使其他權利（例如主張抵銷）。

本項規定，於超過1年之財產保險準用之（保82-1 II）。

三、對於保單價值準備金之優先受償

「人壽保險之要保人、被保險人、受益人，對於被保險人之保單價值準備金，有優先受償之權。」（保124）按保單價值準備金，係為將來支付保險金額而提存，在平時係屬於被保險人（或其指定之受益人或被保險人之繼承人）之利益，在保險人免責或保險契約終止時，則屬於要保人（或特約之被保險人或指定受益人或被保險人之繼承人）之利益，前已言之。基於此，本條乃規定，於要保人、被保險人、受益人（宜包括被保險人之繼承人）

等，對於保險人有債權時，就保單價值準備金，有優先於其他債權人而受償之權。所謂對於保險人有債權，解釋上應以由該人壽保險契約所生之債權為限（主要為保險金額債權）。本條規定，於保險人未破產之情形，有其適用，固無問題，即於保險人破產之情形，亦有其適用（破產112）。

最後，須再一提者，乃依保險法第82-1條第2項規定：「第123條及第124條之規定，於超過1年之財產保險準用之。」乃因儲蓄性財產保險，要保人繳納保險費達1年以上者，依規定亦須提存責任準備金，性質與人壽保險之保單價值準備金相似，為保障其責任準備金應得之人之權利，爰規定準用第123條及第124條之規定。事實上，僅第123條第1項前段及第124條有關保單價值準備金之規定，得準用之；第123條第1項後段（要保人破產之效力）及第123條第2項（投資型保險契約受益人權利）之規定，並不在準用之列。至於本項準用規定，在立法體例上之問題，本書前於第四章第一節火災保險中已述之。

第二節　健康保險

第一項　總說

壹、健康保險之意義

健康保險（health insurance; sickness insurance），乃「健康保險人於被保險人疾病、分娩及其所致失能或死亡時，負給付保險金額之責」之一種人身保險也（保125 I）。健康保險之標的，為人身之健康，故為人身保險之一種。又健康保險以疾病、分娩及因疾病或分娩所致之失能或死亡，為保險事故，具有綜合保險

之性質，與人壽保險僅以生存或死亡為保險事故者，有所不同。

所謂「疾病」（sickness），指由人體內部生理機能之毀敗，所引起之精神上或肉體上之病症。所謂人體內部生理機能之毀敗，通常係由外來因素造成，例如因感情受創而精神分裂、因事業失敗而躁鬱、坐姿不良致脊椎側彎、受風寒而感冒、被傳染而得豬流感、因環境污染而得肺癌、因重油重鹽致心肌梗塞等是。雖非外來因素造成，而因老化所致之機能毀敗，如已有病症發生，例如因年老得白內障而失明、退化性關節炎等，仍屬健康保險之疾病。惟如僅係一般機能退化或衰弱，則不屬之。此外，機能之毀敗，須係後天發生者始足當之，先天性之疾病，例如先天殘障、耳聾、眼盲等，不屬健康保險之範圍。

所謂「分娩」（childbirth; parturition），原係指胎兒脫離母體之過程而言，俗稱生產。惟健康保險之所謂分娩，係指因懷胎至生產過程，所致被保險人身體健康狀態之失常而需醫療者而言。例如各項產檢、保胎、預防疾病、非故意墮胎所致流產、生產、死產、初生嬰兒所需之醫療及照護等是。

所謂「因疾病或分娩所致之失能或死亡」，指與疾病或分娩具有因果關係之失能或死亡而言。包括因疾病所致之失能，例如因糖尿病而截肢或失明；因疾病所致之死亡，例如因肺癌而死亡；因分娩所致之失能，例如生產過程母體缺氧而成植物人；因分娩所致之死亡，例如母體因胎兒難產而死亡是。失能之內容，依各保險契約之約定。（保125Ⅱ）

貳、健康保險之起源

健康保險之保險事故，如與被保險人之職業有直接或間接關係時，性質上應屬於社會保險之範圍。因此，最初在歐洲及日本

均以之為社會保險之一種。例如1883年德國所創立之「疾病保險」（Krankenversicherung）、1912年英國所實施之「國民健康保險法」（National Health Insurance Law）、1922年（大正11年）日本所頒布之「健康保險法」（1927年1月1日施行）、1930年法國所舉辦之「疾病、生育、殘廢、老年及死亡等綜合性保險」等，均列入社會保險之範圍，而於其保險契約法或商法之保險篇中，則均無有關健康保險之規定。惟在美國，向來均將「傷亡與健康保險」（accident and health insurance）列為「意外保險」（casualty insurance）之一種，很多保險單都將傷亡與健康合併在一起（many policies combine accident and health insurance）。而有關疾病之補助，通常多由健康保險之互助組織提供給付（sick benefits are frequently paid by fraternal orders under an arrangement that amounts to health insurance）。我國保險法早期採大陸法系國家之立法例，未設健康保險之規定，民國52年8月20日修正保險法時，則採行美國立法例，增列健康保險於第四章（人身保險）第二節中。[324]

參、健康保險之種類

以保險事故作為區別標準，健康保險可分為下列二種：

一、疾病保險

疾病保險（sickness insurance），乃於被保險人疾病及其所致失能或死亡時，由保險人負給付保險金額責任之保險也。疾病保險給付之範圍，通常以該疾病或失能之醫療直接有關或因死亡之支出為限，例如醫藥費、住院費、手術費、殯葬費等是，具體之

---

[324] 林咏榮，新版商事法新詮（下），479頁。

項目，可由當事人訂定。至於被保險人因疾病或失能而喪失或減少勞動能力或增加生活上之需要之損害，雖亦可併入疾病保險一起承保，但其已屬財產保險或社會保險之性質，非疾病保險之固有範圍[325]。

二、生育保險

生育保險（maternity insurance），乃於被保險人分娩及其所致失能或死亡時，由保險人負給付保險金額責任之保險也。生育保險給付之範圍，通常包括懷胎至生產過程所需之醫療支出。例如各項產檢、保胎、預防疾病、非故意墮胎所致流產、生產、死產、初生嬰兒所需之醫療及照護等費用是。

第二項　健康保險契約之訂立

壹、當事人及關係人

健康保險契約，通常由被保險人自己要保而訂立，但由別人要保，為被保險人之利益而訂立，亦屬平常。保險事故發生時，保險人應將保險金額給付於被保險人，無指定受益人之問題。惟於所致死亡之部分，得由被保險人指定受益人，自不待言。

「健康保險契約，得由本人或第三人訂立之。」（保130準用104）「由第三人訂立之健康保險（按指死亡部分），未經被保險人書面同意，並約定保險金額，其契約無效。」「被保險人依前項所為之同意，得隨時撤銷之。其撤銷之方式，應以書面通知保險人及要保人。」「被保險人依前項規定行駛撤銷權者，視為要保人中指保險契約。」（保130準用105）有關此二條規定內容之

---

[325]　鄭玉波，保險法論，201頁。

說明及其評論，詳見本章第一節第二項「人壽保險契約之訂立」所述。

貳、健康檢查

「保險人於訂立保險契約前，對於被保險人得施以健康檢查。」（保126 I）「前項檢查費用，由保險人負擔。」（保126 II）目的在瞭解被保險人之健康狀況及是否已有疾病或懷孕，作為是否承保及承保範圍之參考；檢查費用由保險人負擔，乃因健康檢查係健康保險承保前之重要程序，應屬於健康保險人之業務費用也。又是否對於被保險人施以健康檢查，保險人有決定之權，並非對於每位被保險人均須施以健康檢查，通常對於達一定年齡以上（例如50歲上）或在一定期間（例如2年內）投保金額累積達一定額度以上（例如200萬元以上）或曾罹患一定疾病（特別是曾住院或手術）之被保險人，始施以健康檢查。

參、特別記載事項

健康保險契約之必要記載事項，因被保險人與要保人是否為同一人而不同，如為同一人，僅須記載第55條所定之事項，惟如「被保險人不與要保人為同一人時，保險契約除載明第55條規定事項外，並應載明下列事項：一、被保險人之姓名、年齡及住所。二、被保險人與要保人之關係。」（保129）是為健康保險契約之特別記載事項。第1款規定，與第108條第1款所定人壽保險契約特別記載事項之規定，意旨相同，但少了「性別」一語；而第2款規定，則為第108條規定所無。未見其不同之原因為何。

第三項　健康保險契約之效力

壹、對於保險人之效力

一、保險金額之給付

　　健康保險於被保險人疾病、分娩及其所致失能或死亡時，應負給付保險金額之責（保125）。保險金額應給付於被保險人，但於死亡部分，被保險人有指定受益人者，應給付於受益人，未指定受益人者，應作為被保險人之遺產。

　　須說明者，乃依保險法第130條準用第102條規定：「健康保險之保險金額，依保險契約之所定。」顯係將健康保險歸類於「定額保險」之列，此依「人身無價」之理論觀之，固為無誤。惟事實上，疾病或分娩本身在人身上之價值，難以衡量，因此僅重大疾病之「慰問金」及「日額型住院費」屬於「人身」補償之性質外，其餘均為醫療等費用支出之填補（依支出憑證所載金額為給付），致使健康保險之「損害保險」性質，遠超過「定額保險」性質，此乃民國96年7月18日修正保險法第138條第1項但書，開放財產保險業得經主管機關核准經營健康保險之真正理由也。

二、法定免責事由

　　於下列情形下，健康保險人不負給付保險金額之責：

（一）訂約時被保險人已有之疾病或妊娠

　　「保險契約訂立時，被保險人已在疾病或妊娠情況中者，保險人對於是項疾病或分娩，不負給付保險金額之責任。」（保127）所謂保險契約訂立時，應係指保險人開始承擔危險時，亦即保險契約生效時而言。於此時點之前，被保險人已在疾病或妊娠（懷孕）情況中，則保險人對於該項疾病或分娩，不負給付保險

金額之責，僅對於其後所生之疾病或分娩負保險責任。立法理由，應係在防止被保險人發現已罹惡疾或懷孕情況不良後，臨時投保以巧取保險給付，且既已發病或懷孕，即非屬不可預料之事故，故保險人對之無庸負責也。本條規定，不論保險人對於該位被保險人有無施以健康檢查，以及施以健康檢查時有無發現，均有其適用。亦即保險契約生效時，被保險人是否已在疾病或妊娠情況中，應以客觀情形為準。

有疑問者，乃因上述保險人免責之疾病或分娩所致之失能或死亡，保險人須否負責？法無明文。本書以為，從理論上言，疾病或分娩未必致失能或死亡，非無不可預料性，且依保險法第127條規定未及於「及其所致失能或死亡」之情形，與第125條、第128條規定之型態比較觀之，應認屬有意省略，答案應為肯定。惟若干疾病本身具有相當高之失能或死亡可能性，例如糖尿病之截肢或失明、癌症之死亡，其失能或死亡幾已成為該項疾病之一部分，答案似又為否定。因此，當事人宜於保險契約中，就保險人對此類疾病免責時，對其所致之失能或死亡是否免責，加以明定，以免爭議。

（二）被保險人故意自殺或墮胎所致之疾病、失能、流產或死亡

「被保險人故意自殺或墮胎所致疾病、失能、流產或死亡，保險人不負給付保險金額之責。」（保128）蓋因被保險人故意自殺或墮胎，為故意傷害健康之行為，不具有不可預料性，其因而發生之疾病、失能、流產或死亡，不應由健康保險人負責也。本條規定可分為二：

1.被保險人故意自殺所致疾病、失能、流產或死亡，保險人不負給付保險金額之責。例如服農藥自殺未遂致胃穿孔、跳樓自

殺不果而成植物人、孕婦服安眠藥自殺未死但胎兒流產、自殺成
功而亡等是。

2.被保險人故意墮胎所致疾病、失能、流產或死亡，保險人
不負給付保險金額之責。例如因故意墮胎不慎所造成之子宮穿
孔、子宮切除、故意墮胎之流產、甚至死亡是。所謂「故意墮
胎」，指非因母體疾病醫療必要而施行手術之墮胎而言。如係醫
療上必要之墮胎，保險人仍應負給付保險金額之責。

三、代位之禁止

健康保險之保險人，不得代位行使被保險人因保險事故所生
對於第三人之請求權（保130準用103）。此亦係基於人身無價之
理論，所為之準用規定。雖屬於損害保險性質之醫療費用等，保
險人已為填補賠償後，仍無代位請求權。例如被保險人緊臨化學
工廠而居，因水污染而得烏腳病，則保險人於給付保險金額於被
保險人後，不得代位向化學工廠請求損害賠償，而被保險人則仍
得向化學工廠求償是。

貳、對於要保人之效力

一、保險費之交付

健康保險之要保人負有交付保險費之義務，自不待言。「利
害關係人，均得代要保人交付保險費。」（保130準用115）

健康保險之要保人不交付保險費時，應準用保險法第116條之
規定辦理（保130準用116）。有關第116條規定之說明，已見前
述，不再多言。有疑問者，乃要保人不交付保險費時，保險人得
否以訴訟請求交付？因保險法第130條僅設有準用第116條之規
定，未及於第117條（第1項）之準用，故學者有認為：「保險人

對於保險費之欠交，得以訴訟請求，此與人壽保險異（保130不準用117）。」者[326]。果如此，則要保人不交付保險費時，保險人得選擇以訴訟請求交付，或依保險法第116條規定辦理。雖第116條係相應第117條第1項「不得以訴訟請求交付」所為之配套規定，於健康保險僅準用第116條規定，而不準用第117條第1項規定，似有未洽。惟按健康保險之儲蓄性遠較人壽保險為低，且多半為損害填補之保險，保險費相對較少，此或係保險法第130條未規定準用第117條第1項規定之理由也。

二、年齡不實之效力

關於健康保險之被保險人年齡不實（不論係因保險人之故意或過失所造成或因要保人違反年齡據實說明義務所造成）所生之效力，依保險法第130條規定，準用保險法第122條之規定，情形如下：

「被保險人年齡不實，而其真實年齡已超過保險人所定保險年齡之限度者，其契約無效，保險人應退還所繳保險費。」（保130準用122 I ）

「因被保險人年齡不實，致所付之保險費少於應付數額者，要保人得補繳短繳之保險費或按照所付之保險費與被保險人之真實年齡比例減少保險金額。但保險事故發生後，且年齡不實之錯誤不可歸責於保險人者，要保人不得要求補繳短繳之保險費。」（保130準用122 II ）

「因被保險人年齡不實，致所付之保險費多於應付數額者，保險人應退還溢繳之保險費。」（保130準用122 III ）

---

[326] 林咏榮，新版商事法新詮（下），482頁；林群弼，保險法論，622頁同。

有關上開保險法第122條規定內容之說明，詳見本章第一節第三項「人壽保險契約之效力」，貳、「對於要保人之效力」，三、「年齡之告知」所述。

三、要保人破產之效力

「要保人破產時，保險契約仍為被保險人、受益人或被保險人之繼承人之利益而存在。」（保130準用123 I 後段）至於具體為何人，應視情形而定，亦即原則上為被保險人；在致死亡部分，如有指定受益人者，為指定受益人，未指定受益人者，為被保險人之繼承人。

參、其他方面之效力

一、保險人破產之效力

保險人破產時，被保險人或受益人對於保險人得請求之保險金額之債權，以其保單價值準備金按訂約時之保險費率比例計算之。（保130準用123 I 前段）

二、投資型保險契約受益人之權利

投資型保險契約之投資資產，非各該投資型保險之被保險人或受益人不得主張，亦不得請求扣押或行使其他權利。（保130準用123 II）

三、對於保單價值準備金之優先受償

健康保險之要保人、被保險人、受益人，對於被保險人之保單價值準備金，有優先受償之權。（保130準用124）

有關上開保險法第123條及第124條規定內容之說明，詳見本

章第一節第三項「人壽保險契約之效力」，參、「其他方面之效力」所述。

第三節　傷害保險

第一項　總說

壹、傷害保險之意義

傷害保險（personal accident insurance），乃「傷害保險人於被保險人遭受意外傷害及其所致失能或死亡時，負給付保險金額之責」之一種人身保險也（保131 I）。傷害保險之標的，為人身之傷害，自為人身保險之一種。

「意外傷害」者，身體意外受侵害而造成損傷之情形也。例如因車禍而手臂骨折、被高樓墜落之物體砸傷身體、因天雨路滑跌倒而頭破血流等是。侵害來自於被保險人、他人、自然界，均無不可。但來自被保險人者，須非出於被保險人之故意自我傷害或自願受傷害，亦即須因被保險人之過失所致，始足當之。自然界之侵害、他人之侵害及被保險人過失所致之身體損傷，對被保險人而言，均係屬不可預料性質，亦即均屬意外，因此傷害保險又稱為「意外傷害保險」或「意外保險」。傷害係對人體一時性之損傷，疾病則係人體機能之毀敗。疾病須有較長之形成時期，即於細菌傳染而得病或受風寒而感冒之情形，看似快速，亦有一定之成病過程，非立時成疾，傷害則係由外在突發事故一時造成，此為疾病與傷害之最大不同所在。保險法第131條第2項規定：「前項意外傷害，指非由疾病引起之外來突發事故所致者。」即此理由。惟如傷及機能而不能復原時，於傷痛治療後，

常有醞釀成疾病者，例如腎臟受傷雖經治療但未能完全康復而須長期洗腎，此時亦可屬健康保險之範圍。

傷害保險之保險事故除「意外傷害」外，尚有「意外傷害所致失能或死亡」，包括「意外傷害所致失能」及「意外傷害所致死亡」。前者，例如因車禍腿部骨折未癒而截肢、因跌倒脊椎受傷而下身癱瘓是；後者，例如因被亂棍傷及內臟出血過多而死、頭部被流彈擊中救治無效而亡是。只須失能或死亡與意外傷害具有因果關係，時間間隔之久暫並非所問，即一般所稱「立即昏迷不醒成植物人」、「被火車當場輾斷大腿」、「當場立即死亡」或「一槍斃命」等情形，亦均屬之。但實務上常以意外傷害後6個月內發生之失能或死亡，始認為具有因果關係[327]，雖未必符合實情，但不失為一項標準。失能之內容，依各保險契約之約定。（保135準用125 II）

傷害保險之死亡與人壽保險之死亡不同，人壽保險之死亡不須以有傷害或其他原因為前提，傷害保險之死亡則須為傷害之結果[328]。申言之，傷害致死，可為傷害保險之保險事故，亦可為人壽保險之保險事故。但非傷害致死（例如心臟衰竭而亡），則僅能為人壽保險之保險事故，不得為傷害保險之保險事故。

貳、傷害保險之種類

傷害保險，通常分為下列三種：

一、一般傷害保險

一般傷害保險（general accident insurance），亦稱普通傷害

---

327 劉宗榮，新保險法，509頁。
328 鄭玉波，保險法論，206頁。

保險，乃以被保險人在日常生活中可能遭受之一般傷害，作為保險事故之保險也。所謂日常生活之一般傷害，例如沸水燙傷、騎車撞傷、走路跌傷、滑倒摔傷、電火灼傷等是[329]。

二、旅行傷害保險

旅行傷害保險（travel accident insurance），乃以被保險人在旅行途中可能遭受之意外傷害，作為保險事故之保險也。所謂旅行途中之意外傷害，例如車輛翻覆、火車出軌、船舶觸礁、飛機失事等所致之傷害是。旅行傷害保險契約，通常由旅客自由訂立，但依我國海商法第81條規定，在實施意外保險之特定航線及區域，旅客均應投保意外險，則屬強制性旅行傷害保險。

三、職業傷害保險

職業傷害保險（occupation accident insurance），乃以從事某種職業之人於執行職務時遭受之傷害，作為保險事故之保險也。所謂執行職務時遭受之傷害，例如建築工人被倒塌之鷹架壓斷雙腿、肉品工廠作業員被絞肉機絞斷手指等傷害是。

上開傷害保險之被保險人，均可為個人，亦可為團體。為個人者，稱為個人傷害保險（individual personal accident insurance）；為團體者，稱為團體傷害保險（group personal accident insurance）。併予敘明。

---

[329] 林咏榮，新版商事法新詮（下），484；鄭玉波，保險法論，206頁。

第二項　傷害保險契約之訂立

壹、當事人及關係人

傷害保險契約，與健康保險契約同，通常亦由被保險人自己要保而訂立，其由別人要保，為被保險人之利益而訂立，亦屬平常。保險事故發生時，保險人應將保險金額給付於被保險人，無指定受益人之問題。惟於所致死亡之部分，則得由被保險人指定受益人。

「傷害保險契約，得由本人或第三人訂立之。」（保135準用104）又「由第三人訂立之傷害保險契約（按指死亡部分），未經被保險人書面同意，並約定保險金額，其契約無效。」「被保險人依前項所為之同意，得隨時撤銷之。其撤銷之方式應以書面通知保險人及要保人。」「被保險人依前項規定行使撤銷權者，視為要保人終止保險契約。」（保135準用105）[330]此與健康保險準用情形同。

惟保險法就傷害保險之被保險人及受益人，設有準用人壽保險之規定，為健康保險所無。列之如下：

（一）關於被保險人之準用

1.以未滿15歲之未成年人為被保險人時　「以未滿15歲之未成年人為被保險人訂立之傷害保險契約，除喪葬費用之給付外，其因傷害所致死亡之給付約定於被保險人滿15歲之日起發生效力。」「前項喪葬費用之保險金額，不得超過遺產及贈與稅法第17條有關遺產稅喪葬費扣除額之一半。」「前二項於其他法律另

330　有關此二條規定之說明及其評論，亦請見本章第一節第二項「人壽保險契約之訂立」所述。

有規定者，從其規定。」（保135準用107）

2.以受監護尚未撤銷者為被保險人時　「訂立傷害保險契約時，以受監護尚未撤銷者為被保險人，除喪葬費用之給付外，其餘因傷害所致死亡之給付部分無效。」「前項喪葬費用之保險金額，不得超過遺產及贈與稅法第17條有關遺產稅喪葬費扣除額之一半。」「前二項規定於其他法律另有規定者，從其推定。」（保135準用107-1）

（二）關於受益人之準用

保險法第110條至第114條，關於人壽保險受益人之規定，於傷害保險準用之。亦即：

1.受益人之指定　「傷害保險之被保險人**就死亡給付部分**得通知保險人，以保險金額之全部或一部，給付其所指定之受益人1人或數人。」「前項指定之受益人，以於被保險人死亡時生存者為限。」（保135準用110）

2.受益人之變更　「受益人經指定後，被保險人對其保險契約之利益，除聲明放棄處分權者外，仍得以契約或遺囑處分之。」「被保險人行使前項處分權，非經通知，不得對抗保險人。」（保135準用111）

3.受益人之權利　「傷害保險約定於被保險人死亡時給付保險金額於其所指定之受益人者，其金額不得作為被保險人之遺產。」（保135準用112）

4.未指定受益人　「傷害保險之死亡給付部分未指定受益人者，其保險金額作為被保險人之遺產。」（保135準用113）

5.受益權之轉讓　「傷害保險死亡給付之受益人非經被保險人

之同意，不得將其利益轉讓於他人。」（保135準用114）

有關上開保險法第107條、第107-1條、第110條至第114條規定內容之說明及評論，詳見本章第一節第二項「人壽保險契約之訂立」所述。

貳、特別記載事項

依保險法第132條規定，傷害保險契約，除記載第55條規定事項外，並應載明下列事項：

一、被保險人之姓名、年齡、住所及與要保人之關係。

二、受益人之姓名及與被保險人之關係或確定受益人之方法。

三、請求保險金額之事故及時期。

第三項　傷害保險契約之效力

壹、對於保險人之效力

一、保險金額之給付

傷害保險人於被保險人遭受意外傷害及其所致失能或死亡時，負給付保險金額之責。（保131）其保險金額，亦應依保險契約之所定（保135準用102）。通常在傷害部分係非定額（即實支實付），在死亡部分則為定額。保險金額應給付於被保險人，但於死亡部分，被保險人有指定受益人者，應給付於受益人，未指定受益人者，應作為被保險人之遺產。

二、法定免責事由

（一）被保險人故意自殺或因犯罪行為所致傷害、失能或死亡

「被保險人故意自殺，或因犯罪行為，所致傷害、殘廢或死

亡，保險人不負給付保險金額之責任。」（保133）蓋故意自殺並不屬於不可預料之事故，被保險人故意自殺所致傷害、失能或死亡，自不屬保險範圍。故意自殺所致傷害、失能或死亡，例如跳樓自殺未死而斷腿、喝毒藥自殺未死而失明、臥軌自殺而身亡等是。其次，犯罪行為如係出於故意者，不屬保險範圍，不待言；縱係出於過失（例如過失致人於死），仍係違反社會秩序而為法所不許之行為，對其所致傷害、失能或死亡，若給予理賠，形同鼓勵不法，其非妥當不言可喻，故均應予排除在保險範圍之外。因犯罪行為所致傷害、失能或死亡，例如搶奪他人財物時被毆傷、高樓行竊不慎落地致下身癱瘓、殺人不成反被擊斃等是。

（二）受益人故意傷害被保險人

「受益人故意傷害被保險人者，無請求保險金額之權。」「受益人故意傷害被保險人未遂時，被保險人[331]得撤銷其受益權。」（保134）學者一般均將本條規定，列為「保險人免責事由」之一[332]。惟本書以為，本條規定似有未合。蓋第1項明顯係針對非死亡部分之受益人所為之規定，果如此，則勢必導致於被保險人受傷（保險事故發生）後，遭受損害而無法請求賠償，卻由未受傷之受益人取得保險金額之謬誤現象，其與保險目的悖離，不言可喻。且於受益人無請求保險金額之權時，除證明被保險人與受益人通謀傷害自己（少有可能）外，保險人似仍應對被保險人負給付保險金額之責，並非即可免責也。實則，傷害保險應僅其死亡部分，得由被保險人指定受益人，於此情形下，如**受益人**

---

331 本條規定不合之處，姑且不論，此「被保險人」得撤銷其受益權利之規定，係屬正確。

332 張國鍵，商事法論（保險法），238頁；鄭玉波，保險法論，209～210頁；梁宇賢，保險法新論，345頁；林群弼，保險法論，636頁。

故意傷害被保險人致死或未致死者，應使其喪失受益權；如因該受益人喪失受益權，致無受益人受領保險金額時，應作為被保險人之遺產（保113），始為當然。是本條規定似宜刪除，改於第135條加入準用第121條第1項及第2項規定，始為正辦。

三、代位之禁止

傷害保險之保險人，不得代位行使被保險人因保險事故所生對於第三人之請求權。（保135準用103）此亦係基於人身無價之理論，所為之準用規定。雖屬於損害保險性質之醫療費用等，保險人已為填補賠償後，仍無代位請求權。例如被保險人被甲開車撞傷之情形，保險人於給付保險金額於被保險人後，不得代位向甲請求損害賠償，而被保險人則仍得向甲求償是。

貳、對於要保人之效力

一、保險費之交付

傷害保險之要保人負有交付保險費之義務，自不待言。利害關係人，亦得代要保人交付保險費（保135準用115）。

傷害保險之要保人不交付保險費時，應準用保險法第116條之規定辦理（保135準用116）。有關第116條規定內容之說明，已見前述，不再重複。因保險法第135條僅設有準用第116條之規定，未及於第117條（第1項）之準用，故應解為，要保人不交付保險費時，保險人得以訴訟請求交付。亦即保險人得選擇以訴訟請求交付，或依保險法第116條規定辦理。此與健康保險同。

二、要保人破產之效力

要保人破產時，保險契約仍為被保險人、受益人或被保險人

之繼承人之利益而存在。（保135準用123 I 後段）至於具體為何人，應視情形而定，亦即原則上為被保險人；在致死亡部分，如有指定受益人者，為指定受益人，未指定受益人者，為被保險人之繼承人。

參、其他方面之效力

一、保險人破產之效力

保險人破產時，被保險人或受益人對於保險人得請求之保險金額之債權，以其保單價值準備金按訂約時之保險費率比例計算之。（保135準用123 I 前段）

二、投資型保險契約受益人之權利

投資型保險契約之投資資產，非各該投資型保險之被保險人或受益人不得主張，亦不得請求扣押或行使其他權利。（保135準用123 II）

三、對於保單價值準備金之優先受償

健康保險之要保人、被保險人、受益人，對於被保險人之保單價值準備金，有優先受償之權。（保135準用124）

有關上開保險法第123條及第124條規定內容之說明，亦詳見本章第一節第三項「人壽保險契約之效力」，參、「其他方面之效力」所述。

第四節　年金保險

壹、年金保險之意義

年金保險（annuity insurance; installment insurancc），乃「年金保險人於被保險人生存期間或特定期間內，依照契約負一次或分期給付一定金額之責」之一種人身保險也。（保135-1）年金保險之標的，為人身生存之期間（終身或特定期間），自為人身保險之一種。

年金保險係年輕繳費老來領款之保險制度，其分期給付之特性，適合作為養老金、子女教育費，或企業機構為員工準備退休金之用，有助於安定社會，先進國家早已盛行。因終身年金保險本質上屬人壽保險中生存保險之一種，且我國保險法有關條文亦有將保險金額與年金並列而為規定者（例如保117 II 、118 I II ），故我國各種人壽保險契約中，亦早有年金保險之內容。迨民國81年2月26日修正保險法時，為促進年金保險之發展，乃將年金保險獨立於人壽保險之外，於第四章增訂第四節「年金保險」，相沿至今。

貳、年金保險之種類

年金保險之內容，可有各種變化，種類甚多，其中主要種類如下：

一、終身年金保險與定期年金保險

以被保險人之終身（即生存期間）為期，分期給付一定金額者，稱為「終身年金保險」（whole life annuity），乃生存保險之性質；以特定期間（例如20年、30年）為期，分期給付一定金額

者，稱為「定期年金保險」（temporary annuity），其給付期間延至被保險人死亡以後之部分，得由被保險人指定受益人。

二、分期年金保險與一次年金保險

所謂「年金」，原係以每年給付一次而得名，惟當事人對於每期間隔之長短，得另為訂定，例如約定每半年、2年、3年、5年或其他間隔時間給付一次，是為「分期年金保險契約」；亦得約定為一次總付，是為「一次年金保險契約」，一次總付之時期，得約定為繳費期滿時或滿一定歲數時（例如滿75歲）。

三、即期年金保險與延期年金保險

前項分期年金，有自契約成立之年度起開始給付者，稱為「即期年金保險」；亦有自契約成立後若干年後開始給付者，稱為「延期年金保險」。

四、定額年金保險與變額年金保險

年金額度維持確定不變者，稱為「定額年金保險」，又稱「確定年金保險」；年金額度可依一定之計算標準而變動者，稱為「變額年金保險」。變額年金保險，又有「遞增年金保險」與「遞減年金保險」之分。

我國保險法第135-1條所為年金保險之定義規定，除包括「終身年金保險」、「定期年金保險」及「一次年金保險」、「分期年金保險」外，亦可兼含即期年金保險、延期年金保險，及定額年金保險、變額年金保險之內容，且於不違反法律及年金保險之性質範圍內，尚可為其他變化。

參、特別記載事項

依保險法第135-2條規定，年金保險契約，除記載第55條規定事項外，並應載明下列事項：

一、被保險人之姓名、性別、年齡及住所。

二、年金金額或確定年金金額之方法。

三、受益人之姓名及與被保險人之關係。

四、請求年金之期間、日期及給付方法。

五、依第118條規定，有減少年金之條件者，其條件。

第2款後段所稱「確定年金金額之方法」，係指變額年金保險之年金金額計算方法而言。第3款所稱之受益人，係指定期年金保險契約之年金給付期間，約定延至被保險人死亡以後，而由被保險人就死亡以後之年金所指定之受益人而言，詳如下述。第4款所稱「請求年金之期間」，係指每期之間隔期間而言（例如每2年給付一次）。第5款所稱「減少年金之條件」，係指改為繳清保險（年金減少）之有關規定而言，詳見前述關於保險法第118條規定之說明。

肆、受益人之特別規定

保險法於年金保險之受益人，設有特別規定如下：

（一）「受益人於被保險人生存期間為被保險人本人。」（保135-3 I）其立法理由謂：「年金保險在保障被保險人生存期間之生活費用，第1項爰規定受益人在被保險人生存期間為被保險人本人。」事實上，本項規定並無必要。蓋被保險人本即係保險保障之對象，年金保險亦不例外，於被保險人生存期間本即應將年金給付於被保險人，別無指定受益人之問題，規定以被保險人為受益人，既無必要且易令人產生年金保險之被保險人須本於受

益人身分始可領取年金之誤解，實為不妥。

　　（二）「保險契約載有於被保險人死亡後給付年金者，其受益人準用第110條至第113條規定。」（保135-3Ⅱ）所謂「保險契約載有於被保險人死亡後給付年金者」，係指定期年金保險契約之年金給付期間，約定延至被保險人死亡以後者而言。此時，僅該屬於被保險人死亡以後之期間，得由被保險人指定受益人。惟此項於被保險人死亡後給付年金之約定，係將年金給付「期間」延至被保險人死亡以後之期間，與以被保險人之死亡為「條件」之給付者不同，不得謂此情形屬於死亡保險之性質，須注意之。至於受益人之指定，則準用第110條至113條之規定。亦即：

　　1.**受益人之指定**　「被保險人得通知保險人，以**其死亡後**年金之全部或一部，給付其所指定之受益人一人或數人。」「前項指定之受益人，**以於每期請求年金時生存者**為限。」（保135-3Ⅱ準用110）第2項之準用，所以「以於每期請求年金時生存者為限」，而非「以於被保險人死亡時生存者為限」，乃因認為每期之年金請求權係屬個別獨立，性質與一般保險金額請求權係屬一體者不同（縱於分期給付之情形，亦係屬一筆金額債權之分次給付），故應以每期請求年金時生存者為限，受益人死亡後始到期之年金，應依未指定受益人之規定處理（保135-3Ⅱ準用113）。

　　2.**受益人之變更**　「受益人經指定後，被保險人對於其保險契約之利益，除聲明放棄處分權者外，仍得以契約或遺囑處分之。」「被保險人行使前項處分權，非經通知，不得對抗保險人。」（保135-3Ⅱ準用111）

　　3.**受益人之權利**　「年金約定於被保險人死亡後給付於其所指定之受益人者，其金額不得作為被保險人之遺產。」（保135-3Ⅱ

準用112）

4.未指定受益人 「被保險人死亡後給付之年金未指定受益人者，作為被保險人之遺產。」（保135-3 II 準用113）

有關上開保險法第110條至第113條規定內容之說明及評論，詳見本章第一節第二項「人壽保險契約之訂立」中所述。

伍、其他人壽保險規定之準用

保險法第135-4條規定：「第103條、第104條、第106條、第114條至第124條規定，於年金保險準用之。但於年金給付期間，要保人不得終止契約或以保險契約為質，向保險人借款。」具體準用情形，列述如下：

1.代位之禁止 「年金保險之保險人，不得代位行使要保人或受益人因保險事故所生對於第三人之請求權。」（保135-4準用103）本條規定之準用似無必要，蓋年金保險係於被保險人生存期間或特定期間內，依照契約一次或分期給付一定金額之保險，並非以被保險人之受有損害為給付年金之要件，亦即年金保險並非以被保險人之受傷害或死亡為保險事故，死亡亦僅是年金支付對象改變之時點，是縱有第三人對被保險人為傷害或致其死亡，被保險人（及被保險人死亡時依法對於加害人得請求金錢上或精神上損害賠償之人）因該事故所生對於第三人之請求權（民192～195），亦與保險人之給付年金無關，本即不生代位行使之問題，規定準用代位禁止之規定，似屬多餘。縱認本條僅係注意規定性質，似亦僅被保險人或其繼承人之情形有提醒注意之必要，而準用為「年金保險之保險人，不得代位行使被保險人或其繼承人因保險事故所生對於第三人之請求權。」事實上亦非必要。

2.**訂立契約之人**　「年金保險契約，得由本人或第三人訂立之。」（保135-4準用104）此為當然。所謂由本人訂立，即被保險人自己要保而訂立；所謂由第三人訂立，即由被保險人以外之人要保，為被保險人之利益而訂立。要保人如擬由他人領取年金，須以該他人為年金保險之被保險人；或以自己為被保險人而訂立「定期年金保險契約」，並約定於其死亡後給付年金，同時指定該他人為其死亡後年金之受益人等二種方式為之。

3.**契約權利移轉或出質之限制**　「由第三人訂立之年金保險契約，其權利之移轉或出質，非經被保險人以書面承認者，不生效力。」（保135-4準用106）其中「出質」部分，保險法第135-4條但書設有「但於年金給付期間，要保人不得…或以保險契約為質，向保險人借款」之限制規定[333]。所謂「年金給付期間」，應係指開始給付年金時起至年金給付完畢時止之期間而言，蓋於年金給付完畢後，保險契約之效力已消滅也。因此，要保人仍得「於年金開始給付前向保險人質押借款」。又因所謂「出質」並不以向保險人質押借款為限，故解釋上，要保人仍得隨時為其他出質行為。故結果為：由第三人訂立之年金保險契約，要保人如擬將保險契約上之權利「移轉」或「為向保險人質押借款以外之出質行為」或「於年金開始給付前向保險人質押借款」，須取得被保險人之書面承認，始能生效。

4.**受益權之轉讓**　「受益人非經被保險人之同意，或保險契約

---

[333] 保險法第135-4條但書之立法理由謂：「在年金給付期間如准許終止契約或保單貸款，其影響有三：一、使保險人成本提高，結果將反映於保費，這對其他大多數保戶而言，顯不符合公平合理負擔原則。二、逆選擇結果，扭曲精算成本與給付間之關係而造成入不敷出，亦可能影響保險人對年金之給付能力，影響保戶權益。三、因此，為整體年金保險財務穩健，年金給付期間不宜準用第119條及第120條之規定，以利未來年金保險業務之推展。」

載明允許轉讓者，不得將其利益轉讓他人。」（保135-4準用114）亦即，「定期年金保險契約」約定於被保險人死亡後給付年金之受益人，如欲將其利益轉讓他人，除保險契約載明允許轉讓者外，須於被保險人生前取得其同意始得為之。

5.**保險費之代付** 「利害關係人，均得代要保人交付保險費。」（保135-4準用115）

6.**不交付保險費之效果** 年金保險之要保人不交付保險費時，保險人亦不得以訴訟請求交付。（保135-4準用117 I）此外，亦應準用保險法第116條、第117條第2項之規定辦理。（保135-4準用116、117 II）亦即：

（1）年金保險之保險費到期未交付者，除契約另有訂定外，經催告到達後屆30日仍不交付時，保險契約之效力停止。（準用116 I）

（2）催告應送達於要保人或約定或法定代為交付保險費之人之最後住所或居所，保險費經催告後，應於保險人營業所交付之。（準用116 II）

（3）第1項停止效力之年金保險契約，於停止效力之日起6個月內清償保險費、保險契約約定之利息及其他費用後，翌日上午零時起，開始恢復其效力。要保人於停止效力之日起6個月後申請恢復效力者，保險人得於要保人申請恢復效力之日起5日內要求要保人提供被保險人之可保證明，除被保險人之危險程度有重大變更已達拒絕承保外，保險人不得拒絕其恢復效力。（準用116 III）

（4）保險人未於前項規定期限內要求要保人提供可保證明或於收到前項可保證明後15日內不為拒絕者，視為同意恢復效力。

（準用116Ⅳ）

（5）保險契約所定申請恢復效力之期限，自停止效力之日起不得低於2年，並不得遲於保險期間之屆滿日。（準用116Ⅴ）

（6）保險人於前項所規定之期限屆滿後，有終止契約之權。（準用116Ⅵ）

（7）年金保險契約終止時，保險費已付足2年以上，如有保單價值準備金者，保險人應返還其保單價值準備金。（準用116Ⅶ）

（8）年金保險契約約定由保險人墊繳保險費者，於墊繳之本息超過保單價值準備金時，其停止效力及恢復效力之申請準用第1項至第6項規定。（準用116Ⅷ）

（9）以被保險人終身為期之年金保險契約，或契約訂定於若干年後給付年金者，如保險費已付足2年以上而有不交付時，於前條第5項所定之期限屆滿後，保險人僅得減少年金。（準用117Ⅱ）

7.**減少年金**　年金保險之要保人得停止交付保險費，請求減少年金；另保險人依保險法第117條第2項規定，亦得減少年金。減少年金之條件及可減少之數額，應載明於保險契約。（準用118Ⅰ）減少年金，應以訂約時之條件，訂立同類保險契約為計算標準。其減少後之金額，不得少於原契約終止時已有之保單價值準備金，減去營業費用，而以之作為保險費一次交付所能得之金額。（準用118Ⅱ）營業費用以年金總額百分之1為限。（準用118Ⅲ）年金總額之一部，係因其保險費全數一次交付而訂定者，不因其他部分之分期交付保險費之不交付而受影響。（準用118Ⅳ）

8.**解約金之償付**　要保人終止保險契約，而保險費已付足1年以上者，保險人應於接到通知後1個月內償付解約金；其金額不得少於要保人應得保單價值準備金之4分之3。（準用119Ⅰ）償付解約金之條件及金額，應載明於保險契約。（準用119Ⅱ）但須注意，依保險法第135-4條但書規定，於年金給付期間（即開始給付年金時起至年金給付完畢時止之期間），要保人不得終止契約。目的在加強保護年金保險之被保險人。

9.**保單借款**　保險費付足1年以上者，（與被保險人為同一人之）要保人得以保單價值為質，向保險人借款。（準用120Ⅰ）保險人於接到要保人之借款通知後，得於1個月以內之期間，貸給可得質借之金額。（準用120Ⅱ）以保單價值為質之借款，保險人應於借款本息超過保單價值準備金之日之30日前，以書面通知要保人返還借款本息，要保人未於該超過之日前返還者，年金保險契約之效力自借款本息超過保單價值準備金之日停止。（準用120Ⅲ）保險人未依前項規定為通知時，於保險人以書面通知要保人返還借款本息之日起30日內要保人未返還者，年金保險契約之效力自該30日之次日起停止。（準用120Ⅳ）前二項停止效力之年金保險契約，其恢復效力之申請準用第116條第3項至第6項規定。（準用120Ⅴ）

10.**受益權之喪失**　受益人故意致被保險人於傷害或死亡者，喪失其受益權。（準用121Ⅰ）前項情形，如因該受益人喪失受益權，而致無受益人受領年金時，其年金作為被保險人遺產。（準用121Ⅱ）

11.**要保人故意致被保險人於死**　要保人故意致被保險人於死者，保險人不負給付年金之責。保險費付足2年以上者，保險人應

將其保單價值準備金給付與應得之人，無應得之人時，應解交國庫。（準用121Ⅲ）

12.**被保險人年齡不實**　被保險人年齡不實，而其真實年齡已超過保險人所定保險年齡限度者，其契約無效，保險人應退還所繳保險費。（準用122Ⅰ）因被保險人年齡不實，致所付之保險費少於應付數額者，要保人得補繳短繳之保險費或按照所付之保險費與被保險人之真實年齡比例減少年金。但年齡不實之錯誤不可歸責於保險人者，要保人不得要求補繳短繳之保險費，（準用122Ⅱ）因被保險人年齡不實，致所付之保險費多於應付數額者，保險人應退還溢繳之保險費。（準用122Ⅲ）

13.**保險人破產**　保險人破產時，被保險人、受益人或被保險人之繼承人，對於保險人得請求之年金之債權，以其保單價值準備金按訂約時之保險費率比例計算之。（準用123Ⅰ前段）

14.**要保人破產**　要保人破產時，年金保險契約仍為被保險人、受益人或被保險人之繼承人之利益而存在。（準用123Ⅰ後段）

15.**投資型保險契約受益人之權利**　投資型年金保險契約之投資資產，非各該投資型年金保險之被保險人或受益人或繼承人不得主張，亦不得請求扣押或行使其他權利。（準用123Ⅱ）

16.**對於保單價值準備金之優先受償**　年金保險之要保人、被保險人、受益人，對於被保險人之保單價值準備金，有優先受償之權。（準用124）

有關上開保險法第103條、第104條、第106條、第114條至第124條規定內容之說明及評論，詳見本章第一節第二項「人壽保險契約之訂立」及第三項「人壽保險契約之效力」所述。

第六章

保險業

第一項　總說

壹、保險業之意義

「本法所稱保險業，指依本法組織登記，以經營保險為業之機構。」（保6Ⅰ）包括專以經營本法第39條所稱再保險為業之專業再保險業。（施行細則2）所謂機構，即組織之意。「保險業之組織，以股份有限公司或合作社為限。但經主管機關核准者，不在此限。」（保136Ⅰ）可知個人及非股份有限公司或合作社之法人或非法人機構，均不得為保險業。

保險業於具體保險契約上，稱為保險人。依保險法第2條規定：「本法所稱保險人，指經營保險事業之各種組織，在保險契約成立時，有保險費之請求權；在承保危險事故發生時，依其承保之責任，負擔賠償之義務。」

貳、保險業之種類

依保險法第136條第1項之規定，保險業可分為保險公司、保險合作社、經主管機關核准之機構等三種。分述之：

一、保險公司

所謂保險公司，指保險股份有限公司而言。按公司原有四種（即無限公司、有限公司、兩合公司、股份有限公司），保險法所以明定「保險業之組織，以股份有限公司為限」，蓋因股份有限公司之資金募集較易，組織設計較為健全，較符合保險公司需穩健發展之要求也。保險公司，除保險法另有規定外，適用公司法關於股份有限公司之規定（保151）。所謂本法另有規定，係指：

（一）股票之限制

1.保險公司股票原則上應公開發行　「保險業之組織為股份有限公司者，除其他法律另有規定或經主管機關許可以外，其股票應辦理公開發行。」（保136V）

2.保險公司之股票不得為無記名式　「保險公司之股票，不得為無記名式。」（保152）蓋保險為社會安全制度之一環，無記名股票轉讓方便，易為不肖股東所操控，不利於保險業之發展也。

（二）獨立董事及審計委員會之設置

1.未公開發行股票之保險業應設獨立董事及審計委員會　「保險業依前項除外規定未辦理公開發行股票者，應設置獨立董事及審計委員會，並以審計委員會代替監察人。」（保136VI）

「前項獨立董事、審計委員會之設置及其他應遵行事項，準用證券交易法第14-2條至第14-5條相關規定。」（保136VII）

2.應設獨立董事及審計委員會規定之適用　「本法中華民國103年5月20日修正之條文施行時，第6項規定之保險業現任董事或監察人任期尚未屆滿者，得自任期屆滿時適用該規定。但其現任董事或監察人任期於修正施行後1年內屆滿者，得自改選之董事或監

察人任期屆滿時始適用之。」（保136Ⅷ）

（三）同一人或同一關係人持有同一保險公司股份總數之申報與申請核准或通知

1.**同一人及同一關係人之定義**　所謂同一人，指同一自然人或同一法人（保139-2Ⅰ）；所謂同一關係人，指同一自然人或同一法人之關係人，其範圍如下：（保139-2Ⅱ）

（1）同一自然人之關係人，包括：①同一自然人與其配偶及二親等以內血親。②前目之人持有已發行有表決權股份或資本額合計超過3分之1之企業。③第1目之人擔任董事長、總經理或過半數董事之企業或財團法人。

（2）同一法人之關係人，包括：①同一法人與其董事長、總經理，及該董事長、總經理之配偶與二親等以內血親。②同一法人及前目之自然人持有已發行有表決權股份或資本額合計超過3分之1之企業，或擔任董事長、總經理或過半數董事之企業或財團法人。③同一法人之關係企業。關係企業適用公司法第369-1條至第369-3條、第369-9條及第369-11條規定。

又「第三人為同一人或同一關係人以信託、委任或其他契約、協議、授權等方法持有股份者，應併計入同一關係人範圍。」（保139-1Ⅲ）

2.**不算入同一人或同一關係人持有之股份**　計算同一人或同一關係人持有同一保險公司之股份，不包括下列各款情形所持有之股份：（1）證券商於承銷有價證券期間所取得，且於主管機關規定期間內處分之股份。（2）金融機構因承受擔保品所取得，且自取得日起未滿4年之股份。（3）因繼承或遺贈所取得，且自繼承或受贈日起未滿2年之股份。（保139-2Ⅲ）

3.持有同一保險公司股份總數之申報　「同一人或同一關係人單獨、共同或合計持有同一保險公司已發行有表決權股份總數超過百分之5者，自持有之日起10日內，應向主管機關申報；持股超過百分之5後累積增減逾1個百分點者，亦同。」（保139-1Ⅰ）

4.擬持有同一保險公司股份總數之事先申請核准　「同一人或同一關係人擬單獨、共同或合計持有同一保險公司已發行有表決權股份總數超過百分之10、百分之25或百分之50者，均應分別事先向主管機關申請核准。」（保139-1Ⅱ）

5.申報與申請核准法律修正之適用　「中華民國99年11月12日修正之條文施行前，同一人或同一關係人單獨、共同或合計持有同一保險公司已發行有表決權股份總數超過百分之5者，應自施行之日起6個月內向主管機關申報。於申報後第1次擬增減持股比率而增減後持股比率超過百分之10者，應事先向主管機關申請核准；第2次以後之增減持股比率，依第1項及第2項規定辦理。」（保139-1Ⅳ）

6.申請核准管理辦法之訂定　「同一人或同一關係人依第2項或前項（按即第4項）規定申請核准應具備之適格條件、應檢附之書件、擬取得股份之股數、目的、資金來源、持有股票之出質情形、持股數與其他重要事項變動之申報、公告及其他應遵行事項之辦法，由主管機關定之。」（保139-1Ⅴ）就此，主管機關訂頒有「同一人或同一關係人持有同一保險公司已發行有表決權股份總數超過一定比率管理辦法」，以供適用。

7.違反申報或申請核准規定持股之效力　「未依第1項、第2項或第4項規定向主管機關申報或經核准而持有保險公司已發行有表決權之股份者，其超過部分無表決權，並由主管機關命其於限期

內處分。」（保139-1Ⅵ）

　　8.**持有同一保險公司股數之通知**　「同一人或本人與配偶、未成年子女合計持有同一保險公司已發行有表決權股份總數百分之1以上者，應由本人通知保險公司。」（保139-1Ⅶ）

（四）負責人之連帶無限清償責任

　　「保險公司違反保險法令經營業務，致資產不足清償債務時，其董事長、董事、監察人、總經理及負責決定該項業務之經理，對公司之債權人應負連帶無限清償責任。」（保153Ⅰ）

　　「主管機關對前項應負連帶無限清償責任之負責人，得通知有關機關或機構禁止其財產為移轉、交付或設定他項權利，並得函請入出境許可之機關限制其出境。」（保153Ⅱ）

　　「第1項責任，於各該負責人卸職登記之日起滿3年解除。」（保153Ⅲ）

二、保險合作社

　　所謂保險合作社，指依平等原則，在互助組織之基礎上，以共同經營方法，謀社員經濟之利益與生活之改善，而其社員人數及股金總額均可變動之保險業（合社法1Ⅱ）。保險合作社，為法人（合社法2）。保險合作社除依本法規定外，適用合作社法及其有關法令之規定。（保156）所謂本法規定，係指：

（一）股金與基金之籌足

　　「保險合作社，除依合作社法籌集股金外，並依本法籌足基金。」（保157Ⅰ）「前項基金非俟公積金積至與基金總額相等時，不得發還。」（保157Ⅱ）

　　「保險合作社之社員，對於保險合作社應付之股金及基金，

不得以其對保險合作社之債權互相抵銷。」（保161）

（二）社員最低額之規定

「財產保險合作社之預定社員人數不得少於300人；人身保險合作社之預定社員人數不得少於500人。」（保162）

（三）出社社員之責任

「保險合作社於社員出社時，現存財產不足抵償債務，出社之社員仍負擔出社前應負之責任。」（保158）

（四）理事之競業禁止

「保險合作社之理事，不得兼任其他合作社之理事、監事或無限責任社員。」（保159）所謂「其他合作社」，指其他保險合作社或信用合作社而言。（施行細則16）

三、經主管機關核准者

所謂「經主管機關核准者」，係指保險公司及保險合作社以外，經主管機關核准經營保險業之法人或非法人機構。此係民國86年2月26日修正保險法時新增，立法理由謂：「為便利將來國人亦能比照外國保險業在我國設立相互保險公司，爰予第1項增列『或經主管機關核准』文字。」惟解釋上並不以此為限，是否核准其經營保險業，應由主管機關依股份有限公司及合作社之相同標準為審酌決定。

參、外國保險業

已依外國法律組織登記，並經我國保險業主管機關許可在我國境內經營保險業者，稱為「外國保險業」。（保6Ⅱ）亦包括專以經營本法第39條所稱再保險為業之外國專業再保險業在內。（施行細則2）「外國保險業，除本法另有規定外，準用本法有關

保險業之規定。」（保137Ⅳ）所謂本法另有規定，係指：

一、外國保險業之成立

「外國保險業非經主管機關許可，並依法為設立登記，繳存保證金，領得營業執照後，不得開始營業。」（保137Ⅲ）本項規定與同條第1項規定，內容完全相同，既有準用之規定，似無再為重複規定之必要。

二、外國保險業許可標準及管理辦法

「外國保險業申請設立許可應具備之條件、程序、應檢附之文件、廢止許可、營業執照核發、增設分公司之條件、營業項目變更、撤換負責人之情事、資金運用及其他應遵行事項之辦法，由主管機關定之。」（保137Ⅴ）就此，主管機關訂頒有「外國保險業設立許可及管理辦法」，以供適用。

肆、依其他法律設立之保險業

保險法第137條第6項規定：「依其他法律設立之保險業，除各該法律另有規定外，準用本法有關保險業之規定。」（保137Ⅵ）所謂依其他法律設立之保險業，依其字意應指依保險法以外之其他法律設立之保險業，似無疑問。惟「保險業」三字，既經保險法第6條第1項定義為：指依本法（按即保險法）組織登記，以經營保險為業之機構。則保險法第137條第6項所稱依據其他法律（即非依保險法）設立之機構，得否稱之為「保險業」？不無問題。至若認為保險法第137條第6項所稱之保險業，僅係一種經營商業性保險業務之機構之指示性稱謂，則顯然又不無立法嚴謹度上之缺失。

其次，所謂依「其他法律設立」，並未以經營商業性保險者

為限，亦容易被誤解為包括依其他法律設立而經營各種公營社會保險之機構在內，例如依勞工保險條例、農民健康保險條例、公教人員保險法、軍人保險條例、存款保險條例、全民健康保險法等設立之機構是。可知，保險法第137條第6項規定之用詞，確有不合。

就此，本書以為「保險業設立許可及管理辦法」第28條規定：「**依據其他法律經營各種商業性保險業務者，準用本法（按即保險法）之規定，並依本辦法管理之。**」用詞反而正確。保險法第137條第6項規定，似可參照修正為：「**依據其他法律經營各種商業性保險業務者，除各該法律另有規定外，準用本法有關保險業之規定**」。至於非依保險法設立而經營商業性保險業務者，例如依簡易人壽保險法設立，經營簡易人壽保險業務之中華郵政股份有限公司（壽險處）。其設立除應適用簡易人壽保險法之有關規定外，準用保險法有關「保險業」之規定，並依「保險業設立許可及管理辦法」之規定管理之。

伍、保險業負責人

「本法所稱保險業負責人，指依公司法或合作社法應負責之人。」（保7）亦即：

一、保險公司之負責人

依公司法之規定，係指董事（包括董事長、副董事長、常務董事、董事）而言（公司8 I 後段）。另公司之經理人、清算人或臨時管理人，股份有限公司之發起人、監察人、檢查人、重整人或重整監督人，在執行職務範圍內，亦為公司負責人。（公司8 II）又雖非公司之董事，但實質上執行董事業務或實質控制公司之人事、財務或業務經營而實質指揮董事執行業務者，應與本法

董事同負民事、刑事及行政罰之責任。但政府為發展經濟、促進社會安定或其他增進公共利益等情形，對政府指派之董事所為之指揮，不適用之。（公司8Ⅲ）

二、保險合作社之負責人

依合作社法之規定，係指理事（包括理事主席、理事副主席、常務理事、理事）（合社法34）。另於合作社與其理事訂立契約或為訴訟上之行為時，由監事代表合作社，亦為負責人（合社法39Ⅰ④）。

至於經主管機關核准之保險機構，保險法對其負責人未設指示規定，應依其係屬公司或合作社或其他法人或非法人機構，而定其負責人，自不待言。此外，因保險業具有專業性且負有社會安全任務，為謀保險業之健全發展，其負責人除具備一般股份有限公司或合作社負責人之條件外，尚須具備一定之積極或消極資格或遵循一定之規範，始足當之。依保險法第137-1條規定：「保險業負責人應具備之資格條件、兼職限制、利益衝突之禁止及其他應遵循事項之準則，由主管機關定之。」「保險業負責人未具備前項準則所定資格條件者，主管機關應予解任；違反兼職限制或利益衝突之禁止者，主管機關得限期令其調整，無正當理由屆期未調整者，應予解任。」

陸、保險業之主管機關

「本法所稱主管機關為金融監督管理委員會。但保險合作社除其經營之業務，以金融監督管理委員會為主管機關外，其社務以合作社之主管機關為主管機關。」（保12）所謂合作社之主管機關，則為：在中央為內政部；在直轄市為直轄市政府；在縣（市）為縣（市）政府。（合社法2-1前段）

柒、非保險業兼營保險業務之禁止

「非保險業不得兼營保險業務。」（保136Ⅱ）

「違反前項規定者，由主管機關或目的事業主管機關會同司法警察機關取締，並移送法辦；如屬法人組織，其負責人對有關業務，應負連帶清償責任。」（保136Ⅲ）

「執行前項任務時，得依法搜索扣押被取締者之會計帳簿及文件，並得撤除其標誌等設施或為其他必要之處置。」（保136Ⅳ）所謂其他必要之處置，例如發布新聞、登載於公報、公布於網站等是。

捌、保險商品資訊之公告

「保險業應於其網站或主管機關指定機構之網站公告現行銷售中保險商品之契約條款，並公開揭露該等商品之預定附加費用率、承保範圍、不保事項及其他經主管機關指定之保險商品資訊。」（保138-4）

玖、最低資本或基金

「各種保險業資本或基金之最低額，由主管機關審酌各地經濟實況及各種保險業務之需要，分別呈請行政院核定之。」（保139）

拾、保險業務創新實驗

「為促進普惠金融及金融科技發展，不限於保險業、保險經紀人、保險代理人及保險公證人，得依金融科技發展與創新實驗條例申請辦理保險業務創新實驗。」（保136-1Ⅰ）

「前項之創新實驗，於主管機關核准辦理之期間及範圍內，

得不適用本法之規定。」（保136-1Ⅱ）

　　「主管機關應參酌第1項創新實驗之辦理情形，檢討本法及相關金融法規之妥適性。」（保136-1Ⅲ）

第二項　保險業之成立

　　「保險業非經主管機關許可，並依法為設立登記，繳存保證金，領得營業執照後，不得開始營業。」（保137Ⅰ）可知保險業之成立，須經過之程序為：

一、經主管機關許可

　　保險業成立之前，須先經主管機關之「許可」。按保險法第137條第1項第1句原規定為「保險業非申請主管機關核准…」，民國96年7月18日修正保險法時，始修正為現行文字。修正理由謂：「有鑑於保險業為特許事業，爰將第1項規定配合第3項文字一致性修正為『非經主管機關許可』。」

　　「保險業申請設立許可應具備之條件、程序、應檢附之文件、發起人、董事、監察人與經理人應具備之資格條件、廢止許可、分支機構之設立、遷移或裁撤、保險契約轉讓、解散及其他應遵行事項之辦法，由主管機關定之。」（保137Ⅱ）就此，主管機關訂頒有「保險業設立遷移或裁撤分支機構管理辦法」，以供適用。

二、依法為設立登記

　　所謂「依法為設立登記」，係指依公司法或合作社法規定，所辦理之設立登記而言。

　　按保險法第137條第1項及第3項原均設有保險業須向主管機關

為「營業登記」之規定，民國96年7月18日修正保險法時，將其廢除，修正理由謂：「第1項及第3項有關營業登記之規定，因保險業設立時即已依公司法或合作社法辦理設立登記，目的事業主管機關之營業登記作業已無必要，爰廢除保險業之營業登記制度，惟仍提示設立登記之規定，俾使保險業有所遵循。」

三、繳存保證金

保險業之支付能力攸關被保險人之權益及社會安定甚鉅，保險法為確保保險業隨時能有足以支付保險金額之資金，特別規定：「保險業應按資本或基金實收總額百分之15，繳存保證金於國庫。」（保141）所謂「資本」，指保險公司之資本；所謂「基金」，則指保險合作社之基金。二者均以實收總額百分之15計算，故如因增資或減資致實收總額有所變動時，應繳存之保證金，亦將隨之而變動。此時應重為計算，增補或申請退還其差額。可知保證金之繳存，不以設立時為限。

「保證金之繳存應以現金為之。但經主管機關之核准，得以公債或庫券代繳之。」（保142 I）

「前項繳存之保證金，除保險業有下列情形之一者外，不予發還：一、經法院宣告破產。二、經主管機關依本法規定為接管、勒令停業清理、清算之處分，並經接管人、清理人或清算人報經主管機關核准。三、經宣告停業依法完成清算。」（保142 II）

「接管人得依前項第2款規定報請主管機關核准發還保證金者，以於接管期間讓與受接管保險業全部營業者為限。」（保142 III）

「以有價證券抵繳保證金者，其息票部分，在宣告停業依法清算時，得准移充清算費用。」（保142Ⅳ）

四、領得營業執照

所謂領得營業執照，即領得營業所須之各項證照之謂。例如公司設立登記證、營利事業登記證、合作社設立登記證等是。領得營業執照後，始得開始營業。

第三項　保險業之經營

壹、營業範圍之限制

保險業之營業範圍，受有下列之限制：

一、不得兼營財產保險及人身保險業務

「財產保險業經營財產保險，人身保險業經營人身保險，同一保險業不得兼營財產保險及人身保險業務。但財產保險業經主管機關核准經營傷害保險及健康保險者，不在此限。」（保138Ⅰ）

「財產保險業依前項但書規定經營傷害保險及健康保險業務應具備之條件、業務範圍、申請核准應檢附之文件及其他應遵行事項之辦法，由主管機關定之。」（保138Ⅱ）就此，主管機關訂頒有「財產保險業兼營傷害保險及健康保險業務管理辦法」，以供適用。

按傷害保險及健康保險，雖均為人身保險之性質，但其保險金額之給付，僅少數定額部分屬於人身損害之填補外，絕大部分為醫藥費用損害之填補，故國外立法例多有將此二者同列為財產保險業經營之業務範圍，或於保險種類之分類規範中，將此二者

同劃歸為一般業務（general insurance），與一般財產保險同准由產險業經營者，例如日本保險法第3條、英國1982年保險業法、歐盟產險第一指令、新加坡保險法第2條等是。我國保險法原規定係完全不得由財產保險業者兼營，民國63年11月30日修正為「但法律另有規定者，不在此限」，民國86年5月28日又修正為「但法律另有規定或經主管機關核准以附加方式經營者，不在此限」，民國90年7月9日則又修正為「但法律另有規定或財產保險業經主管機關核准經營傷害保險者，不在此限」。最後，於民國96年7月18日始修正為現行之「但財產保險業經主管機關核准經營傷害保險及健康保險者，不在此限」。修正理由，除上開性質上及外國立法例之因素外，主要係基於使國內產險業得與全球產險業接軌，與周邊國家產險業同步化，以及衡諸保險學理、國外之立法例、國內產險業之請求等因素之考量。[334]

二、不得兼營本法規定以外之業務

「保險業不得兼營本法規定以外之業務。但經主管機關核准辦理其他與保險有關業務者，不在此限。」（保138Ⅲ）所謂經主管機關核准辦理其他與保險有關業務，例如保險法第146條第1項各款所定之有關業務是。

「保險業辦理前項與保險有關業務，涉及外匯業務之經營者，須經中央銀行之許可。」（保138Ⅳ）

三、保險合作社不得經營非社員之業務

「保險合作社不得經營非社員之業務。」（保138Ⅴ）此乃合作社性質上之限制。由於此項限制，致使保險合作社危險共同團

---

[334] 見96年7月18日修正第138條之立法說明。

體之大小，受制於社員人數之多寡，較難達到降低保險費以謀社員經濟利益之目的，因此以合作社組織而成立之保險業，相對較少。除民國68年間曾有一「有限責任臺灣省漁船產物保險合作社」成立外[335]，似尚無保險合作社之出現。

貳、營業方法之規定

一、地震險承保之機制

1.**財產保險業應承保住宅地震危險**　「財產保險業應承保住宅地震危險，以主管機關建立之危險分散機制為之。」（保138-1Ⅰ）

2.**財團法人住宅地震保險基金之成立**　「前項危險分散機制，應成立財團法人住宅地震保險基金負責管理，就超過財產保險業共保承擔限額部分，由該基金承擔、向國內外為再保險、以主管機關指定之方式為之或由政府承受。」（保138-1Ⅱ）

3.**危險分散機制實施辦法之訂定**　「前二項有關危險分散機制之承擔限額、保險金額、保險費率、各種準備金之提存及其他應遵行事項之辦法，由主管機關定之。」（保138-1Ⅲ）就此，主管機關訂頒有「住宅地震保險危險分散機制實施辦法」，以供適用。

---

335 「有限責任臺灣省漁船產物保險合作社」之社員，分為個人社員與法人社員二種。凡居住本社業務區域（臺澎金馬）內，年滿20歲或未滿20歲而有行為能力人，而無吸毒、宣告破產、及褫奪公權等情事之漁民船舶所有者，得入社為個人社員；而各級漁會不以營利為目的之漁業團體、及政府有關漁政、漁事、漁業學術教育等單位，如有投保標的，必要時得依合作社法第12條規定，入社為法人社員。如無投保標的，為遂行其協助發展漁業保險之任務，而提供本社基金或提倡股者，僅得為本社贊助人。見該社章程第4條、第6條之規定。

4.**基金管理辦法之訂定** 「財團法人住宅地震保險基金之捐助章程、業務範圍、資金運用及其他管理事項之辦法,由主管機關定之。」（保138-1Ⅳ）就此,主管機關訂頒有「財團法人住宅地震保險基金管理辦法」,以供適用。

5.**基金不足得請求國庫提供擔保** 「因發生重大震災,致住宅地震保險基金累積之金額不足支付應攤付之賠款,為保障被保險人之權益,必要時,該基金得請求主管機關會同財政部報請行政院核定後,由國庫提供擔保,以取得必要之資金來源。」（保138-1Ⅴ）

二、人身保險業辦理保險金信託之規定

1.**保險業得辦理死亡或失能保險金信託業務** 「人身保險契約中屬死亡或失能之保險金部分,要保人於保險事故發生前得預先洽訂信託契約,由保險業擔任該保險金信託之受託人,其中要保人與被保險人應為同一人,該信託契約之受益人並應為保險契約之受益人,且以被保險人、未成年人、受監護宣告尚未撤銷者為限。」（保138-2Ⅱ）

「前項信託給付屬本金部分,視為保險給付,信託業依信託業法規定擔任保險金信託之受託人,且該信託契約之受益人與保險契約之受益人為同一人,並以被保險人、未成年人、受監護宣告尚未撤銷者為限者,其信託給付屬本金部分,亦同。」（保138-2Ⅲ）

2.**應經許可且營業及會計須獨立並提存賠償準備** 「保險業經營保險金信託業務,應經主管機關許可,其營業及會計必須獨立。」（保138-3Ⅰ）「保險業為擔保其因違反受託人義務而對委託人或受益人所負之損害賠償、利益返還或其他責任,並應提存

賠償準備。」（保138-3Ⅱ）

3.**應設置信託專戶並以信託財產名義表彰**　「保險業辦理保險金信託業務應設置信託專戶，並以信託財產名義表彰。」（保138-2Ⅳ、Ⅵ前段）「前項信託財產為應登記之財產者，應依有關規定為信託登記。」（保138-2Ⅴ）

4.**信託保險金之運用範圍**　「保險業辦理保險金信託，其資金運用範圍以下列為限：一、現金或銀行存款。二、公債或金融債券。三、短期票券。四、其他經主管機關核准之資金運用方式。」（保138-2Ⅶ）蓋保險金信託之目的在照顧年幼孩童或精神欠缺而無法自行處理保險金者，故其資金之運用應以保守保本為原則，爰參考信託業法第32條對金錢信託資金運用之規定，明定保險金信託之資金運用限於投資風險較低之標的。

5.**信託保險金之交易行為得對抗第三人**　保險業以信託財產為交易行為時，得對抗第三人，不適用信託法第4條第2項規定[336]。（保138-2Ⅵ後段）

6.**管理辦法之訂定**　「保險業申請許可經營保險金信託業務應具備之條件、應檢附之文件、廢止許可、應提存賠償準備額度、提存方式及其他應遵行事項之辦法，由主管機關定之。」（保138-3Ⅲ）就此，主管機關訂頒有「保險業經營保險金信託業務審核及管理辦法」，以供適用。

三、保單紅利契約之簽訂

「保險公司得簽訂參加保單紅利之保險契約。」（保140Ⅰ）

336　信託法第4條第2項規定：「以有價證券為信託者，非依目的事業主管機關規定於證券上或其他表彰權利之文件上載明為信託財產，不得對抗第三人。」

「保險合作社簽訂之保險契約，以參加保單紅利者為限。」（保140Ⅱ）

「前二項保單紅利之計算基礎及方法，應於保險契約中明訂之。」（保140Ⅲ）

按所謂「保單紅利」，與「股東紅利」不同。保單紅利之性質為保險費之調整，與保險業之經營之盈虧無關。保單紅利主要發生在人壽保險契約，蓋因人壽保險屬長期性契約，故保險業在計算預定死亡率、預定利率及預定營業費用率時，多將其不確定因素列入計算，而收取較安全之保險費，以致實際營運結果通常會產生保險費差額。[337]所謂保單紅利，即指此之保費差額；所謂「參加保單紅利之保險契約」，即享有退還保費差額權利之保險契約也。

四、向外借款或為擔保之限制

保險業不得向外借款、為保證人或以其財產提供為他人債務之擔保。但保險業有下列情形之一，報經主管機關核准向外借款者，不在此限：（保143）

（一）為給付鉅額保險金、大量解約或大量保單貸款之週轉需要。

（二）因合併或承受經營不善同業之有效契約。

---

[337] 保險法第140條第1項、第2項，原使用「參加紅利分配」一詞，第3項更規定「於年終決算無盈餘時，不得為之」，顯示立法者係將保單紅利與股東紅利同視，至民國81年2月26日修正保險法時，始修正為現行文字。修正理由謂：「一、為使保單紅利與股東紅利有所區別，爰將現行條文中之『紅利』修正為『保單紅利』，並刪除第1項及第2項『分配』兩字。二、保單紅利之性貨為保費之調整，與保險業經營之盈虧無關，爰修正第3項，刪除無盈餘不得分配保單紅利之規定。」；鄭玉波，保險法論，244～225頁。

（三）為強化財務結構，發行具有資本性質之債券。

五、自有資本與風險資本之比率

1.**保險業自有資本與風險資本之率與淨值比率**　「保險業自有資本與風險資本之比率及淨值比率，不得低於一定比率。」（保143-4 I）

「第1項所定一定比率、淨值比率之計算、自有資本與風險資本之範圍、計算方法、管理、第2項資本等級之劃分及其他應遵行事項之辦法，由主管機關定之。」（保143-4 IV）就此，主管機關訂頒有「保險業資本適足性管理辦法」，以供適用。

2.**保險業資本等級之劃分**　「保險業依自有資本與風險資本之比率及淨值比率，劃分為下列資本等級：一、資本適足。二、資本不足。三、資本顯著不足。四、資本嚴重不足。」（保143-4 II）

「前項第4款所稱資本嚴重不足，指自有資本與風險資本之比率低於第1項所定一定比率之百分之25或保險業之淨值低於零。」（保143-4 III）

3.**分配盈餘買回股份或退還股金之限制**　「保險業有下列情形之一者，不得以股票股利或以移充社員增認股金以外之其他方式分配盈餘、買回其股份或退還股金：

一、資本等級為資本不足、顯著不足或嚴重不足。

二、資本等級為資本適足，如以股票股利、移充社員增認股金以外之其他方式分配盈餘、買回其股份或退還股金，有致其資本等級降為前款等級之虞。

前項第1款之保險業，不得對負責人發放報酬以外之給付。但經主管機關核准者，不再此限。」（保143-5）

4.主管機關應依資本等級對保險業採取之措施　「主管機關應依保險業資本等級，對保險業採取下列措施之一部或全部：

一、資本不足者：

（一）令其或其負責人限期提出增資、其他財務或業務改善計畫。屆期未提出增資、財務或業務改善計畫，或未依計畫確實執行者，得採取次一資本等級之監理措施。

（二）令停售保險商品或限制保險商品之開辦。

（三）限制資金運用範圍。

（四）限制其對負責人有酬勞、紅利、認股權憑證或其他類似性質之給付。

（五）其他必要之處置。

二、資本顯著不足者：

（一）前款之措施。

（二）解除其負責人職務，並通知公司（合作社）登記主管機關廢止其負責人登記。

（三）停止其負責人於一定期間內執行職務。

（四）令取得或處分特定資產，應先經主管機關核准。

（五）令處分特定資產。

（六）限制或禁止與利害關係人之授信或其他交易。

（七）令其對負責人之報酬酌予降低，降低後之報酬不得超過該保險業資本等級列入資本顯著不足等級前12個月內對該負責人支給平均報酬之百分之70。

（八）限制增設或令限期裁撤分支機構或部門。

（九）其他必要之處置。

三、資本嚴重不足者：除前款之措施外，應採取第149條第3項第1款規定之處分。」（保143-6）

六、保險單條款等之審核準則

「保險業之各種保險單條款、保險費及其他相關資料，由主管機關視各種保險之發展狀況，分別規定銷售前應採行之程序、審核及內容有錯誤、不實或違反規定之處置等事項之準則。」（保144 I）目的在確保被保險人之權益及保險業之清償能力。就此，主管機關訂頒有「保險商品銷售前程序作業準則」，以供適用。

七、簽證精算人員之指派與外部複核經算人員之聘請

「為健全保險業之經營，保險業應聘用精算人員並指派其中一人為簽證精算人員，負責保險費率之釐訂、各種準備金之核算簽證及辦理其他經主管機關指定之事項；其資格條件、簽證內容、教育訓練及其他應遵行事項之辦法，由主管機關定之。」（保144 II）「保險業應聘請外部複核簽證人員，負責辦理經主管機關指定之精算簽證報告複核項目；其資格條件、複核頻率、複核報告內容及其他應遵循事項之辦法，由主管機關定之。」（保144 III）就此二項規定，主管機關訂頒有「保險業簽證精算人員及外部複核精算人員管理辦法」，以供適用。

「第2項簽證精算人員之指派及前項外部複核精算人員之聘請，應經董（理）事會同意，並報主管機關備查。」（保144 IV）

「簽證精算人應本公正及公平原則向其所屬保險業之董（理）事會及主管機關提供各項簽證報告；外部複核精算人員應本公正及公平原則向主管機關提供複核報告。簽證報告及複核報告內容不得有虛偽、隱匿、遺漏或錯誤等情事。」（保144 IV）

八、共保之規定

「有下列情形之一者,保險業得以共保方式承保:

一、有關巨災損失之保險者。

二、配合政府政策需要者。

三、基於公共利益之考量者。

四、能有效提昇對投保大眾之服務者。

五、其他經主管機關核准者。」(保144-1)

九、準備金之提存

準備金(policy reserve; premium reserve),係指保險人,為準備將來支付保險金額之用,依規定所積存之金額也。有廣狹二義,狹義準備金,專指人壽保險之責任準備金而言;廣義準備金,則包括其他各種準備金。依保險法第11條規定:「本法所定各種準備金,包括責任準備金、未滿期保費準備金、特別準備金、賠款準備金及其他經主管機關規定之準備金。」

「保險業於營業年度屆滿時,應分別保險種類,計算其應提存之各種準備金,記載於特設之帳簿。」(保145Ⅰ)

「前項所稱各種準備金之提存比率、計算方式及其他應遵行事項之辦法,由主管機關定之。」(保145Ⅱ)就此,主管機關訂頒有「保險業各種準備金提存辦法」,以供適用。

十、盈餘公積之提列

「保險業於完納一切稅捐後,分派盈餘時,應先提百分之20為法定盈餘公積。但法定盈餘公積,已達其資本總額或基金總額時,不在此限。」(保145-1Ⅰ)本項規定,自本法中華民國96年6月14日修正之條文生效之次一會計年度施行。(保145-1Ⅲ)

「保險業得以章程規定或經股東會或社員大會決議，另提特別盈餘公積。主管機關於必要時，亦得命其提列。」（保145-1Ⅱ）

十一、資金之運用

「保險業資金之運用，除存款外，以下列各款為限：一、有價證券。二、不動產。三、放款。四、辦理經主管機關核准之專案運用、公共及社會福利事業投資。五、國外投資。六、投資保險相關事業。七、從事衍生性商品交易。八、其他經主管機關核准之資金運用。」（保146Ⅰ）「前項所定資金，包括業主權益及各種準備金。」（保146Ⅱ）所謂業主權益，主要包括資本或基金、法定盈餘公積、特別盈餘公積、資本公積或公積金、公益金及未分配盈餘等，大致與資產負債表之淨值相當，屬於保險業之自有資金。至於各種準備金，則性質上屬於保險業之外來資金，係保險業之負債。[338]茲將上開保險業資金運用之項目，分言如次：

（一）存款

所謂「存款」（deposit; bank saving），乃將金錢存入金融機構以獲取利息收入之行為也。保險業得將其資金存放於金融機構以獲取利息收入，但為避免風險過度集中，保險法第146條第3項規定：「第1項所定存款，其存放於每一金融機構之金額，不得超過該保險業資金百分之10。但經主管機關核准者，不在此限。」（保146Ⅲ）以資限制。

---

[338] 鄭玉波，保險法論，247頁。

（二）購買有價證券

所謂「有價證券」（valuable instrument），乃表彰一定財產價值之權利，而其權利之發生（須作成證券）、移轉（須交付證券）或行使（須提示證券），均須依證券為之之證券也。有價證券具有財產價值，除能保值外，通常亦可獲利，故保險業得以其資金購買有價證券。惟為免購入不良之有價證券而受損害，保險法第146-1條對於保險業所能購買之有價證券，設有限制規定，曰：「保險業資金得購買下列有價證券：

一、公債、國庫券。

二、金融債券、可轉讓定期存單、銀行承兌匯票、金融機構保證商業本票；其總額不得超過該保險業資金百分之35。

三、經依法核准公開發行之公司股票；其購買每一公司之股票，加計其他經主管機關核准購買之具有股權性質有價證券總額及股份總數，分別不得超過該保險業資金百分之5及該發行股票之公司已發性股份總數百分之10。

四、經依法核准公開發行之有擔保公司債，或經評等機構評定為相當等級以上之公司所發行之公司債及免保證商業本票；其購買每一公司之公司債及免保證商業本票總額，不得超過該保險業資金百分之5及該發行公司債之公司業主權益百分之10。

五、經依法核准公開發行之證券投資信託基金及共同信託基金受益憑證；其投資總額不得超過該保險業資金百分之10及每一基金已發行之受益憑證總額百分之10。

六、證券化商品及其他經主管機關核准保險業購買之有價證券；其總額不得超過該保險業資金百分之10。」（保146-1Ⅰ）

「前項第3款及第4款之投資總額，合計不得超過該保險業資金百分之35。」（保146-1Ⅱ）

「保險業依第1項第3款及第6款投資，不得有下列情事之一：

一、以保險業或其代表人擔任被投資公司董事、監察人。

二、行使對被投資公司董事、監察人選舉之表決權。

三、指派人員獲聘為被投資公司經理人。

四、擔任被投資證券化商品之信託監察人。

五、與第三人以信託、委任或其他契約約定或以協議、授權或其他方法參與對被投資公司之經營、被投資不動產投資信託基金之經營、管理。但不包括該基金之清算。」（保146-1Ⅲ）

「保險業有前項各款情事之一者，其或代表人擔任董事、監察人、行使表決權、指派人員獲聘為經理人、與第三人之約定、協議或授權，無效。」（保146-1Ⅳ）

「保險業依第1項第3款至第6款規定投資於公開發行之未上市、未上櫃有價證券、私募之有價證券；其應具備之條件、投資範圍、內容、投資規範及其他應遵行事項之辦法，由主管機關定之。」（保146-1Ⅴ）就此，主管機關訂頒有「保險業投資未上市未上櫃及私募有價證券管理辦法」，以供適用。

（三）購買不動產

所謂不動產（real estate），指土地及其定著物。保險業得以其資金購買不動產，以為投資。但受有下列限制：

「保險業對不動產之投資，以所投資不動產即時利用並有收益者為限；其投資總額，除自用不動產外，不得超過其資金百分之30。但購買自用不動產總額不得超過其業主權益之總額。」（保146-2Ⅰ）所謂「即時利用」，依財政部之解釋，係指自取得之日起須於2年內加以利用而言。若逾2年未加利用，則須專案報

核始可[339]。但保險業依主宅法興辦社會住宅且僅供租賃者，得不受第1項即時利用並有收益者之限制。（保146-2Ⅲ）

保險業不動產之取得及處分，應經合法之不動產鑑價機構評價。（保146-2Ⅱ）

保險業依第1項規定辦理不動產投資之內部處理程序、不動產之條件限制、即時利用並有收益之認定基準、處理原則及其他應遵循是項之辦法，由主管機關定之。（保146-2Ⅳ）就此，主管機關訂頒有「保險業辦理不動產投資管理辦法」，以供適用。

（四）放款

所謂放款，乃將金錢貸放於他人以獲取利息收入之行為也。保險業得以其資金辦理放款業務。但「保險業辦理放款，以下列各款為限：

一、銀行或主管機關認可之信用保證機構提供保證之放款。

二、以動產或不動產擔保之放款。

三、以合於第146-1條之有價證券為質之放款。

四、人壽保險業以各該保險業所簽發之人壽保險單為質之放款。」（保146-3Ⅰ）

「前項第1款至第3款放款，每一單位放款金額不得超過該保險業資金百分之5；其放款總額，不得超過該保險業資金百分之35。」（保146-3Ⅱ）

「保險業依第1項第1款、第2款及第3款對其負責人、職員或主要股東，或對與其負責人或辦理授信之職員有利害關係者，所為之擔保放款，應有十足擔保，其條件不得優於其他同類放款對

---

[339] 張簡志漢，保險法，231頁。

象，如放款達主管機關規定金額以上者，並應經3分之2以上董事之出席及出席董事4分之3以上同意；其利害關係人之範圍、限額、放款總餘額及其他應遵行事項之辦法，由主管機關定之。」（保146-3Ⅲ）就此，主管機關訂頒有「保險業利害關係人放款管理辦法」，以供適用。

「第146-3條第3項所列舉之放款對象，利用他人名義向保險業申請辦理之放款，適用第146-3條第3項規定。」（保146-8Ⅰ）「向保險業申請辦理之放款，其款項為利用他人名義之人所使用，或其款項移轉為利用他人名義之人所有時，推定為前項所稱利用他人名義之人項保險業申請辦理之放款。」（保146-8Ⅱ）

「保險業依第146-1條第1項第3款及第4款對每一公司有價證券之投資與依第1項第3款以該公司發行之有價證券為質之放款，合併計算不得超過其資金百分之10及該發行有價證券之公司業主權益百分之10。」（保146-3Ⅳ）

（五）專案運用與公共及社會福利事業投資

保險業得以其資金，「辦理經主管機關核准之專案運用、公共及社會福利事業投資」。本款（保146Ⅰ④）所定之內容，包括保險業以公益之目的擬定並經主管機關核准實施之「專案運用投資」、「公共事業投資」及「福利事業投資」。例如興建平價國民住宅投資計畫、開發工業園區投資計畫、興建大型停車場投資計畫、設立老人照護醫療機構投資計畫等是。蓋保險業之資金絕大多數取自於大眾，以之從事具有公益性之投資，實屬當然也。

「保險業資金辦理專案運用、公共及社會福利事業投資，應申請主管機關核准或備供主管機關事後查核；其申請核准或備供事後查核之情形、應具備之文件、程序、運用或投資之範圍、限

額及其他應遵行事項之辦法，由主管機關定之。」（保146-5Ⅰ）就此，主管機關訂頒有「保險業資金辦理專案運用公共及社會福利事業投資管理辦法」，以供適用。

「前項資金運用方式為投資公司股票時，其投資之條件及比率，不受第146-1條第1項第3款規定之限制。」（保146-5Ⅱ）所以不受第146-1條第1項第3款規定之限制，乃因目前對於保險業進行專案運用、公共及福利事業投資，已有明確之審核規範，故可排除該款所定條件及比率之限制。

「保險業資金依第1項規定辦理專案運用投資，準用第146-1條第3項及第4項規定。」（保146-5Ⅲ）所謂準用第146-1條第3項規定，即：保險業如係以投資公司股票之方式辦理專案運用、公共及社會福利事業投資時，不得有下列情事之一：一、以保險業或其代表人擔任被投資公司董事、監察人。二、行使對被投資公司董事、監察人選舉之表決權。三、指派人員獲聘為被投資公司經理人。四、擔任備投資證券化商品之信託監察人。五、與第三以信託、委任或其他契約約定或以協議、授權或其他方法參與對備投資公司之經營、被投資不動產投資信託基金之經營、管理。但不包括該基金之清算。（準用保146-1Ⅲ）所謂準用第146-1條第4項規定，即：保險業有前項各款情事之一者，其或代表人擔任董事、監察人、行使表決權、指派人員獲聘為經理人、與第三人之約定、協議或授權，無效。（準用保146-1Ⅳ）

「保險業資金依第1項規定辦理公共及社會福利事業投資，應符合下列規定：一、保險業或其代表人擔任被投資公司董事、監察人者，其派任之董事、監察人席次不得超過被投資事業全體董事、監察人席次之3分之2。二、保險業派任被投資公司董事席次

達半數者，該被投資公司應設置至少一席具獨立性之董事。三、不得指派保險業人員兼任被投資事業經理人。」（保146-5Ⅳ）

（六）國外投資

保險業得以其資金辦理國外投資。但「保險業資金辦理國外投資，以下列各款為限：一、外匯存款。二、國外有價證券。三、設立或投資國外保險公司、保險代理人公司、保險經紀人公司或其他經主管機關核准之保險相關事業。四、其他經主管機關核准之國外投資。」（保146-4Ⅰ）

「保險業資金依前項規定辦理國外投資總額，由主管機關視各保險業之經營情況核定之，最高不得超過各該保險業資金百分之45。但下列金額不計入其國外投資限額：一、保險業經主管機關核准銷售以外幣收付之非投資型人身保險商品，並經核准不計入國外投資之金額。二、保險業依本法規定投資於國內證券市場上市或上櫃買賣之外幣計價股權或債券憑證之投資金額。三、保險業經主管機關核准設立或投資國外保險相關事業，並經核准不計入國外投資之金額。四、其他經主管機關核准之投資項目及金額。」（保146-4Ⅱ）

「保險業資金辦理國外投資之投資範圍、投資額度、審核及其他應遵行事項之辦法，由主管機關定之。主管機關並得視保險業之財務狀況、風險管理及法令遵循之情形，就前項第2款之投資金額予以限制。」（保146-4Ⅲ）就本項前段規定，主管機關訂頒有「保險業辦理國外投資管理辦法」，以供適用。

（七）投資保險相關事業

保險業得以其資金投資保險相關事業。所謂「保險相關事業」，「指保險、金融控股、銀行、票券、信託、信用卡、融資

性租賃、證券、期貨、證券投資信託、證券投資顧問事業及其他經主管機關認定之保險相關事業」而言。（保146Ⅳ）

「保險業業主權益，超過第139條規定最低資本或基金最低額者，得經主管機關核准，投資保險相關事業所發行之股票，不受第146-1條第1項第3款及第3項規定之限制；其投資總額，最高不得超過該保險業業主權益。」（保146-6Ⅰ）

「保險業依前項規定投資而與被投資公司具有控制與從屬關係者，其投資總額，最高不得超過該保險業業主權益百分之40。」（保146-6Ⅱ）

「保險業依第1項規定投資保險相關事業，其控制與從屬關係之範圍、投資申報方式及其他應遵行事項之辦法，由主管機關定之。」（保146-6Ⅲ）就此，主管機關訂頒有「保險業投資保險相關事業管理辦法」，以供適用。

（八）從事衍生性商品交易

保險業得以其資金從事衍生性商品交易。本款原規定為「經主管機關核准從事衍生性商品交易」，民國96年7月18日修正保險法時將其中「經主管機關核准」等字刪除，修正理由謂：「鑑於保險業對於避險目的之衍生性商品操作已有相當之熟稔度，且隨著近年保險業資金大幅成長，相對應之資產部位亦日益增加，為使保險業資金運用有適度避險管道、提升避險效率、降低避險成本並減少個案審核之行政流程，以增加時效與保險業之避險彈性，採以通案方式替代個案核准，爰增訂（第146條）第8項，並修正第1項第7款，刪除『經主管機關核准』文字。」

保險業依保險法第146條第1項第7款規定從事衍生性商品交易之條件、交易範圍、交易限額、內部處理程序及其他應遵行事項

之辦法，由主管機關定之。（保146Ⅷ）就此，主管機關訂頒有「保險業從事衍生性金融商品交易管理辦法」，以供適用。

（九）其他經主管機關核准之資金運用

除上述八種資金之運用方式外，保險業尚可擬定運用計畫，申請主管機關核准後為之。主管機關如認其符合安全性、公益性、獲益性等原則，亦可予以核准。

十二、投資型及勞工退休金年金保險業務之專設帳簿

「保險業經營投資型保險業務、勞工退休金年金保險業務應專設帳簿，記載其投資資產之價值。」（保146Ⅴ）以達與一般保險業務之風險隔離之目的。

「投資型保險業務專設帳簿之管理、保存、投資資產之運用及其他應遵行事項之辦法，由主管機關定之，不受（保險法第146條）第1項、第3項、第146-1條、第146-2條、第146-4條、第146-5條及第146-7條規定之限制。」（保146Ⅵ）蓋其係以專設帳簿之方式經營，與一般保險資金不同，且已規定由主管機關另訂辦法為管理，故明定保險法第146條第1項（保險業資金之運用）、第3項（存款比率之限制）、第146-1條（購買有價證券之規定）、第146-2條（投資不動產之規定）、第146-4條（國外投資之限制）、第146-5條（專案運用、公共及社會福利事業投資之規定）、第146-7條（保險業對同一對象交易之限制）等關於一般保險資金運用之規定，對其不適用。就本項前段規定，主管機關訂頒有「投資型保險投資管理辦法」，以供適用。

「依第5項規定應專設帳簿之資產，如要保人以保險契約委任保險業全權決定運用標的，且將該資產運用於證券交易法第6條規定之有價證券者，應依證券投資信託及顧問法申請兼營全權委託

投資業務。」（保146Ⅶ）

十三、對同一對象交易之限制

「主管機關對於保險業就同一人、同一關係人或同一關係企業之放款或其他交易得予限制；其限額、其他交易之範圍及其他應遵行事項之辦法，由主管機關定之。」（保146-7Ⅰ）就此，主管機關訂頒有「保險業對同一人同一關係人或同一關係企業之放款及其他交易管理辦法」，以供適用。

「前項所稱同一人，指同一自然人或同一法人；同一關係人之範圍，包含本人、配偶、二親等以內之血親及以本人或配偶為負責人之事業；同一關係企業之範圍，適用公司法第369-1條至第369-3條、第369-9條及第369-11條規定。」（保146-7Ⅱ）

十四、保險業與其利害關係人交易之限制

「主管機關對於保險業與其利害關係人從事放款以外之其他交易得予限制；其利害關係人及交易之範圍、決議程序、限額及其他應遵行事項之辦法，由主管機關定之。」（保146-7Ⅲ）就此，主管機關訂頒有「保險業與利害關係人從事放款以外之其他交易管理辦法」，以供適用。

十五、行使所持有價證券股東權之規定

「保險業因持有有價證券行使股東權利時，不得與被投資公司或第三人以信託、委任或其他契約約定或以協議、授權或其他方法進行股權交換或利益輸送，並不得損及要保人、被保險人或受益人之利益。」（保146-9Ⅰ）「保險業於出席被投資公司股東會前，應將行使表決權之評估分析作業作成說明，並應於各該次股東會後，將行使表決權之書面紀錄，提報董事會。」（保146-9

Ⅱ）蓋因保險業資金多數係由保戶所繳交之保險費產生，且有一定之公眾性質，故保險業對於因投資（保146Ⅰ）、經營保險金信託業務（保138-2）或專設帳簿經營之保險業務（保146Ⅴ）等原因而取得之有價證券，於行使其股東權利時應盡善良管理人之注意義務，不得有股權交換或利益輸送或損害要保人、被保險人或受益人利益之行為，且應於出席股東會前進行評估及說明，及於會後提報董事會。

「保險業及其從屬公司，不得擔任被投資公司之委託書徵求人或委託他人擔任委託書徵求人。」（保146-9Ⅲ）此亦係基於保險業資金具有一定之公眾性質所為之限制規定，目的在防止保險業利用徵求委託書之方式，干涉被投資公司之經營權。

十六、辦理再保險或其他分散危險機制業務之規定

「保險業辦理再保險之分出、分入或其他危險分散機制業務之方式、限額及其他應遵行事項之辦法，由主管機關定之。」（保147）就此，主管機關訂頒有「保險業辦理再保險分出分入及其他危險分散機制管理辦法」，以供適用。

保險業專營再保險業務者，為專業再保險業，不適用第138條第1項（不得兼營財產保險及人身保險業務）、第143-1條（財團法人安定基金）、第143-3條（安定基金辦理之事項）及第144條第1項（保險單條款等之審核準則）規定。（保147-1Ⅰ）

「前項專業再保險業之業務、財務及其他相關管理事項之辦法，由主管機關定之。」（保147-1Ⅱ）就此，主管機關訂頒有「專業再保險業財務業務管理辦法」，以供適用。

十七、簽發保險費正式收據之規定

「保險人收取保險費，應由其總公司（社）或分公司（分社）簽發正式收據。」（施行細則3）

十八、保險單條款使用文字之方式

「保險業經營各種保險之保險單條款，應使用中文。但因業務需要，得使用外文，並附中文譯本或節譯本。」（施行細則5）

第四項　保險安定基金

所謂安定基金，指為保障被保險人之基本權益，維護金融秩序之安定，由各保險業者依規定提撥一定金額，所設置之基金。我國保險法原未設有關安定基金之規定，民國86年2月26日修正保險法時始增設之。

一、安定基金之設置

我國保險法上之安定基金，於民國86年2月26日增設時，係定義為一筆金錢，故規定「安定基金應專設委員會管理」，至民國90年7月9日始將其修正為以財團法人之型態設立之公益組織[340]。依保險法第143-1條第1項規定：「為保障被保險人之基本權益，並維護金融之安定，財產保險業及人身保險業應分別提撥資金，設置財團法人安定基金。」又第2項規定：「財團法人安定基金之組織及管理等事項之辦法，由主管機關定之。」就此，主管機關訂頒有「財團法人保險安定基金組織及管理辦法」，以供適用。

---

[340] 修正理由謂：「現行安定基金係由委員會管理，屬『非法人組織』型態，依法並無權利能力。為配合第143-3條，有關安定基金對被保險人之債權先行墊付及代位求償之修正，安定基金之組織應賦予法人人格。又因安定基金屬公益性質，非以營利為目的，爰修正第2項明定安定基金之組織型態為財團法人。」

二、安定基金之提撥與借貸

「安定基金由各保險業者提撥；其提撥比率，由主管機關審酌經濟、金融發展情形及保險業承擔能力定之，並不得低於各保險業者總保險費收入之千分之1。」（保143-1Ⅲ）就此，主管機關訂頒有「人身保險及財產保險安定基金計提標準」，以供適用。

「安定基金累積之金額不足保障被保險人權益，且有嚴重危及金融安定之虞時，得報經主管機關同意，向金融機構借款。」（保143-1Ⅳ）蓋因安定基金在保險業之退場機制中扮演很重要之角色，若因資金不足而無法達到安定金融秩序之目的，勢必危及社會對保險業之信賴，為此明定安定基金得向金融機構借款，以為因應。

三、安定基金辦理之事項

依保險法第143-3條規定，安定基金辦理之事項如下：

一、對經營困難保險業之貸款。

二、保險業因與經營不善同業進行合併或承受其契約，致遭受損失時，安定基金得予以低利貸款或墊支，並就其墊支金額取得對經營不善保險業之求償權。

依本款規定申請墊支之金額，由安定基金報請主管機關核准。（保143-3Ⅲ）

三、保險業依第149條第3項規定被接管、勒令停業清理或命令解散，或經接管人依第149-2條第2項第4款規定向法院聲請重整時，安定基金於必要時應代該保險業墊付要保人、被保險人及受益人依有效契約所得為之請求，並就其墊付金額取得並行使該要保人、被保險人及受益人對該保險業之請求權。

四、保險業依本法規定進行重整時，為保障被保險人權益，協助重整程序之迅速進行，要保人、被保險人及受益人除提出書面反對意見者外，視為同意安定基金代理其出席關係人會議及行使重整相關權利。安定基金執行代理行為之程序及其他應遵行事項，由安定基金訂定，報請主管機關備查。就此，安定基金訂定有「財團法人保險安定基金執行代理行為程序作業要點」報經主管機關備查，以供適用。

五、受主管機關委託擔任監管人、接管人、清理人或清算人職務。

六、經主管機關核可承接不具清償能力保險公司之保險契約。

七、財產保險業及人身保險業安定基金提撥之相關事宜。

八、受主管機關指定處理保險業依本法規定彙報之財務、業務及經營風險相關資訊。但不得逾越主管機關指定之範圍。

主管機關於安定基金辦理上開第7款及第8款事項時，得視需要，提供必要之保險業經營資訊。（保143-3Ⅳ）

又保險業於安定基金辦理上開第7款及第8款事項時，於安定基金報請主管機關核可後，應依安定基金規定之檔案格式及內容，建置必要之各項準備金等電子資料檔案，並提供安定基金認為必要之電子資料檔案。（保143-3Ⅴ）

九、其他為安定保險市場或保障被保險人之權益，經主管機關核定之事項。（保143-3Ⅰ）

安定基金辦理前項第1款至第3款及第9款事項，其資金動用時點、範圍、單項金額及總額之限制，由安定基金擬訂，報請主管機關核定。（保143-3Ⅱ）就此，主管機關核定發布有「財團法人

保險安定基金對人身保險業動用範圍及限額規定」、「財團法人保險安定基金對財產保險業動用範圍及限額規定」，以供適用。

四、安定基金得查核之事項

「安定基金得對保險業辦理下列事項之查核：

一、提撥比率正確性及前項所定電子資料檔案建置內容。

二、自有資本與風險資本比率未符合第143-4條規定保險業之資產、負債及營業相關事項。」（保143-3 VI）

五、安定基金之損害賠償責任與求償權

安定基金之負責人及職員，依本法辦理墊支或墊付事項時，因故意或過失不法侵害他人權利者，安定基金應負損害賠償責任。（保143-3 VII後半）

前項情形，負責人及職員有故意或重大過失時，安定基金對之有求償權。（保143-3 VIII後半）

第五項　保險業之監督

壹、監督之方法

一、業務檢查

「主管機關得隨時派員檢查保險業之業務及財務狀況，或令保險業於限期內報告營業狀況。」（保148 I）「前項檢查，主管機關得委託適當機構或專業經驗人員擔任；其費用，由受檢查之保險業負擔。」（保148 II）

「前二項檢查人員執行職務時，得為下列行為，保險業負責人及相關人員不得規避、妨礙或拒絕：一、令保險業提供第148-1

條第1項所定各項書表,並提出證明文件、單據、表冊及有關資料。二、詢問保險業相關業務之負責人及相關人員。三、評估保險業資產及負債。」(保148Ⅲ)另「基於調查事實及證據之必要,於取得主管機關許可後,並得為下列行為:一、要求受檢查保險業之關係企業提供財務報告,或檢查其有關之帳冊、文件,或向其有關之職員詢問。二、向其他金融機構查核該保險業與其關係企業及涉嫌為其利用名義交易者之交易資料。」(保148Ⅳ)至於所稱關係企業之範圍,則適用公司法第369-1條至第369-3條、第369-9條及第369-11條規定。(保148Ⅴ)

二、年終營業及財務報告

「保險業每屆營業年度終了,應將其營業狀況連同資金運用情形,作成報告書,併同資產負債表、損益表、股東權益變動表、現金流量表及盈餘分配或虧損撥補之議案及其他經主管機關指定之項目,先經會計師查核簽證,並提經股東會或社員代表大會承認後,15日內報請主管機關備查。」(保148-1Ⅰ)

「保險業除依前項規定提報財務業務報告外,主管機關並得視需要,令保險業於規定期限內,依規定之格式及內容,將業務及財務狀況彙報主管機關或其指定之機構,或提出帳簿、表冊、傳票或其他有關財務業務文件。」(保148-1Ⅱ)

「前二項財務報告之編製準則,由主管機關定之。」(保148-1Ⅲ)就此,主管機關訂頒有「保險業財務報告編制準則」,以供適用。

三、資訊公開之要求

「保險業應依規定據實編製記載有財務及業務事項之說明文

件提供公開查閱。」（保148-2Ⅰ）

　　「保險業於有攸關消費大眾權益之重大訊息發生時，應於2日內以書面向主管機關報告，並主動公開說明。」（保148-2Ⅱ）

　　「第1項說明文件及前項重大訊息之內容、公開時期及方式，由主管機關定之。」（保148-2Ⅲ）就此，主管機關訂頒有「財產保險業辦理資訊公開管理辦法」及「人身保險業辦理資訊公開管理辦法」，以供適用。

四、內控及稽核等制度之建立

　　「保險業應建立內部控制及稽核制度；其辦法，由主管機關定之。」（保148-3Ⅰ）就此，主管機關訂頒有「保險業內部控制及稽核制度實施辦法」，以供適用。

　　「保險業對資產品質之評估、各種準備金之提存、逾期放款、催收款之清理、呆帳之轉銷及保單之招攬核保理賠，應建立內部處理制度及程序；其辦法，由主管機關定之。」（保148-3Ⅱ）就此，主管機關訂頒有「保險業資產評估及逾期放款催收款呆帳處理辦法」，以供適用。

貳、監督之處分

一、違反法令、章程或有礙健全經營之虞時

　　「保險業違反法令、章程或有礙健全經營之虞時，主管機關除得予以糾正或令其限期改善外，並得視情況為下列處分：
　　一、限制其營業或資金運用範圍。
　　二、令其停售保險商品或限制其保險商品之開辦。
　　三、令其增資。

四、令其解除經理人或職員之職務。

五、撤銷法定會議之決議。

六、解除董（理）事、監察人（監事）職務或停止其於一定期間內執行職務。

七、其他必要之處置。」（保149Ⅰ）

依前項第6款規定解除董（理）事、監察人（監事）職務時，由主管機關通知公司（合作社）登記之主管機關廢止其董（理）事、監察人（監事）登記。（保149Ⅱ）

二、因財務或業務狀況顯著惡化，不能支付債務或無法履行契約責任或有損及被保險人權益之虞時

（一）監管、接管、勒令停業清理或命令解散之處分

「主管機關應依下列規定對保險業為監管、接管、勒令停業清理或命令解散之處分：

一、資本等級為嚴重不足，且其或負責人未依主管機關規定期限完成增資、財務或業務改善計畫或合併者，應自期限屆滿之次日起90日內，為接管、勒令停業清理或命令解散之處分。

二、前款情形以外之財務或業務狀況顯著惡化，不能支付其債務，或無法履行契約責任或有損及被保險人權益之虞時，主管機關應先令該保險業提出財務或業務改善計畫，並經主管機關核定。若該保險業損益、淨值呈現加速惡化或經輔導仍未改善，致仍有前述情事之虞者，主管機關得依情節之輕重，為監管、接管、勒令停業清理或命令解散之處分。」（保149Ⅲ）

「前項保險業因國內外重大事件顯著影響金融市場之系統因素，致其或其負責人未於主管機關規定期限內完成前項增資、財務或業務改善或合併計畫者，主管機關得令該保險業另定完成期

限或重新提具增資、財務或業務改善或合併計畫。」（保149Ⅳ）

（二）監管人、接管人、清理人或清算人之委託

「依（第149條）第3項規定監管、接管、停業清理或解散者，主管機關得委託其他保險業、保險相關機構或具有專業經驗人員擔任監管人、接管人、清理人或清算人；其有涉及第143-3條安定基金辦理事項時，安定基金應配合辦理。」（保149Ⅴ）所謂保險相關機構，例如財團法人安定基金、保險事業發展中心、產（壽）險商業同業公會是；所謂具有專業經驗人員，例如律師、會計師、精算師是。

「前項經主管機關委託之相關機構或個人，於辦理受委託事項時，不適用政府採購法之規定。」（保149Ⅵ）蓋因問題保險業之處理首重迅速，故參照存款保險條例第39條規定，明定不適用政府採購法之規定，以免因委託之程序而延誤處理時效，並增加彈性。

「監管人、接管人、清理人或清算人之報酬及因執行職務所生之費用，由受監管、接管、清理、清算之保險業負擔，並優先於其他債權受清償。」（保149-5Ⅰ）「前項報酬，應報請主管機關核定。」（保149-5Ⅱ）

（三）對有違法嫌疑之保險業及人員得為之處分

「保險業經主管機關依第149條第3項規定為監管、接管、勒令停業清理或命令解散之處分時，主管機關對該保險業及其負責人或有違法嫌疑之職員，得通知有關機關或機構禁止其財產為移轉、交付或設定他項權利，並得函請入出境許可之機關限制其出境。」（保149-6）

參、監管、接管、勒令停業清理與命令解散之效力

一、監管之效力

（一）業務行為之限制

「保險業經主管機關為監管處分時，非經監管人同意，保險業不得為下列行為：一、支付款項或處分財產，超過主管機關規定之限額。二、締結契約或重大義務之承諾。三、其他重大影響財務之事項。」（保149IX）

（二）監管人得隨時為業務檢查

「監管人執行監管職務時，準用第148條有關檢查之規定。」（保149X）

（三）監管期限與監管之終止

監管之期限，由主管機關定之。在監管期間，監管原因消失時，監管人應報請主管機關終止監管。（保149-3I）

（四）監管辦法之訂定

「保險業監管（或接管）之程序、監管人（與接管人）之職權、費用負擔及其他應遵行事項之辦法，由主管機關定之。」（保149XI）就此，主管機關訂頒有「保險業監管及接管辦法」，以供適用。

二、接管之效力

（一）業務及財產之移交

「保險業經主管機關派員接管者，其經營權及財產之管理處分權均由接管人行使之。原有股東會、董事會、董事、監察人、審計委員會或類似機構之職權即行停止。」（保149-1I）

「前項接管人，有代表受接管保險業為訴訟上及訴訟外一切

行為之權，並得指派自然人代表行使職務。接管人執行職務，不適用行政執行法第17條及稅捐稽徵法第24條第3項規定。」（保149-1Ⅱ）

「保險業之董事、經理人或類似機構應將有關業務及財務上一切帳冊、文件與財產列表移交與接管人。董事、監察人、經理人或其他職員，對於接管人所為關於業務或財務狀況之詢問，有答復之義務。」（保149-1Ⅲ）

「接管人因執行職務聲請假扣押、假處分時，得免提供擔保。」（保149-1Ⅳ）

（二）承接業務之限制

「保險業於受接管期間內，主管機關對其新業務之承接、受理有效保險契約之變更或終止、受理要保人以保險契約為質之借款或償付保險契約之解約金，得予以限制。」（保149-2Ⅰ）

（三）不適用公司法有關臨時管理人或檢查人之規定

「保險業受接管…時，不適用公司法有關臨時管理人或檢查人之規定，除依本法規定聲請之重整外，其他重整、破產、和解之聲請及強制執行程序當然停止。」（保149Ⅶ）按接管處分，係一種特別之重整程序，主管機關於為處分前已為審慎評估，為避免進行接管程序時，少數股東利用公司法臨時管理人或檢查人之規定，加以阻撓，影響保戶之權益，爰在公益考量下，明定排除公司法有關臨時管理人或檢查人規定之適用。此外，既已被接管，則在接管期間，自不得再為重整、破產、和解之聲請，且其債務之清償應依接管程序為之，故對保險業之強制執行程序，不論已在進行中或新聲請之案件，均應即停止。

（四）接管人之責任

1. 應盡之注意義務

按保險法第149條第1項原規定：「接管人執行接管職務時，應以善良管理人之注意為之。其有違法或不當情事者，主管機關得隨時解除其職務，另行選派，並依法追究責任。」民國96年7月18日修正保險法時，為免接管人等動輒受訴訟及賠償責任之威脅，不利於金融危機之處理，爰將本項刪除，回歸適用國家賠償法公務員責任之規定。蓋因接管人（或監管人、清理人、清算人）係受主管機關委託行使公權力之人，依行政程序法第2條第3項規定，於受託範圍內，視為行政機關；另依國家賠償法第4條規定，受委託行使公權力之團體或個人，其執行職務之人於行使公權力時，視同委託機關之公務員，如有故意或重大過失時，賠償義務機關對受託之團體或個人有求償權。亦即接管人（或監管人、清理人、清算人）對於其職務之執行，只須負故意或重大過失之責任也。

2. 接管人之主要職責

（1）主要職責及應先取得許可之事項

接管人之職責主要在移轉營業、資產或負債，或擬定並聲請重整，而非進行保險業之實質經營。故涉及保險業實質經營或組織改變或重大之事項，須事先取得主管機關之許可，始得為之。依保險法第149-2條第2項規定：「接管人執行職務而有下列行為時，應研擬具體方案，事先取得主管機關許可：一、增資或減資後再增資。二、讓與全部或部分營業、資產或負債。三、分割或與其他保險業合併。四、有重建更生可能而應向法院聲請重整。五、其他經主管機關指定之重要事項。」

「接管人依第2項第1款或第3款規定辦理而持有受接管保險業已發行有表決權股份者，不適用第139-1條規定。」（保149-2Ⅳ）

（2）研擬過渡保險機制方案報准後執行

「保險業於受接管期間內，經接管人評估認為有利於維護保戶基本權益或金融穩定等必要，得由接管人研擬過渡保護機制方案，報主管機關核准後執行。」（保149-2Ⅲ）

（3）受接管保險業之保險費率或保險金額之調整

「受接管保險業依（第149-2條）第2項第2款規定讓與全部或部分營業、資產或負債時，如受接管保險業之有效保險契約之保險費率與當時情況有顯著差異，非調高其保險費率或降低其保險金額，其他保險業不予承接者，接管人得報經主管機關核准，調整其保險費率或保險金額。」（保149-2Ⅷ）

（4）保險公司受讓被接管保險業之營業、資產或負債或與之合併時應適用之規定

「股份有限公司組織之保險業受讓依第149-2條第2項第2款受接管保險業讓與之營業、資產或負債時，適用下列規定：

一、股份有限公司受讓全部營業、資產或負債時，應經代表已發行股份總數過半數股東出席之股東會，以出席股東表決權過半數之同意行之；不同意之股東不得請求收買股份，免依公司法第185條至第187條規定辦理。

二、債權讓與之通知以公告方式辦理之，免依民法第297條之規定辦理。

三、承擔債務時免依民法第301條債權人承認之規定辦理。

四、經主管機關認為有緊急處理之必要，且對市場競爭無重大不利影響時，免依公平交易法第11條第1項規定向公平交易委員會申報結合。」（保149-7 I）

另「保險業依第149-2條第2項第3款與受接管保險業合併時，除適用前項第1款及第4款規定外，解散或合併之通知得以公告方式辦理之，免依公司法第316條第4項規定辦理。」（保149-7 II）

3. 重整之聲請

（1）聲請重整之要件與法院之裁定

接管人於完成接管後，如認被接管之保險業有重建更生之可能時，應向法院聲請重整。「接管人依本法聲請重整之保險業，不以公開發行股票或公司債之公司為限，且其重整除本法另有規定外，準用公司法有關重整之規定。」（保149-2 VI）

「法院受理接管人依本法規定之重整聲請時，得逕依主管機關所提出之財務業務檢查報告及意見於30日內為裁定。」（保149-2 V）

（2）保險契約所生之權利為免申報之優先重整債權

「依保險契約所生之權利於保險業重整時，有優先受償權，並免為重整債權之申報。」（保149-2 VI）亦即依保險契約所生之權利，為一種免申報之優先重整債權也。所以免申報，乃因保險契約之權利人均為保險業所明知或有案可查；賦予依保險契約所生之權利優先受償權之目的，則在保護被保險人；另因保險契約，係在重整裁定前訂立者，故其所生之權利，係屬重整債權（準用公司296）。

（五）接管期限與接管之終止

接管之期限，由主管機關定之。在接管期間，接管原因消失時，接管人應報請主管機關終止接管。（保149-3 I）

「接管期間屆滿或雖未屆滿而經主管機關決定終止接管時，接管人應將經營之有關業務及財務上一切帳冊、文件與財產，列表移交與該保險業之代表人。」（保149-3 II）

（六）接管辦法之訂定

「保險業（監管或）接管之程序、（監管人與）接管人之職權、費用負擔及其他應遵行事項之辦法，由主管機關定之。」（保149 XI）就此，主管機關訂頒有「保險業監管及接管辦法」，以供適用。

三、勒令停業清理之效力

（一）不適用公司法有關臨時管理人或檢查人之規定

「保險業…被勒令停業清理時，不適用公司法有關臨時管理人或檢查人之規定，除依本法規定聲請之重整外，其他重整、破產、和解之聲請及強制執行程序當然停止。」（保149 VII）按勒令停業清理處分，亦係一種特別之重整程序，主管機關於為處分前已為審慎評估，為避免進行清理程序時，少數股東利用公司法臨時管理人或檢查人之規定，加以阻撓，影響保戶之權益，爰在公益考量下，明定排除公司法有關臨時管理人或檢查人規定之適用。此外，既已被勒令停業清理，則在停業清理期間，自不得再為重整、破產、和解之聲請，且其債務之清償應依清理程序為之，故對保險業之強制執行程序，不論已在進行中或新聲請之案件，均應即停止。凡此與被接管之情形相同。

（二）清理人之指定與清理人之職務

「保險業之清理，主管機關應指定清理人為之，並得派員監督清理之進行。」（保149-8 I ）

「清理人之職務如下：一、了結現務。二、收取債權，清償債務。三、分派賸餘財產。」（保149-8 II ）

（三）接管有關規定之準用

「保險業經主管機關為勒令停業清理之處分時，準用第149-1條、第149-2條第1項、第2項、第4項及第8項規定。」（保149-8 III ）亦即：

1.「保險業經主管機關勒令停業清理者，其經營權及財產之管理處分權均由清理人行使之。原有股東會、董事會、董事、監察人、審計委員會或類似機構之職權即行停止。」（準用保149-1 I ）

2.「前項清理人，有代表受清理保險業為訴訟上及訴訟外一切行為之權，並得指派自然人代表行使職務，不適用行政執行法第17條及稅捐稽徵法第24條第3項規定。」（準用保149-1 II ）

3.「保險業之董事、經理人或類似機構應將有關業務及財務上一切帳冊、文件與財產列表移交與清理人。董事、監察人、經理人或其他職員，對於清理人所為關於業務或財務狀況之詢問，有答復之義務。」（準用保149-1 III ）

4.「清理人因執行職務聲請假扣押、假處分時，得免提供擔保。」（準用保149-1 IV ）

5.「保險業於受勒令停業清理期間內，主管機關對其新業務之承接、受理有效保險契約之變更或終止、受理要保人以保險契

約為質之借款或償付保險契約之解約金，得予以限制。」（準用保149-2 I）

6.「清理人執行職務而有下列行為時，應研擬具體方案，事先取得主管機關許可：一、增資或減資後再增資。二、讓與全部或部分營業、資產或負債。三、分割或與其他保險業合併。四、有重建更生可能而應向法院聲請重整。五、其他經主管機關指定之重要事項。」（準用保149-2 II）

7.「清理人準用第149-2條第2項第1款或第3款規定辦理而持有受清理保險業已發行有表權股份者，不適用第139-1條規定。」（準用保149-2IV）

8.「受勒令停業清理之保險業，準用第149-2條第2項第2款規定讓與全部或部分營業、資產或負債時，如受勒令停業清理保險業之有效保險契約之保險費率與當時情況有顯著差異，非調高其保險費率或降低其保險金額，其他保險業不予承接者，清理人得報經主管機關核准，調整其保險費率或保險金額。」（準用保149-2VIII）

（四）其他保險業之受讓受清理保險業或與其合併

其他保險業受讓受清理保險業之營業、資產或負債或與其合併時，應依第149-7條規定辦理。（保149-8IV）

（五）債權申報及清理計畫之公告

「清理人就任後，應即於保險業所在地之日報為3日以上之公告，催告債權人於30日內申報其債權，並應聲明屆期不申報者，不列入清理。但清理人所明知之債權，不在此限。」（保149-9 I）清理人於債權申報期限內，不得對債權人為清償。但對已屆清償期之職員薪資，不在此限。（保149-9III）

　　「清理人應即查明保險業之財產狀況，於申報期限屆滿後3個月內造具資產負債表及財產目錄，並擬具清理計畫，報請主管機關備查，並將資產負債表於保險業所在地日報公告之。」（保149-9 Ⅱ）

（六）對債權之清償

1.清理債權之行使

　　「保險業經主管機關勒令停業進行清理時，第三人對該保險業之債權，除依訴訟程序確定其權利者外，非依前條（按即第149-9條）第1項規定之清理程序，不得行使。」（保149-10 Ⅰ）[341]

　　「前項債權因涉訟致分配有稽延之虞時，清理人得按照清理分配比例提存相當金額，而將所餘財產分配於其他債權人。」（保149-10 Ⅱ）

2.除斥債權之種類

　　「下列各款債權，不列入清理：一、債權人參加清理程序為個人利益所支出之費用。二、保險業停業日後債務不履行所生之損害賠償及違約金。三、罰金、罰鍰及追繳金。」（保149-10 Ⅲ）[342]所謂不列入清理，即不得列入清理債權之範圍而受償，學理上稱此類債權為「除斥債權」。

3.別除權之範圍

　　「在保險業停業日前，對於保險業之財產有質權、抵押權或留置權者，就其財產有別除權；有別除權之債權人不依清理程序而行使其權利。但行使別除權後未能受清償之債權，得依清理程

---

[341] 本項係參照破產法第99條之規定而訂定。
[342] 本項係參照破產法第103條之規定而訂定。

序申報列入清理債權。」（保149-10IV）[343]所謂別除權，乃不受停業清理命令之影響，就受清理保險業之特定財產，得不依清理程序而優先受償之債權也。

4. 因清理所生費用及債務之優先受償

「清理人因執行清理職務所生之費用及債務，應先於清理債權，隨時由受清理保險業財產清償之。」（保149-10 V）[344]

5. 清理債權時效之中斷

「依前條（按即149-9條）第1項規定申報之債權或為清理人所明知而列入清理之債權，其請求權時效中斷，自清理完結之日起重行起算。」（保149-10VI）[345]

6. 清理完結對債權人之效力

「債權人依清理程序已受清償者，其債權未能受清償之部分，對該保險業之請求權視為消滅。清理完結後，如復發現可分配之財產時，應追加分配，於列入清理程序之債權人受清償後，有剩餘時，第3項之債權人（按即不列入清理之債權人）仍得請求清償。」（保149-10VII）[346]

7. 清理完結後免辦理清算

「保險業經主管機關勒令停業進行清理者，於清理完結後，免依公司法或合作社法規定辦理清算。」（保149-11 I）

---

[343] 本項係參照破產法第108條之規定而訂定。
[344] 本項係參照破產法第97條之規定而訂定。
[345] 本項係參照公司法第297條及民法第137條之規定而訂定。
[346] 本項係參照破產法第149條之規定而訂定。

（七）保險業許可之廢止

「清理人應於清理完結後15日內造具清理期內收支表、損益表及各項帳冊，並將收支表及損益表於保險業所在地之新聞紙及主管機關指定之網站公告後，報主管機關廢止保險業許可。」（保149-11Ⅱ）

「保險業於清理完結後，應以主管機關廢止許可日，作為向公司或合作社主管機關辦理廢止登記日及依所得稅法第75條第1項所定應辦理當期決算之期日。」（保149-11Ⅲ）

四、命令解散之效力

「依第149條為解散之處分者，其清算程序，除本法另有規定外，其為公司組織者，準用公司法關於股份有限公司清算之規定；其為合作社組織者，準用合作社法關於清算之規定。但有公司法第335條特別清算之原因者，均應準用公司法關於股份有限公司特別清算之程序為之。」（保149-4）

「保險業解散清算時，應將其營業執照繳銷。」（保150）

肆、監管人、接管人、清理人及清算人之損害賠償責任與求償權

監管人、接管人、清理人及清算人之負責人及職員，依本法執行監管、接管、清理、清算業務時，因故意或過失不法侵害他人權利者，監管人、交管人、清理人、清算人應負損害賠償責任。（保143-3Ⅶ前半）

前項情形，負責人及職員有故意或重大過失者，監管人、接管人、清理人、清算人對之有求償權。（保143-3Ⅷ前半）

第六項　保險代理人、經紀人、公證人、業務員

　　保險業之代理人、經紀人、公證人，均係獨立於保險業之外，辦理保險業之輔助性業務之人。保險業務員，則係受僱於保險業、保險經紀人、保險代理人，從事保險招攬之人。一般稱此四者為「保險契約之輔助人」。

壹、保險經紀人、代理人、公證人

　　我國保險法除於第一章第一節分別就保險經紀人、保險代理人、保險公證人設有定義規定之外，復於第六章第四節設有共同適用之執業規定。分述如下：

一、定義

（一）保險代理人之意義

　　「本法所稱保險代理人，指根據代理契約或授權書，向保險人收取費用，並代理經營業務之人。」（保8）俗稱保險代理商。所謂代理經營業務，即代理保險業簽訂保險契約之謂也。

（二）保險經紀人之意義

　　「本法所稱保險經紀人，指基於被保險人之利益，洽訂保險契約或提供相關服務，而收取佣金或報酬之人。」（保9）所謂「洽訂」，即僅代要保人向保險人接洽保險契約內容，而由要保人與保險人訂定保險契約之謂。亦即保險經紀人純粹係提供服務而已，類似民法上之「居間人」（民565）。保險經紀人之佣金或報酬，應向何人收取，法未設限制，當事人可自行訂定，但通常係約定由保險人給付佣金。

（三）公證人之意義

　　我國保險法稱保險公證人，為公證人。「本法所稱公證人，

指向保險人或被保險人收取費用，為其辦理保險標的之查勘、鑑定及估價與賠款之理算、洽商，而予證明之人。」（保10）公證人分為「一般保險公證人」及「海事保險公證人」二種（管理規則4）。又公證人可接受保險人之委託，向保險人收取費用；亦可接受被保險人之委託，向被保險人收取費用。

二、執業之規定

（一）成立與開始執業

「保險業之經紀人、代理人、公證人應經主管機關許可，繳存保證金並投保相關保險，領有執業證照後，始得經營或執行業務。」（保163 I）

「前項所定相關保險，於保險代理人、公證人為責任保險；於保險經紀人為責任保險及保證保險。」（保163 II）

「第1項繳存保證金、投保相關保險之最低金額及實施方式，由主管機關考量保險代理人、經紀人、公證人經營業務與執行業務範圍及規模等因素定之。」（保163 III）就此，主管機關訂頒有「保險代理人保險經紀人保險公證人繳存保證金及投保相關保險辦法」，以供適用。

（二）應有固定營業處所並專設帳簿

「保險業代理人、經紀人、公證人，應有固定營業處所，並專設帳簿記載業務收支。」（保165 I）

（三）僅得擇一申領執業證照

「兼有保險代理人、經紀人、公證人資格者，僅得擇一申領執業證照。」（保165 II）

（四）銀行得兼營保險代理人或經紀人業務

　　「銀行得經主管機關許可擇一兼營保險代理人或保險經紀人業務，並應分別準用本法有關保險代理人、保險經紀人之規定。」（保163 V）

（五）保險代理人經紀人得辦理保險電子商務

　　「保險代理人、保險經紀人經主管機關許可，得配合保險業電子商務發展辦理相關業務，並得以電子系統執行業務；其資格條件、業務範圍及其他應遵行事項之辦法，由主管機關定之。」（保163-1）就此，主管機關訂頒有「保險代理人公司保險經紀人公司辦理網路投保業務及網路保險服務管理辦法」，以供適用。

（六）內控稽核及招攬制度之建立

　　「保險代理人公司、經紀人公司為公開發行公司或具一定規模者，應建立內部控制、稽核制度與招攬處理制度及程序；其辦法，由主管機關定之。」（保165 III）就此，主管機關訂頒有「保險代理人公司保險經紀人公司內部控制稽核制度及招攬處理制度實施辦法」，以供適用。

（七）保險經紀人為被保險人洽定保險契約之規定

　　保險經紀人為被保險人洽定保險契約，須遵循下列規範：

　　1.應盡善良管理人之注意義務　「保險經紀人應以善良管理人之注意義務，為被保險人洽訂保險契約或提供相關服務，並負忠實義務。」（保163 VI）

　　2.應主動提供書面分析報告　「保險經紀人為被保險人洽定保險契約前，於主管機關指定之適用範圍內，應主動提供書面之分析報告，向要保人或被保險人收取報酬者，應明確告知其報酬收取標準。」（保163 VII）

「前項書面分析報告之適用範圍、內容及報酬收取標準之範圍，由主管機關定之。」（保163Ⅷ）就此，主管機關將其合併規定於「保險經紀人管理規則」內，以供適用。

（八）保險業相關規定之準用

「第142條（保證金之繳存）、第148條（主管機關得隨時派員檢查業務及財務狀況）於保險代理人、經紀人、公證人準用之。」（保165Ⅳ）

（九）違反法令或有礙健全經營之處分

「保險代理人、經紀人、公證人違反法令或有礙健全經營之虞時，主管機關除得予以糾正或命其限期改善外，並得視情節之輕重為下列處分：

一、限制其經營或執行業務之範圍。

二、命公司解除經理人或職員之職務。

三、解除公司董事、監察人職務或停止其於一定期間內執行職務。

四、其他必要之處置。

依前項第3款規定解除公司董事或監察人職務時，由主管機關通知公司登記之主管機關註銷其董事或監察人登記。」（保164-1）

三、管理規則之訂定

「保險代理人、經紀人、公證人之資格取得、申請許可應具備之條件、程序、應檢附之文件、董事、監察人與經理人應具備之資格條件、解任事由、設立分支機構之條件、財務與業務管理、教育訓練、廢止許可及其他應遵行事項之管理規則，由主管機關定之。」（保163Ⅳ）就此，主管機關訂頒有「保險代理人管

理規則」、「保險經紀人管理規則」及「保險公證人管理規則」，以供適用。

貳、保險業務員

保險業者向來均僱有業務員以從事保險招攬工作，惟我國保險法就保險業務員並未設規定，迨民國81年2月26日修正保險法時，始新增第8-1條關於保險業務員定義，及於第177條增訂保險業務員管理規則亦由主管機關訂定之部分。分言之：

一、保險業務員之意義

「本法所稱保險業務員，指為保險業、保險經紀人公司、保險代理人公司或兼營保險代理人或保險經紀人業務之銀行，從事保險招攬之人。」（保8-1）

凡成年，具有高（職）以上學校畢業或同等學歷者，得由所屬公司向各有關公會報名，參加業務員資格測驗；測驗合格者，始得填妥登錄申請書，由所屬公司為其向各有關公會辦理登錄。（管理規則5 I II、6 I）「業務員非依本規則辦理登錄，領得登錄證，不得為其所屬公司招攬保險。」（管理規則3 I）

須說明者，保險業務員與所屬公司間之法律關係如何？保險法雖未設規定，惟因我國民法第188條所定之受僱人，係指客觀上被他人使用為之服勞務而受其監督之人。是否為受僱人，以「選任監督關係」之有無為斷，有無訂立僱傭契約、勞務之性質、時間之久暫、報酬之有無，以及是否授與代理權，皆所不問。[347]故保險業務員，不論其是否為所屬公司之正式職員，不論係專任抑兼任、薪資多寡，亦不論係以純粹抽佣或底薪附加佣金之方式為

---

[347] 陳猷龍，民法債編總論，100頁。

給付,於執行招攬保險之職務時,均係所屬公司之受僱人。此情形,該保險業務員依法並無所屬公司之代表權(民28),無代為簽訂保險契約之權。惟該業務員除係所屬公司之受僱人外,同時亦係所屬公司之使用人,故如於執行招攬職務過程中,因故意或過失致要保人或被保險人受損害(例如代要保人勾填說明事項,因說明不實經保險人解除契約,致被保險人受損害)時,所屬公司仍須負僱用人責任(民188),或與自己之故意或過失負同一責任(民224)。不可誤以為,保險業對於非屬其正式職員之保險業務員所為之行為,即可無庸負責也。

二、管理規則之訂定

「保險業務員之資格取得、登錄、撤銷或廢止登錄、教育訓練、懲處及其他應遵行事項之管理規則,由主管機關定之。」(保177)就此,主管機關訂頒有「保險業務員管理規則」,以供適用。

第七項 保險同業公會

一、加入同業公會之強制性

「保險業、保險代理人公司、保險經紀人公司、保險公證人公司非加入同業公會,不得營業;同業公會非有正當理由,不得拒絕其加入,或就其加入附加不當之條件。」(保165-1)[348]

二、同業公會辦理之事項

「同業公會為會員之健全經營及維護同業之聲譽,應辦理下

---

[348] 本條係參照「證券交易法」第89條、「期貨交易法」第89條第1項、「票券金融管理法」第54條、「證券投資信託及顧問法」第84條等規定而訂定。

列事項：

一、訂定共同性業務規章、自律規範及各項實務作業規定，並報請主管機關備查後供會員遵循。

二、就會員所經營業務，為必要指導或協調其間之糾紛。

三、主管機關規定或委託辦理之事項。

四、其他為達成保險業務發展及公會任務之必要業務。」（保165-2 I）

「同業公會為辦理前項事項，得要求會員提供有關資料或提出說明。」（保165-2 II）[349]

三、同業公會管理規則之訂定

「同業公會之業務、財務規範與監督、章程應記載事項、負責人與業務人員之資格條件及其他應遵行事項之規則，由主管機關定之。」（保165-3）[350]就此，主管機關訂頒有「保險商業同業公會管理規則」，以供適用。

四、主管機關對同業公會理監事違規之處置

「同業公會之理事、監事有違反法令、怠於遵守該會章程、規章、濫用職權或違背誠實信用原則之行為者，主管機關得予以糾正或命令同業公會予以解任。」（保165-4）[351]

---

[349] 本條係參照「票券金融管理法」第55條、「證券投資信託及顧問法」第88條等規定而訂定。

[350] 本條係參照「證券交易法」第90條、「期貨交易法」第93條、「證券投資信託及顧問法」第86條等規定而訂定。

[351] 本條係參照「證券交易法」第92條、「證券投資信託及顧問法」第91條等規定訂定。

五、主管機關之介入權

「主管機關為健全保險市場或保護被保險人之權益，必要時，得命令同業公會變更其章程、規章、規範或決議，或提供參考、報告之資料，或為其他一定之行為。」（保165-5）[352]

六、同業公會對會員違規之處置

「同業公會得依章程之規定，對會員或其會員代表違反章程、規章、自律規範、會員大會或理事會決議等事項時，為必要之處置。」（保165-6）[353]

七、章程變更及理監事會議紀錄之備查

「同業公會章程之變更及理事會、監事會會議紀錄，應報請主管機關備查。」（保165-7）[354]

第八項　罰則

保險法第五章第五節「罰則」之規定，按其性質可分為行政罰、特別刑法及民事規定三大部分。分述如次：

壹、行政罰部分

一、未經核准而營業者之處罰

「未依第137條規定，經主管機關核准經營保險業務者，應勒令停業，並處新臺幣300萬元以上3,000萬元以下罰鍰。」（保166）

---

[352] 本條係參照「證券交易法」第91條、「期貨交易法」第102條、「證券投資信託及顧問法」第90條等規定而訂定。

[353] 本條係參照「期貨交易法」第94條、「證券投資信託及顧問法」第92條等規定而訂定。

[354] 本條係參照「票券金融管理法」第57條之規定而訂定。

二、保險代理人經紀人公證人違法執業之處罰

「未領有執業證照而經營或執行保險代理人、經紀人、公證人業務者，處新臺幣90萬元以上900萬元以下罰鍰。」（保167-1Ⅲ）

為非本法之保險業或外國保險業代理、經紀或招攬保險業務者，除處行為人徒刑或併科罰金（保167-1Ⅰ前段）外，情節重大者，得由主管機關對保險代理人、經紀人、公證人或兼營保險代理人或保險經紀人業務之銀行停止一部或全部業務，或廢止許可，並註銷執業證照。（保167-1Ⅰ後段）

三、保險代理人經紀人公證人違反管理規則之處罰

「違反第163條第4項所定管理規則中有關財務或業務管理之規定、第163條第7項規定，或違反第165條第1項或第163條第5項準用上開規定者，應限期改正，或併處新臺幣10萬元以上300萬元以下罰鍰；情節重大者，廢止其許可，並註銷執業證照。」（保167-2）

四、未建立或未執行內控稽核招攬處理等制度之處罰

「違反第165條第3項或第163條第5項準用上開規定，未建立或未確實執行內部控制、稽核制度、招攬處理制度或程序者，應限期改正，或併處新臺幣10萬元以上300萬元以下罰鍰。」（保167-3）

五、保險代理人經紀人公證人對於主管機關所為財務及業務之檢查有不當行為之處罰

「主管機關依第163條第5項、第165條第4項準用第148條規定派員，或委託適當機構或專業經驗人員，檢查保險代理人、經紀

人、公證人或兼營保險代理人或保險經紀人業務之銀行之財務及業務狀況或令其於限期內報告營業狀況，保險代理人、經紀人或公證人本人或其負責人、職員，或兼營保險代理人或保險經紀人業務之銀行部門主管、部門副主管或職員，有下列情形之一者，處保險代理人、經紀人、公證人或兼營保險代理人或保險經紀人業務之銀行新臺幣30萬元以上300萬元以下罰鍰，情節重大者，並得解除其負責人職務：

一、拒絕檢查或拒絕開啟金庫或其他庫房。

二、隱匿或毀損有關業務或財務狀況之帳冊文件。

三、無故對檢查人員之詢問不為答復或答復不實。

四、屆期未提報財務報告、財產目錄或其他有關資料及報告，或提報不實、不全或未於規定期限內繳納查核費用。」（保167-4 I）

「保險代理人、經紀人、公證人及兼營保險代理人或保險經紀人業務之銀行之關係企業或其他金融機構，於主管機關依第163條第5項、第165條第4項準用第148條第4項規定派員檢查時，怠於提供財務報告、帳冊、文件或相關交易資料者，處新臺幣30萬元以上300萬元以下罰鍰。」（保167-4 II）

六、保險業與未領有執業證照者業務往來之處罰

保險業與第167-1條第3項之人（按即未領有執業證照之人）為代理、經紀或公證業務往來者，處新臺幣150萬元以上1,500萬元以下罰鍰。（保167-5）

七、違反兼營業務禁止規定之處罰

保險業違反保險法第138條第1項（不得兼營財產保險及人身

保險業務）、第3項（不得兼營本法規定以外之業務）、第5項
（保險合作社不得經營非社員之業務）或第2項所定辦法中有關業
務範圍（財產保險業經營傷害保險及健康保險之業務範圍）之規
定者，處新臺幣90萬元以上900萬元以下罰鍰。（保168Ⅰ）

八、違反保險金信託業務規定之處罰

保險業違反第138-2條第2項（保險金信託之規定）、第4項
（設置信託專戶）、第5項（財產之信託登記）、第7項（信託資
金之運用範圍）、第138-3條第1項（須經許可及營業及會計獨
立）、第2項或第3項所定辦法中有關賠償準備金提存額度、提存
方法之規定者，處新臺幣90萬元以上900萬元以下罰鍰；其情節重
大者，並得廢止其經營保險金信託業務之許可。（保168Ⅱ）

九、違反向外借款或為他人債務擔保規定之處罰

保險業違反第143條規定（不得向外借款、為保證人或以其財
產提供為他人債務之擔保）者，處新臺幣90萬元以上900萬元以下
罰鍰。（保168Ⅲ）

十、違反分配盈餘規定或主管機關措施之處罰

保險業違反第143-5條（不得違規分配盈餘、買回其股份或退
還股金）或主管機關依第143-6條各款規定所為措施者，處新臺幣
200萬元以上2,000萬元以下罰鍰。（保168Ⅳ）

十一、違反有關資金運用規定之處罰

保險業資金之運用有下列情形之一者，處新臺幣100萬元以上
1,000萬元以下罰鍰或解除其負責人職務；其情節重大者，並得廢
止其許可：（保168Ⅴ）

　　一、違反第146條第1項、第3項、第5項、第7項或第6項所定辦法中有關專設帳簿之管理、保存及投資資產運用之規定，或違反第8項所定辦法中有關保險業從事衍生性商品交易之條件、交易範圍、交易限額、內部處理程序之規定。

　　二、違反第146-1條第1項、第2項、第3項或第5項所定辦法中有關投資條件、投資範圍、內容及投資規範之規定；或違反第146-5條第3項或第4項規定。

　　三、違反第146-2條第1項、第2項或第4項所定辦法中有關不動產投資條件限制之規定。

　　四、違反第146-3條第1項、第2項或第4項規定。

　　五、違反第146-4條第1項、第2項或第3項所定辦法中有關投資規範或投資額度之規定。

　　六、違反第146-5條第1項前段規定、未經核准而投資，或屬備供主管機關事後查核情形，未具備應具備之文件或程序；或違反同項後段所定辦法中有關運用、投資範圍或限額之規定。

　　七、違反第146-6條第1項、第2項或第3項所定辦法中有關投資申報方式之規定。

　　八、違反第146-9條第1項、第2項或第3項規定。

十二、對關係人放款超額未依規定辦理之處罰

　　「保險業依第146-3條第3項或第146-8條第1項規定所為之擔保放款達主管機關規定金額以上，未經董事會3分之2以上董事之出席及出席董事4分之3以上同意者，或違反第146-3條第3項所定辦法中有關放款限額、放款總餘額之規定者，其行為負責人，處新臺幣200萬元以上2,000萬元以下罰鍰。」（保168Ⅶ）

十三、違反對同一人放款或其他交易限制規定之處罰

「保險業違反第146-7條第1項所訂辦法中有關放款或其他交易限額之規定，或第3項所定辦法中有關決議程序或限額之規定者，處新臺幣200萬元以上2,000萬元以下之罰鍰。」（保168Ⅷ）

十四、拒絕配合業務及財務檢查之處罰

主管機關依第148條規定派員，或委託適當機構或專業經驗人員，檢查保險業之業務及財務狀況或令保險業於限期內報告營業狀況時，保險業之負責人或職員有下列情形之一者，處新臺幣180萬元以上1,800萬元以下罰鍰：（保168-1Ⅰ）

一、拒絕檢查或拒絕開啟金庫或其他庫房。

二、隱匿或毀損有關業務或財務狀況之帳冊文件。

三、無故對檢查人員之詢問不為答復或答復不實。

四、逾期提報財務報告、財產目錄或其他有關資料及報告，或提報不實、不全或未於規定期限內繳納查核費用者。

「保險業之關係企業或其他金融機構，於主管機關依第148條第4項派員檢查時，怠於提供財務報告、帳冊、文件或相關交易資料者，處新臺幣180萬元以上1,800萬元以下罰鍰。」（保168-1Ⅱ）

十五、超額承保之處罰

「保險業違反第72條規定超額承保者，除違反部分無效外，處新臺幣45萬元以上450萬元以下罰鍰。」（保169）

十六、未依規定提撥安定基金之處罰

「保險業有下列情事之一者，由安定基金報請主管機關處新臺幣30萬元以上300萬元以下罰鍰，情節重大者，並得解除其負責

人職務：

　　一、未依限提撥安定基金或拒絕繳付。

　　二、違反第143-3條第5項規定，未依規定建置電子資料檔案、拒絕提供電子資料檔案，或所提供之電子資料檔案嚴重不實。

　　三、規避、妨礙或拒絕安定基金依第143-3條第6項規定之查核。」（保169-2）

十七、違反辦理再保險或其他分散危險機制規定之處罰

　　「保險業辦理再保險業務違反第147條所定辦法中有關再保險之分出、分入、其他危險分散機制業務之方式或限額之規定者，處新臺幣90萬元以上900萬元以下罰鍰。」（保170-1Ⅰ）

　　「專業再保險業違反第147-1條第2項所定辦法中有關業務範圍或財務管理之規定者，處新臺幣90萬元以上900萬元以下罰鍰。」（保170-1Ⅱ）

十八、違反保單條款等之審核及提存準備金規定之處罰

　　保險業違反第144條第1項至第4項（保險單條款等之審核準則及簽證精算人之指派）、第145條（提存準備金）規定者，處新臺幣60萬元以上600萬元以下罰鍰，並得令其撤換核保或精算人員。（保171Ⅰ）

　　保險業簽證精算人員或外部複核精算人員違反第144條第5項規定（應本公正及公平原則提供簽證或複核報告）者，主管機關得視其情節輕重為警告、停止於3年以內期間簽證或複核，並得令保險業予以撤換。（保171Ⅱ）

十九、違反年終營業及財務報告規定之處罰

　　保險業違反第148-1條第1項（年終之營業及財務報告）或第2項（主管機關要求彙報或提供財務業務文件）規定者，處新臺幣60萬元以上600萬元以下罰鍰。（保171-1Ⅰ）

二十、違反資訊公開規定之處罰

　　「保險業違反第148-2條第1項規定，未提供說明文件供查閱、或所提供之說明文件未依規定記載，或所提供之說明文件記載不實，處新臺幣60萬元以上600萬元以下罰鍰。」（保171-1Ⅱ）

　　「保險業違反第148-2條第2項規定，未依限向主管機關報告或主動公開說明，或向主管機關報告或公開說明之內容不實，處新臺幣30萬元以上300萬元以下罰鍰。」（保171-1Ⅲ）

二十一、未建立或執行內控稽核或處理制度之處罰

　　「保險業違反第148-3條第1項規定，未建立或未執行內部控制或稽核制度，處新臺幣60萬元以上1,200萬元以下罰鍰。」（保171-1Ⅳ）

　　「保險業違反第148-3條第2項規定，未建立或未執行內部處理制度或程序，處新臺幣60萬元以上1,200萬元以下罰鍰。」（保171-1Ⅴ）

二十二、保險公司股東違反持股規定之處罰

　　「保險公司股東持股違反第139-1條第1項、第2項或第4項規定，未向主管機關申報或經核准而持有股份者，處該股東新臺幣40萬元以上400萬元以下罰鍰。」（保171-2Ⅰ）

　　「保險公司股東違反主管機關依第139-1條第5項所定辦法中有關持股數與其他重要事項變動之申報或公告規定，或未於主管機關依同條第6項所定期限內處分股份者，處該股東新臺幣40萬元以上400萬元以下罰鍰。」（保171-2Ⅱ）

　　「保險公司股東違反第139-1條第7項規定未為通知者，處該股東新臺幣10萬元以上100萬元以下罰鍰。」（保171-2Ⅲ）

二十三、遲延清算之處罰

　　「保險業經撤銷或廢止許可後，遲延不清算者，得處負責人各新臺幣60萬元以上600萬元以下罰鍰。」（保172）

二十四、處罰後逾期未改正者得按次處罰

　　「保險業或受罰人經依本節（按即第五節罰則）規定處罰後，於規定限期內仍不予改正者，主管機關得按次處罰。」（保172-2Ⅰ）

二十五、應處罰鍰之行為情節輕微者得免予處罰

　　依本節（按即第五節罰則）規定應處罰鍰之行為，其情節輕微，以不處罰為適當者，得免予處罰。（保172-2Ⅱ）

貳、特別刑法之部分

一、散布流言或以詐術損害保險業信用之處罰

　　「散布流言或以詐術損害保險業、外國保險業之信用者，處5年以下有期徒刑，得併科新臺幣1,000萬元以下罰金。」（保166-1）

二、非保險業者經營保險業務之處罰

「非保險業者經營保險業者，處3年以上10年以下有期徒刑，得併科新臺幣1,000萬元以上2億元以下罰金。其因犯罪獲取之財物或財產上利益達新臺幣1億元以上者，處7年以上有期徒刑，得併科新臺幣2,500萬元以上5億元以下罰金。」（保167 I ）

「法人之代表人、代理人、受僱人或其他從業人員，因執行業務犯前項之罰者，除處罰其行為人外，對該法人亦科該項之罰金。」（保167 II ）

犯第167條之罪，於犯罪後自首，如自動繳交全部犯罪所得財物者，減輕或免除其刑；並因而查獲其他正犯或共犯者，免除其刑。（保168-3 I ）

犯第167條之罪，在偵查中自白，如自動繳交全部犯罪所得財物者，減輕其刑；並因而查獲其他正犯或共犯者，減輕其刑至2分之1。（保168-3 II ）

犯第167條之罪，其因犯罪獲取之財物或財產上利益超過罰金最高額時，得於犯罪獲取之財物或財產上利益之範圍內加重罰金；如損及保險市場穩定者，加重其刑至2分之1。（保168-3 III ）

三、為非本法之保險業代理經紀或招攬業務之處罰

為非本法之保險業或外國保險業代理、經紀或招攬保險業務者，處3年以下有期徒刑，得併科新臺幣300萬元以上2,000萬元以下罰金。（保167-1 I 前段）

「法人之代表人、代理人、受僱人或其他從業人員，因執行業務犯前項之罪者，除處罰其行為人外，對該法人亦科該項之罰金。」（保167-1 II ）

四、意圖不法利益或損害保險業之利益而為違背保險業經營 行為之處罰

「保險業負責人或職員或以他人名義投資而直接或間接控制 該保險業之人事、財務或業務經營之人，意圖為自己或第三人不 法之利益，或損害保險業之利益，而為違背保險業經營之行為， 致生損害於保險業之財產或利益者，處3年以上10年以下有期徒 刑，得併科新臺幣1,000萬元以上2億元以下罰金。其因犯罪獲取 之財物或財產上利益達新臺幣1億元以上者，處7年以上有期徒 刑，得併科新臺幣2,500萬元以上5億元以下罰金。」（保168-2 Ⅰ）「第168-2條第1項之罪，為洗錢防制法第3條第1項所定之重 大犯罪，適用洗錢防制法之相關規定。」（保168-7）

「保險業負責人或職員或以他人名義投資而直接或間接控制 該保險業之人事、財務或業務經營之人，2人以上共同實施前項犯 罪之行為者，得加重其刑至2分之1。」（保168-2Ⅱ）

「第1項之未遂犯罰之。」（保168-2Ⅲ）

犯第168-2條之罪，於犯罪後自首，如自動繳交全部犯罪所得 財物者，減輕或免除其刑；並因而查獲其他正犯或共犯者，免除 其刑。（保168-3Ⅰ）

犯第168-2條之罪，在偵查中自白，如自動繳交全部犯罪所得 財物者，減輕其刑；並因而查獲其他正犯或共犯者，減輕其刑至2 分之1。（保168-3Ⅱ）

犯第168-2條之罪，其因犯罪獲取之財物或財產上利益超過罰 金最高額時，得於犯罪獲取之財物或財產上利益之範圍內加重罰 金；如損及保險市場穩定者，加重其刑至2分之1。（保168-3Ⅲ）

五、違反監管接管勒令停業清理有關規定之處罰

保險業於主管機關監管、接管或勒令停業清理時，其董（理）事、監察人（監事）、經理人或其他職員有下列情形之一者，處1年以上7年以下有期徒刑，得併科新臺幣2,000萬元以下罰金：（保172-1）

一、拒絕將保險業業務財務有關之帳冊、文件、印章及財產等列表移交予監察人、接管人或清理人或不為全部移交。

二、隱匿或毀損與業務有關之帳冊、隱匿或毀棄該保險業之財產，或為其他不利於債權人之處分。

三、捏造債務，或承認不真實之債務。

四、無故拒絕監管人、接管人或清理人之詢問，或對其詢問為虛偽之答復，致影響被保險人或受益人之權益者。

六、犯罪所得除發還被害人外均應沒收之

「犯本法之罪，犯罪所得屬犯罪行為人或其以外之自然人、法人或非法人團體因刑法第38-1條第2項所列情形取得者，除應發還被害人或得請求損害賠償之人外，沒收之。」（保168-4）亦即犯本法之罪，不論犯罪所得係屬犯罪行為人自己取得，或其以外之人或非法人團體因下列情形之一取得犯罪所得者，除應發還被害人或得請求損害賠償之人外，亦均應沒收之：一、明知他人（按即犯罪行為人）違法行為而取得。二、因他人違法行為而無償或以顯不相當之對價取得。三、犯罪行為人為他人實行違法行為，他人因而取得。

七、無力完納高額罰金易服勞役之折算標準

「犯本法之罪，所科罰金達新臺幣5,000萬元以上而無力完納者，易服勞役期間為2年以下，其折算標準以罰金總額與2年之日

數比例折算；所科罰金達新臺幣1億元以上而無力完納者，易服勞役期間為3年以下，其折算標準以罰金總額與3年之日數比例折算。」（保168-5）

參、民事規定之部分

一、超額承保之部分無效

保險法第169條前段有關超額承保「除違反部分無效」之規定，屬民事實體規定之性質，設於罰則實非所宜。就此，中華人民共和國保險法[355]，於第二章「保險合同」第三節「財產保險合同」第55條第3項（在中國稱為「款」）規定：「保險金額不得超過保險價值。超過保險價值的，超過部分無效，保險人應當退還相應的保險費。」可供參考。

二、對於控制保險業之人所為有害行為之撤銷

所謂控制保險業之人，指保險業負責人、職員或以他人名義投資而直接或間接控制該保險業之人事、財務或業務經營之人而言。對於控制保險業之人所為之有害行為，保險業得聲請法院撤銷之，撤銷之要件視其為無償行為或有償行為，而有不同，分言之：

（一）無償行為之撤銷

「第168-2條第1項之保險業負責人、職員或以他人名義投資而直接或間接控制該保險業之人事、財務或業務經營之人所為之無償行為，有害及保險業之權利者，保險業得聲請法院撤銷之。」（保168-6 I）本項係參照民法第244條第1項之規定而訂

---

[355] 2009年2月28日中國第11屆全國人民代表大會常務委員會第7次會議修訂。

定。所謂「無償行為」，係指處分保險業財產之無償行為而言。

　　「第1項之保險業負責人、職員或以他人名義投資而直接或間接控制該保險業之人事、財務或業務經營之人與其配偶、直系親屬、同居親屬、家長或家屬間所為之處分其財產行為，均視為無償行為。」（保168-6Ⅳ）本項係為防止上開控制保險業之人，假藉與其配偶、直系親屬、同居親屬、家長或家屬間所為處分保險業財產之行為，以規避賠償責任，參照破產法第15條第2項之規定而訂定。

　　「第1項之保險業負責人、職員或以他人名義投資而直接或間接控制該保險業之人事、財務或業務經營之人與前項以外之人所為之處分其財產行為，推定為無償行為。」（保168-6Ⅴ）所謂「推定為無償行為」，即上開控制保險業之人所為處分保險業財產之對象，雖與其無一定之親屬或家屬關係，但仍推定為無償行為，須上開控制保險業之人舉證證明其為有償行為，始足推翻之，係一種舉證責任倒置之規定。目的在加強防止控制保險業之人有任何不當處分保險業財產之行為，以保護被保險人之權益，維持金融市場之秩序。

（二）有償行為之撤銷

　　「前項之保險業負責人、職員或以他人名義投資而直接或間接控制該保險業之人事、財務或業務經營之人所為之有償行為，於行為時明知有損害於保險業之權利，且受益之人於受益時亦知其情事者，保險業得聲請法院撤銷之。」（保168-6Ⅱ）本項係參照民法第244條第2項之規定而訂定。

　　「依前二項規定聲請法院撤銷時，得並聲請命受益之人或轉得人回復原狀。但轉得人於轉得時不知有撤銷原因者，不在此

限。」（保168-6Ⅲ）本項係參照民法第244條第4項之規定而訂定。

　　「第1項及第2項之撤銷權，自保險業知有撤銷原因時起，1年間不行使，或自行為時起經過10年而消滅。」（保168-6Ⅵ）本項係參照民法第245條之規定而訂定。[356]

---

[356] 保險法第168-6條之規定，主要係參照民法第244條及第245條之規定而訂定，有關該二條規定內容之詳細說明，請見陳猷龍，民法債編總論，214～229頁。

第七章

附 則

保險法附則設有下列規定：

一、社會保險法之訂定

「社會保險另以法律定之。」（保174）蓋因社會保險非屬營利保險，不適用本法之規定也。

二、專業法庭或專人之設立

「法院為審理違反本法之犯罪案件，得設立專業法庭或指定專人辦理。」（保174-1）蓋因保險犯罪有其專業性，一般法庭之法官若無相當之專業知識，較不易掌握案情之關鍵點，為使保險犯罪案件之審理能符合法律正義及社會公平之期待，爰於民國94年5月18日修正保險法時，新增本條規定，明定法院得設立專業法庭或指定專人（法官），以審理保險犯罪案件。

三、保險法施行細則之訂定

「本法施行細則，由主管機關定之。」（保175）按本條原規定：「本法施行細則及保險業管理辦法，由財政部擬定，呈請行政院核定公布之。」民國96年7月18日修正保險法時，因將保險業

管理辦法之授權法源納入第137條第2項規定中，故同時將本條「及保險業管理辦法」等字刪除，並將訂定機關修正為「由主管機關定之」。行政院於民國57年2月10月核定發布保險法施行細則，後經多次修正發布，最近一次為民國97年6月13日由行政院金融監督管理委員會修正發布，全文17條，本書已分別於本法相關條文中述之。

四、國際合作條約或協定之簽訂

「為促進我國與其他國家保險市場主管機關之國際合作，政府或其授權之機構依互惠原則，得與外國政府、機構或國際組織，就資訊交換、技術合作、協助調查等事項，簽訂合作條約或協定。」（保175-1 I）[357]

「除有妨害國家利益或投保大眾權益者外，主管機關依前項簽訂之條約或協定，得洽請相關機關、機構依法提供必要資訊，並基於互惠及保密原則，提供予與我國簽訂條約或協定之外國政府、機構或國際組織。」（保175-1 II）

五、應明訂於管理辦法之事項

「保險業之設立、登記、轉讓、合併及解散清理，除依公司法規定外，應將詳細程序明訂於管理辦法內。」（保176）亦即，本條規定之事項，亦應明訂於主管機關依保險法第137條第2項規定訂頒之「保險業設立許可及管理辦法」中。

六、保險業務員管理規則之訂定

「保險業務員之資格取得、登錄、撤銷會廢止登錄、教育訓

---

[357] 本項係參照「組織犯罪防制條例」第15條之規定而訂定。

練、懲處及其他應遵行事項之管理規則,由主管機關定之。」
(保177)就此,主管機關訂頒有「保險業務員管理規則」,以供
適用。

七、個人資料蒐集處理或利用之規定

「符合下列各款情形之一者,於經本人書面同意,得蒐集、
處理或利用病歷、醫療、健康檢查之個人資料:

一、依本法經營或執行業務之保險業、保險代理人、經紀
人、公證人。

二、協助保險契約義務之確定或履行而受保險業委託之法
人。

三、辦理爭議處理、車禍受害人補償業務而經主管機關許可
設立之保險事務財團法人。」(保177-1Ⅰ)

「前項書面同意方式、第1款業務範圍及其他應遵行事項,由
主管機關訂定辦法管理之。」(保177-1Ⅱ)就此,主管機關訂頒
有「保險法第177-1條第2項所定本人書面同意方式、業務範圍及
其他應遵行事項管理辦法」,以供適用。

「保險業為執行核保或理賠作業需要,處理、利用依法所蒐
集保險契約受益人之姓名、出生年月日、國民身分證統一編號及
聯絡方式,得免為個人資料保護法第9條第1項之告知。」(保
177-1Ⅲ)

「中華民國100年6月14日修正之本條文施行前,第1項各款之
人已依法蒐集之病歷、醫療、健康檢查之個人資料,於修正施行
後,得繼續處理及為符合蒐集之特定目的必要範圍內利用。」
(保177-1Ⅳ)

八、本法之施行日

「本法除中華民國95年5月30日修正公布之條文自95年7月1日施行，100年6月14日修正之第177-1條施行日期由行政院定之，104年1月22日修正之第143-4條至第143-6條、第149條及第168條第4項規定自105年1月1日施行外，自公布日施行。」（保178）

主要參考書目

（以作者姓氏筆劃為序）

- 王衛恥　實用保險法　　　　　　　　文笙　民國70年11月出版
- 甘其綬　海商法論　　　　　　　　　自版　民國52年10月初版
- 江朝國　保險法基礎理論　　　　　　瑞興　民國92年9月新修訂4版
- 江朝國　保險法論　　　　　　　　　瑞興　民國79年4月第1版
- 江朝國　保險法論文集（一）　　　　瑞興　民國82年7月初版
- 吳　智　海商法論　　　　　　　　　自版　民國62年2月修訂版
- 林文泉　保險法實用　　　　　　　　華岡　民國61年5月初版
- 林咏榮　新版商事法新詮（下）　　　五南　民國75年7月初版
- 林群弼　保險法論　　　　　　　　　三民　民國92年11月增訂2版
- 林勳發　保險法論著譯作選集　　　　自版　民國80年3月28日出版
- 施文森　保險法總論　　　　　　　　自版　民國76年修正8版
- 施文森　保險法判決之研究（上冊）　自版　民國82年修訂版
- 施文森　傷害保險
　　　－示範條款及判決例之研究　　　自版　民國81年初版
- 桂　裕　保險法論　　　　　　　　　自版　民國64年9月增訂7版
- 梁宇賢　保險法新論　　　　　　　　自版　民國94年3月修初版
- 梁宇賢　海商法精義　　　　　　　　自版　民國96年3月3修訂版
- 梁宇賢　海商法實例解說　　　　　　自版　民國87年11月初版
- 陳志川　保險法新論　　　　　　　　文笙　民國63年6月初版
- 陳猷龍　民法總則　　　　　　　　　五南　2017年9月9版1刷
- 陳猷龍　民法債編總論　　　　　　　五南　2021年9月6版1刷

- 張國鍵　商事法論（保險法）　　　三民　民國74年9月修訂7版
- 鄭玉波　保險法論　　　　　　　　三民　民國81年9月增訂初版
- 鄭玉波　民法債編總論　　　　　　三民　民國64年9月7版
- 鄭玉波　海商法　　　　　　　　　三民　民國61年5月6版
- 劉宗榮　保險法　　　　　　　　　自版　2016年8月4版

國家圖書館出版品預行編目資料

保險法論 / 陳猷龍著. -- 二版. -- 臺北市：
五南圖書出版股份有限公司, 2023.02
　　面；　公分.
ISBN: 978-626-343-719-7(平裝)

1.CST: 保險法規

587.5　　　　　　　112000111

4S12

保險法論

作　　者 ─ 陳猷龍（265.3）
發 行 人 ─ 楊榮川
總 經 理 ─ 楊士清
總 編 輯 ─ 楊秀麗
副總編輯 ─ 劉靜芬
責任編輯 ─ 林佳瑩
封面設計 ─ 王麗娟
出 版 者 ─ 五南圖書出版股份有限公司
地　　址：106 台北市大安區和平東路二段 339 號 4 樓
電　　話：(02)2705-5066　　傳　　真：(02)2706-6100
網　　址：https://www.wunan.com.tw
電子郵件：wunan@wunan.com.tw
劃撥帳號：０１０６８９５３
戶　　名：五南圖書出版股份有限公司

法律顧問　林勝安律師

出版日期　2010 年 2 月初版一刷
　　　　　2023 年 2 月二版一刷
定　　價　新臺幣 640 元

經典永恆·名著常在

五十週年的獻禮——經典名著文庫

五南，五十年了，半個世紀，人生旅程的一大半，走過來了。
思索著，邁向百年的未來歷程，能為知識界、文化學術界作些什麼？
在速食文化的生態下，有什麼值得讓人雋永品味的？

歷代經典·當今名著，經過時間的洗禮，千錘百鍊，流傳至今，光芒耀人；
不僅使我們能領悟前人的智慧，同時也增深加廣我們思考的深度與視野。
我們決心投入巨資，有計畫的系統梳選，成立「經典名著文庫」，
希望收入古今中外思想性的、充滿睿智與獨見的經典、名著。
這是一項理想性的、永續性的巨大出版工程。
不在意讀者的眾寡，只考慮它的學術價值，力求完整展現先哲思想的軌跡；
為知識界開啟一片智慧之窗，營造一座百花綻放的世界文明公園，
任君遨遊、取菁吸蜜、嘉惠學子！